대한민국 법령 시리즈 538

부가가치세법

법령
시행령
시행규칙

해광출판사

머리말

이 책은 방대한 법전을 보지 않고 간편하게 해당되는 법령만 참고해서 볼 수 있도록 하였습니다. 공공기관이나 관련 종사자들이 쉽고 간편하게 해당 법령을 참조 할 수 있도록 하였습니다.

특히 해당법률은 물론 관련 시행령, 시행규칙을 함께 실어 관련법을 서로 참고할 수 있게 하였습니다.

법률이라는 것이 크든 작든 항상 변하는 관계로, 출간 이후의 정확하고 최신의 법률은 법제처 국가법령정보센터에서 확인이 가능하니 법률의 실제 적용 시 확인이 필요한 점 유의하기를 바랍니다.

편집부

* 수록 법률은 법제처 국가법령정보센터에서 확인 가능합니다.
* 발행일 기준 시행 법률이므로 최신 법령은 위 센터에서 볼 수 있습니다.
* 본 책자에 수록된 법률의 문구에 대하여 법적인 효력은 없으며,
  실제 적용 법률은 위 센터에서 최신의 법률로 확인하시기 바랍니다.
* 해당 법령과 함께 시행령, 시행규칙도 수록되어 있습니다.
* 발행일 기준으로 개정 예정 법률은 밑줄로 별도 표시되어 있으며,
  보다 정확한 것은 법제처에서 확인하기 바랍니다.

목차

부가가치세법 / 7

부가가치세법 시행령 / 95

부가가치세법 시행규칙 / 263

부가가치세법

[시행 2025. 7. 1.] [법률 제20776호, 2025. 3. 14., 일부개정]

제1장 총칙

제1조(목적)

제2조(정의)

제3조(납세의무자)

제3조의2(신탁 관련 제2차 납세의무 및 물적납세의무)

제4조(과세대상)

제5조(과세기간)

제6조(납세지)

제7조(과세 관할)

제8조(사업자등록)

제2장 과세거래

제1절 과세대상 거래

제9조(재화의 공급)

제10조(재화 공급의 특례)

제11조(용역의 공급)

제12조(용역 공급의 특례)

제13조(재화의 수입)

제14조(부수 재화 및 부수 용역의 공급)

제2절 공급시기와 공급장소

제15조(재화의 공급시기)

제16조(용역의 공급시기)

제17조(재화 및 용역의 공급시기의 특례)

제18조(재화의 수입시기)

제19조(재화의 공급장소)

제20조(용역의 공급장소)

제3장 영세율과 면세

제1절 영세율의 적용

제21조(재화의 수출)

제22조(용역의 국외공급)

제23조(외국항행용역의 공급)
제24조(외화 획득 재화 또는 용역의 공급 등)
제25조(영세율에 대한 상호주의 적용)
제2절 면세
제26조(재화 또는 용역의 공급에 대한 면세)
제27조(재화의 수입에 대한 면세)
제28조(면세의 포기)
제4장 과세표준과 세액의 계산
제1절 과세표준과 세율
제29조(과세표준)
제30조(세율)
제2절 거래징수와 세금계산서
제31조(거래징수)
제32조(세금계산서 등)
제33조(세금계산서 발급의무의 면제 등)
제34조(세금계산서 발급시기)
제34조의2(매입자발행세금계산서에 따른 매입세액 공제 특례)
제35조(수입세금계산서)
제36조(영수증 등)
제36조의2(간이과세자의 영수증 발급 적용기간)
제3절 납부세액 등
제37조(납부세액 등의 계산)
제38조(공제하는 매입세액)
제39조(공제하지 아니하는 매입세액)
제40조(공통매입세액의 안분)
제41조(공통매입세액 재계산)
제42조(면세농산물등 의제매입세액 공제특례)
제43조(면세사업등을 위한 감가상각자산의 과세사업 전환 시 매입세액공제 특례)
제44조(일반과세자로 변경 시 재고품등에 대한 매입세액 공제특례)
제45조(대손세액의 공제특례)
제4절 세액공제
제46조(신용카드 등의 사용에 따른 세액공제 등)
제47조(전자세금계산서 발급 전송에 대한 세액공제 특례)
제5장 신고와 납부 등
제1절 신고와 납부

제48조(예정신고와 납부)
제49조(확정신고와 납부)
제50조(재화의 수입에 대한 신고 · 납부)
제50조의2(재화의 수입에 대한 부가가치세 납부의 유예)
제51조(주사업장 총괄 납부)
제52조(대리납부)
제52조의2(신탁 관련 제2차 납세의무 등에 대한 납부 특례)
제53조(국외사업자의 용역등 공급에 관한 특례)
제53조의2(전자적 용역을 공급하는 국외사업자의 사업자등록 및 납부 등에 관한 특례)
제2절 제출서류 등
제54조(세금계산서합계표의 제출)
제55조(현금매출명세서 등의 제출)
제56조(영세율 첨부서류의 제출)
제6장 결정 · 경정 · 징수와 환급
제1절 결정 등
제57조(결정과 경정)
제57조의2(수시부과의 결정)
제58조(징수)
제58조의2(신탁재산에 대한 강제징수의 특례)
제59조(환급)
제2절 가산세
제60조(가산세)
제7장 간이과세
제61조(간이과세의 적용 범위)
제62조(간이과세와 일반과세의 적용기간)
제63조(간이과세자의 과세표준과 세액)
제64조(간이과세자로 변경되는 경우의 재고품 등 매입세액 가산)
제65조삭 제
제66조(예정부과와 납부)
제67조(간이과세자의 신고와 납부)
제68조(간이과세자에 대한 결정 · 경정과 징수)
제68조의2(간이과세자에 대한 가산세)
제69조(간이과세자에 대한 납부의무의 면제)
제70조(간이과세의 포기 및 재적용)
제8장 보칙

제71조(장부의 작성 · 보관)
제72조(부가가치세의 세액 등에 관한 특례)
제73조(납세관리인)
제74조(질문 · 조사)
제75조(자료제출)
제9장 벌칙 〈신설 2018. 12. 31.〉
제76조(과태료)

**개정 예정 법률 밑줄 별도 표시.

부가가치세법

[시행 2025. 7. 1.] [법률 제20776호, 2025. 3. 14., 일부개정]

제1장 총칙

제1조(목적) 이 법은 부가가치세의 과세(課稅) 요건 및 절차를 규정함으로써 부가가치세의 공정한 과세, 납세의무의 적정한 이행 확보 및 재정수입의 원활한 조달에 이바지함을 목적으로 한다.

제2조(정의) 이 법에서 사용하는 용어의 뜻은 다음과 같다. 〈개정 2018. 12. 24., 2020. 12. 22.〉

1. "재화"란 재산 가치가 있는 물건 및 권리를 말한다. 물건과 권리의 범위에 관하여 필요한 사항은 대통령령으로 정한다.
2. "용역"이란 재화 외에 재산 가치가 있는 모든 역무(役務)와 그 밖의 행위를 말한다. 용역의 범위에 관하여 필요한 사항은 대통령령으로 정한다.
3. "사업자"란 사업 목적이 영리이든 비영리이든 관계없이 사업상 독립적으로 재화 또는 용역을 공급하는 자를 말한다.
4. "간이과세자"(簡易課稅者)란 제61조제1항에 따라 직전 연도의 재화와 용역의 공급에 대한 대가(부가가치세가 포함된 대가를 말한다. 이하 "공급대가"라 한다)의 합계액이 대통령령으로 정하는 금액에 미달하는 사업자로서, 제7장에 따라 간편한 절차로 부가가치세를 신고·납부하는 개인사업자를 말한다.
5. "일반과세자"란 간이과세자가 아닌 사업자를 말한다.
6. "과세사업"이란 부가가치세가 과세되는 재화 또는 용역을 공급하는 사업을 말한다.
7. "면세사업"이란 부가가치세가 면제되는 재화 또는 용역을 공급하는 사업을 말한다.

8. “비거주자”란 「소득세법」 제1조의2제1항제2호에 따른 비거주자를 말한다.

9. “외국법인”이란 「법인세법」 제2조제3호에 따른 외국법인을 말한다.

제3조(납세의무자) ① 다음 각 호의 어느 하나에 해당하는 자로서 개인, 법인(국가 · 지방자치단체와 지방자치단체조합을 포함한다), 법인격이 없는 사단 · 재단 또는 그 밖의 단체는 이 법에 따라 부가가치세를 납부할 의무가 있다. 〈개정 2020. 12. 22.〉

1. 사업자
2. 재화를 수입하는 자

② 제1항에도 불구하고 대통령령으로 정하는 신탁재산(이하 “신탁재산”이라 한다)과 관련된 재화 또는 용역을 공급하는 때에는 「신탁법」 제2조에 따른 수탁자(이하 이 조, 제3조의2, 제8조, 제10조제9항제4호, 제29조제4항, 제52조의2 및 제58조의2에서 “수탁자”라 한다)가 신탁재산별로 각각 별도의 납세의무자로서 부가가치세를 납부할 의무가 있다. 〈신설 2020. 12. 22., 2021. 12. 8.〉

③ 제1항 및 제2항에도 불구하고 다음 각 호의 어느 하나에 해당하는 경우에는 「신탁법」 제2조에 따른 위탁자(이하 이 조, 제3조의2, 제10조제8항, 같은 조 제9항제4호, 제29조제4항 및 제52조의2에서 “위탁자”라 한다)가 부가가치세를 납부할 의무가 있다. 〈신설 2020. 12. 22., 2021. 12. 8.〉

1. 신탁재산과 관련된 재화 또는 용역을 위탁자 명의로 공급하는 경우
2. 위탁자가 신탁재산을 실질적으로 지배 · 통제하는 경우로서 대통령령으로 정하는 경우
3. 그 밖에 신탁의 유형, 신탁설정의 내용, 수탁자의 임무 및 신탁사무 범위 등을 고려하여 대통령령으로 정하는 경우

④ 제2항에 따라 수탁자가 납세의무자가 되는 신탁재산에 둘 이상의 수탁자(이하 “공동수탁자”라 한다)가 있는 경우 공동수탁자는 부가가치세를 연대하여 납부할 의무가 있다. 이 경우 공동수탁자 중 신탁사무를 주로 처리하는 수탁자(이하 “대표수탁자”라 한다)가 부가가치세를 신고 · 납부하여야 한다. 〈신설 2020. 12. 22.〉

⑤ 제2항부터 제4항까지에서 규정한 사항 외에 신탁 관련 납세의무

의 적용에 필요한 사항은 대통령령으로 정한다. 〈신설 2020. 12. 22.〉

제3조의2(신탁 관련 제2차 납세의무 및 물적납세의무) ① 제3조제2항에 따라 수탁자가 납부하여야 하는 다음 각 호의 어느 하나에 해당하는 부가가치세 또는 강제징수비(이하 "부가가치세등"이라 한다)를 신탁재산으로 충당하여도 부족한 경우에는 그 신탁의 수익자(「신탁법」 제101조에 따라 신탁이 종료되어 신탁재산이 귀속되는 자를 포함한다)는 지급받은 수익과 귀속된 재산의 가액을 합한 금액을 한도로 하여 그 부족한 금액에 대하여 납부할 의무(이하 "제2차 납세의무"라 한다)를 진다.

1. 신탁 설정일 이후에 「국세기본법」 제35조제2항에 따른 법정기일이 도래하는 부가가치세로서 해당 신탁재산과 관련하여 발생한 것
2. 제1호의 금액에 대한 강제징수 과정에서 발생한 강제징수비

② 제3조제3항에 따라 부가가치세를 납부하여야 하는 위탁자가 제1항 각 호의 어느 하나에 해당하는 부가가치세등을 체납한 경우로서 그 위탁자의 다른 재산에 대하여 강제징수를 하여도 징수할 금액에 미치지 못할 때에는 해당 신탁재산의 수탁자는 그 신탁재산으로써 이 법에 따라 위탁자의 부가가치세등을 납부할 의무(이하 "물적납세의무"라 한다)가 있다.

③ 제1항 및 제2항에서 정한 사항 외에 제2차 납세의무 및 물적납세의무의 적용에 필요한 사항은 대통령령으로 정한다.

[전문개정 2020. 12. 22.]

제4조(과세대상) 부가가치세는 다음 각 호의 거래에 대하여 과세한다.

1. 사업자가 행하는 재화 또는 용역의 공급
2. 재화의 수입

제5조(과세기간) ① 사업자에 대한 부가가치세의 과세기간은 다음 각 호와 같다.

1. 간이과세자: 1월 1일부터 12월 31일까지
2. 일반과세자

구분	과세기간
제1기	1월 1일부터 6월 30일까지
제2기	7월 1일부터 12월 31일까지

② 신규로 사업을 시작하는 자에 대한 최초의 과세기간은 사업개시일부터 그 날이 속하는 과세기간의 종료일까지로 한다. 다만, 제8조제1항 단서에 따라 사업개시일 이전에 사업자등록을 신청한 경우에는 그 신청한 날부터 그 신청일이 속하는 과세기간의 종료일까지로 한다.

③ 사업자가 폐업하는 경우의 과세기간은 폐업일이 속하는 과세기간의 개시일부터 폐업일까지로 한다. 이 경우 폐업일의 기준은 대통령령으로 정한다.

④ 제1항제1호에도 불구하고 제62조제1항 및 제2항에 따라 간이과세자에 관한 규정이 적용되거나 적용되지 아니하게 되어 일반과세자가 간이과세자로 변경되거나 간이과세자가 일반과세자로 변경되는 경우 그 변경되는 해에 간이과세자에 관한 규정이 적용되는 기간의 부가가치세의 과세기간은 다음 각 호의 구분에 따른 기간으로 한다. 〈신설 2014. 1. 1.〉

1. 일반과세자가 간이과세자로 변경되는 경우: 그 변경 이후 7월 1일부터 12월 31일까지

2. 간이과세자가 일반과세자로 변경되는 경우: 그 변경 이전 1월 1일부터 6월 30일까지

⑤ 간이과세자가 제70조에 따라 간이과세자에 관한 규정의 적용을 포기함으로써 일반과세자로 되는 경우 다음 각 호의 기간을 각각 하나의 과세기간으로 한다. 이 경우 제1호의 기간은 간이과세자의 과세기간으로, 제2호의 기간은 일반과세자의 과세기간으로 한다. 〈개정 2014. 1. 1.〉

1. 제70조제1항에 따른 간이과세의 적용 포기의 신고일이 속하는 과세기간의 개시일부터 그 신고일이 속하는 달의 마지막 날까지의 기간

2. 제1호에 따른 신고일이 속하는 달의 다음 달 1일부터 그 날이 속하는 과세기간의 종료일까지의 기간

제6조(납세지) ① 사업자의 부가가치세 납세지는 각 사업장의 소재지로 한다.

② 제1항에 따른 사업장은 사업자가 사업을 하기 위하여 거래의 전부 또는 일부를 하는 고정된 장소로 하며, 사업장의 범위에 관하여 필요한 사항은 대통령령으로 정한다.

③ 사업자가 제2항에 따른 사업장을 두지 아니하면 사업자의 주소 또는 거소(居所)를 사업장으로 한다.

④ 제1항에도 불구하고 제8조제3항 후단에 따른 사업자 단위 과세 사업자는 각 사업장을 대신하여 그 사업자의 본점 또는 주사무소의 소재지를 부가가치세 납세지로 한다.

⑤ 다음 각 호의 장소는 사업장으로 보지 아니한다.

1. 재화를 보관하고 관리할 수 있는 시설만 갖춘 장소로서 대통령령으로 정하는 바에 따라 하치장(荷置場)으로 신고된 장소

2. 각종 경기대회나 박람회 등 행사가 개최되는 장소에 개설한 임시사업장으로서 대통령령으로 정하는 바에 따라 신고된 장소

⑥ 재화를 수입하는 자의 부가가치세 납세지는 「관세법」에 따라 수입을 신고하는 세관의 소재지로 한다.

제7조(과세 관할) ① 사업자에 대한 부가가치세는 제6조제1항부터 제5항까지의 규정에 따른 납세지를 관할하는 세무서장 또는 지방국세청장이 과세한다.

② 재화를 수입하는 자에 대한 부가가치세는 제6조제6항에 따른 납세지를 관할하는 세관장이 과세한다.

제8조(사업자등록) ① 사업자는 사업장마다 대통령령으로 정하는 바에 따라 사업 개시일부터 20일 이내에 사업장 관할 세무서장에게 사업자등록을 신청하여야 한다. 다만, 신규로 사업을 시작하려는 자는 사업 개시일 이전이라도 사업자등록을 신청할 수 있다.

② 사업자는 제1항에 따른 사업자등록의 신청을 사업장 관할 세무서장이 아닌 다른 세무서장에게도 할 수 있다. 이 경우 사업장 관할 세무서장에게 사업자등록을 신청한 것으로 본다.

③ 제1항에도 불구하고 사업장이 둘 이상인 사업자(사업장이 하나이나 추가로 사업장을 개설하려는 사업자를 포함한다)는 사업자 단위로 해당 사업자의 본점 또는 주사무소 관할 세무서장에게 등록을 신청할 수 있다. 이 경우 등록한 사업자를 사업자 단위 과세 사업자라 한다. 〈개정 2018. 12. 31.〉

④ 제1항에 따라 사업장 단위로 등록한 사업자가 제3항에 따라 사업자 단위 과세 사업자로 변경하려면 사업자 단위 과세 사업자로 적용받으려는 과세기간 개시 20일 전까지 사업자의 본점 또는 주사무소 관할 세무서장에게 변경등록을 신청하여야 한다. 사업자 단위

과세 사업자가 사업장 단위로 등록을 하려는 경우에도 또한 같다.

⑤ 제4항 전단에도 불구하고 사업장이 하나인 사업자가 추가로 사업장을 개설하면서 추가 사업장의 사업 개시일이 속하는 과세기간부터 사업자 단위 과세 사업자로 적용받으려는 경우에는 추가 사업장의 사업 개시일부터 20일 이내(추가 사업장의 사업 개시일이 속하는 과세기간 이내로 한정한다)에 사업자의 본점 또는 주사무소 관할 세무서장에게 변경등록을 신청하여야 한다. 〈신설 2018. 12. 31.〉

⑥ 제3조제2항에 따라 수탁자가 납세의무자가 되는 경우 수탁자(공동수탁자가 있는 경우 대표수탁자를 말한다)는 해당 신탁재산을 사업장으로 보아 대통령령으로 정하는 바에 따라 제1항에 따른 사업자등록을 신청하여야 한다. 〈신설 2020. 12. 22.〉

⑦ 제1항부터 제6항까지의 규정에 따라 신청을 받은 사업장 관할 세무서장(제3항부터 제5항까지의 규정에서는 본점 또는 주사무소 관할 세무서장을 말한다. 이하 이 조에서 같다)은 사업자등록을 하고, 대통령령으로 정하는 바에 따라 등록된 사업자에게 등록번호가 부여된 등록증(이하 "사업자등록증"이라 한다)을 발급하여야 한다. 〈개정 2018. 12. 31., 2020. 12. 22.〉

⑧ 제7항에 따라 등록한 사업자는 휴업 또는 폐업을 하거나 등록사항이 변경되면 대통령령으로 정하는 바에 따라 지체 없이 사업장 관할 세무서장에게 신고하여야 한다. 제1항 단서에 따라 등록을 신청한 자가 사실상 사업을 시작하지 아니하게 되는 경우에도 또한 같다. 〈개정 2018. 12. 31., 2020. 12. 22.〉

⑨ 사업장 관할 세무서장은 제7항에 따라 등록된 사업자가 다음 각 호의 어느 하나에 해당하면 지체 없이 사업자등록을 말소하여야 한다. 〈개정 2018. 12. 31., 2020. 12. 22., 2023. 12. 31.〉

1. 폐업(사실상 폐업한 경우로서 대통령령으로 정하는 경우를 포함한다)한 경우

2. 제1항 단서에 따라 등록신청을 하고 사실상 사업을 시작하지 아니하게 되는 경우로서 대통령령으로 정하는 경우

⑩ 사업장 관할 세무서장은 필요하다고 인정하면 대통령령으로 정하는 바에 따라 사업자등록증을 갱신하여 발급할 수 있다. 〈개정 2018. 12. 31., 2020. 12. 22.〉

⑪ 개별소비세 또는 교통·에너지·환경세의 납세의무가 있는 사

업자가 「개별소비세법」 또는 「교통 · 에너지 · 환경세법」에 따라 다음 각 호의 구분에 따른 신고를 한 경우에는 해당 각 호의 구분에 따른 등록신청 또는 신고를 한 것으로 본다. 〈개정 2014. 12. 23., 2018. 12. 31., 2020. 12. 22.〉

1. 「개별소비세법」 제21조제1항 전단 또는 「교통 · 에너지 · 환경세법」 제18조제1항 전단에 따른 개업 신고를 한 경우: 제1항 및 제2항에 따른 사업자 등록의 신청

2. 「개별소비세법」 제21조제1항 후단 또는 「교통 · 에너지 · 환경세법」 제18조제1항 후단에 따른 휴업 · 폐업 · 변경 신고를 한 경우: 제8항에 따른 해당 휴업 · 폐업 신고 또는 등록사항 변경 신고

3. 「개별소비세법」 제21조제2항 및 제3항 또는 「교통 · 에너지 · 환경세법」 제18조제3항 및 제4항에 따른 사업자단위과세사업자 신고를 한 경우: 제3항에 따른 사업자 단위 과세 사업자 등록 신청 또는 제4항에 따른 사업자 단위 과세 사업자 변경등록 신청

4. 「개별소비세법」 제21조제4항 및 제5항 또는 「교통 · 에너지 · 환경세법」 제18조제2항에 따른 양수, 상속, 합병 신고를 한 경우: 제8항에 따른 등록사항 변경 신고

⑫ 제1항부터 제11항까지에서 규정한 사항 외에 사업자등록, 사업자등록증 발급, 등록사항의 변경 및 등록의 말소 등에 필요한 사항은 대통령령으로 정한다. 〈개정 2018. 12. 31., 2020. 12. 22.〉

제2장 과세거래

제1절 과세대상 거래

제9조(재화의 공급) ① 재화의 공급은 계약상 또는 법률상의 모든 원인에 따라 재화를 인도(引渡)하거나 양도(讓渡)하는 것으로 한다.

② 제1항에 따른 재화의 공급의 범위에 관하여 필요한 사항은 대통령령으로 정한다.

제10조(재화 공급의 특례) ① 사업자가 자기의 과세사업과 관련하여 생산하거나 취득한 재화로서 다음 각 호의 어느 하나에 해당하는 재화(이하 이 조에서 "자기생산 · 취득재화"라 한다)를 자기의 면세사업 및 부가가치세가 과세되지 아니하는 재화 또는 용역을 공급하는 사업(이하 "면세사업등"이라 한다)을 위하여 직접 사용하거나 소비하는 것은 재화의 공급으로 본다. 〈개정 2018. 12. 31., 2023. 12. 31.〉

1. 제38조에 따른 매입세액, 그 밖에 이 법 및 다른 법률에 따른 매입세액이 공제된 재화

2. 제9항제2호에 따른 사업양도로 취득한 재화로서 사업양도자가 제38조에 따른 매입세액, 그 밖에 이 법 및 다른 법률에 따른 매입세액을 공제받은 재화

3. 제21조제2항제3호에 따른 수출에 해당하여 영(零) 퍼센트의 세율을 적용받는 재화

② 다음 각 호의 어느 하나에 해당하는 자기생산·취득재화의 사용 또는 소비는 재화의 공급으로 본다. 〈개정 2014. 1. 1.〉

1. 사업자가 자기생산·취득재화를 제39조제1항제5호에 따라 매입세액이 매출세액에서 공제되지 아니하는 「개별소비세법」 제1조제2항제3호에 따른 자동차로 사용 또는 소비하거나 그 자동차의 유지를 위하여 사용 또는 소비하는 것

2. 운수업, 자동차 판매업 등 대통령령으로 정하는 업종의 사업을 경영하는 사업자가 자기생산·취득재화 중 「개별소비세법」 제1조제2항제3호에 따른 자동차와 그 자동차의 유지를 위한 재화를 해당 업종에 직접 영업으로 사용하지 아니하고 다른 용도로 사용하는 것

③ 사업장이 둘 이상인 사업자가 자기의 사업과 관련하여 생산 또는 취득한 재화를 판매할 목적으로 자기의 다른 사업장에 반출하는 것은 재화의 공급으로 본다. 다만, 다음 각 호의 어느 하나에 해당하는 경우는 재화의 공급으로 보지 아니한다.

1. 사업자가 제8조제3항 후단에 따른 사업자 단위 과세 사업자로 적용을 받는 과세기간에 자기의 다른 사업장에 반출하는 경우

2. 사업자가 제51조에 따라 주사업장 총괄 납부의 적용을 받는 과세기간에 자기의 다른 사업장에 반출하는 경우. 다만, 제32조에 따른 세금계산서를 발급하고 제48조 또는 제49조에 따라 관할 세무서장에게 신고한 경우는 제외한다.

④ 사업자가 자기생산·취득재화를 사업과 직접적인 관계없이 자기의 개인적인 목적이나 그 밖의 다른 목적을 위하여 사용·소비하거나 그 사용인 또는 그 밖의 자가 사용·소비하는 것으로서 사업자가 그 대가를 받지 아니하거나 시가보다 낮은 대가를 받는 경우는 재화의 공급으로 본다. 이 경우 사업자가 실비변상적이거나 복리후생적인 목적으로 그 사용인에게 대가를 받지 아니하거나 시가보다

낮은 대가를 받고 제공하는 것으로서 대통령령으로 정하는 경우는 재화의 공급으로 보지 아니한다. 〈개정 2018. 12. 31.〉

⑤ 사업자가 자기생산·취득재화를 자기의 고객이나 불특정 다수에게 증여하는 경우(증여하는 재화의 대가가 주된 거래인 재화의 공급에 대한 대가에 포함되는 경우는 제외한다)는 재화의 공급으로 본다. 다만, 사업자가 사업을 위하여 증여하는 것으로서 대통령령으로 정하는 것은 재화의 공급으로 보지 아니한다.

⑥ 사업자가 폐업할 때 자기생산·취득재화 중 남아 있는 재화는 자기에게 공급하는 것으로 본다. 제8조제1항 단서에 따라 사업 개시일 이전에 사업자등록을 신청한 자가 사실상 사업을 시작하지 아니하게 되는 경우에도 또한 같다.

⑦ 위탁매매 또는 대리인에 의한 매매를 할 때에는 위탁자 또는 본인이 직접 재화를 공급하거나 공급받은 것으로 본다. 다만, 위탁자 또는 본인을 알 수 없는 경우로서 대통령령으로 정하는 경우에는 수탁자 또는 대리인에게 재화를 공급하거나 수탁자 또는 대리인으로부터 재화를 공급받은 것으로 본다.

⑧ 「신탁법」 제10조에 따라 위탁자의 지위가 이전되는 경우에는 기존 위탁자가 새로운 위탁자에게 신탁재산을 공급한 것으로 본다. 다만, 신탁재산에 대한 실질적인 소유권의 변동이 있다고 보기 어려운 경우로서 대통령령으로 정하는 경우에는 신탁재산의 공급으로 보지 아니한다. 〈신설 2021. 12. 8.〉

⑨ 다음 각 호의 어느 하나에 해당하는 것은 재화의 공급으로 보지 아니한다. 〈개정 2014. 1. 1., 2017. 12. 19.〉

1. 재화를 담보로 제공하는 것으로서 대통령령으로 정하는 것
2. 사업을 양도하는 것으로서 대통령령으로 정하는 것. 다만, 제52조제4항에 따라 그 사업을 양수받는 자가 대가를 지급하는 때에 그 대가를 받은 자로부터 부가가치세를 징수하여 납부한 경우는 제외한다.
3. 법률에 따라 조세를 물납(物納)하는 것으로서 대통령령으로 정하는 것
4. 신탁재산의 소유권 이전으로서 다음 각 목의 어느 하나에 해당하는 것

가. 위탁자로부터 수탁자에게 신탁재산을 이전하는 경우

나. 신탁의 종료로 인하여 수탁자로부터 위탁자에게 신탁재산을 이전하는 경우

다. 수탁자가 변경되어 새로운 수탁자에게 신탁재산을 이전하는 경우

⑩ 제1항부터 제9항까지에서 규정된 사항 외에 재화 공급의 특례에 관하여 필요한 사항은 대통령령으로 정한다. 〈개정 2017. 12. 19.〉

제11조(용역의 공급) ① 용역의 공급은 계약상 또는 법률상의 모든 원인에 따른 것으로서 다음 각 호의 어느 하나에 해당하는 것으로 한다.

1. 역무를 제공하는 것

2. 시설물, 권리 등 재화를 사용하게 하는 것

② 제1항에 따른 용역의 공급의 범위에 관하여 필요한 사항은 대통령령으로 정한다.

제12조(용역 공급의 특례) ① 사업자가 자신의 용역을 자기의 사업을 위하여 대가를 받지 아니하고 공급함으로써 다른 사업자와의 과세형평이 침해되는 경우에는 자기에게 용역을 공급하는 것으로 본다. 이 경우 그 용역의 범위는 대통령령으로 정한다.

② 사업자가 대가를 받지 아니하고 타인에게 용역을 공급하는 것은 용역의 공급으로 보지 아니한다. 다만, 사업자가 대통령령으로 정하는 특수관계인(이하 "특수관계인"이라 한다)에게 사업용 부동산의 임대용역 등 대통령령으로 정하는 용역을 공급하는 것은 용역의 공급으로 본다.

③ 고용관계에 따라 근로를 제공하는 것은 용역의 공급으로 보지 아니한다.

④ 제1항부터 제3항까지에서 규정된 사항 외에 용역의 공급에 관하여 필요한 사항은 대통령령으로 정한다.

제13조(재화의 수입) 재화의 수입은 다음 각 호의 어느 하나에 해당하는 물품을 국내에 반입하는 것[대통령령으로 정하는 보세구역(이하 이 조에서 "보세구역"이라 한다)을 거치는 것은 보세구역에서 반입하는 것을 말한다]으로 한다.

1. 외국으로부터 국내에 도착한 물품[외국 선박에 의하여 공해(公海)에서 채집되거나 잡힌 수산물을 포함한다]으로서 수입신고가 수

리(受理)되기 전의 것

2. 수출신고가 수리된 물품[수출신고가 수리된 물품으로서 선적(船積)되지 아니한 물품을 보세구역에서 반입하는 경우는 제외한다]

제14조(부수 재화 및 부수 용역의 공급) ① 주된 재화 또는 용역의 공급에 부수되어 공급되는 것으로서 다음 각 호의 어느 하나에 해당하는 재화 또는 용역의 공급은 주된 재화 또는 용역의 공급에 포함되는 것으로 본다.

1. 해당 대가가 주된 재화 또는 용역의 공급에 대한 대가에 통상적으로 포함되어 공급되는 재화 또는 용역

2. 거래의 관행으로 보아 통상적으로 주된 재화 또는 용역의 공급에 부수하여 공급되는 것으로 인정되는 재화 또는 용역

② 주된 사업에 부수되는 다음 각 호의 어느 하나에 해당하는 재화 또는 용역의 공급은 별도의 공급으로 보되, 과세 및 면세 여부 등은 주된 사업의 과세 및 면세 여부 등을 따른다.

1. 주된 사업과 관련하여 우연히 또는 일시적으로 공급되는 재화 또는 용역

2. 주된 사업과 관련하여 주된 재화의 생산 과정이나 용역의 제공 과정에서 필연적으로 생기는 재화

제2절 공급시기와 공급장소

제15조(재화의 공급시기) ① 재화가 공급되는 시기는 다음 각 호의 구분에 따른 때로 한다. 이 경우 구체적인 거래 형태에 따른 재화의 공급시기에 관하여 필요한 사항은 대통령령으로 정한다.

1. 재화의 이동이 필요한 경우: 재화가 인도되는 때

2. 재화의 이동이 필요하지 아니한 경우: 재화가 이용가능하게 되는 때

3. 제1호와 제2호를 적용할 수 없는 경우: 재화의 공급이 확정되는 때

② 제1항에도 불구하고 할부 또는 조건부로 재화를 공급하는 경우 등의 재화의 공급시기는 대통령령으로 정한다.

제16조(용역의 공급시기) ① 용역이 공급되는 시기는 다음 각 호의 어느 하나에 해당하는 때로 한다.

1. 역무의 제공이 완료되는 때

2. 시설물, 권리 등 재화가 사용되는 때

② 제1항에도 불구하고 할부 또는 조건부로 용역을 공급하는 경우 등의 용역의 공급시기는 대통령령으로 정한다.

제17조(재화 및 용역의 공급시기의 특례) ① 사업자가 제15조 또는 제16조에 따른 재화 또는 용역의 공급시기(이하 이 조에서 "재화 또는 용역의 공급시기"라 한다)가 되기 전에 재화 또는 용역에 대한 대가의 전부 또는 일부를 받고, 그 받은 대가에 대하여 제32조에 따른 세금계산서 또는 제36조에 따른 영수증을 발급하면 그 세금계산서 등을 발급하는 때를 각각 그 재화 또는 용역의 공급시기로 본다. 〈개정 2017. 12. 19.〉

② 사업자가 재화 또는 용역의 공급시기가 되기 전에 제32조에 따른 세금계산서를 발급하고 그 세금계산서 발급일부터 7일 이내에 대가를 받으면 해당 세금계산서를 발급한 때를 재화 또는 용역의 공급시기로 본다.

③ 제2항에도 불구하고 다음 각 호의 어느 하나에 해당하는 경우에는 재화 또는 용역을 공급하는 사업자가 그 재화 또는 용역의 공급시기가 되기 전에 제32조에 따른 세금계산서를 발급하고 그 세금계산서 발급일부터 7일이 지난 후 대가를 받더라도 해당 세금계산서를 발급한 때를 재화 또는 용역의 공급시기로 본다. 〈개정 2017. 12. 19., 2018. 12. 31., 2021. 12. 8.〉

1. 거래 당사자 간의 계약서·약정서 등에 대금 청구시기(세금계산서 발급일을 말한다)와 지급시기를 따로 적고, 대금 청구시기와 지급시기 사이의 기간이 30일 이내인 경우

2. 재화 또는 용역의 공급시기가 세금계산서 발급일이 속하는 과세기간 내(공급받는 자가 제59조제2항에 따라 조기환급을 받은 경우에는 세금계산서 발급일부터 30일 이내)에 도래하는 경우

④ 사업자가 할부로 재화 또는 용역을 공급하는 경우 등으로서 대통령령으로 정하는 경우의 공급시기가 되기 전에 제32조에 따른 세금계산서 또는 제36조에 따른 영수증을 발급하는 경우에는 그 발급한 때를 각각 그 재화 또는 용역의 공급시기로 본다.

제18조(재화의 수입시기) 재화의 수입시기는 「관세법」에 따른 수입신고가 수리된 때로 한다.

제19조(재화의 공급장소) ① 재화가 공급되는 장소는 다음 각 호의

구분에 따른 곳으로 한다.

1. 재화의 이동이 필요한 경우: 재화의 이동이 시작되는 장소

2. 재화의 이동이 필요하지 아니한 경우: 재화가 공급되는 시기에 재화가 있는 장소

② 제1항에서 규정한 사항 외의 재화가 공급되는 장소에 관하여 필요한 사항은 대통령령으로 정한다.

제20조(용역의 공급장소) ① 용역이 공급되는 장소는 다음 각 호의 어느 하나에 해당하는 곳으로 한다. 〈개정 2020. 12. 22.〉

1. 역무가 제공되거나 시설물, 권리 등 재화가 사용되는 장소

2. 국내 및 국외에 걸쳐 용역이 제공되는 국제운송의 경우 사업자가 비거주자 또는 외국법인이면 여객이 탑승하거나 화물이 적재되는 장소

3. 제53조의2제1항에 따른 전자적 용역의 경우 용역을 공급받는 자의 사업장 소재지, 주소지 또는 거소지

② 제1항에서 규정한 사항 외의 용역이 공급되는 장소에 관하여 필요한 사항은 대통령령으로 정한다.

제3장 영세율과 면세

제1절 영세율의 적용

제21조(재화의 수출) ① 재화의 공급이 수출에 해당하면 그 재화의 공급에 대하여는 30조에도 불구하고 영(零) 퍼센트의 세율(이하 "영세율"이라 한다)을 적용한다.

② 제1항에 따른 수출은 다음 각 호의 것으로 한다.

1. 내국물품(대한민국 선박에 의하여 채집되거나 잡힌 수산물을 포함한다)을 외국으로 반출하는 것

2. 중계무역 방식의 거래 등 대통령령으로 정하는 것으로서 국내 사업장에서 계약과 대가 수령 등 거래가 이루어지는 것

3. 기획재정부령으로 정하는 내국신용장 또는 구매확인서에 의하여 재화[금지금(金地金)은 제외한다]를 공급하는 것 등으로서 대통령령으로 정하는 것

제22조(용역의 국외공급) 국외에서 공급하는 용역에 대하여는 제30조에도 불구하고 영세율을 적용한다.

제23조(외국항행용역의 공급) ① 선박 또는 항공기에 의한 외국항행

용역의 공급에 대하여는 제30조에도 불구하고 영세율을 적용한다.

② 제1항에 따른 외국항행용역은 선박 또는 항공기에 의하여 여객이나 화물을 국내에서 국외로, 국외에서 국내로 또는 국외에서 국외로 수송하는 것을 말하며, 외국항행사업자가 자기의 사업에 부수하여 공급하는 재화 또는 용역으로서 대통령령으로 정하는 것을 포함한다.

③ 제1항에 따른 외국항행용역의 범위에 관하여 필요한 사항은 대통령령으로 정한다.

제24조(외화 획득 재화 또는 용역의 공급 등) ① 제21조부터 제23조까지의 규정에 따른 재화 또는 용역의 공급 외에 외화를 획득하기 위한 재화 또는 용역의 공급으로서 다음 각 호의 어느 하나에 해당하는 경우에는 제30조에도 불구하고 영세율을 적용한다.

1. 우리나라에 상주하는 외교공관, 영사기관(명예영사관원을 장으로 하는 영사기관은 제외한다), 국제연합과 이에 준하는 국제기구(우리나라가 당사국인 조약과 그 밖의 국내법령에 따라 특권과 면제를 부여받을 수 있는 경우만 해당한다) 등(이하 이 조에서 "외교공관등"이라 한다)에 재화 또는 용역을 공급하는 경우

2. 외교공관등의 소속 직원으로서 해당 국가로부터 공무원 신분을 부여받은 자 또는 외교부장관으로부터 이에 준하는 신분임을 확인받은 자 중 내국인이 아닌 자에게 대통령령으로 정하는 방법에 따라 재화 또는 용역을 공급하는 경우

3. 그 밖에 외화를 획득하는 재화 또는 용역의 공급으로서 대통령령으로 정하는 경우

② 제1항에 따른 외화 획득의 증명에 필요한 사항은 대통령령으로 정한다.

제25조(영세율에 대한 상호주의 적용) ① 제21조부터 제24조까지의 규정을 적용할 때 사업자가 비거주자 또는 외국법인이면 그 해당 국가에서 대한민국의 거주자(「소득세법」 제1조의2제1항제1호의 거주자를 말한다. 이하 같다) 또는 내국법인(「법인세법」 제2조제1호에 따른 내국법인을 말한다)에 대하여 동일하게 면세하는 경우에만 영세율을 적용한다. 〈개정 2018. 12. 24.〉

② 사업자가 제24조제1항제2호에 따라 재화 또는 용역을 공급하는 경우에는 해당 외국에서 대한민국의 외교공관 및 영사기관 등의

직원에게 공급하는 재화 또는 용역에 대하여 동일하게 면세하는 경우에만 영세율을 적용한다.

③ 제1항 및 제2항에서 "동일하게 면세하는 경우"는 해당 외국의 조세로서 우리나라의 부가가치세 또는 이와 유사한 성질의 조세를 면세하는 경우와 그 외국에 우리나라의 부가가치세 또는 이와 유사한 성질의 조세가 없는 경우로 한다.

제2절 면세

제26조(재화 또는 용역의 공급에 대한 면세) ① 다음 각 호의 재화 또는 용역의 공급에 대하여는 부가가치세를 면제한다. 〈개정 2015. 8. 11., 2016. 1. 19., 2018. 12. 31., 2022. 12. 31., 2024. 12. 31.〉

1. 가공되지 아니한 식료품[식용(食用)으로 제공되는 농산물, 축산물, 수산물과 임산물을 포함한다] 및 우리나라에서 생산되어 식용으로 제공되지 아니하는 농산물, 축산물, 수산물과 임산물로서 대통령령으로 정하는 것

2. 수돗물

3. 연탄과 무연탄

4. 여성용 생리 처리 위생용품

5. 의료보건 용역(수의사의 용역을 포함한다)으로서 대통령령으로 정하는 것과 혈액(치료·예방·진단 목적으로 조제한 동물의 혈액을 포함한다)

6. 교육 용역으로서 대통령령으로 정하는 것

7. 여객운송 용역. 다만, 다음 각 목의 어느 하나에 해당하는 여객운송 용역으로서 대통령령으로 정하는 것은 제외한다.

가. 항공기, 고속버스, 전세버스, 택시, 특수자동차, 특종선박(特種船舶) 또는 고속철도에 의한 여객운송 용역

나. 삭도, 유람선 등 관광 또는 유흥 목적의 운송수단에 의한 여객운송 용역

8. 도서(도서대여 및 실내 도서열람 용역을 포함한다), 신문, 잡지, 관보(官報), 「뉴스통신 진흥에 관한 법률」에 따른 뉴스통신 및 방송으로서 대통령령으로 정하는 것. 다만, 광고는 제외한다.

9. 우표(수집용 우표는 제외한다), 인지(印紙), 증지(證紙), 복권 및 공중전화

10. 「담배사업법」 제2조에 따른 담배로서 다음 각 목의 어느 하나에 해당하는 것

가. 「담배사업법」 제18조제1항에 따른 판매가격이 대통령령으로 정하는 금액 이하인 것

나. 「담배사업법」 제19조에 따른 특수용담배로서 대통령령으로 정하는 것

11. 금융·보험 용역으로서 대통령령으로 정하는 것

12. 주택과 이에 부수되는 토지의 임대 용역으로서 대통령령으로 정하는 것

13. 「공동주택관리법」 제18조제2항에 따른 관리규약에 따라 같은 법 제2조제1항제10호에 따른 관리주체 또는 같은 법 제2조제1항제8호에 따른 입주자대표회의가 제공하는 「주택법」 제2조제14호에 따른 복리시설인 공동주택 어린이집의 임대 용역

14. 토지

15. 저술가·작곡가나 그 밖의 자가 직업상 제공하는 인적(人的) 용역으로서 대통령령으로 정하는 것

16. 예술창작품, 예술행사, 문화행사 또는 아마추어 운동경기로서 대통령령으로 정하는 것

17. 도서관, 과학관, 박물관, 미술관, 동물원, 식물원, 그 밖에 대통령령으로 정하는 곳에 입장하게 하는 것

18. 종교, 자선, 학술, 구호(救護), 그 밖의 공익을 목적으로 하는 단체가 공급하는 재화 또는 용역으로서 대통령령으로 정하는 것

19. 국가, 지방자치단체 또는 지방자치단체조합이 공급하는 재화 또는 용역으로서 대통령령으로 정하는 것

20. 국가, 지방자치단체, 지방자치단체조합 또는 대통령령으로 정하는 공익단체에 무상(無償)으로 공급하는 재화 또는 용역

② 제1항에 따라 면세되는 재화 또는 용역의 공급에 통상적으로 부수되는 재화 또는 용역의 공급은 그 면세되는 재화 또는 용역의 공급에 포함되는 것으로 본다.

제27조(재화의 수입에 대한 면세) 다음 각 호에 해당하는 재화의 수입에 대하여는 부가가치세를 면제한다.

1. 가공되지 아니한 식료품(식용으로 제공되는 농산물, 축산물, 수산물 및 임산물을 포함한다)으로서 대통령령으로 정하는 것

2. 도서, 신문 및 잡지로서 대통령령으로 정하는 것

3. 학술연구단체, 교육기관, 「한국교육방송공사법」에 따른 한국교육방송공사 또는 문화단체가 과학용·교육용·문화용으로 수입하는 재화로서 대통령령으로 정하는 것

4. 종교의식, 자선, 구호, 그 밖의 공익을 목적으로 외국으로부터 종교단체·자선단체 또는 구호단체에 기증되는 재화로서 대통령령으로 정하는 것

5. 외국으로부터 국가, 지방자치단체 또는 지방자치단체조합에 기증되는 재화

6. 거주자가 받는 소액물품으로서 관세가 면제되는 재화

7. 이사, 이민 또는 상속으로 인하여 수입하는 재화로서 관세가 면제되거나 「관세법」 제81조제1항에 따른 간이세율이 적용되는 재화

8. 여행자의 휴대품, 별송(別送) 물품 및 우송(郵送) 물품으로서 관세가 면제되거나 「관세법」 제81조제1항에 따른 간이세율이 적용되는 재화

9. 수입하는 상품의 견본과 광고용 물품으로서 관세가 면제되는 재화

10. 국내에서 열리는 박람회, 전시회, 품평회, 영화제 또는 이와 유사한 행사에 출품하기 위하여 무상으로 수입하는 물품으로서 관세가 면제되는 재화

11. 조약·국제법규 또는 국제관습에 따라 관세가 면제되는 재화로서 대통령령으로 정하는 것

12. 수출된 후 다시 수입하는 재화로서 관세가 감면되는 것 중 대통령령으로 정하는 것. 다만, 관세가 경감(輕減)되는 경우에는 경감되는 비율만큼만 면제한다.

13. 다시 수출하는 조건으로 일시 수입하는 재화로서 관세가 감면되는 것 중 대통령령으로 정하는 것. 다만, 관세가 경감되는 경우에는 경감되는 비율만큼만 면제한다.

14. 제26조제1항제10호에 따른 담배

15. 제6호부터 제13호까지의 규정에 따른 재화 외에 관세가 무세(無稅)이거나 감면되는 재화로서 대통령령으로 정하는 것. 다만, 관세가 경감되는 경우에는 경감되는 비율만큼만 면제한다.

第28조(면세의 포기) ① 사업자는 제26조 또는 「조세특례제한법」 제106조 등에 따라 부가가치세가 면제되는 재화 또는 용역의 공급으로서 다음 각 호에 해당하는 것에 대하여는 대통령령으로 정하는 바에 따라 면세의 포기를 신고하여 부가가치세의 면제를 받지 아니할 수 있다.

1. 제21조부터 제24조까지의 규정에 따라 영세율의 적용 대상이 되는 것

2. 제26조제1항제12호 · 제15호 및 제18호에 따른 재화 또는 용역의 공급

② 제1항에 따라 면세의 포기를 신고한 사업자는 신고한 날부터 3년간 부가가치세를 면제받지 못한다.

③ 제1항에 따라 면세의 포기를 신고한 사업자가 제2항의 기간이 지난 뒤 부가가치세를 면제받으려면 대통령령으로 정하는 바에 따라 면세적용신고서를 제출하여야 하며, 면세적용신고서를 제출하지 아니하면 계속하여 면세를 포기한 것으로 본다.

④ 제1항에 따른 면세의 포기 절차에 관하여 필요한 사항은 대통령령으로 정한다.

제4장 과세표준과 세액의 계산

제1절 과세표준과 세율

第29조(과세표준) ① 재화 또는 용역의 공급에 대한 부가가치세의 과세표준은 해당 과세기간에 공급한 재화 또는 용역의 공급가액을 합한 금액으로 한다.

② 재화의 수입에 대한 부가가치세의 과세표준은 그 재화에 대한 관세의 과세가격과 관세, 개별소비세, 주세, 교육세, 농어촌특별세 및 교통 · 에너지 · 환경세를 합한 금액으로 한다.

③ 제1항의 공급가액은 다음 각 호의 가액을 말한다. 이 경우 대금, 요금, 수수료, 그 밖에 어떤 명목이든 상관없이 재화 또는 용역을 공급받는 자로부터 받는 금전적 가치 있는 모든 것을 포함하되, 부가가치세는 포함하지 아니한다. 〈개정 2017. 12. 19.〉

1. 금전으로 대가를 받는 경우: 그 대가. 다만, 그 대가를 외국통화나 그 밖의 외국환으로 받은 경우에는 대통령령으로 정한 바에 따라 환산한 가액

2. 금전 외의 대가를 받는 경우: 자기가 공급한 재화 또는 용역의 시가

3. 폐업하는 경우: 폐업 시 남아 있는 재화의 시가

4. 제10조제1항 · 제2항 · 제4항 · 제5항 및 제12조제1항에 따라 재화 또는 용역을 공급한 것으로 보는 경우: 자기가 공급한 재화 또는 용역의 시가

5. 제10조제3항에 따라 재화를 공급하는 것으로 보는 경우: 해당 재화의 취득가액 등을 기준으로 대통령령으로 정하는 가액

6. 외상거래, 할부거래, 대통령령으로 정하는 마일리지 등으로 대금의 전부 또는 일부를 결제하는 거래 등 그 밖의 방법으로 재화 또는 용역을 공급하는 경우: 공급 형태 등을 고려하여 대통령령으로 정하는 가액

④ 제3항에도 불구하고 특수관계인에 대한 재화 또는 용역(수탁자가 위탁자의 특수관계인에게 공급하는 신탁재산과 관련된 재화 또는 용역을 포함한다)의 공급이 다음 각 호의 어느 하나에 해당하는 경우로서 조세의 부담을 부당하게 감소시킬 것으로 인정되는 경우에는 공급한 재화 또는 용역의 시가를 공급가액으로 본다. 〈개정 2021. 12. 8.〉

1. 재화의 공급에 대하여 부당하게 낮은 대가를 받거나 아무런 대가를 받지 아니한 경우

2. 용역의 공급에 대하여 부당하게 낮은 대가를 받는 경우

3. 용역의 공급에 대하여 대가를 받지 아니하는 경우로서 제12조제2항 단서가 적용되는 경우

⑤ 다음 각 호의 금액은 공급가액에 포함하지 아니한다.

1. 재화나 용역을 공급할 때 그 품질이나 수량, 인도조건 또는 공급대가의 결제방법이나 그 밖의 공급조건에 따라 통상의 대가에서 일정액을 직접 깎아 주는 금액

2. 환입된 재화의 가액

3. 공급받는 자에게 도달하기 전에 파손되거나 훼손되거나 멸실한 재화의 가액

4. 재화 또는 용역의 공급과 직접 관련되지 아니하는 국고보조금과 공공보조금

5. 공급에 대한 대가의 지급이 지체되었음을 이유로 받는 연체이자

6. 공급에 대한 대가를 약정기일 전에 받았다는 이유로 사업자가 당초의 공급가액에서 할인해 준 금액

⑥ 사업자가 재화 또는 용역을 공급받는 자에게 지급하는 장려금이나 이와 유사한 금액 및 제45조제1항에 따른 대손금액(貸損金額)은 과세표준에서 공제하지 아니한다.

⑦ 사업자가 재화 또는 용역을 공급하고 그 대가로 받은 금액에 부가가치세가 포함되어 있는지가 분명하지 아니한 경우에는 그 대가로 받은 금액에 110분의 100을 곱한 금액을 공급가액으로 한다.

⑧ 사업자가 과세사업과 면세사업등에 공통적으로 사용된 재화를 공급하는 경우에는 대통령령으로 정하는 바에 따라 계산한 금액을 공급가액으로 한다. 〈개정 2023. 12. 31.〉

⑨ 사업자가 토지와 그 토지에 정착된 건물 또는 구축물 등을 함께 공급하는 경우에는 건물 또는 구축물 등의 실지거래가액을 공급가액으로 한다. 다만, 다음 각 호의 어느 하나에 해당하는 경우에는 대통령령으로 정하는 바에 따라 안분계산한 금액을 공급가액으로 한다. 〈개정 2018. 12. 31., 2021. 12. 8.〉

1. 실지거래가액 중 토지의 가액과 건물 또는 구축물 등의 가액의 구분이 불분명한 경우

2. 사업자가 실지거래가액으로 구분한 토지와 건물 또는 구축물 등의 가액이 대통령령으로 정하는 바에 따라 안분계산한 금액과 100분의 30 이상 차이가 있는 경우. 다만, 다른 법령에서 정하는 바에 따라 가액을 구분한 경우 등 대통령령으로 정하는 사유에 해당하는 경우는 제외한다.

⑩ 사업자가 다음 각 호의 어느 하나에 해당하는 부동산 임대용역을 공급하는 경우의 공급가액은 대통령령으로 정하는 바에 따라 계산한 금액으로 한다.

1. 사업자가 부동산 임대용역을 공급하고 전세금 또는 임대보증금을 받는 경우

2. 과세되는 부동산 임대용역과 면세되는 주택 임대용역을 함께 공급하여 그 임대구분과 임대료 등의 구분이 불분명한 경우

3. 사업자가 둘 이상의 과세기간에 걸쳐 부동산 임대용역을 공급하고 그 대가를 선불 또는 후불로 받는 경우

⑪ 제10조제1항·제2항 및 제4항부터 제6항까지의 규정에 따라

재화의 공급으로 보는 재화가 대통령령으로 정하는 감가상각자산(이하 "감가상각자산"이라 한다)인 경우에는 제3항제3호 및 제4호에도 불구하고 대통령령으로 정하는 바에 따라 계산한 금액을 공급가액으로 한다.

⑫ 시가와 그 밖에 공급가액 및 과세표준의 계산에 필요한 사항은 대통령령으로 정한다.

제30조(세율) 부가가치세의 세율은 10퍼센트로 한다.

제2절 거래징수와 세금계산서

제31조(거래징수) 사업자가 재화 또는 용역을 공급하는 경우에는 제29조제1항에 따른 공급가액에 제30조에 따른 세율을 적용하여 계산한 부가가치세를 재화 또는 용역을 공급받는 자로부터 징수하여야 한다.

제32조(세금계산서 등) ① 사업자가 재화 또는 용역을 공급(부가가치세가 면제되는 재화 또는 용역의 공급은 제외한다)하는 경우에는 다음 각 호의 사항을 적은 계산서(이하 "세금계산서"라 한다)를 그 공급을 받는 자에게 발급하여야 한다.

1. 공급하는 사업자의 등록번호와 성명 또는 명칭
2. 공급받는 자의 등록번호. 다만, 공급받는 자가 사업자가 아니거나 등록한 사업자가 아닌 경우에는 대통령령으로 정하는 고유번호 또는 공급받는 자의 주민등록번호
3. 공급가액과 부가가치세액
4. 작성 연월일
5. 그 밖에 대통령령으로 정하는 사항

② 법인사업자와 대통령령으로 정하는 개인사업자는 제1항에 따라 세금계산서를 발급하려면 대통령령으로 정하는 전자적 방법으로 세금계산서(이하 "전자세금계산서"라 한다)를 발급하여야 한다.

③ 제2항에 따라 전자세금계산서를 발급하였을 때에는 대통령령으로 정하는 기한까지 대통령령으로 정하는 전자세금계산서 발급명세를 국세청장에게 전송하여야 한다.

④ 제2항에도 불구하고 「전기사업법」 제2조제2호에 따른 전기사업자가 산업용 전력을 공급하는 경우 등 대통령령으로 정하는 경우 해당 사업자는 대통령령으로 정하는 바에 따라 전자세금계산서임을

적은 계산서를 발급하고 전자세금계산서 파일을 국세청장에게 전송할 수 있다. 이 경우 제2항에 따라 전자세금계산서를 발급하고 제3항에 따른 발급명세를 전송한 것으로 본다.

⑤ 전자세금계산서를 발급하여야 하는 사업자가 아닌 사업자도 제2항 및 제3항에 따라 전자세금계산서를 발급하고 전자세금계산서 발급명세를 전송할 수 있다.

⑥ 위탁판매 또는 대리인에 의한 판매 등 대통령령으로 정하는 경우에는 제1항에도 불구하고 해당 재화 또는 용역을 공급하는 자이거나 공급받는 자가 아닌 경우에도 대통령령으로 정하는 바에 따라 세금계산서 또는 전자세금계산서를 발급하거나 발급받을 수 있다.

⑦ 세금계산서 또는 전자세금계산서의 기재사항을 착오로 잘못 적거나 세금계산서 또는 전자세금계산서를 발급한 후 그 기재사항에 관하여 대통령령으로 정하는 사유가 발생하면 대통령령으로 정하는 바에 따라 수정한 세금계산서(이하 "수정세금계산서"라 한다) 또는 수정한 전자세금계산서(이하 "수정전자세금계산서"라 한다)를 발급할 수 있다.

⑧ 세금계산서, 전자세금계산서, 수정세금계산서 및 수정전자세금계산서의 작성과 발급에 필요한 사항은 대통령령으로 정한다.

제33조(세금계산서 발급의무의 면제 등) ① 제32조에도 불구하고 세금계산서(전자세금계산서를 포함한다. 이하 같다)를 발급하기 어렵거나 세금계산서의 발급이 불필요한 경우 등 대통령령으로 정하는 경우에는 세금계산서를 발급하지 아니할 수 있다.

② 제32조에도 불구하고 대통령령으로 정하는 사업자가 제46조제1항에 따른 신용카드매출전표등을 발급한 경우에는 세금계산서를 발급하지 아니한다.

제34조(세금계산서 발급시기) ① 세금계산서는 사업자가 제15조 및 제16조에 따른 재화 또는 용역의 공급시기에 재화 또는 용역을 공급받는 자에게 발급하여야 한다.

② 제1항에도 불구하고 사업자는 제15조 또는 제16조에 따른 재화 또는 용역의 공급시기가 되기 전 제17조에 따른 때에 세금계산서를 발급할 수 있다.

③ 제1항에도 불구하고 다음 각 호의 어느 하나에 해당하는 경우

에는 재화 또는 용역의 공급일이 속하는 달의 다음 달 10일(그 날이 공휴일 또는 토요일인 경우에는 바로 다음 영업일을 말한다)까지 세금계산서를 발급할 수 있다. 〈개정 2023. 12. 31.〉

1. 거래처별로 달의 1일부터 말일까지의 공급가액을 합하여 해당 달의 말일을 작성 연월일로 하여 세금계산서를 발급하는 경우

2. 거래처별로 달의 1일부터 말일까지의 기간 이내에서 사업자가 임의로 정한 기간의 공급가액을 합하여 그 기간의 종료일을 작성 연월일로 하여 세금계산서를 발급하는 경우

3. 관계 증명서류 등에 따라 실제거래사실이 확인되는 경우로서 해당 거래일을 작성 연월일로 하여 세금계산서를 발급하는 경우

제34조의2(매입자발행세금계산서에 따른 매입세액 공제 특례) ① 제32조에도 불구하고 납세의무자로 등록한 사업자로서 대통령령으로 정하는 사업자(이하 이 항에서 "사업자"라 한다)가 재화 또는 용역을 공급하고 제34조에 따른 세금계산서 발급 시기에 세금계산서를 발급하지 아니한 경우(사업자의 부도·폐업, 공급 계약의 해제·변경 또는 그 밖에 대통령령으로 정하는 사유가 발생한 경우로서 사업자가 수정세금계산서 또는 수정전자세금계산서를 발급하지 아니한 경우를 포함한다) 그 재화 또는 용역을 공급받은 자는 대통령령으로 정하는 바에 따라 관할 세무서장의 확인을 받아 세금계산서를 발행할 수 있다. 〈개정 2017. 12. 19., 2021. 12. 8.〉

② 제1항에 따른 세금계산서(이하 "매입자발행세금계산서"라 한다)에 기재된 부가가치세액은 대통령령으로 정하는 바에 따라 제37조, 제38조 및 제63조제3항에 따른 공제를 받을 수 있는 매입세액으로 본다.

③ 제1항 및 제2항에서 정한 사항 외에 매입자발행세금계산서의 발급 대상 및 방법, 그 밖에 필요한 사항은 대통령령으로 정한다.

[본조신설 2016. 12. 20.]

제35조(수입세금계산서) ① 세관장은 수입되는 재화에 대하여 부가가치세를 징수할 때(제50조의2에 따라 부가가치세의 납부가 유예되는 때를 포함한다)에는 수입된 재화에 대한 세금계산서(이하 "수입세금계산서"라 한다)를 대통령령으로 정하는 바에 따라 수입하는 자에게 발급하여야 한다. 〈개정 2015. 12. 15.〉

② 세관장은 다음 각 호의 어느 하나에 해당하는 경우에는 수입

하는 자에게 대통령령으로 정하는 바에 따라 수정한 수입세금계산서(이하 "수정수입세금계산서"라 한다)를 발급하여야 한다. 〈개정 2017. 12. 19., 2022. 12. 31., 2023. 12. 31.〉

1. 「관세법」에 따라 세관장이 과세표준 또는 세액을 결정 또는 경정하기 전에 수입하는 자가 대통령령으로 정하는 바에 따라 수정신고 등을 하는 경우(제3호에 따라 수정신고하는 경우는 제외한다)

2. 「관세법」에 따라 세관장이 과세표준 또는 세액을 결정 또는 경정하는 경우(수입하는 자가 해당 재화의 수입과 관련하여 다음 각 목의 어느 하나에 해당하지 아니하는 경우로 한정한다)

가. 「관세법」 제270조(제271조제2항에 따른 미수범의 경우를 포함한다), 제270조의2 또는 제276조를 위반하여 고발되거나 같은 법 제311조에 따라 통고처분을 받은 경우

나. 「관세법」 제42조제2항에 따른 부정한 행위 또는 「자유무역협정의 이행을 위한 관세법의 특례에 관한 법률」 제36조제1항제1호 단서에 따른 부정한 행위로 관세의 과세표준 또는 세액을 과소신고한 경우

다. 수입자가 과세표준 또는 세액을 신고하면서 관세조사 등을 통하여 이미 통지받은 오류를 다음 신고 시에도 반복하는 등 대통령령으로 정하는 중대한 잘못이 있는 경우

3. 수입하는 자가 세관공무원의 관세조사 등 대통령령으로 정하는 행위가 발생하여 과세표준 또는 세액이 결정 또는 경정될 것을 미리 알고 그 결정·경정 전에 「관세법」에 따라 수정신고하는 경우(해당 재화의 수입과 관련하여 제2호 각 목의 어느 하나에 해당하지 아니하는 경우로 한정한다)

③ 세관장은 제2항제2호 또는 제3호의 결정·경정 또는 수정신고에 따라 수정수입세금계산서를 발급한 후 수입하는 자가 제2항제2호 각 목의 어느 하나에 해당하는 사실을 알게 된 경우에는 이미 발급한 수정수입세금계산서를 그 수정 전으로 되돌리는 내용의 수정수입세금계산서를 발급하여야 한다. 〈신설 2022. 12. 31.〉

④ 세관장은 제2항제2호가목에 해당하여 같은 항 제2호 또는 제3호에 따라 수정수입세금계산서를 발급하지 아니하였거나 제3항에 따라 수정수입세금계산서를 다시 발급한 이후에 수입하는 자가 무죄 취지의 불기소 처분이나 무죄 확정판결을 받은 경우에는 당초 세관

장이 결정 또는 경정한 내용이나 수입하는 자가 수정신고한 내용으로 수정수입세금계산서를 발급하여야 한다. 〈신설 2022. 12. 31.〉

⑤ 수입하는 자는 제2항 또는 제4항에도 불구하고 세관장이 수정수입세금계산서를 발급하지 아니하는 경우 「국세기본법」 제26조의2제1항이나 같은 조 제6항제1호에 따른 기간 내에 대통령령으로 정하는 바에 따라 세관장에게 수정수입세금계산서의 발급을 신청할 수 있다. 〈신설 2017. 12. 19., 2019. 12. 31., 2022. 12. 31.〉

⑥ 제2항부터 제4항까지의 규정에 따라 수정수입세금계산서를 발급한 세관장은 제54조를 준용하여 작성한 수정된 매출처별 세금계산서합계표를 해당 세관 소재지를 관할하는 세무서장에게 제출하여야 한다. 〈개정 2017. 12. 19., 2022. 12. 31.〉

⑦ 제1항부터 제6항까지에서 규정한 사항 외에 수입세금계산서 또는 수정수입세금계산서의 작성과 발급 등에 필요한 사항은 대통령령으로 정한다. 〈개정 2017. 12. 19., 2022. 12. 31.〉

[전문개정 2013. 7. 26.]

제36조(영수증 등) ① 제32조에도 불구하고 다음 각 호의 어느 하나에 해당하는 자가 재화 또는 용역을 공급(부가가치세가 면제되는 재화 또는 용역의 공급은 제외한다)하는 경우에는 제15조 및 제16조에 따른 재화 또는 용역의 공급시기에 대통령령으로 정하는 바에 따라 그 공급을 받은 자에게 세금계산서를 발급하는 대신 영수증을 발급하여야 한다. 〈개정 2020. 12. 22.〉

1. 주로 사업자가 아닌 자에게 재화 또는 용역을 공급하는 사업자로서 대통령령으로 정하는 사업자

2. 간이과세자 중 다음 각 목의 어느 하나에 해당하는 자

가. 직전 연도의 공급대가의 합계액(직전 과세기간에 신규로 사업을 시작한 개인사업자의 경우 제61조제2항에 따라 환산한 금액)이 4천800만원 미만인 자

나. 신규로 사업을 시작하는 개인사업자로서 제61조제4항에 따라 간이과세자로 하는 최초의 과세기간 중에 있는 자

② 제32조에도 불구하고 「전기사업법」 제2조제2호에 따른 전기사업자가 산업용이 아닌 전력을 공급하는 경우 등 대통령령으로 정하는 경우 해당 사업자는 영수증을 발급할 수 있다. 이 경우 해당 사업자가 영수증을 발급하지 아니하면 세금계산서를 발급하여야 한다.

③ 제1항 및 제2항에도 불구하고 재화 또는 용역을 공급받는 자가 사업자등록증을 제시하고 세금계산서의 발급을 요구하는 경우로서 대통령령으로 정하는 경우에는 세금계산서를 발급하여야 한다.

④ 제1항 및 제2항에도 불구하고 영수증을 발급하는 사업자는 금전등록기를 설치하여 영수증을 대신하여 공급대가를 적은 계산서를 발급할 수 있다. 이 경우 사업자가 계산서를 발급하고 해당 감사테이프를 보관한 경우에는 제1항에 따른 영수증을 발급하고 제71조에 따른 장부의 작성을 이행한 것으로 보며, 현금수입을 기준으로 부가가치세를 부과할 수 있다. 〈개정 2020. 12. 22.〉

⑤ 제46조제1항에 따른 신용카드매출전표등은 제1항에 따른 영수증으로 본다.

⑥ 영수증 및 계산서의 기재사항 및 작성 등에 필요한 사항은 대통령령으로 정한다.

제36조의2(간이과세자의 영수증 발급 적용기간) ① 제36조제1항제2호가목에 따라 영수증 발급에 관한 규정이 적용되거나 적용되지 아니하게 되는 기간은 해의 1월 1일부터 12월 31일까지의 공급대가의 합계액(신규로 사업을 시작한 개인사업자의 경우 제61조제2항에 따라 환산한 금액)이 4천800만원에 미달하거나 그 이상이 되는 해의 다음 해의 7월 1일부터 그 다음 해의 6월 30일까지로 한다. 〈개정 2023. 12. 31.〉

② 제36조제1항제2호나목에 따라 영수증 발급에 관한 규정이 적용되는 기간은 사업 개시일부터 사업을 시작한 해의 다음 해의 6월 30일까지로 한다.

③ 제1항 및 제2항에서 규정한 영수증 발급 적용기간에 관하여 필요한 사항은 대통령령으로 정한다.

[본조신설 2020. 12. 22.]

제3절 납부세액 등

제37조(납부세액 등의 계산) ① 매출세액은 제29조에 따른 과세표준에 제30조의 세율을 적용하여 계산한 금액으로 한다.

② 납부세액은 제1항에 따른 매출세액(제45조제1항에 따른 대손세액을 뺀 금액으로 한다)에서 제38조에 따른 매입세액, 그 밖에 이 법 및 다른 법률에 따라 공제되는 매입세액을 뺀 금액으로 한다. 이

경우 매출세액을 초과하는 부분의 매입세액은 환급세액으로 한다.

③제2항에 따른 납부세액을 기준으로 사업자가 최종 납부하거나 환급받을 세액은 다음 계산식에 따라 계산한다.

납부하거나 환급받을 세액 = A - B + C A: 제2항에 따른 납부세액 또는 환급세액 B: 제46조, 제47조 및 그 밖에 이 법 및 다른 법률에서 정하는 공제세액 C: 제60조 및 「국세기본법」 제47조의2부터 제47조의5까지의 규정에 따른 가산세

제38조(공제하는 매입세액) ① 매출세액에서 공제하는 매입세액은 다음 각 호의 금액을 말한다. 〈개정 2014. 1. 1.〉

1. 사업자가 자기의 사업을 위하여 사용하였거나 사용할 목적으로 공급받은 재화 또는 용역에 대한 부가가치세액(제52조제4항에 따라 납부한 부가가치세액을 포함한다)

2. 사업자가 자기의 사업을 위하여 사용하였거나 사용할 목적으로 수입하는 재화의 수입에 대한 부가가치세액

② 제1항제1호에 따른 매입세액은 재화 또는 용역을 공급받는 시기가 속하는 과세기간의 매출세액에서 공제한다.

③ 제1항제2호에 따른 매입세액은 재화의 수입시기가 속하는 과세기간의 매출세액에서 공제한다.

제39조(공제하지 아니하는 매입세액) ① 제38조에도 불구하고 다음 각 호의 매입세액은 매출세액에서 공제하지 아니한다. 〈개정 2017. 12. 19., 2019. 12. 31., 2022. 12. 31.〉

1. 제54조제1항 및 제3항에 따라 매입처별 세금계산서합계표를 제출하지 아니한 경우의 매입세액 또는 제출한 매입처별 세금계산서 합계표의 기재사항 중 거래처별 등록번호 또는 공급가액의 전부 또는 일부가 적히지 아니하였거나 사실과 다르게 적힌 경우 그 기재사항이 적히지 아니한 부분 또는 사실과 다르게 적힌 부분의 매입세액. 다만, 대통령령으로 정하는 경우의 매입세액은 제외한다.

2. 세금계산서 또는 수입세금계산서를 발급받지 아니한 경우 또는 발급받은 세금계산서 또는 수입세금계산서에 제32조제1항제1호부터 제4호까지의 규정에 따른 기재사항(이하 "필요적 기재사항"이라 한다)의 전부 또는 일부가 적히지 아니하였거나 사실과 다르게 적힌 경우의 매입세액(공급가액이 사실과 다르게 적힌 경우에는 실제 공

급가액과 사실과 다르게 적힌 금액의 차액에 해당하는 세액을 말한다). 다만, 대통령령으로 정하는 경우의 매입세액은 제외한다.

3. 삭제 〈2014. 1. 1.〉

4. 사업과 직접 관련이 없는 지출로서 대통령령으로 정하는 것에 대한 매입세액

5. 「개별소비세법」 제1조제2항제3호에 따른 자동차(운수업, 자동차판매업 등 대통령령으로 정하는 업종에 직접 영업으로 사용되는 것은 제외한다)의 구입과 임차 및 유지에 관한 매입세액

6. 기업업무추진비 및 이와 유사한 비용으로서 대통령령으로 정하는 비용의 지출에 관련된 매입세액

7. 면세사업등에 관련된 매입세액(면세사업등을 위한 투자에 관련된 매입세액을 포함한다)과 대통령령으로 정하는 토지에 관련된 매입세액

8. 제8조에 따른 사업자등록을 신청하기 전의 매입세액. 다만, 공급시기가 속하는 과세기간이 끝난 후 20일 이내에 등록을 신청한 경우 등록신청일부터 공급시기가 속하는 과세기간 기산일(제5조제1항에 따른 과세기간의 기산일을 말한다)까지 역산한 기간 내의 것은 제외한다.

② 제1항에 따라 공제되지 아니하는 매입세액의 범위에 관하여 필요한 사항은 대통령령으로 정한다.

제40조(공통매입세액의 안분) 사업자가 과세사업과 면세사업등을 겸영(兼營)하는 경우에 과세사업과 면세사업등에 관련된 매입세액의 계산은 실지귀속(實地歸屬)에 따라 하되, 실지귀속을 구분할 수 없는 매입세액(이하 "공통매입세액"이라 한다)은 총공급가액에 대한 면세공급가액의 비율 등 대통령령으로 정하는 기준(이하 "공통매입세액 안분기준"이라 한다)을 적용하여 대통령령으로 정하는 바에 따라 안분(按分)하여 계산한다.

제41조(공통매입세액 재계산) 감가상각자산에 대하여 공통매입세액의 안분계산에 따라 매입세액이 공제된 후 공통매입세액 안분기준에 따른 비율과 감가상각자산의 취득일이 속하는 과세기간(그 후의 과세기간에 재계산한 때는 그 재계산한 과세기간)에 적용되었던 공통매입세액 안분기준에 따른 비율이 5퍼센트 이상 차이가 나면 대통령령으로 정하는 바에 따라 납부세액 또는 환급세액을 다시 계산하

여 제49조에 따른 해당 과세기간의 확정신고와 함께 관할 세무서장에게 신고·납부하여야 한다.

제42조(면세농산물등 의제매입세액 공제특례) ① 사업자가 제26조제1항제1호 또는 제27조제1호에 따라 부가가치세를 면제받아 공급받거나 수입한 농산물·축산물·수산물 또는 임산물(이하 "면세농산물등"이라 한다)을 원재료로 하여 제조·가공한 재화 또는 창출한 용역의 공급에 대하여 부가가치세가 과세되는 경우(제28조에 따라 면세를 포기하고 영세율을 적용받는 경우는 제외한다)에는 면세농산물등을 공급받거나 수입할 때 매입세액이 있는 것으로 보아 면세농산물등의 가액(대통령령으로 정하는 금액을 한도로 한다)에 다음 표의 구분에 따른 율을 곱하여 계산한 금액을 매입세액으로 공제할 수 있다. 〈개정 2017. 12. 19., 2018. 12. 31., 2019. 12. 31., 2021. 12. 8., 2022. 12. 31., 2023. 12. 31.〉

구분		율
1. 음식점업	가. 「개별소비세법」 제1조제4항에 따른 과세유흥장소의 경영자	102분의 2
	나. 가목 외의 음식점을 경영하는 사업자 중 개인사업자	108분의 8 (과세표준 2억원 이하인 경우에는 2026년 12월 31일까지 109분의 9)
	다. 가목 및 나목 외의 사업자	106분의 6
2. 제조업	가. 과자점업, 도정업, 제분업 및 떡류 제조업 중 떡방앗간을 경영하는 개인사업자	106분의 6
	나. 가목 외의 제조업을 경영하는 사업자 중 「조세특례제한법」 제6조제1항에 따른 중소기업 및 개인사업자	104분의 4
	다. 가목 및 나목 외의 사업자	102분의 2
3. 제1호 및 제2호 외의 사업		102분의 2

② 제1항을 적용받으려는 사업자는 제48조 및 제49조에 따른 신고와 함께 대통령령으로 정하는 바에 따라 면세농산물등을 공급받은 사실을 증명하는 서류를 납세지 관할 세무서장에게 제출하여야 한다. 〈개정 2019. 12. 31.〉

③ 제1항 및 제2항에서 규정한 사항 외에 면세농산물의 범위 등 면세농산물등의 의제매입세액공제액 계산에 필요한 사항은 대통령령으로 정한다. 〈신설 2017. 12. 19.〉

제43조(면세사업등을 위한 감가상각자산의 과세사업 전환 시 매입세액공제 특례) 사업자는 제39조제1항제7호에 따라 매입세액이 공제되지 아니한 면세사업등을 위한 감가상각자산을 과세사업에 사용하거나 소비하는 경우 대통령령으로 정하는 바에 따라 계산한 금액을 그 과세사업에 사용하거나 소비하는 날이 속하는 과세기간의 매입세액으로 공제할 수 있다.

제44조(일반과세자로 변경 시 재고품등에 대한 매입세액 공제특례) ① 간이과세자가 일반과세자로 변경되면 그 변경 당시의 재고품, 건설 중인 자산 및 감가상각자산(이하 이 조에서 "재고품등"이라 한다)에 대하여 대통령령으로 정하는 바에 따라 계산한 금액을 매입세액으로 공제할 수 있다.

② 재고품등의 범위, 그 적용시기 등 재고품등의 매입세액의 공제에 필요한 사항은 대통령령으로 정한다.

제45조(대손세액의 공제특례) ①사업자는 부가가치세가 과세되는 재화 또는 용역을 공급하고 외상매출금이나 그 밖의 매출채권(부가가치세를 포함한 것을 말한다)의 전부 또는 일부가 공급을 받은 자의 파산·강제집행이나 그 밖에 대통령령으로 정하는 사유로 대손되어 회수할 수 없는 경우에는 다음의 계산식에 따라 계산한 금액(이하 "대손세액"이라 한다)을 그 대손이 확정된 날이 속하는 과세기간의 매출세액에서 뺄 수 있다. 다만, 그 사업자가 대손되어 회수할 수 없는 금액(이하 "대손금액"이라 한다)의 전부 또는 일부를 회수한 경우에는 회수한 대손금액에 관련된 대손세액을 회수한 날이 속하는 과세기간의 매출세액에 더한다.

대손세액 = 대손금액 × 110분의 10

② 제1항을 적용받고자 하는 사업자는 제49조에 따른 신고와 함께 대통령령으로 정하는 바에 따라 대손금액이 발생한 사실을 증명하는 서류를 제출하여야 한다. 〈개정 2019. 12. 31.〉

③ 제1항 및 제2항을 적용할 때 재화 또는 용역을 공급받은 사업자가 대손세액에 해당하는 금액의 전부 또는 일부를 제38조에 따라 매입세액으로 공제받은 경우로서 그 사업자가 폐업하기 전에 재화

또는 용역을 공급하는 자가 제1항에 따른 대손세액공제를 받은 경우에는 그 재화 또는 용역을 공급받은 사업자는 관련 대손세액에 해당하는 금액을 대손이 확정된 날이 속하는 과세기간에 자신의 매입세액에서 뺀다. 다만, 그 공급을 받은 사업자가 대손세액에 해당하는 금액을 빼지 아니한 경우에는 대통령령으로 정하는 바에 따라 그 사업자의 관할 세무서장이 빼야 할 매입세액을 결정 또는 경정(更正)하여야 한다.

④ 제3항에 따라 매입세액에서 대손세액에 해당하는 금액을 뺀(관할 세무서장이 결정 또는 경정한 경우를 포함한다) 해당 사업자가 대손금액의 전부 또는 일부를 변제한 경우에는 대통령령으로 정하는 바에 따라 변제한 대손금액에 관련된 대손세액에 해당하는 금액을 변제한 날이 속하는 과세기간의 매입세액에 더한다.

⑤ 제1항부터 제3항까지에서 규정한 사항 외에 대손세액 공제의 범위 및 절차에 관하여 필요한 사항은 대통령령으로 정한다.

제4절 세액공제

제46조(신용카드 등의 사용에 따른 세액공제 등) ① 제1호에 해당하는 사업자가 부가가치세가 과세되는 재화 또는 용역을 공급하고 제34조제1항에 따른 세금계산서의 발급시기에 제2호에 해당하는 거래증빙서류(이하 이 조에서 "신용카드매출전표등"이라 한다)를 발급하거나 대통령령으로 정하는 전자적 결제수단에 의하여 대금을 결제받는 경우에는 제3호에 따른 금액을 납부세액에서 공제한다. 〈개정 2019. 12. 31., 2020. 12. 22., 2021. 12. 8., 2023. 12. 31.〉

1. 사업자: 다음 각 목의 어느 하나에 해당하는 사업자

가. 주로 사업자가 아닌 자에게 재화 또는 용역을 공급하는 사업으로서 대통령령으로 정하는 사업을 하는 사업자(법인사업자와 직전 연도의 재화 또는 용역의 공급가액의 합계액이 대통령령으로 정하는 금액을 초과하는 개인사업자는 제외한다)

나. 제36조제1항제2호에 해당하는 간이과세자

2. 거래증빙서류: 다음 각 목의 어느 하나에 해당하는 서류

가. 「여신전문금융업법」에 따른 신용카드매출전표

나. 「조세특례제한법」 제126조의3에 따른 현금영수증

다. 그 밖에 이와 유사한 것으로 대통령령으로 정하는 것

3. 공제금액(연간 500만원을 한도로 하되, 2026년 12월 31일까지는 연간 1천만원을 한도로 한다): 발급금액 또는 결제금액의 1퍼센트(2026년 12월 31일까지는 1.3퍼센트로 한다)

가. 삭제 〈2020. 12. 22.〉

나. 삭제 〈2020. 12. 22.〉

② 제1항을 적용할 때 공제받는 금액이 그 금액을 차감하기 전의 납부할 세액[제37조제2항에 따른 납부세액에서 이 법, 「국세기본법」 및 「조세특례제한법」에 따라 빼거나 더할 세액(제60조 및 「국세기본법」 제47조의2부터 제47조의4까지의 규정에 따른 가산세는 제외한다)을 빼거나 더하여 계산한 세액을 말하며, 그 계산한 세액이 "0"보다 작으면 "0"으로 본다]을 초과하면 그 초과하는 부분은 없는 것으로 본다.

③ 사업자가 대통령령으로 정하는 사업자로부터 재화 또는 용역을 공급받고 부가가치세액이 별도로 구분되는 신용카드매출전표등을 발급받은 경우로서 다음 각 호의 요건을 모두 충족하는 경우 그 부가가치세액은 제38조제1항 또는 제63조제3항에 따라 공제할 수 있는 매입세액으로 본다. 〈개정 2020. 12. 22.〉

1. 대통령령으로 정하는 신용카드매출전표등 수령명세서를 제출할 것

2. 신용카드매출전표등을 제71조제3항을 준용하여 보관할 것. 이 경우 대통령령으로 정하는 방법으로 증명 자료를 보관하는 경우에는 신용카드매출전표등을 보관하는 것으로 본다.

3. 간이과세자가 제36조의2제1항 및 제2항에 따라 영수증을 발급하여야 하는 기간에 발급한 신용카드매출전표등이 아닐 것

④ 국세청장은 주로 사업자가 아닌 소비자에게 재화 또는 용역을 공급하는 사업자로서 대통령령으로 정하는 자에 대하여 납세관리에 필요하다고 인정하면 「여신전문금융업법」에 따른 신용카드가맹점 가입 대상자 또는 「조세특례제한법」 제126조의3에 따른 현금영수증가맹점 가입 대상자로 지정하여 신용카드가맹점 또는 현금영수증가맹점으로 가입하도록 지도할 수 있다.

⑤ 제1항부터 제4항까지에서 규정한 사항 외에 신용카드매출전표등에 따른 세액공제의 범위, 신용카드가맹점 가입 대상자 또는 현금영수증가맹점 가입 대상자의 지정 및 그 밖에 필요한 사항은 대통

령령으로 정한다.

제47조(전자세금계산서 발급 전송에 대한 세액공제 특례) ① 재화 및 용역의 공급가액 등을 고려하여 대통령령으로 정하는 개인사업자가 전자세금계산서를 2027년 12월 31일까지 발급(전자세금계산서 발급명세를 제32조제3항에 따른 기한까지 국세청장에게 전송한 경우로 한정한다)하는 경우에는 전자세금계산서 발급 건수 등을 고려하여 대통령령으로 정하는 금액을 해당 과세기간의 부가가치세 납부세액에서 공제할 수 있다. 이 경우 공제한도는 연간 100만원으로 한다. 〈개정 2014. 1. 1., 2021. 12. 8., 2024. 12. 31.〉

② 제1항을 적용할 때 공제받는 금액이 그 금액을 차감하기 전의 납부할 세액[제37조제2항에 따른 납부세액에서 이 법, 「국세기본법」 및 「조세특례제한법」에 따라 빼거나 더할 세액(제60조 및 「국세기본법」 제47조의2부터 제47조의4까지의 규정에 따른 가산세는 제외한다)을 빼거나 더하여 계산한 세액을 말하며, 그 계산한 세액이 0보다 작으면 0으로 본다]을 초과하면 그 초과하는 부분은 없는 것으로 본다. 〈신설 2021. 12. 8.〉

③ 제1항에 따른 세액공제를 적용받으려는 개인사업자는 제48조 및 제49조에 따라 신고할 때 기획재정부령으로 정하는 전자세금계산서 발급세액공제신고서를 납세지 관할 세무서장에게 제출하여야 한다. 〈개정 2014. 1. 1., 2021. 12. 8.〉

제5장 신고와 납부 등

제1절 신고와 납부

제48조(예정신고와 납부) ①사업자는 각 과세기간 중 다음 표에 따른 기간(이하 "예정신고기간"이라 한다)이 끝난 후 25일 이내에 대통령령으로 정하는 바에 따라 각 예정신고기간에 대한 과세표준과 납부세액 또는 환급세액을 납세지 관할 세무서장에게 신고하여야 한다. 다만, 신규로 사업을 시작하거나 시작하려는 자에 대한 최초의 예정신고기간은 사업 개시일(제8조제1항 단서에 따라 사업 개시일 이전에 사업자등록을 신청한 경우에는 그 신청일을 말한다)부터 그 날이 속하는 예정신고기간의 종료일까지로 한다.

구분	예정신고기간
제1기	1월 1일부터 3월 31일까지
제2기	7월 1일부터 9월 30일까지

② 사업자는 제1항에 따른 신고(이하 "예정신고"라 한다)를 할 때 그 예정신고기간의 납부세액(해당 예정신고기간에 대하여 제57조의2에 따라 수시부과한 세액은 공제한다)을 부가가치세 예정신고서와 함께 각 납세지 관할 세무서장(제51조의 경우에는 주된 사업장의 관할 세무서장을 말한다)에게 납부하거나 「국세징수법」에 따른 납부서를 작성하여 한국은행(그 대리점을 포함한다) 또는 체신관서(이하 "한국은행등"이라 한다)에 납부하여야 한다. 〈개정 2024. 12. 31.〉

③ 납세지 관할 세무서장은 제1항 및 제2항에도 불구하고 개인사업자와 대통령령으로 정하는 법인사업자에 대하여는 각 예정신고기간마다 직전(直前) 과세기간에 대한 납부세액(제46조제1항, 제47조제1항 또는 「조세특례제한법」 제104조의8제2항, 제106조의7제1항에 따라 납부세액에서 공제하거나 경감한 세액 및 제57조의2에 따라 수시부과한 세액이 있는 경우에는 그 세액을 뺀 금액으로 하고, 제57조에 따른 결정 또는 경정과 「국세기본법」 제45조 및 제45조의2에 따른 수정신고 및 경정청구에 따른 결정이 있는 경우에는 그 내용이 반영된 금액으로 한다)의 50퍼센트(1천원 미만인 단수가 있을 때에는 그 단수금액은 버린다)로 결정하여 대통령령으로 정하는 바에 따라 해당 예정신고기간이 끝난 후 25일까지 징수한다. 다만, 다음 각 호의 어느 하나에 해당하는 경우에는 징수하지 아니한다. 〈개정 2014. 12. 23., 2016. 12. 20., 2018. 12. 31., 2019. 12. 31., 2021. 12. 8., 2024. 12. 31.〉

1. 징수하여야 할 금액이 50만원 미만인 경우

2. 간이과세자에서 해당 과세기간 개시일 현재 일반과세자로 변경된 경우

3. 「국세징수법」 제13조제1항 각 호의 어느 하나에 해당하는 사유로 관할 세무서장이 징수하여야 할 금액을 사업자가 납부할 수 없다고 인정되는 경우

④ 제3항에도 불구하고 휴업 또는 사업 부진으로 인하여 사업실적이 악화된 경우 등 대통령령으로 정하는 사유가 있는 사업자는 제1항에 따라 예정신고를 하고 제2항에 따라 예정신고기간의 납부세액(해당 예정신고기간에 대하여 제57조의2에 따라 수시부과한 세액은 공제한다)을 납부할 수 있다. 이 경우 제3항 본문에 따른 결정은 없었던 것으로 본다. 〈개정 2019. 12. 31., 2024. 12. 31.〉

제49조(확정신고와 납부) ① 사업자는 각 과세기간에 대한 과세표준과 납부세액 또는 환급세액을 그 과세기간이 끝난 후 25일(폐업하는 경우 제5조제3항에 따른 폐업일이 속한 달의 다음 달 25일) 이내에 대통령령으로 정하는 바에 따라 납세지 관할 세무서장에게 신고하여야 한다. 다만, 제48조제1항 및 제4항에 따라 예정신고를 한 사업자 또는 제59조제2항에 따라 조기에 환급을 받기 위하여 신고한 사업자는 이미 신고한 과세표준과 납부한 납부세액 또는 환급받은 환급세액은 신고하지 아니한다.

② 사업자는 제1항에 따른 신고(이하 "확정신고"라 한다)를 할 때 다음 각 호의 금액을 확정신고 시의 납부세액에서 빼고 부가가치세 확정신고서와 함께 각 납세지 관할 세무서장(제51조의 경우에는 주된 사업장 소재지의 관할 세무서장을 말한다)에게 납부하거나 「국세징수법」에 따른 납부서를 작성하여 한국은행등에 납부하여야 한다. 〈개정 2024. 12. 31.〉

1. 제59조제2항에 따라 조기 환급을 받을 환급세액 중 환급되지 아니한 세액
2. 제48조제3항 본문에 따라 징수되는 금액
3. 제57조의2에 따라 수시부과한 세액

제50조(재화의 수입에 대한 신고·납부) 제3조제1항제2호의 납세의무자가 재화의 수입에 대하여 「관세법」에 따라 관세를 세관장에게 신고하고 납부하는 경우에는 재화의 수입에 대한 부가가치세를 함께 신고하고 납부하여야 한다. 〈개정 2020. 12. 22.〉

제50조의2(재화의 수입에 대한 부가가치세 납부의 유예) ① 세관장은 매출액에서 수출액이 차지하는 비율 등 대통령령으로 정하는 요건을 충족하는 중소·중견사업자(이하 이 조에서 "중소·중견사업자"라 한다)가 물품을 제조·가공하기 위한 원재료 등 대통령령으로 정하는 재화의 수입에 대하여 부가가치세의 납부유예를 미리 신청하는

경우에는 제50조에도 불구하고 해당 재화를 수입할 때 부가가치세의 납부를 유예할 수 있다. 〈개정 2016. 12. 20.〉

② 제1항에 따라 납부를 유예받은 중소·중견사업자는 납세지 관할 세무서장에게 제48조에 따른 예정신고 또는 제49조에 따른 확정신고 등을 할 때 대통령령으로 정하는 바에 따라 그 납부가 유예된 세액을 정산하거나 납부하여야 한다. 이 경우 납세지 관할 세무서장에게 납부한 세액은 세관장에게 납부한 것으로 본다. 〈개정 2016. 12. 20.〉

③ 세관장은 제1항에 따라 부가가치세의 납부가 유예된 중소·중견사업자가 국세를 체납하는 등 대통령령으로 정하는 사유에 해당하는 경우에는 그 납부의 유예를 취소할 수 있다. 이 경우 세관장은 해당 중소·중견사업자에게 그 취소 사실을 통지하여야 한다. 〈개정 2016. 12. 20.〉

④ 제1항부터 제3항까지의 규정에 따른 납부유예의 신청 절차, 납부유예 기간 및 그 밖에 납부유예에 필요한 사항은 대통령령으로 정한다.

[본조신설 2015. 12. 15.]

제51조(주사업장 총괄 납부) ① 사업장이 둘 이상인 사업자(사업장이 하나이나 추가로 사업장을 개설하려는 사업자를 포함한다)가 대통령령으로 정하는 바에 따라 주된 사업장의 관할 세무서장에게 주사업장 총괄 납부를 신청한 경우에는 대통령령으로 정하는 바에 따라 납부할 세액을 주된 사업장에서 총괄하여 납부할 수 있다. 〈개정 2018. 12. 31.〉

② 주사업장 총괄 납부의 변경 및 적용 제외 등에 필요한 사항은 대통령령으로 정한다.

제52조(대리납부) ① 다음 각 호의 어느 하나에 해당하는 자(이하 이 조, 제53조, 제53조의2, 제60조제1항 및 제75조제1항에서 "국외사업자"라 한다)로부터 국내에서 용역 또는 권리(이하 이 조 및 제53조에서 "용역등"이라 한다)를 공급(국내에 반입하는 것으로서 제50조에 따라 관세와 함께 부가가치세를 신고·납부하여야 하는 재화의 수입에 해당하지 아니하는 경우를 포함한다. 이하 이 조 및 제53조에서 같다)받는 자(공급받은 그 용역등을 과세사업에 제공하는 경우는 제외하되, 제39조에 따라 매입세액이 공제되지 아니하는

용역등을 공급받는 경우는 포함한다)는 그 대가를 지급하는 때에 그 대가를 받은 자로부터 부가가치세를 징수하여야 한다. 〈개정 2020. 12. 22., 2023. 12. 31., 2025. 3. 14.〉

1. 「소득세법」 제120조 또는 「법인세법」 제94조에 따른 국내사업장(이하 이 조에서 "국내사업장"이라 한다)이 없는 비거주자 또는 외국법인

2. 국내사업장이 있는 비거주자 또는 외국법인(비거주자 또는 외국법인의 국내사업장과 관련없이 용역등을 공급하는 경우로서 대통령령으로 정하는 경우만 해당한다)

② 제1항에 따라 부가가치세를 징수한 자는 대통령령으로 정하는 바에 따라 부가가치세 대리납부신고서를 제출하고, 제48조제2항 및 제49조제2항을 준용하여 부가가치세를 납부하여야 한다.

③ 제1항과 제2항을 적용할 때 공급받은 용역등을 과세사업과 면세사업등에 공통으로 사용하여 그 실지귀속을 구분할 수 없는 경우의 안분계산방법 등에 관하여 필요한 사항은 대통령령으로 정한다.

④ 제10조제9항제2호 본문에 따른 사업의 양도(이에 해당하는지 여부가 분명하지 아니한 경우를 포함한다)에 따라 그 사업을 양수받는 자는 그 대가를 지급하는 때에 같은 호 본문 및 제31조에도 불구하고 그 대가를 받은 자로부터 부가가치세를 징수하여 그 대가를 지급하는 날이 속하는 달의 다음 달 25일까지 제49조제2항을 준용하여 대통령령으로 정하는 바에 따라 사업장 관할 세무서장에게 납부할 수 있다. 〈신설 2014. 1. 1., 2016. 12. 20., 2017. 12. 19., 2018. 12. 31.〉

제52조의2(신탁 관련 제2차 납세의무 등에 대한 납부 특례) ① 제3조제2항에 따라 부가가치세를 납부하여야 하는 수탁자의 관할 세무서장은 제3조의2제1항에 따른 제2차 납세의무자로부터 수탁자의 부가가치세등을 징수하려면 다음 각 호의 사항을 적은 납부고지서를 제2차 납세의무자에게 발급하여야 한다. 이 경우 수탁자의 관할 세무서장은 제2차 납세의무자의 관할 세무서장과 수탁자에게 그 사실을 통지하여야 한다. 〈신설 2020. 12. 22.〉

1. 징수하려는 부가가치세등의 과세기간, 세액 및 그 산출근거

2. 납부하여야 할 기한 및 납부장소

3. 제2차 납세의무자로부터 징수할 금액 및 그 산출 근거

4. 그 밖에 부가가치세등의 징수를 위하여 필요한 사항

② 제3조제3항에 따라 부가가치세를 납부하여야 하는 위탁자의 관할 세무서장은 제3조의2제2항에 따라 수탁자로부터 위탁자의 부가가치세등을 징수하려면 다음 각 호의 사항을 적은 납부고지서를 수탁자에게 발급하여야 한다. 이 경우 수탁자의 관할 세무서장과 위탁자에게 그 사실을 통지하여야 한다. 〈개정 2020. 12. 22.〉

1. 부가가치세등의 과세기간, 세액 및 그 산출 근거
2. 납부하여야 할 기한 및 납부장소
3. 그 밖에 부가가치세등의 징수를 위하여 필요한 사항

③ 제2항에 따른 고지가 있은 후 납세의무자인 위탁자가 신탁의 이익을 받을 권리를 포기 또는 이전하거나 신탁재산을 양도하는 등의 경우에도 제2항에 따라 고지된 부분에 대한 납세의무에는 영향을 미치지 아니한다. 〈개정 2020. 12. 22.〉

④ 신탁재산의 수탁자가 변경되는 경우에 새로운 수탁자는 제2항에 따라 이전의 수탁자에게 고지된 납세의무를 승계한다. 〈개정 2020. 12. 22.〉

⑤ 제2항에 따른 납세의무자인 위탁자의 관할 세무서장은 최초의 수탁자에 대한 신탁 설정일을 기준으로 제3조의2제2항에 따라 그 신탁재산에 대한 현재 수탁자에게 위탁자의 부가가치세등을 징수할 수 있다. 〈개정 2020. 12. 22.〉

⑥ 신탁재산에 대하여 「국세징수법」에 따라 강제징수를 하는 경우 「국세기본법」 제35조제1항에도 불구하고 수탁자는 「신탁법」 제48조제1항에 따른 신탁재산의 보존 및 개량을 위하여 지출한 필요비 또는 유익비의 우선변제를 받을 권리가 있다. 〈개정 2020. 12. 22., 2020. 12. 29.〉

⑦ 제1항부터 제6항까지에서 규정한 사항 외에 제2차 납세의무 및 물적납세의무의 납부 등에 필요한 사항은 대통령령으로 정한다. 〈개정 2020. 12. 22.〉

[본조신설 2017. 12. 19.]

[제목개정 2020. 12. 22.]

제53조(국외사업자의 용역등 공급에 관한 특례) ① 국외사업자가 제8조에 따른 사업자등록의 대상으로서 다음 각 호의 어느 하나에 해당하는 자(이하 "위탁매매인등"이라 한다)를 통하여 국내에서 용역등을

공급하는 경우에는 해당 위탁매매인등이 해당 용역등을 공급한 것으로 본다. 〈개정 2015. 12. 15., 2016. 12. 20., 2020. 12. 22.〉

1. 위탁매매인

2. 준위탁매매인

3. 대리인

4. 중개인(구매자로부터 거래대금을 수취하여 판매자에게 지급하는 경우에 한정한다)

② 국외사업자로부터 권리를 공급받는 경우에는 제19조제1항에도 불구하고 공급받는 자의 국내에 있는 사업장의 소재지 또는 주소지를 해당 권리가 공급되는 장소로 본다. 〈개정 2020. 12. 22.〉

제53조의2(전자적 용역을 공급하는 국외사업자의 사업자등록 및 납부 등에 관한 특례) ① 국외사업자가 정보통신망(「정보통신망 이용촉진 및 정보보호 등에 관한 법률」 제2조제1항제1호에 따른 정보통신망을 말한다. 이하 이 조에서 같다)을 통하여 이동통신단말장치 또는 컴퓨터 등으로 공급하는 용역으로서 다음 각 호의 어느 하나에 해당하는 용역(이하 "전자적 용역"이라 한다)을 국내에 제공하는 경우[제8조, 「소득세법」 제168조제1항 또는 「법인세법」 제111조제1항에 따라 사업자등록을 한 자(이하 이 조에서 "등록사업자"라 한다)의 과세사업 또는 면세사업에 대하여 용역을 공급하는 경우는 제외한다]에는 사업의 개시일부터 20일 이내에 대통령령으로 정하는 간편한 방법으로 사업자등록(이하 "간편사업자등록"이라 한다)을 하여야 한다. 〈개정 2015. 12. 15., 2018. 12. 31., 2020. 12. 22., 2021. 12. 8.〉

1. 게임 · 음성 · 동영상 파일 또는 소프트웨어 등 대통령령으로 정하는 용역

2. 광고를 게재하는 용역

3. 「클라우드컴퓨팅 발전 및 이용자 보호에 관한 법률」 제2조제3호에 따른 클라우드컴퓨팅서비스

4. 재화 또는 용역을 중개하는 용역으로서 대통령령으로 정하는 용역

5. 그 밖에 제1호부터 제4호까지와 유사한 용역으로서 대통령령으로 정하는 용역

② 국외사업자가 다음 각 호의 어느 하나에 해당하는 제3자(제52

조제1항 각 호의 어느 하나에 해당하는 비거주자 또는 외국법인을 포함한다)를 통하여 국내에 전자적 용역을 공급하는 경우(등록사업자의 과세사업 또는 면세사업에 대하여 용역을 공급하는 경우나 국외사업자의 용역등 공급 특례에 관한 제53조가 적용되는 경우는 제외한다)에는 그 제3자가 해당 전자적 용역을 공급한 것으로 보며, 그 제3자는 사업의 개시일부터 20일 이내에 간편사업자등록을 하여야 한다. 〈개정 2020. 12. 22., 2021. 12. 8.〉

1. 정보통신망 등을 이용하여 전자적 용역의 거래가 가능하도록 오픈마켓이나 그와 유사한 것을 운영하고 관련 서비스를 제공하는 자
2. 전자적 용역의 거래에서 중개에 관한 행위 등을 하는 자로서 구매자로부터 거래대금을 수취하여 판매자에게 지급하는 자
3. 그 밖에 제1호 및 제2호와 유사하게 전자적 용역의 거래에 관여하는 자로서 대통령령으로 정하는 자

③ 삭제 〈2020. 12. 22.〉

④ 제52조에도 불구하고 간편사업자등록을 한 자는 대통령령으로 정하는 방법으로 제48조제1항 · 제2항 및 제49조에 따른 신고 및 납부를 하여야 한다.

⑤ 간편사업자등록을 한 자는 해당 전자적 용역의 공급과 관련하여 제38조 및 제39조에 따라 공제되는 매입세액 외에는 매출세액 또는 납부세액에서 공제하지 아니한다.

⑥ 간편사업자등록을 한 자는 전자적 용역의 공급에 대한 거래명세(등록사업자의 과세사업 또는 면세사업에 대하여 용역을 공급하는 경우의 거래명세를 포함한다)를 그 거래사실이 속하는 과세기간에 대한 확정신고 기한이 지난 후 5년간 보관하여야 한다. 이 경우 거래명세에 포함되어야 할 구체적인 내용은 대통령령으로 정한다. 〈신설 2021. 12. 8.〉

⑦ 국세청장은 부가가치세 신고의 적정성을 확인하기 위하여 간편사업자등록을 한 자에게 기획재정부령으로 정하는 전자적 용역 거래명세서(이하 이 조에서 "전자적 용역 거래명세서"라 한다)를 제출할 것을 요구할 수 있다. 〈신설 2021. 12. 8.〉

⑧ 간편사업자등록을 한 자는 제7항에 따른 요구를 받은 날부터 60일 이내에 전자적 용역 거래명세서를 국세청장에게 제출하여야 한다. 〈신설 2021. 12. 8.〉

⑨ 국세청장은 제1항 또는 제2항에 따라 간편사업자등록을 한 자가 국내에서 폐업한 경우(사실상 폐업한 경우로서 대통령령으로 정하는 경우를 포함한다) 간편사업자등록을 말소할 수 있다. 〈신설 2021. 12. 8.〉

⑩ 간편사업자등록을 한 자의 납세지, 전자적 용역의 공급시기와 간편사업자등록 등에 관하여 그 밖에 필요한 사항은 대통령령으로 정한다. 〈개정 2021. 12. 8.〉

[본조신설 2014. 12. 23.]

[제목개정 2020. 12. 22.]

제2절 제출서류 등

제54조(세금계산서합계표의 제출) ① 사업자는 세금계산서 또는 수입세금계산서를 발급하였거나 발급받은 경우에는 다음 각 호의 사항을 적은 매출처별 세금계산서합계표와 매입처별 세금계산서합계표(이하 "매출·매입처별 세금계산서합계표"라 한다)를 해당 예정신고 또는 확정신고(제48조제3항 본문이 적용되는 경우는 해당 과세기간의 확정신고를 말한다)를 할 때 함께 제출하여야 한다.

1. 공급하는 사업자 및 공급받는 사업자의 등록번호와 성명 또는 명칭
2. 거래기간
3. 작성 연월일
4. 거래기간의 공급가액의 합계액 및 세액의 합계액
5. 그 밖에 대통령령으로 정하는 사항

② 제32조제2항 또는 제5항에 따라 전자세금계산서를 발급하거나 발급받고 제32조제3항 및 제5항에 따른 전자세금계산서 발급명세를 해당 재화 또는 용역의 공급시기가 속하는 과세기간(예정신고의 경우에는 예정신고기간) 마지막 날의 다음 달 11일까지 국세청장에게 전송한 경우에는 제1항에도 불구하고 해당 예정신고 또는 확정신고(제48조제3항 본문이 적용되는 경우에는 해당 과세기간의 확정신고) 시 매출·매입처별 세금계산서합계표를 제출하지 아니할 수 있다.

③ 제48조제1항 및 제4항에 따라 예정신고를 하는 사업자가 각 예정신고와 함께 매출·매입처별 세금계산서합계표를 제출하지 못하는 경우에는 해당 예정신고기간이 속하는 과세기간의 확정신고를 할

때 함께 제출할 수 있다.

④ 수입세금계산서를 발급한 세관장은 제1항과 제2항을 준용하여 매출처별 세금계산서합계표를 해당 세관 소재지를 관할하는 세무서장에게 제출하여야 한다.

⑤ 세금계산서를 발급받은 국가, 지방자치단체, 지방자치단체조합, 그 밖에 대통령령으로 정하는 자는 매입처별 세금계산서합계표를 해당 과세기간이 끝난 후 25일 이내에 납세지 관할 세무서장에게 제출하여야 한다.

⑥ 제1항부터 제5항까지에서 규정한 사항 외에 매출·매입처별 세금계산서합계표의 작성과 제출에 필요한 사항은 대통령령으로 정한다.

제55조(현금매출명세서 등의 제출) ① 다음 각 호의 사업 중 해당 업종의 특성 및 세원관리(稅源管理)를 고려하여 대통령령으로 정하는 사업을 하는 사업자는 예정신고 또는 확정신고를 할 때 기획재정부령으로 정하는 현금매출명세서를 함께 제출하여야 한다.

1. 부동산업
2. 전문서비스업, 과학서비스업 및 기술서비스업
3. 보건업
4. 그 밖의 개인서비스업

② 부동산임대업자는 기획재정부령으로 정하는 부동산임대공급가액명세서를 예정신고 또는 확정신고를 할 때 함께 제출하여야 한다. 〈개정 2014. 1. 1.〉

③ 현금매출명세서 및 부동산임대공급가액명세서의 작성과 제출 등에 필요한 사항은 대통령령으로 정한다.

제56조(영세율 첨부서류의 제출) ① 제21조부터 제24조까지의 규정에 따라 영세율이 적용되는 재화 또는 용역을 공급하는 사업자는 제48조제1항·제4항 및 제49조에 따라 예정신고 및 확정신고를 할 때 예정신고서 및 확정신고서에 수출실적명세서 등 대통령령으로 정하는 서류를 첨부하여 제출하여야 한다.

② 제1항에 따른 서류를 첨부하지 아니한 부분에 대하여는 제48조제1항·제4항 및 제49조에 따른 예정신고 및 확정신고로 보지 아니한다.

③ 제1항에 따른 서류의 작성과 제출 등에 필요한 사항은 대통령령

령으로 정한다.

제6장 결정 · 경정 · 징수와 환급

제1절 결정 등

제57조(결정과 경정) ① 납세지 관할 세무서장, 납세지 관할 지방국세청장 또는 국세청장(이하 이 조 및 제57조의2에서 "납세지 관할 세무서장등"이라 한다)은 사업자가 다음 각 호의 어느 하나에 해당하는 경우에만 해당 예정신고기간 및 과세기간에 대한 부가가치세의 과세표준과 납부세액 또는 환급세액을 조사하여 결정 또는 경정한다. 〈개정 2024. 12. 31.〉

1. 예정신고 또는 확정신고를 하지 아니한 경우
2. 예정신고 또는 확정신고를 한 내용에 오류가 있거나 내용이 누락된 경우
3. 확정신고를 할 때 매출처별 세금계산서합계표 또는 매입처별 세금계산서합계표를 제출하지 아니하거나 제출한 매출처별 세금계산서합계표 또는 매입처별 세금계산서합계표에 기재사항의 전부 또는 일부가 적혀 있지 아니하거나 사실과 다르게 적혀 있는 경우
4. 그 밖에 대통령령으로 정하는 사유로 부가가치세를 포탈(逋脫)할 우려가 있는 경우

② 납세지 관할 세무서장등은 제1항에 따라 각 예정신고기간 및 과세기간에 대한 과세표준과 납부세액 또는 환급세액을 조사하여 결정 또는 경정하는 경우에는 세금계산서, 수입세금계산서, 장부 또는 그 밖의 증명 자료를 근거로 하여야 한다. 다만, 다음 각 호의 어느 하나에 해당하면 대통령령으로 정하는 바에 따라 추계(推計)할 수 있다.

1. 과세표준을 계산할 때 필요한 세금계산서, 수입세금계산서, 장부 또는 그 밖의 증명 자료가 없거나 그 중요한 부분이 갖추어지지 아니한 경우
2. 세금계산서, 수입세금계산서, 장부 또는 그 밖의 증명 자료의 내용이 시설규모, 종업원 수와 원자재 · 상품 · 제품 또는 각종 요금의 시가에 비추어 거짓임이 명백한 경우
3. 세금계산서, 수입세금계산서, 장부 또는 그 밖의 증명 자료의 내용이 원자재 사용량, 동력(動力) 사용량이나 그 밖의 조업 상황에

비추어 거짓임이 명백한 경우

③ 납세지 관할 세무서장등은 제1항 및 제2항에 따라 결정하거나 경정한 과세표준과 납부세액 또는 환급세액에 오류가 있거나 누락된 내용이 발견되면 즉시 다시 경정한다.

제57조의2(수시부과의 결정) ① 납세지 관할 세무서장등은 사업자가 과세기간 중에 다음 각 호의 어느 하나에 해당하는 경우에는 수시로 그 사업자에 대한 부가가치세를 부과(이하 "수시부과"라 한다)할 수 있다. 이 경우 제57조제2항 및 제3항을 준용한다.

1. 제60조제3항 각 호의 어느 하나에 해당하는 경우

2. 그 밖에 대통령령으로 정하는 사유로 부가가치세를 포탈할 우려가 있는 경우

② 제1항은 해당 과세기간의 개시일부터 같은 항 각 호의 사유가 발생한 날까지를 수시부과기간으로 하여 적용한다. 이 경우 같은 항 각 호의 사유가 제49조에 따른 확정신고기한 이전에 발생한 경우로서 사업자가 직전 과세기간에 대하여 확정신고를 하지 아니한 경우에는 직전 과세기간을 수시부과기간에 포함한다.

③ 수시부과의 절차와 그 밖에 필요한 사항은 대통령령으로 정한다.

[본조신설 2024. 12. 31.]

제58조(징수) ① 납세지 관할 세무서장은 사업자가 다음 각 호의 어느 하나에 해당하는 경우에는 다음 각 호의 구분에 따른 세액을 「국세징수법」에 따라 징수한다. 〈개정 2024. 12. 31.〉

1. 예정신고 또는 확정신고를 할 때에 신고한 납부세액을 납부하지 아니하거나 납부하여야 할 세액보다 적게 납부한 경우: 그 미납부세액

2. 제57조에 따라 결정 또는 경정을 한 경우: 추가로 납부하여야 할 세액

3. 제57조의2에 따라 수시부과한 경우: 수시부과한 세액

② 재화의 수입에 대한 부가가치세는 세관장이 「관세법」에 따라 징수한다.

제58조의2(신탁재산에 대한 강제징수의 특례) 제3조제2항에 따라 수탁자가 납부하여야 하는 부가가치세가 체납된 경우에는 「국세징수법」 제31조에도 불구하고 해당 신탁재산에 대해서만 강제징수를 할

수 있다.

[본조신설 2020. 12. 22.]

제59조(환급) ① 납세지 관할 세무서장은 각 과세기간별로 그 과세기간에 대한 환급세액을 확정신고한 사업자에게 그 확정신고기한이 지난 후 30일 이내(제2항 각 호의 어느 하나에 해당하는 경우에는 15일 이내)에 대통령령으로 정하는 바에 따라 환급하여야 한다.

② 제1항에도 불구하고 납세지 관할 세무서장은 다음 각 호의 어느 하나에 해당하여 환급을 신고한 사업자에게 대통령령으로 정하는 바에 따라 환급세액을 조기에 환급할 수 있다. 〈개정 2016. 12. 20.〉

1. 사업자가 제21조부터 제24조까지의 규정에 따른 영세율을 적용받는 경우

2. 사업자가 대통령령으로 정하는 사업 설비를 신설·취득·확장 또는 증축하는 경우

3. 사업자가 대통령령으로 정하는 재무구조개선계획을 이행 중인 경우

제2절 가산세

제60조(가산세) ① 사업자 또는 국외사업자가 다음 각 호의 어느 하나에 해당하면 각 호에 따른 금액을 납부세액에 더하거나 환급세액에서 뺀다. 〈개정 2014. 1. 1., 2016. 12. 20., 2023. 12. 31., 2024. 12. 31.〉

1. 제8조제1항 본문에 따른 기한까지 등록을 신청하지 아니한 경우에는 사업 개시일부터 등록을 신청한 날의 직전일까지의 공급가액 합계액의 1퍼센트

1의2. 제53조의2제1항 및 제2항에 따른 기한까지 등록을 하지 아니한 경우에는 사업 개시일부터 등록한 날의 직전일까지의 공급가액 합계액의 1퍼센트

2. 대통령령으로 정하는 타인의 명의로 제8조에 따른 사업자등록을 하거나 그 타인 명의의 제8조에 따른 사업자등록을 이용하여 사업을 하는 것으로 확인되는 경우 그 타인 명의의 사업 개시일부터 실제 사업을 하는 것으로 확인되는 날의 직전일까지의 공급가액 합계액의 2퍼센트

② 사업자가 다음 각 호의 어느 하나에 해당하면 각 호에 따른 금액을 납부세액에 더하거나 환급세액에서 뺀다. 이 경우 제1호 또는 제2호가 적용되는 부분은 제3호부터 제5호까지를 적용하지 아니하고, 제5호가 적용되는 부분은 제3호 및 제4호를 적용하지 아니한다. 〈개정 2014. 12. 23., 2016. 12. 20., 2018. 12. 31., 2019. 12. 31.〉

1. 제34조에 따른 세금계산서의 발급시기가 지난 후 해당 재화 또는 용역의 공급시기가 속하는 과세기간에 대한 확정신고 기한까지 세금계산서를 발급하는 경우 그 공급가액의 1퍼센트

2. 제34조에 따른 세금계산서의 발급시기가 지난 후 해당 재화 또는 용역의 공급시기가 속하는 과세기간에 대한 확정신고 기한까지 세금계산서를 발급하지 아니한 경우 그 공급가액의 2퍼센트. 다만, 다음 각 목의 어느 하나에 해당하는 경우에는 그 공급가액의 1퍼센트로 한다.

가. 제32조제2항에 따라 전자세금계산서를 발급하여야 할 의무가 있는 자가 전자세금계산서를 발급하지 아니하고 제34조에 따른 세금계산서의 발급시기에 전자세금계산서 외의 세금계산서를 발급한 경우

나. 둘 이상의 사업장을 가진 사업자가 재화 또는 용역을 공급한 사업장 명의로 세금계산서를 발급하지 아니하고 제34조에 따른 세금계산서의 발급시기에 자신의 다른 사업장 명의로 세금계산서를 발급한 경우

3. 제32조제3항에 따른 기한이 지난 후 재화 또는 용역의 공급시기가 속하는 과세기간에 대한 확정신고기한까지 국세청장에게 전자세금계산서 발급명세를 전송하는 경우 그 공급가액의 0.3퍼센트

4. 제32조제3항에 따른 기한이 지난 후 재화 또는 용역의 공급시기가 속하는 과세기간에 대한 확정신고기한까지 국세청장에게 전자세금계산서 발급명세를 전송하지 아니한 경우 그 공급가액의 0.5퍼센트

5. 세금계산서의 필요적 기재사항의 전부 또는 일부가 착오 또는 과실로 적혀 있지 아니하거나 사실과 다른 경우 그 공급가액의 1퍼센트. 다만, 대통령령으로 정하는 바에 따라 거래사실이 확인되는 경우는 제외한다.

③ 사업자가 다음 각 호의 어느 하나에 해당하는 경우에는 해당 각 호에 따른 금액을 납부세액에 더하거나 환급세액에서 뺀다. 〈개정 2016. 12. 20., 2017. 12. 19., 2019. 12. 31.〉

1. 재화 또는 용역을 공급하지 아니하고 세금계산서 또는 제46조제3항에 따른 신용카드매출전표등(이하 "세금계산서등"이라 한다)을 발급한 경우: 그 세금계산서등에 적힌 공급가액의 3퍼센트

2. 재화 또는 용역을 공급받지 아니하고 세금계산서등을 발급받은 경우: 그 세금계산서등에 적힌 공급가액의 3퍼센트

3. 재화 또는 용역을 공급하고 실제로 재화 또는 용역을 공급하는 자가 아닌 자 또는 실제로 재화 또는 용역을 공급받는 자가 아닌 자의 명의로 세금계산서등을 발급한 경우: 그 공급가액의 2퍼센트

4. 재화 또는 용역을 공급받고 실제로 재화 또는 용역을 공급하는 자가 아닌 자의 명의로 세금계산서등을 발급받은 경우: 그 공급가액의 2퍼센트

5. 재화 또는 용역을 공급하고 세금계산서등의 공급가액을 과다하게 기재한 경우: 실제보다 과다하게 기재한 부분에 대한 공급가액의 2퍼센트

6. 재화 또는 용역을 공급받고 제5호가 적용되는 세금계산서등을 발급받은 경우: 실제보다 과다하게 기재된 부분에 대한 공급가액의 2퍼센트

④ 사업자가 아닌 자가 재화 또는 용역을 공급하지 아니하고 세금계산서를 발급하거나 재화 또는 용역을 공급받지 아니하고 세금계산서를 발급받으면 사업자로 보고 그 세금계산서에 적힌 공급가액의 3퍼센트를 그 세금계산서를 발급하거나 발급받은 자에게 납세지 관할 세무서장이 가산세로 징수한다. 이 경우 제37조제2항에 따른 납부세액은 0으로 본다. 〈개정 2016. 12. 20., 2017. 12. 19., 2023. 12. 31.〉

⑤ 사업자가 다음 각 호의 어느 하나에 해당하는 경우에는 각 호의 구분에 따른 금액을 납부세액에 더하거나 환급세액에서 뺀다. 〈개정 2021. 12. 8.〉

1. 제46조제3항에 따라 발급받은 신용카드매출전표등을 제48조제1항 · 제4항 또는 제49조제1항에 따라 예정신고 또는 확정신고를 할 때 제출하여 매입세액을 공제받지 아니하고 대통령령으로 정하는

사유로 매입세액을 공제받은 경우: 그 공급가액의 0.5퍼센트

2. 매입세액을 공제받기 위하여 제46조제3항제1호에 따라 제출한 신용카드매출전표등 수령명세서에 공급가액을 과다하게 적은 경우: 실제보다 과다하게 적은 공급가액(착오로 기재된 경우로서 신용카드매출전표등에 따라 거래사실이 확인되는 부분의 공급가액은 제외한다)의 0.5퍼센트

⑥ 사업자가 다음 각 호의 어느 하나에 해당하면 각 호에 따른 금액을 납부세액에 더하거나 환급세액에서 뺀다. 다만, 제54조제1항에 따라 제출한 매출처별 세금계산서합계표의 기재사항이 착오로 적힌 경우로서 사업자가 발급한 세금계산서에 따라 거래사실이 확인되는 부분의 공급가액에 대하여는 그러하지 아니하다. 〈개정 2016. 12. 20.〉

1. 제54조제1항 및 제3항에 따른 매출처별 세금계산서합계표를 제출하지 아니한 경우에는 매출처별 세금계산서합계표를 제출하지 아니한 부분에 대한 공급가액의 0.5퍼센트

2. 제54조제1항 및 제3항에 따라 제출한 매출처별 세금계산서합계표의 기재사항 중 거래처별 등록번호 또는 공급가액의 전부 또는 일부가 적혀 있지 아니하거나 사실과 다르게 적혀 있는 경우에는 매출처별 세금계산서합계표의 기재사항이 적혀 있지 아니하거나 사실과 다르게 적혀 있는 부분에 대한 공급가액의 0.5퍼센트

3. 제54조제3항에 따라 예정신고를 할 때 제출하지 못하여 해당 예정신고기간이 속하는 과세기간에 확정신고를 할 때 매출처별 세금계산서합계표를 제출하는 경우로서 제2호에 해당하지 아니하는 경우에는 그 공급가액의 0.3퍼센트

⑦ 사업자가 다음 각 호의 어느 하나에 해당하면 각 호에 따른 금액을 납부세액에 더하거나 환급세액에서 뺀다. 다만, 매입처별 세금계산서합계표의 기재사항이 착오로 적힌 경우로서 사업자가 수령한 세금계산서 또는 수입세금계산서에 따라 거래사실이 확인되는 부분의 공급가액에 대하여는 그러하지 아니하다. 〈개정 2016. 12. 20.〉

1. 제39조제1항제2호 단서에 따라 매입세액을 공제받는 경우로서 대통령령으로 정하는 경우에는 매입처별 세금계산서합계표에 따르지 아니하고 세금계산서 또는 수입세금계산서에 따라 공제받은 매입세액에 해당하는 공급가액의 0.5퍼센트

2. 제54조제1항 및 제3항에 따른 매입처별 세금계산서합계표를 제출하지 아니한 경우 또는 제출한 매입처별 세금계산서합계표의 기재사항 중 거래처별 등록번호 또는 공급가액의 전부 또는 일부가 적혀 있지 아니하거나 사실과 다르게 적혀 있는 경우에는 매입처별 세금계산서합계표에 따르지 아니하고 세금계산서 또는 수입세금계산서에 따라 공제받은 매입세액에 해당하는 공급가액의 0.5퍼센트. 다만, 대통령령으로 정하는 경우는 제외한다.

3. 제54조제1항 및 제3항에 따라 제출한 매입처별 세금계산서합계표의 기재사항 중 공급가액을 사실과 다르게 과다하게 적어 신고한 경우에는 제출한 매입처별 세금계산서합계표의 기재사항 중 사실과 다르게 과다하게 적어 신고한 공급가액의 0.5퍼센트

⑧ 사업자가 제55조제1항에 따른 현금매출명세서 또는 같은 조 제2항에 따른 부동산임대공급가액명세서를 제출하지 아니하거나 제출한 수입금액(현금매출명세서의 경우에는 현금매출을 말한다. 이하 이 항에서 같다)이 사실과 다르게 적혀 있으면 제출하지 아니한 부분의 수입금액 또는 제출한 수입금액과 실제 수입금액과의 차액의 1퍼센트를 납부세액에 더하거나 환급세액에서 뺀다. 〈개정 2016. 12. 20.〉

⑨ 제1항부터 제7항까지를 적용할 때에 제1항부터 제3항까지의 규정이 적용되는 부분에는 다음 각 호의 구분에 따른 규정을 각각 적용하지 아니한다. 〈개정 2014. 12. 23., 2016. 12. 20., 2017. 12. 19., 2018. 12. 31., 2019. 12. 31.〉

1. 제1항이 적용되는 부분: 제2항(제2호는 제외한다)·제5항 및 제6항
2. 제2항(제2호는 제외한다)이 적용되는 부분: 제6항
3. 제2항제2호 또는 제3항이 적용되는 부분: 제1항·제6항 및 제7항
4. 제3항제3호가 적용되는 부분: 제2항제2호 본문
5. 제3항제5호가 적용되는 부분: 제2항제5호 본문

⑩ 「법인세법」 제75조의6제2항제3호 또는 「소득세법」 제81조의9제2항제3호의 가산세를 적용받는 부분은 제2항제2호 및 제6항제2호의 가산세를 적용하지 아니한다. 〈신설 2018. 12. 31., 2019. 12. 31.〉

제7장 간이과세

제61조(간이과세의 적용 범위) ① 직전 연도의 공급대가의 합계액이 8천만원부터 8천만원의 130퍼센트에 해당하는 금액까지의 범위에서 대통령령으로 정하는 금액에 미달하는 개인사업자는 이 법에서 달리 정하고 있는 경우를 제외하고는 제4장부터 제6장까지의 규정에도 불구하고 이 장의 규정을 적용받는다. 다만, 다음 각 호의 어느 하나에 해당하는 사업자는 간이과세자로 보지 아니한다. 〈개정 2020. 12. 22.〉

1. 간이과세가 적용되지 아니하는 다른 사업장을 보유하고 있는 사업자
2. 업종, 규모, 지역 등을 고려하여 대통령령으로 정하는 사업자
3. 부동산임대업 또는 「개별소비세법」 제1조제4항에 따른 과세유흥장소(이하 "과세유흥장소"라 한다)를 경영하는 사업자로서 해당 업종의 직전 연도의 공급대가의 합계액이 4천800만원 이상인 사업자
4. 둘 이상의 사업장이 있는 사업자로서 그 둘 이상의 사업장의 직전 연도의 공급대가의 합계액이 제1항 각 호 외의 부분 본문에 따른 금액 이상인 사업자. 다만, 부동산임대업 또는 과세유흥장소에 해당하는 사업장을 둘 이상 경영하고 있는 사업자의 경우 그 둘 이상의 사업장의 직전 연도의 공급대가(하나의 사업장에서 둘 이상의 사업을 겸영하는 사업자의 경우 부동산임대업 또는 과세유흥장소의 공급대가만을 말한다)의 합계액이 4천800만원 이상인 사업자로 한다.

② 직전 과세기간에 신규로 사업을 시작한 개인사업자에 대하여는 그 사업 개시일부터 그 과세기간 종료일까지의 공급대가를 합한 금액을 12개월로 환산한 금액을 기준으로 하여 제1항을 적용한다. 이 경우 1개월 미만의 끝수가 있으면 1개월로 한다.

③ 신규로 사업을 시작하는 개인사업자는 사업을 시작한 날이 속하는 연도의 공급대가의 합계액이 제1항 및 제2항에 따른 금액에 미달될 것으로 예상되면 제8조제1항 또는 제3항에 따른 등록을 신청할 때 대통령령으로 정하는 바에 따라 납세지 관할 세무서장에게 간이과세의 적용 여부를 함께 신고하여야 한다.

④ 제3항에 따른 신고를 한 개인사업자는 최초의 과세기간에는 간이과세자로 한다. 다만, 제1항 단서에 해당하는 사업자인 경우는 그러하지 아니하다. 〈개정 2014. 1. 1.〉

⑤ 제8조제1항 또는 제3항에 따른 등록을 하지 아니한 개인사업자로서 사업을 시작한 날이 속하는 연도의 공급대가의 합계액이 제1항 및 제2항에 따른 금액에 미달하면 최초의 과세기간에는 간이과세자로 한다. 다만, 제1항 단서에 해당하는 사업자는 그러하지 아니하다.

⑥ 제68조제1항에 따라 결정 또는 경정한 공급대가의 합계액이 제1항 및 제2항에 따른 금액 이상인 개인사업자는 그 결정 또는 경정한 날이 속하는 과세기간까지 간이과세자로 본다.

제62조(간이과세와 일반과세의 적용기간) ① 제61조에 따라 간이과세자에 관한 규정이 적용되거나 적용되지 아니하게 되는 기간은 해의 1월 1일부터 12월 31일까지의 공급대가의 합계액이 대통령령으로 정하는 금액에 미달하거나 그 이상이 되는 해의 다음 해의 7월 1일부터 그 다음 해의 6월 30일까지로 한다. 〈개정 2014. 1. 1., 2020. 12. 22., 2023. 12. 31.〉

② 제1항에도 불구하고 신규로 사업을 개시한 사업자의 경우 제61조에 따라 간이과세자에 관한 규정이 적용되거나 적용되지 아니하게 되는 기간은 최초로 사업을 개시한 해의 다음 해의 7월 1일부터 그 다음 해의 6월 30일까지로 한다. 〈개정 2014. 1. 1.〉

③ 간이과세 및 일반과세의 적용시기에 관하여 필요한 사항은 대통령령으로 정한다.

[제목개정 2014. 1. 1.]

제63조(간이과세자의 과세표준과 세액) ① 간이과세자의 과세표준은 해당 과세기간(제66조제2항 또는 제3항에 따라 신고하고 납부하는 경우에는 같은 조 제1항에 따른 예정부과기간을 말한다. 이하 이 조에서 같다)의 공급대가의 합계액으로 한다. 〈개정 2020. 12. 22.〉

②간이과세자의 납부세액은 다음의 계산식에 따라 계산한 금액으로 한다. 이 경우 둘 이상의 업종을 겸영하는 간이과세자의 경우에는 각각의 업종별로 계산한 금액의 합계액을 납부세액으로 한다.

납부세액 = 제1항에 따른 과세표준 × 직전 3년간 신고된 업종별 평균 부가가치율 등을 고려하여 5퍼센트에서 50퍼센트의 범위에서 대통령령으로 정하는 해당 업종의 부가가치율 × 10퍼센트

③ 간이과세자가 다른 사업자로부터 세금계산서등을 발급받아 대

통령령으로 정하는 바에 따라 제54조제1항에 따른 매입처별 세금계산서합계표 또는 대통령령으로 정하는 신용카드매출전표등 수령명세서를 납세지 관할 세무서장에게 제출하는 경우에는 다음 각 호에 따라 계산한 금액을 과세기간에 대한 납부세액에서 공제한다. 다만, 제39조에 따라 공제되지 아니하는 매입세액은 그러하지 아니하다. 〈개정 2020. 12. 22.〉

1. 해당 과세기간에 세금계산서등을 발급받은 재화와 용역의 공급대가에 0.5퍼센트를 곱한 금액

2. 삭제 〈2020. 12. 22.〉

3. 간이과세자가 과세사업과 면세사업등을 겸영하는 경우에는 대통령령으로 정하는 바에 따라 계산한 금액

④ 간이과세자(제36조제1항제2호 각 목의 어느 하나에 해당하는 간이과세자는 제외한다)가 전자세금계산서를 2027년 12월 31일까지 발급(전자세금계산서 발급명세를 제32조제3항에 따른 기한까지 국세청장에게 전송한 경우로 한정한다)하고 기획재정부령으로 정하는 전자세금계산서 발급세액공제신고서를 납세지 관할 세무서장에게 제출한 경우의 해당 과세기간에 대한 부가가치세액 공제에 관하여는 제47조제1항을 준용한다. 〈신설 2022. 12. 31., 2024. 12. 31.〉

⑤ 간이과세자에 대한 과세표준의 계산은 제29조를 준용한다. 〈개정 2022. 12. 31.〉

⑥ 간이과세자의 경우 제3항, 제4항 및 제46조제1항에 따라 공제하는 금액의 합계액이 각 과세기간의 납부세액을 초과하는 경우에는 그 초과하는 부분은 없는 것으로 본다. 〈개정 2020. 12. 22., 2022. 12. 31.〉

⑦ 제68조제1항에 따라 결정 또는 경정하거나 「국세기본법」 제45조에 따라 수정신고한 간이과세자의 해당 연도의 공급대가의 합계액이 제61조제1항에 따른 금액 이상인 경우 대통령령으로 정하는 과세기간의 납부세액은 제2항에도 불구하고 제37조를 준용하여 계산한 금액으로 한다. 이 경우 공급가액은 공급대가에 110분의 100을 곱한 금액으로 하고, 매입세액을 계산할 때에는 세금계산서등을 받은 부분에 대하여 제3항에 따라 공제받은 세액은 매입세액으로 공제하지 아니한다. 〈개정 2022. 12. 31.〉

제64조(간이과세자로 변경되는 경우의 재고품 등 매입세액 가산) 일

반과세자가 간이과세자로 변경되면 변경 당시의 재고품, 건설 중인 자산 및 감가상각자산(제38조부터 제43조까지의 규정에 따라 공제받은 경우만 해당하되, 제10조제9항제2호에 따른 사업양도에 의하여 사업양수자가 양수한 자산으로서 사업양도자가 매입세액을 공제받은 재화를 포함한다)에 대하여 대통령령으로 정하는 바에 따라 계산한 금액을 제63조제2항에 따른 납부세액에 더하여야 한다. <개정 2017. 12. 19.>

제65조 삭제 <2020. 12. 22.>

제66조(예정부과와 납부) ① 사업장 관할세무서장은 제67조에도 불구하고 간이과세자에 대하여 직전 과세기간에 대한 납부세액(제46조제1항, 제63조제3항·제4항 또는 「조세특례제한법」 제104조의8제2항에 따라 납부세액에서 공제하거나 경감한 세액 및 제68조제2항에 따라 수시부과한 세액이 있는 경우에는 그 세액을 뺀 금액으로 하고, 제68조제1항에 따른 결정 또는 경정과 「국세기본법」 제45조 및 제45조의2에 따른 수정신고 및 경정청구에 따른 결정이 있는 경우에는 그 내용이 반영된 금액으로 한다)의 50퍼센트(직전 과세기간이 제5조제4항제1호의 과세기간에 해당하는 경우에는 직전 과세기간에 대한 납부세액의 전액을 말하며, 1천원 미만의 단수가 있을 때에는 그 단수금액은 버린다)를 1월 1일부터 6월 30일(이하 이 조에서 "예정부과기간"이라 한다)까지의 납부세액으로 결정하여 대통령령으로 정하는 바에 따라 예정부과기간이 끝난 후 25일 이내(이하 "예정부과기한"이라 한다)까지 징수한다. 다만, 다음 각 호의 어느 하나에 해당하는 경우에는 징수하지 아니한다. <개정 2014. 1. 1., 2014. 12. 23., 2016. 12. 20., 2018. 12. 31., 2020. 12. 22., 2021. 12. 8., 2022. 12. 31., 2024. 12. 31.>

1. 징수하여야 할 금액이 50만원 미만인 경우
2. 제5조제4항제2호의 과세기간이 적용되는 간이과세자의 경우
3. 「국세징수법」 제13조제1항 각 호의 어느 하나에 해당하는 사유로 관할 세무서장이 징수하여야 할 금액을 간이과세자가 납부할 수 없다고 인정되는 경우

② 제1항에도 불구하고 대통령령으로 정하는 간이과세자는 예정부과기간의 과세표준과 납부세액을 예정부과기한까지 사업장 관할 세무서장에게 신고할 수 있다.

③ 제1항에도 불구하고 제32조 또는 제36조제3항에 따라 예정부과기간에 세금계산서를 발급한 간이과세자는 예정부과기간의 과세표준과 납부세액을 예정부과기한까지 사업장 관할 세무서장에게 신고하여야 한다. 〈신설 2020. 12. 22.〉

④ 제1항 본문에 따른 결정이 있는 경우 간이과세자가 제2항 또는 제3항에 따라 신고를 한 경우에는 그 결정이 없었던 것으로 본다. 〈개정 2020. 12. 22.〉

⑤ 제2항 또는 제3항에 따라 신고하는 간이과세자는 예정부과기간의 납부세액을 대통령령으로 정하는 바에 따라 사업장 관할 세무서장에게 납부하여야 한다. 〈개정 2020. 12. 22.〉

⑥ 제2항 또는 제3항에 따라 신고하는 간이과세자는 대통령령으로 정하는 바에 따라 매출·매입처별 세금계산서합계표를 제2항 또는 제3항에 따른 신고를 할 때 제출하여야 한다. 다만, 매출·매입처별 세금계산서합계표를 제2항 또는 제3항에 따른 신고를 할 때 제출하지 못하는 경우에는 제67조제1항에 따른 신고를 할 때 이를 제출할 수 있다. 〈개정 2020. 12. 22.〉

제67조(간이과세자의 신고와 납부) ① 간이과세자는 과세기간의 과세표준과 납부세액을 그 과세기간이 끝난 후 25일(폐업하는 경우 제5조제3항에 따른 폐업일이 속한 달의 다음 달 25일) 이내에 대통령령으로 정하는 바에 따라 납세지 관할 세무서장에게 확정신고를 하고 납세지 관할 세무서장 또는 한국은행등에 납부하여야 한다.

② 제1항에 따라 부가가치세를 납부하는 경우 제66조제1항 본문, 같은 조 제5항 및 제68조제2항에 따라 납부한 세액은 공제하고 납부한다. 〈개정 2020. 12. 22., 2024. 12. 31.〉

③ 간이과세자는 대통령령으로 정하는 바에 따라 매출·매입처별 세금계산서합계표를 제1항에 따른 해당 신고를 할 때 함께 제출하여야 한다. 〈개정 2020. 12. 22.〉

제68조(간이과세자에 대한 결정·경정과 징수) ① 간이과세자에 대한 과세표준과 납부세액의 결정 또는 경정에 관하여는 제57조를 준용한다.

② 간이과세자에 대한 수시부과의 결정에 관하여는 제57조의2를 준용한다. 〈신설 2024. 12. 31.〉

③ 삭제 〈2020. 12. 22.〉

④ 간이과세자에 대한 부가가치세의 징수에 관하여는 제58조를 준용한다.

제68조의2(간이과세자에 대한 가산세) ① 간이과세자에 대한 가산세 부과에 관하여는 제60조제1항 · 제2항 및 같은 조 제3항제1호 · 제3호 · 제5호를 준용한다. 이 경우 제60조제1항 각 호 중 "공급가액"은 "공급대가"로, "1퍼센트"는 "0.5퍼센트"로, "2퍼센트"는 "1퍼센트"로 본다. 〈개정 2024. 12. 31.〉

② 간이과세자가 다음 각 호의 어느 하나에 해당하는 경우 다음 각 호의 구분에 따른 금액을 납부세액에 더하거나 환급세액에서 뺀다. 〈개정 2022. 12. 31.〉

1. 제32조에 따라 세금계산서를 발급하여야 하는 사업자로부터 재화 또는 용역을 공급받고 세금계산서를 발급받지 아니한 경우(제36조의2제1항 및 제2항에 따라 영수증을 발급하여야 하는 기간에 세금계산서를 발급받지 아니한 경우는 제외한다): 그 공급대가의 0.5퍼센트

2. 세금계산서등을 발급받고 제63조제3항에 따라 공제받지 아니한 경우로서 제57조제1항에 따른 해당 결정 또는 경정 기관의 확인을 거쳐 제63조제7항 전단에 따라 납부세액을 계산할 때 매입세액으로 공제받는 경우: 그 공급가액의 0.5퍼센트

③ 간이과세자가 다음 각 호의 어느 하나에 해당하는 경우 다음 각 호의 구분에 따른 금액을 납부세액에 더하거나 환급세액에서 뺀다. 다만, 제66조제6항 또는 제67조제3항에 따라 제출한 매출처별 세금계산서합계표의 기재사항이 착오로 적힌 경우로서 사업자가 발급한 세금계산서에 따라 거래사실이 확인되는 부분의 공급가액에 대해서는 그러하지 아니하다.

1. 제66조제6항 또는 제67조제3항에 따라 매출처별 세금계산서합계표를 제출하지 아니한 경우: 매출처별 세금계산서합계표를 제출하지 아니한 부분에 대한 공급가액의 0.5퍼센트

2. 제66조제6항 또는 제67조제3항에 따라 제출한 매출처별 세금계산서합계표의 기재사항 중 거래처별 등록번호 또는 공급가액의 전부 또는 일부가 적혀 있지 아니하거나 사실과 다르게 적혀 있는 경우: 매출처별 세금계산서합계표의 기재사항이 적혀 있지 아니하거나 사실과 다르게 적혀 있는 부분에 대한 공급가액의 0.5퍼센트

3. 제66조제6항 단서에 따라 신고를 할 때 제출하지 못하여 해당 예정부과기간이 속하는 과세기간에 확정신고를 할 때 매출처별 세금계산서합계표를 제출하는 경우로서 제2호에 해당하지 아니하는 경우: 그 공급가액의 0.3퍼센트

④ 제1항부터 제3항까지를 적용할 때에 제1항에 따라 준용을 하는 부분에 대해서는 다음 각 호의 구분에 따른 규정을 각각 적용하지 아니한다.

1. 제60조제1항이 준용되는 부분: 제60조제2항(제2호는 제외한다), 이 조 제2항제2호 및 제3항
2. 제60조제2항(제2호는 제외한다)이 준용되는 부분: 이 조 제3항
3. 제60조제2항제2호 또는 제3항제1호 · 제3호 · 제5호가 준용되는 부분: 제60조제1항 및 이 조 제3항
4. 제60조제3항제3호가 준용되는 부분: 제60조제2항제2호 본문
5. 제60조제3항제5호가 준용되는 부분: 제60조제2항제5호 본문

⑤ 「소득세법」 제81조의9제2항제3호의 가산세를 적용받는 부분에 대해서는 제60조제2항제2호 및 이 조 제3항제2호의 가산세를 적용하지 아니한다.

[본조신설 2020. 12. 22.]

제69조(간이과세자에 대한 납부의무의 면제) ① 간이과세자의 해당 과세기간에 대한 공급대가의 합계액이 4천800만원 미만이면 제66조 및 제67조에도 불구하고 제63조제2항에 따른 납부의무를 면제한다. 다만, 제64조에 따라 납부세액에 더하여야 할 세액은 그러하지 아니하다. 〈개정 2018. 12. 31., 2020. 12. 22.〉

② 제1항에 따라 납부할 의무를 면제하는 경우에 대하여는 제60조제1항을 적용하지 아니한다. 다만, 제8조제1항에 따른 기한까지 사업자등록을 신청하지 아니한 경우(대통령령으로 정하는 고정 사업장이 없는 경우는 제외한다)에는 제60조제1항제1호를 적용하되, 제60조제1항제1호 중 "1퍼센트"를 "0.5퍼센트와 5만원 중 큰 금액"으로 한다. 〈개정 2016. 12. 20.〉

③ 제1항을 적용할 때 다음 각 호의 경우에는 같은 호의 공급대가의 합계액을 12개월로 환산한 금액을 기준으로 한다. 이 경우 1개월 미만의 끝수가 있으면 1개월로 한다. 〈개정 2014. 1. 1.〉

1. 해당 과세기간에 신규로 사업을 시작한 간이과세자는 그 사업 개시일부터 그 과세기간 종료일까지의 공급대가의 합계액

2. 휴업자 · 폐업자 및 과세기간 중 과세유형을 전환한 간이과세자는 그 과세기간 개시일부터 휴업일 · 폐업일 및 과세유형 전환일까지의 공급대가의 합계액

3. 제5조제4항 각 호에 따른 과세기간의 적용을 받는 간이과세자는 해당 과세기간의 공급대가의 합계액

④ 제1항에 따라 납부의무가 면제되는 사업자가 자진 납부한 사실이 확인되면 납세지 관할 세무서장은 납부한 금액을 환급하여야 한다.

제70조(간이과세의 포기 및 재적용) ① 간이과세자 또는 제62조에 따라 간이과세자에 관한 규정을 적용받게 되는 일반과세자가 간이과세자에 관한 규정의 적용을 포기하고 일반과세자에 관한 규정을 적용받으려는 경우에는 제61조제1항에도 불구하고 제4장부터 제6장까지의 규정을 적용받을 수 있다. 이 경우 적용받으려는 달의 전달의 마지막 날까지 대통령령으로 정하는 바에 따라 납세지 관할 세무서장에게 신고하여야 한다. 〈개정 2014. 1. 1.〉

② 신규로 사업을 시작하는 개인사업자가 제8조제1항 또는 제3항에 따른 사업자등록을 신청할 때 대통령령으로 정하는 바에 따라 납세지 관할 세무서장에게 간이과세자에 관한 규정의 적용을 포기하고 일반과세자에 관한 규정을 적용받으려고 신고한 경우에는 제61조제1항에도 불구하고 제4장부터 제6장까지의 규정을 적용받을 수 있다. 〈신설 2014. 1. 1.〉

③ 제1항과 제2항에 따라 신고한 개인사업자는 다음 각 호의 구분에 따른 날부터 3년이 되는 날이 속하는 과세기간까지는 간이과세자에 관한 규정을 적용받지 못한다. 〈개정 2014. 1. 1.〉

1. 제1항에 따라 신고한 경우: 일반과세자에 관한 규정을 적용받으려는 달의 1일

2. 제2항에 따라 신고한 경우: 사업 개시일이 속하는 달의 1일

④ 제3항에도 불구하고 제1항 및 제2항에 따라 신고한 개인사업자 중 직전 연도의 공급대가의 합계액이 4천8백만원 이상 제61조제1항 각 호 외의 부분 본문에 따른 금액 미만인 개인사업자 등 대통령령으로 정하는 개인사업자는 제3항에 따른 과세기간 이전이라도

간이과세자에 관한 규정을 적용받을 수 있다. 〈신설 2023. 12. 31.〉

⑤ 제4항에 따라 간이과세자에 관한 규정을 적용받으려는 개인사업자는 적용받으려는 과세기간 개시 10일 전까지 대통령령으로 정하는 바에 따라 납세지 관할 세무서장에게 신고하여야 한다. 〈신설 2023. 12. 31.〉

[제목개정 2023. 12. 31.]

제8장 보칙

제71조(장부의 작성 · 보관) ① 사업자는 자기의 납부세액 또는 환급세액과 관계되는 모든 거래사실을 대통령령으로 정하는 바에 따라 장부에 기록하여 사업장에 갖추어 두어야 한다.

② 사업자가 부가가치세가 과세되는 재화 또는 용역의 공급과 함께 부가가치세가 면제되는 재화 또는 용역을 공급하거나 제42조제1항을 적용받는 경우에는 과세되는 공급과 면세되는 공급 및 면세농산물등을 공급받은 사실을 각각 구분하여 장부에 기록하여야 한다.

③ 사업자는 제1항 및 제2항에 따라 기록한 장부와 제32조, 제35조 및 제36조에 따라 발급하거나 발급받은 세금계산서, 수입세금계산서 또는 영수증을 그 거래사실이 속하는 과세기간에 대한 확정신고 기한 후 5년간 보존하여야 한다. 다만, 제32조에 따라 전자세금계산서를 발급한 사업자가 국세청장에게 전자세금계산서 발급명세를 전송한 경우에는 그러하지 아니하다.

④ 사업자가 「법인세법」 제112조 및 「소득세법」 제160조에 따라 장부기록의무를 이행한 경우에는 제1항에 따른 장부기록의무를 이행한 것으로 본다.

제72조(부가가치세의 세액 등에 관한 특례) ① 제37조 및 제63조에도 불구하고 납부세액에서 이 법 및 다른 법률에서 규정하고 있는 부가가치세의 감면세액 및 공제세액을 빼고 가산세를 더한 세액의 1천분의 747을 부가가치세로, 1천분의 253을 지방소비세로 한다. 〈개정 2013. 12. 24., 2016. 12. 20., 2018. 12. 31., 2019. 12. 31., 2021. 12. 8.〉

② 부가가치세와 「지방세법」에 따른 지방소비세를 신고 · 납부 · 경정 및 환급할 경우에는 부가가치세와 지방소비세를 합한 금액을 신

고 · 납부 · 경정 및 환급한다.

제73조(납세관리인) ① 개인사업자가 다음 각 호의 어느 하나에 해당하는 경우에는 부가가치세에 관한 신고 · 납부 · 환급, 그 밖에 필요한 사항을 처리하는 납세관리인을 정하여야 한다.

1. 사업자가 사업장에 통상적으로 머무르지 아니하는 경우
2. 사업자가 6개월 이상 국외에 체류하려는 경우

② 사업자는 제1항의 경우 외에도 부가가치세에 관한 신고 · 납부 · 환급, 그 밖에 필요한 사항을 처리하게 하기 위하여 대통령령으로 정하는 자를 납세관리인으로 정할 수 있다.

③ 제1항과 제2항에 따라 납세관리인을 정한 사업자는 대통령령으로 정하는 바에 따라 납세지 관할 세무서장에게 신고하여야 한다. 이를 변경한 경우에도 또한 같다.

제74조(질문 · 조사) ① 부가가치세에 관한 사무에 종사하는 공무원은 부가가치세에 관한 업무를 위하여 필요하면 납세의무자, 납세의무자와 거래를 하는 자, 납세의무자가 가입한 동업조합 또는 이에 준하는 단체에 부가가치세와 관계되는 사항을 질문하거나 그 장부 · 서류나 그 밖의 물건을 조사할 수 있다.

② 납세지 관할 세무서장은 부가가치세의 납세보전 또는 조사를 위하여 납세의무자에게 장부 · 서류 또는 그 밖의 물건을 제출하게 하거나 그 밖에 필요한 사항을 명할 수 있다.

③ 부가가치세에 관한 사무에 종사하는 공무원이 제1항에 따른 질문 또는 조사를 할 때에는 그 권한을 표시하는 조사원증을 지니고 이를 관계인에게 보여주어야 한다.

④ 제1항 또는 제2항을 적용하는 경우 부가가치세에 관한 사무에 종사하는 공무원은 직무상 필요한 범위 외에 다른 목적 등을 위하여 그 권한을 남용해서는 아니 된다. 〈신설 2018. 12. 31.〉

제75조(자료제출) ① 다음 각 호의 어느 하나에 해당하는 자는 재화 또는 용역의 공급(국외사업자가 공급하는 경우는 제외한다)과 관련하여 판매 또는 결제를 대행하거나 중개하는 경우 대통령령으로 정하는 바에 따라 관련 명세를 매 분기 말일의 다음 달 15일까지 국세청장, 납세지 관할 지방국세청장 또는 납세지 관할 세무서장에게 제출하여야 한다. 〈개정 2021. 12. 8., 2022. 12. 31., 2025. 3. 14.〉

1. 「전기통신사업법」에 따른 부가통신사업자로서 「전자상거래 등

에서의 소비자보호에 관한 법률」 제2조제3호에 따른 통신판매업자의 판매를 대행 또는 중개하는 자

2. 「여신전문금융업법」 제2조제5호나목에 따른 결제대행업체

3. 「전자금융거래법」 제2조제4호에 따른 전자금융업자

4. 「외국환거래법」 제8조제4항에 따른 전문외국환업무취급업자

5. 그 밖에 제1호부터 제4호까지의 사업자와 유사한 사업을 수행하는 자로서 대통령령으로 정하는 자

6. 제1호부터 제5호까지의 사업자와 유사한 사업을 수행하는 비거주자 또는 외국법인

② 국세청장, 납세지 관할 지방국세청장 또는 납세지 관할 세무서장은 제1항에 따라 관련 명세를 제출하여야 하는 자가 관련 명세를 제출하지 아니하거나 사실과 다르게 제출한 경우 그 시정에 필요한 사항을 명할 수 있다. 〈신설 2022. 12. 31.〉

[본조신설 2017. 12. 19.]

제9장 벌칙 〈신설 2018. 12. 31.〉

제76조(과태료) ① 국세청장, 납세지 관할 지방국세청장 또는 납세지 관할 세무서장은 다음 각 호의 어느 하나에 해당하는 자에게 2천만원 이하의 과태료를 부과한다. 〈개정 2022. 12. 31.〉

1. 제74조제2항에 따른 납세보전 또는 조사를 위한 명령을 위반한 자

2. 제75조제2항에 따른 시정 명령을 위반한 자

② 제1항에 따른 과태료의 부과기준에 대해서는 대통령령으로 정한다. 〈신설 2021. 12. 8.〉

[본조신설 2018. 12. 31.]

부칙 〈제11873호, 2013. 6. 7.〉

제1조(시행일) 이 법은 2013년 7월 1일부터 시행한다.

제2조(일반적 적용례) 이 법은 이 법 시행 후 최초로 재화나 용역을 공급하거나 공급받는 분 또는 수입신고하는 분부터 적용한다.

제3조(신고·납부에 관한 적용례) 신고·납부에 관한 개정규정은 이 법 시행 후 개시하는 과세기간부터 적용한다.

제4조(직전 과세기간에 관한 특례) 제61조제2항의 개정규정에도 불

구하고 이 법 시행일이 속하는 과세기간의 직전 과세기간은 직전 연도의 제1기 및 제2기 과세기간 모두로 한다.

제5조(간이과세 및 일반과세의 적용시기에 관한 적용 특례) 이 법 시행일 직전 1역년의 공급대가가 제61조제1항에 따른 금액에 미달되거나 그 이상이 되어 같은 조에 따라 간이과세자에 관한 규정이 적용되거나 적용되지 아니하게 되는 경우 그 적용기간은 제62조의 개정규정에도 불구하고 2013년 7월 1일부터 2014년 12월 31일까지로 한다.

제6조(간이과세자 예정부과·납부세액의 산정에 관한 특례) 이 법 시행일이 속하는 과세기간에 제66조의 개정규정에 따라 간이과세자의 직전 과세기간의 납부세액을 산정하는 경우에는 직전 연도의 제1기 및 제2기 과세기간의 공급대가를 합산한 값에 제63조제2항의 개정규정에 따른 해당 업종의 부가가치율을 적용하여 산정한다.

제7조(여성용 생리처리 위생용품에 대한 부가가치세 면제에 관한 특례) 법률 제7007호 부가가치세법중개정법률 제12조제1항제3호의2에 따라 부가가치세의 면세사업자로 전환되거나 면세사업이 추가되는 사업자가 같은 법의 시행 전에 취득한 재화를 이 법 시행 후 부가가치세가 면제되는 사업을 위하여 직접 사용하는 경우에는 제10조제1항 및 제41조의 개정규정을 적용하지 아니한다.

제8조(특수관계자에 대한 사업용 부동산 등의 무상임대 공급 시 매입세액 공제에 관한 특례) 법률 제11129호 부가가치세법 일부개정법률 제7조제3항에 따라 부가가치세가 과세되는 사업을 영위하던 자로서 그 사업을 위하여 사용되었거나 사용될 감가상각자산에 대하여 이 법 시행일 현재 매입세액을 공제받지 아니한 경우에는 제43조의 개정규정을 준용하여 매입세액을 공제할 수 있다.

제9조(투자자문업 및 한국투자공사의 위탁자산 관리·운용용역에 대한 부가가치세 면제에 관한 특례) 대통령령 제19892호 부가가치세법 시행령 일부개정령 제33조제1항제4호아목 및 같은 항 제17호의4에 따라 부가가치세 면세사업자로 전환되거나 면세사업이 추가되는 사업자가 2007년 2월 28일 전에 취득한 재화를 이 법 시행 후 부가가치세가 면제되는 사업을 위하여 사용하는 경우에는 제10조제1항의 개정규정을 적용하지 아니한다.

제10조(「노인장기요양보험법」에 따른 장기요양기관이 제공하는 용역

에 대한 부가가치세 면제에 관한 특례) 대통령령 제20626호 부가가치세법 시행령 일부개정령 제29조제13호에 따라 부가가치세 면세사업자로 전환되거나 면세사업이 추가되는 사업자가 2008년 7월 1일 전에 취득한 재화를 이 법 시행 후 부가가치세가 면제되는 사업을 위하여 사용하는 경우에는 제10조제1항의 개정규정을 적용하지 아니한다.

제11조(사회복지서비스이용권을 대가로 공급하는 용역에 대한 부가가치세 면제에 관한 특례) 대통령령 제21304호 부가가치세법 시행령 일부개정령 제29조제14호에 따라 부가가치세 면세사업자로 전환되거나 면세사업이 추가되는 사업자가 2009년 2월 4일 전에 취득한 재화를 이 법 시행 후 부가가치세가 면제되는 사업을 위하여 사용하는 경우에는 제10조제1항의 개정규정을 적용하지 아니한다.

제12조(일반적 경과조치) 이 법 시행 당시 종전의 규정에 따라 부과하였거나 부과하여야 할 부가가치세 또는 환급하였거나 환급하여야 할 부가가치세에 대하여는 이 법의 개정규정에도 불구하고 종전의 규정에 따른다.

제13조(일반과세자 · 간이과세자에 대한 경과조치) 이 법 시행 당시 종전의 규정에 따른 일반과세자 또는 간이과세자에 해당하는 자는 이 법의 개정규정에 따른 일반과세자 또는 간이과세자로 본다.

제14조(사업자등록 등에 관한 경과조치) ① 이 법 시행 당시 종전의 규정에 따라 사업자등록(사업자 단위 과세 사업자로의 변경등록 및 주사업장 총괄 납부 사업자로의 등록을 포함한다. 이하 이 조에서 같다)을 신청하였거나 사업자등록을 한 경우에는 이 법에 따라 사업자등록을 신청하였거나 사업자등록을 한 것으로 본다.

② 이 법 시행 당시 종전의 규정에 따라 휴업, 폐업, 등록사항의 변경 신고 등을 한 경우에는 이 법에 따라 신고 등을 한 것으로 본다.

제15조(세금계산서 발급 등에 관한 경과조치) 이 법 시행 전에 재화나 용역을 공급한 분 또는 재화를 수입한 분에 대하여 이 법 시행 후에 세금계산서를 발급하여야 하거나 발급할 수 있는 경우에는 이 법의 개정규정에도 불구하고 종전의 규정에 따른다.

제16조(부가가치세 예정신고 및 확정신고 등에 관한 경과조치) 이 법 시행 당시 종전의 규정에 따라 부가가치세의 예정신고 또는 확정신고 등 부가가치세를 신고하고 납부한 자에 대하여는 이 법의

개정규정에 따라 부가가치세를 신고하고 납부한 것으로 본다.

제17조(가산세에 관한 경과조치) 이 법 시행 당시 종전의 규정에 따라 부과하였거나 부과하여야 할 부가가치세에 대한 가산세에 관하여는 이 법의 개정규정에도 불구하고 종전의 규정에 따른다.

제18조(다른 법률의 개정) ① 국세기본법 일부를 다음과 같이 개정한다.

제10조제2항 단서 중 "「부가가치세법」 제18조제2항"을 "「부가가치세법」 제48조제3항"으로 한다.

제26조의2제1항제1호의2다목 중 "「부가가치세법」 제22조제3항 및 제6항"을 "「부가가치세법」 제60조제2항제2호ㆍ제3항 및 제4항"으로 한다.

제47조의2제1항 각 호 외의 부분 단서 및 같은 조 제2항 단서 중 "같은 법 제18조제1항, 제19조제1항 및 제27조"를 각각 "같은 법 제48조제1항, 제49조제1항 및 제67조"로 하고, 같은 조 제3항제2호 중 "「부가가치세법」 제29조"를 "「부가가치세법」 제69조"로 하며, 같은 조 제4항 중 "「부가가치세법」 제17조의2제3항 단서"를 "「부가가치세법」 제45조제3항 단서"로 한다.

제47조의3제1항 각 호 외의 부분 단서 및 같은 조 제2항제2호 각 목 외의 부분 단서 중 "같은 법 제18조제1항, 같은 조 제2항 단서, 제19조제1항 및 제27조"를 각각 "같은 법 제48조제1항ㆍ제4항, 제49조제1항, 제66조 및 제67조"로 하고, 같은 조 제4항제2호 중 "「부가가치세법」 제17조의2제3항 단서"를 "「부가가치세법」 제45조제3항 단서"로 한다.

제47조의4제3항 중 "「부가가치세법」 제17조의2제3항 단서"를 "「부가가치세법」 제45조제3항 단서"로 한다.

제47조의5제2항제3호 중 "「부가가치세법」 제34조"를 "「부가가치세법」 제52조"로 한다.

제49조제1항제3호를 다음과 같이 한다.

3. 「부가가치세법」 제60조제1항(같은 법 제68조제2항에서 준용되는 경우를 포함한다), 같은 조 제2항제1호ㆍ제3호부터 제5호까지 및 같은 조 제5항부터 제8항까지의 규정에 따른 가산세

② 소득세법 일부를 다음과 같이 개정한다.

제35조제2항제2호 중 "「부가가치세법」 제16조"를 "「부가가치세

법」 제32조"로 한다.

제78조제1항제2호를 다음과 같이 한다.

2. 「부가가치세법」 제2조제3호에 따른 사업자가 같은 법 제48조 · 제49조 · 제66조 또는 제67조에 따라 신고한 경우

제81조제3항 각 호 외의 부분 단서 중 "「부가가치세법」 제22조제2항부터 제4항까지"를 "「부가가치세법」 제60조제2항 · 제3항 · 제5항 · 제6항"으로 하고, 같은 항 제3호 본문 중 "「부가가치세법」 제20조"를 "「부가가치세법」 제54조"로 한다.

제160조의2제2항제2호 중 "「부가가치세법」 제16조"를 "「부가가치세법」 제32조"로 한다.

제162조의3제4항 단서 중 "「부가가치세법」 제5조"를 "「부가가치세법」 제8조"로, "「부가가치세법」 제16조"를 "「부가가치세법」 제32조"로 한다.

제163조제2항 본문 중 "「부가가치세법」 제12조제1항제1호"를 "「부가가치세법」 제26조제1항제1호"로 한다.

제163조의2제1항 본문 중 "「부가가치세법」 제16조제1항 및 제5항"을 "「부가가치세법」 제32조제1항 · 제7항 및 제35조제1항"으로 하고, 같은 항 단서 중 "「부가가치세법」 제20조제4항"을 "「부가가치세법」 제54조제5항"으로 한다.

제164조제1항 각 호 외의 부분 본문 중 "「부가가치세법」 제4조에 따른 사업자단위과세사업자"를 "「부가가치세법」 제8조제3항 후단에 따른 사업자 단위 과세 사업자"로 한다.

제168조제3항 중 "「부가가치세법」 제5조"를 "「부가가치세법」 제8조"로 한다.

③ 법인세법 일부를 다음과 같이 개정한다.

제11조제1항 후단 중 "「부가가치세법」 제5조"를 "「부가가치세법」 제8조"로 한다.

제25조제2항제2호 중 "「부가가치세법」 제16조"를 "「부가가치세법」 제32조"로 한다.

제66조제2항제3호다목 중 "「부가가치세법」 제32조의2"를 "「부가가치세법」 제46조제4항"으로 한다.

제76조제9항 각 호 외의 부분 후단 중 "「부가가치세법」 제22조제2항부터 제5항까지"를 "「부가가치세법」 제60조제2항 · 제3항 · 제5항

부터 제7항까지"로 한다.

제111조제3항 중 "「부가가치세법」 제5조"를 "「부가가치세법」 제8조"로 한다.

제116조제2항제3호 중 "「부가가치세법」 제16조"를 "「부가가치세법」 제32조"로 한다.

제117조의2제4항 단서 중 "「부가가치세법」 제5조"를 "「부가가치세법」 제8조"로, "「부가가치세법」 제16조"를 "「부가가치세법」 제32조"로 한다.

제120조의3제1항 본문 중 "「부가가치세법」 제16조제1항 및 제5항"을 "「부가가치세법」 제32조제1항·제7항 및 제35조제1항"으로, "「부가가치세법」 제20조"를 "「부가가치세법」 제54조"로 하고, 같은 항 단서 중 "「부가가치세법」 제20조제4항"을 "「부가가치세법」 제54조제5항"으로 한다.

제121조제2항 본문 중 "「부가가치세법」 제12조제1항제1호"를 "「부가가치세법」 제26조제1항제1호"로 한다.

④ 주세법 일부를 다음과 같이 개정한다.

제12조제1항제10호 중 "「부가가치세법」 제3조제1항"을 "「부가가치세법」 제5조제1항"으로 한다.

제13조제1항제2호 및 같은 항 제7호 중 "「부가가치세법」 제3조제1항"을 각각 "「부가가치세법」 제5조제1항"으로 한다.

제15조제1항제4호 및 같은 조 제2항제4호 중 "「부가가치세법」 제3조제1항"을 각각 "「부가가치세법」 제5조제1항"으로 한다.

제16조제4항 중 "「부가가치세법」 제5조제5항"을 "「부가가치세법」 제8조제6항"으로 한다.

⑤ 증권거래세법 일부를 다음과 같이 개정한다.

제10조의2 중 "「부가가치세법」 제4조제3항에 따른 사업자단위과세사업자"를 "「부가가치세법」 제8조제3항 후단에 따른 사업자 단위 과세 사업자"로 한다.

⑥ 조세특례제한법 일부를 다음과 같이 개정한다.

제104조의7제3항 중 "「부가가치세법」 제6조"를 "「부가가치세법」 제9조 및 제10조"로 한다.

제104조의8제2항 단서를 다음과 같이 한다.

다만, 매출가액과 매입가액이 없는 「부가가치세법」 제2조제5호에 따른 일반과세자에 대하여는 본문을 적용하지 아니하며, 같은 조 제4호에 따른 간이과세자에 대하여는 공제세액이 납부세액에 같은 법 제63조제3항, 제64조 및 제65조에 따른 금액을 가감(加減)한 후의 금액을 초과할 때에는 그 초과하는 금액은 없는 것으로 본다.

제104조의25제1항 본문 중 "「부가가치세법」 제13조제1항"을 "「부가가치세법」 제29조"로, "「부가가치세법」 제9조에 따른 거래시기"를 "「부가가치세법」 제15조에 따른 공급시기"로 한다.

제105조제1항제5호마목 중 "「부가가치세법」 제12조"를 "「부가가치세법」 제26조"로 하고, 같은 항 제6호가목 중 "「부가가치세법」 제12조"를 "「부가가치세법」 제26조"로 한다.

제105조의2제1항 각 호 외의 부분 중 "「부가가치세법」 제3조제4항"을 "「부가가치세법」 제2조제5호"로 하고, 같은 조 제2항 중 "「부가가치세법」 제32조"를 "「부가가치세법」 제36조"로 한다.

제106조제1항제9호의3 중 "「부가가치세법」 제25조제1항"을 "「부가가치세법」 제61조제1항"으로 하고, 같은 항 제11호 중 "「부가가치세법」 제12조"를 "「부가가치세법」 제26조"로 하며, 같은 조 제5항 중 "「부가가치세법」 제25조제1항제1호"를 "「부가가치세법」 제61조제1항제1호"로 한다.

제106조의3제3항제1호 중 "「부가가치세법」 제12조"를 "「부가가치세법」 제26조"로 하고, 같은 항 제2호 후단 중 "「부가가치세법」 제17조에 따라 공제받을 수 있는"을 "「부가가치세법」 제38조에 따른 공제하는"으로 하며, 같은 조 제9항 중 "「부가가치세법」 제17조를"을 "「부가가치세법」 제37조부터 제39조까지의 규정을"로 한다.

제106조의4제2항 중 "「부가가치세법」 제15조"를 "「부가가치세법」 제31조"로 하고, 같은 조 제3항제2호 중 "「부가가치세법」 제13조에 따른 과세표준에 같은 법 제14조"를 "「부가가치세법」 제29조에 따른 과세표준에 같은 법 제30조"로 하며, 같은 조 제4항 중 "「부가가치세법」 제19조의2"를 "「부가가치세법」 제50조"로 하고, 같은 조 제6항 중 "「부가가치세법」 제17조"를 "「부가가치세법」 제37조 및 제38조"로 하며, 같은 조 제8항 중 "「부가가치세법」 제18조, 제19조 및 제27조"를 "「부가가치세법」 제48조, 제49조, 제66조 및 제67조"로 한다.

제106조의5제1항 중 "「부가가치세법」 제17조제1항에 따른"을

“「부가가치세법」 제37조제1항 및 같은 법 제38조에 따라”로 하고, 같은 조 제2항 후단 중 “「부가가치세법」 제18조에 따른 예정신고 및 같은 법 제24조제2항에 따른 환급신고 시 이미 고금에 대한 매입세액 공제를 받은 경우에는 같은 법 제19조”를 “「부가가치세법」 제48조에 따른 예정신고 및 같은 법 제59조제2항에 따른 환급신고 시 이미 고금에 대한 매입세액 공제를 받은 경우에는 같은 법 제49조”로 한다.

제106조의6제1항 중 “「부가가치세법」 제18조, 제19조 및 제27조”를 “「부가가치세법」 제48조, 제49조, 제66조 및 제67조”로 한다.

제106조의8제1항 전단 중 “「부가가치세법」 제11조제1항제1호”를 “「부가가치세법」 제21조제1항”으로, “같은 법 제3조”를 “같은 법 제5조”로, “같은 법 제16조”를 “같은 법 제32조”로 하고, 같은 항 후단 중 “「부가가치세법」 제13조”를 “「부가가치세법」 제29조제1항”으로 하며, 같은 조 제2항 중 “「부가가치세법」 제22조”를 “「부가가치세법」 제60조”로 하고, 같은 조 제3항 중 “「부가가치세법」 제18조 및 제19조”를 “「부가가치세법」 제48조 및 제49조”로 한다.

제107조제7항 중 “「부가가치세법」 제11조를”을 “「부가가치세법」 제21조부터 제25조까지의 규정을”로 한다.

제108조제1항 중 “「부가가치세법」 제17조제1항에 따른”을 “「부가가치세법」 제37조제1항 및 같은 법 제38조에 따라”로 하고, 같은 조 제2항 후단 중 “「부가가치세법」 제18조에 따른 예정신고 및 같은 법 제24조제2항에 따른 환급신고를 할 때 이미 재활용폐자원 매입세액 공제를 받은 경우에는 같은 법 제19조”를 “「부가가치세법」 제48조에 따른 예정신고 및 같은 법 제59조제2항에 따른 환급신고를 할 때 이미 재활용폐자원 매입세액 공제를 받은 경우에는 같은 법 제49조”로 한다.

법률 제11614호 조세특례제한법 일부개정법률 제111조의4제1항 후단 중 “「부가가치세법」 제11조제1항제4호”를 “「부가가치세법」 제24조제1항”으로 한다.

제121조의23제1항 중 “「부가가치세법」 제6조”를 “「부가가치세법」 제9조 및 제10조”로 한다.

제126조의4제1항 중 “「부가가치세법」 제16조에도 불구하고”를 “「부가가치세법」 제32조에도 불구하고”로, “「부가가치세법」 제16조

에 따른 세금계산서 교부시기"를 "「부가가치세법」 제34조에 따른 세금계산서 발급 시기"로 하고, 같은 조 제2항 중 "「부가가치세법」 제17조제1항 및 제26조제3항"을 "「부가가치세법」 제37조, 제38조 및 제63조제3항"으로 한다.

제126조의5제2항 중 "「부가가치세법」 제32조의2제1항"을 "「부가가치세법」 제46조제1항 및 제2항"으로 한다.

⑦ 조세범 처벌법 일부를 다음과 같이 개정한다.

제15조제2항 중 "「부가가치세법」 제22조제3항제1호 및 제4항제2호"를 "「부가가치세법」 제60조제2항제2호 및 제6항제2호"로 한다.

제17조제1호나목 중 "「부가가치세법」 제35조제2항"을 "「부가가치세법」 제74조제2항"으로 한다.

⑧ 지방세법 일부를 다음과 같이 개정한다.

제65조 중 "「부가가치세법」 제1조"를 "「부가가치세법」 제4조"로 한다.

제66조 중 "「부가가치세법」 제2조"를 "「부가가치세법」 제3조"로 한다.

제67조 중 "「부가가치세법」 제4조에 따른 부가가치세의 신고 · 납세지"를 "「부가가치세법」 제6조에 따른 납세지"로 한다.

제68조 중 "「부가가치세법」 제23조제3항"을 "「부가가치세법」 제58조제2항"으로 한다.

제70조제1항 중 "「부가가치세법」 제32조의6"을 "「부가가치세법」 제72조"로 하고, 같은 조 제2항 중 "「부가가치세법」 제18조, 제19조, 제19조의2, 제27조 및 제34조"를 "「부가가치세법」 제48조부터 제50조까지, 제52조, 제66조 및 제67조"로 한다.

⑨ 관세법 일부를 다음과 같이 개정한다.

제266조제2항 중 "「부가가치세법」 제16조"를 "「부가가치세법」 제32조 및 제35조"로 한다.

⑩ 상가건물 임대차보호법 일부를 다음과 같이 개정한다.

제3조제1항 중 "「부가가치세법」 제5조"를 "「부가가치세법」 제8조"로 한다.

⑪ 대외무역법 일부를 다음과 같이 개정한다.

제18조제1항 중 "「부가가치세법」 제11조제1항제4호"를 "「부가가치세법」 제24조"로 한다.

⑫ 공직자윤리법 일부를 다음과 같이 개정한다.

제17조제1항제1호 중 "「부가가치세법」 제13조"를 "「부가가치세법」 제29조"로 한다.

⑬ 석유 및 석유대체연료 사업법 일부를 다음과 같이 개정한다.

제39조제4항제1호 중 "「부가가치세법」 제16조"를 "「부가가치세법」 제32조"로 한다.

⑭ 식품위생법 일부를 다음과 같이 개정한다.

제37조제7항 중 "「부가가치세법」 제5조"를 "「부가가치세법」 제8조"로 한다.

제75조제3항제2호 중 "「부가가치세법」 제5조"를 "「부가가치세법」 제8조"로 한다.

제19조(다른 법령과의 관계) 이 법 시행 당시 다른 법령에서 종전의 「부가가치세법」 또는 그 규정을 인용하고 있는 경우 이 법 가운데 그에 해당하는 규정이 있으면 종전의 규정을 대신하여 이 법의 해당 규정을 인용한 것으로 본다.

부칙 〈제11944호, 2013. 7. 26.〉

제1조(시행일) 이 법은 공포한 날부터 시행한다.

제2조(수정수입세금계산서 발급에 관한 적용례) 제35조의 개정규정은 이 법 시행 후 최초로 수정신고하거나 결정·경정하는 분부터 적용한다.

부칙 〈제12113호, 2013. 12. 24.〉

제1조(시행일) 이 법은 2014년 1월 1일부터 시행한다.

제2조(부가가치세 세액에 관한 적용례) 제72조제1항의 개정규정은 이 법 시행 후 최초로 개시하는 과세기간에 납부 또는 환급하는 분부터 적용한다.

부칙 〈제12167호, 2014. 1. 1.〉

제1조(시행일) 이 법은 2014년 1월 1일부터 시행한다.

제2조(일반적 적용례) 이 법은 이 법 시행 후 재화나 용역을 공급하거나 공급받는 분 또는 재화를 수입신고하는 분부터 적용한다.

제3조(간이과세자의 과세기간 등에 관한 적용례) 제5조제4항, 제62

조제1항·제2항 및 제66조제1항의 개정규정은 이 법 시행 후 1역년의 공급대가의 합계액이 제61조제1항에 따른 금액에 미달하거나 그 이상이 되는 경우부터 적용한다.

제4조(재화 공급의 특례에 관한 적용례) 제10조제2항의 개정규정은 이 법 시행 후 신고하거나 결정·경정하는 분부터 적용한다.

제5조(사업의 포괄양도에 따른 사업양수자의 부가가치세 대리납부에 관한 적용례) 제10조제8항제2호 단서, 제38조제1항제1호 및 제52조제4항의 개정규정은 이 법 시행 후 사업을 양도하는 분부터 적용한다.

제6조(현금매출명세서 등의 제출에 관한 적용례) 제55조제2항의 개정규정은 이 법 시행 후 신고하거나 결정·경정하는 분부터 적용한다.

제7조(간이과세와 일반과세의 적용기간에 관한 적용 특례) ① 제62조제1항의 개정규정에도 불구하고 이 법 시행일 직전 1역년의 공급대가의 합계액이 제61조제1항에 따른 금액 이상이 되어 종전의 제62조제1항에 따른 기간에 간이과세자에 관한 규정이 적용되지 아니하는 경우로서 이 법 시행일이 속하는 해의 1역년의 공급대가의 합계액이 제61조제1항에 따른 금액에 미달하여 제62조제1항의 개정규정에 따른 기간에 간이과세자에 관한 규정이 적용되는 경우에는 간이과세의 적용기간을 2016년 1월 1일부터 2016년 6월 30일까지로 한다.

② 제62조제1항의 개정규정에도 불구하고 이 법 시행일 직전 1역년의 공급대가의 합계액이 제61조제1항에 따른 금액에 미달하여 종전의 제62조제1항에 따른 기간에 간이과세자에 관한 규정이 적용되는 경우로서 이 법 시행일이 속하는 해의 1역년의 공급대가의 합계액이 제61조제1항에 따른 금액 이상이 되어 제62조제1항의 개정규정에 따른 기간에 간이과세자에 관한 규정이 적용되지 아니하게 된 경우에는 일반과세의 적용기간을 2016년 1월 1일부터 2016년 6월 30일까지로 한다.

제8조(부가가치세가 면제되는 재화 등의 공급 시 매입세액 공제에 대한 경과조치) 이 법 시행 전에 부가가치세가 면제되는 재화 또는 용역(부가가치세가 과세되지 아니하는 재화 또는 용역을 포함한다)을 공급하거나 공급받은 경우에는 제39조제1항제3호의 개정규정에도 불구하고 종전의 규정에 따른다.

부칙 〈제12851호, 2014. 12. 23.〉

제1조(시행일) 이 법은 2015년 1월 1일부터 시행한다. 다만, 제53조의2의 개정규정은 2015년 7월 1일부터 시행한다.

제2조(일반적 적용례) 이 법은 이 법 시행 이후 재화나 용역을 공급하거나 공급받는 분 또는 재화를 수입신고하는 분부터 적용한다.

제3조(사업자등록에 관한 적용례) 제8조제9항제3호의 개정규정은 이 법 시행 이후 「개별소비세법」 제21조제2항 및 제3항 또는 「교통·에너지·환경세법」 제18조제3항 및 제4항에 따른 사업자단위과세사업자 신고를 하는 분부터 적용한다.

제4조(간이과세자의 예정부과와 납부에 관한 적용례) 제66조제1항의 개정규정은 2015년 1월 1일 이후 개시하는 간이과세자의 과세기간부터 적용한다.

제5조(전자적 용역을 공급하는 국외사업자의 사업 개시에 관한 경과조치) 제53조의2제3항의 개정규정을 적용할 때에 국내에 전자적 용역을 공급하는 사업의 개시일이 2015년 6월 30일 이전인 경우에는 2015년 7월 1일부터 그 사업을 개시한 것으로 보고, 제53조의2제3항 후단에 따라 2015년 7월 20일까지 간편사업자등록을 신청하여야 한다.

부칙 〈제13474호, 2015. 8. 11.〉 (공동주택관리법)

제1조(시행일) 이 법은 공포 후 1년이 경과한 날부터 시행한다.

제2조 부터 제33조까지 생략

제34조(다른 법률의 개정) ①부터 ⑧까지 생략

⑨ 부가가치세법 일부를 다음과 같이 개정한다.

제26조제1항제13호 중 "「주택법」 제44조제2항"을 "「공동주택관리법」 제18조제2항"으로, "제2조제14호"를 "제2조제1항제10호"로, "제43조제3항"을 "제2조제1항제8호"로, "같은 법 제2조제9호"를 "「주택법」 제2조제9호"로 한다.

⑩부터 ⑯까지 생략

제35조 생략

부칙 〈제13556호, 2015. 12. 15.〉

제1조(시행일) 이 법은 2016년 1월 1일부터 시행한다. 다만, 제53

조의2제1항의 개정규정은 공포한 날부터 시행한다.
제2조(일반적 적용례) 이 법은 이 법 시행 이후 재화나 용역을 공급하거나 공급받는 분 또는 재화를 수입신고하는 분부터 적용한다.
제3조(재화의 수입에 대한 부가가치세 납부유예에 관한 적용례) 제35조제1항 및 제50조의2의 개정규정은 이 법 시행 이후 납부유예를 신청한 중소사업자가 2016년 7월 1일 이후 재화를 수입신고하는 분부터 적용한다.
제4조(전자적 용역을 공급하는 국외사업자의 용역 공급에 관한 적용례) 제53조의2제1항의 개정규정은 같은 개정규정 시행일이 속하는 과세기간에 용역을 공급하는 분부터 적용한다.

부칙 〈제13805호, 2016. 1. 19.〉 (주택법)
제1조(시행일) 이 법은 2016년 8월 12일부터 시행한다.
제2조 부터 제20조까지 생략
제21조(다른 법률의 개정) ①부터 ㉞까지 생략
㉟ 부가가치세법 일부를 다음과 같이 개정한다.
제26조제1항제13호 중 "「주택법」 제2조제9호"를 "「주택법」 제2조제14호"로 한다.
㊱부터 〈86〉까지 생략
제22조 생략

부칙 〈제14387호, 2016. 12. 20.〉
제1조(시행일) 이 법은 2017년 1월 1일부터 시행한다.
제2조(일반적 적용례) 이 법은 이 법 시행 이후 재화나 용역을 공급하거나 공급받는 분 또는 재화를 수입신고하는 분부터 적용한다.
제3조(재화의 수입에 대한 부가가치세 납부유예에 관한 적용례) 제50조의2의 개정규정은 이 법 시행 이후 납부유예를 신청하여 납부를 유예받은 중견사업자가 2017년 4월 1일 이후 재화를 수입신고하는 분부터 적용한다.
제4조(대리납부에 관한 경과조치) 이 법 시행 전에 사업을 양수받은 경우에는 제52조제4항의 개정규정에도 불구하고 종전의 규정에 따른다.
제5조(가산세에 관한 경과조치) 이 법 시행 전에 재화나 용역을 공

급하거나 공급받는 분 또는 재화를 수입신고하는 분에 대해서는 제60조제2항 · 제6항 및 제7항의 개정규정에도 불구하고 종전의 규정에 따른다.

부칙 <제15223호, 2017. 12. 19.>

제1조(시행일) 이 법은 2018년 1월 1일부터 시행한다.

제2조(일반적 적용례) 이 법은 이 법 시행 이후 재화나 용역을 공급하거나 공급받는 분 또는 재화를 수입신고하는 분부터 적용한다.

제3조(재화의 공급으로 보지 아니하는 신탁재산의 이전에 관한 적용례) 제10조제9항제4호의 개정규정은 이 법 시행 이후 신탁재산을 이전하는 경우부터 적용한다.

제4조(수입세금계산서에 관한 적용례) 제35조제2항 및 제3항의 개정규정은 이 법 시행 이후 세관장이 결정 또는 경정하거나 수입하는 자가 수정신고하는 분부터 적용한다.

제5조(대리납부에 관한 적용례) 제52조제4항의 개정규정은 이 법 시행 이후 제10조제9항제2호 본문에 따라 사업을 양도하는 경우부터 적용한다.

제6조(가산세에 관한 경과조치) 이 법 시행 전에 재화나 용역을 공급하거나 공급받는 분 또는 재화를 수입신고하는 분에 대해서는 제60조제3항 및 같은 조 제9항제4호의 개정규정에도 불구하고 종전의 규정에 따른다.

부칙 <제16008호, 2018. 12. 24.> (법인세법)

제1조(시행일) 이 법은 2019년 1월 1일부터 시행한다. <단서 생략>

제2조 부터 제14조까지 생략

제15조(다른 법률의 개정) ① 및 ② 생략

③ 부가가치세법 일부를 다음과 같이 개정한다.

제2조제9호 중 "「법인세법」 제1조제3호"를 "「법인세법」 제2조제3호"로 한다.

제25조제1항 중 "「법인세법」 제1조제1호"를 "「법인세법」 제2조제1호"로 한다.

④부터 ⑥까지 생략

부칙 〈제16101호, 2018. 12. 31.〉

제1조(시행일) 이 법은 2019년 1월 1일부터 시행한다. 다만, 제53조의2제1항의 개정규정은 2019년 7월 1일부터 시행한다.

제2조(일반적 적용례) 이 법은 이 법 시행 이후 재화나 용역을 공급하거나 공급받는 분 또는 재화를 수입신고하는 분부터 적용한다.

제3조(재화 공급의 특례에 관한 적용례) 제10조제1항제3호의 개정규정은 이 법 시행 이후 재화를 사용하거나 소비하는 분부터 적용한다.

제4조(신용카드 등 사용에 따른 세액공제에 관한 적용례) 제46조제1항의 개정규정은 이 법 시행 이후 신고하는 분부터 적용한다.

제5조(예정고지·부과와 납부 면제에 관한 적용례) 제48조제3항 단서 및 제66조제1항 단서의 개정규정은 이 법 시행 이후 결정하는 분부터 적용한다.

제6조(간이과세자에 대한 납부의무의 면제에 관한 적용례) 제69조제1항의 개정규정은 이 법 시행 이후 신고하는 분부터 적용한다.

제7조(부가가치세 세액에 관한 적용례) 제72조제1항의 개정규정은 이 법 시행 이후 최초로 납부 또는 환급하는 분부터 적용한다.

제8조(대리납부 기한에 관한 경과조치) 제52조제4항의 개정규정에도 불구하고 이 법 시행 전에 제10조제9항제2호 본문에 따른 사업의 양도(이에 해당하는지 여부가 분명하지 아니한 경우를 포함한다)에 따라 그 사업을 양수받은 자에 대해서는 종전의 규정에 따른다.

제9조(전자적 용역을 공급하는 국외사업자의 사업 개시에 관한 경과조치) 제53조의2제1항제2호부터 제5호까지의 개정규정에 따른 전자적 용역을 공급하는 자(이 법 시행 전에 같은 조 제3항에 따라 간편사업자등록을 한 자는 제외한다)의 사업 개시일이 2019년 6월 30일 이전인 경우에는 2019년 7월 1일을 사업 개시일로 보아 제53조의2제3항을 적용한다.

제10조(가산세에 관한 경과조치) ① 이 법 시행 전에 재화나 용역을 공급하는 분에 대해서는 제60조제2항제3호 및 제4호의 개정규정에도 불구하고 종전의 규정에 따른다.

② 이 법 시행 전에 재화나 용역을 공급받는 분에 대해서는 제60조제5항의 개정규정에도 불구하고 종전의 규정에 따른다.

제11조(다른 법률의 개정) ① 감염병의 예방 및 관리에 관한 법률

일부를 다음과 같이 개정한다.

제52조제2항제1호 중 “「부가가치세법」 제8조제6항”을 “「부가가치세법」 제8조제7항”으로 하고, 같은 항 제2호 중 “「부가가치세법」 제8조제7항”을 “「부가가치세법」 제8조제8항”으로 한다.

② 건설산업기본법 일부를 다음과 같이 개정한다.

제83조제2호의2 및 제12호 중 “「부가가치세법」 제8조제6항”을 각각 “「부가가치세법」 제8조제7항”으로 한다.

③ 기상산업진흥법 일부를 다음과 같이 개정한다.

제8조제2항 중 “「부가가치세법」 제8조제6항 또는 제7항”을 “「부가가치세법」 제8조제7항 또는 제8항”으로 한다.

④ 낚시 관리 및 육성법 일부를 다음과 같이 개정한다.

제14조제1항제6호 중 “「부가가치세법」 제8조제6항 및 제7항”을 “「부가가치세법」 제8조제7항 및 제8항”으로 한다.

제39조제2항 중 “「부가가치세법」 제8조제6항 및 제7항”을 “「부가가치세법」 제8조제7항 및 제8항”으로 한다.

⑤ 소상공인 보호 및 지원에 관한 법률 일부를 다음과 같이 개정한다.

제13조제2항제1호 각 목 외의 부분 중 “「부가가치세법」 제8조제1항 및 제6항”을 “「부가가치세법」 제8조제1항 및 제7항”으로 한다.

⑥ 수입식품안전관리 특별법 일부를 다음과 같이 개정한다.

제15조제4항 전단 중 “「부가가치세법」 제8조제6항”을 “「부가가치세법」 제8조제7항”으로 한다.

⑦ 외국인투자 촉진법 일부를 다음과 같이 개정한다.

제21조제4항제1호 중 “「부가가치세법」 제8조제6항”을 “「부가가치세법」 제8조제7항”으로 한다.

⑧ 인삼산업법 일부를 다음과 같이 개정한다.

제12조제7항 중 “「부가가치세법」 제5조”를 “「부가가치세법」 제8조”로 한다.

⑨ 자동차관리법 일부를 다음과 같이 개정한다.

제66조제1항제16호 중 “「부가가치세법」 제8조제7항”을 “「부가가치세법」 제8조제8항”으로 한다.

⑩ 자연재해대책법 일부를 다음과 같이 개정한다.

제42조제1항제4호 중 “「부가가치세법」 제8조제6항 전단”을 “「부

가가치세법」 제8조제7항 전단”으로, “같은 조 제7항”을 “같은 조 제8항”으로 한다.

⑪ 정보통신공사업법 일부를 다음과 같이 개정한다.

제23조제2항 각 호 외의 부분 단서 중 “「부가가치세법」 제8조제6항”을 “「부가가치세법」 제8조제7항”으로, “같은 조 제7항”을 “같은 조 제8항”으로 한다.

제66조제1항제15호 중 “「부가가치세법」 제8조제6항”을 “「부가가치세법」 제8조제7항”으로, “같은 조 제7항”을 “같은 조 제8항”으로 한다.

⑫ 주세법 일부를 다음과 같이 개정한다.

제16조제4항 중 “「부가가치세법」 제8조제6항”을 “「부가가치세법」 제8조제7항”으로 한다.

⑬ 중소기업창업 지원법 일부를 다음과 같이 개정한다.

제39조의4 각 호 외의 부분 중 “「부가가치세법」 제5조”를 “「부가가치세법」 제8조”로 한다.

⑭ 취업 후 학자금 상환 특별법 일부를 다음과 같이 개정한다.

제18조제7항제2호 중 “「부가가치세법」 제8조제6항”을 “「부가가치세법」 제8조제7항”으로 한다.

부칙 〈제16845호, 2019. 12. 31.〉

제1조(시행일) 이 법은 2020년 1월 1일부터 시행한다. 다만, 제48조제3항의 개정규정 및 같은 조 제4항의 개정규정은 2021년 1월 1일부터 시행한다.

제2조(일반적 적용례) 이 법은 이 법 시행 이후 재화나 용역을 공급하거나 공급받는 분 또는 재화를 수입신고하는 분부터 적용한다.

제3조(재화의 공급의 특례에 관한 적용례) 제10조제8항의 개정규정은 이 법 시행 이후 신탁재산을 수탁자 명의로 매매하는 분부터 적용한다.

제4조(면세농산물등 의제매입세액 공제특례에 관한 적용례) 제42조제1항의 개정규정은 이 법 시행 이후 개시하는 과세기간부터 적용한다.

제5조(예정고지·부과에 관한 적용례) 제48조제3항의 개정규정은 2021년 1월 1일 이후 결정하는 분부터 적용한다.

제6조(부가가치세 세액에 관한 적용례) 제72조제1항의 개정규정은 이 법 시행 이후 최초로 납부 또는 환급하는 분부터 적용한다.
제7조(가산세에 관한 경과조치) 이 법 시행 전에 재화나 용역을 공급하거나 공급받는 분에 대해서는 제60조제2항제2호나목의 개정규정에도 불구하고 종전의 규정에 따른다.

부칙 〈제17653호, 2020. 12. 22.〉
제1조(시행일) 이 법은 2021년 1월 1일부터 시행한다. 다만, 제36조제1항 · 제4항, 제36조의2, 제46조제1항 · 제3항, 제63조제1항 · 제3항 · 제5항, 제65조, 제66조제1항 · 제3항부터 제6항까지, 제67조제2항 · 제3항, 제68조제2항 및 제68조의2제1항 · 제2항제1호 · 제3항부터 제5항까지의 개정규정은 2021년 7월 1일부터 시행하고, 제3조, 제3조의2, 제8조제6항부터 제12항까지, 제10조제8항, 제50조, 제52조의2 및 제58조의2의 개정규정은 2022년 1월 1일부터 시행한다.
제2조(일반적 적용례) 이 법은 이 법 시행 이후 재화나 용역을 공급하거나 공급받는 분 또는 재화를 수입신고하는 분부터 적용한다.
제3조(신탁 관련 제2차 납세의무에 관한 적용례) 제3조의2제1항의 개정규정은 2022년 1월 1일 이후 납세의무가 성립하는 분부터 적용한다.
제4조(간이과세자에 대한 가산세에 관한 적용례) 제68조제3항 및 제68조의2제2항제2호의 개정규정은 이 법 시행 이후 결정 또는 경정하는 분부터 적용한다.
제5조(종전 신탁의 납세의무자에 관한 특례) 2022년 1월 1일 전에 설정한 신탁의 경우 다음 각 호의 구분에 따른 자를 제3조제2항 및 제3항의 개정규정에 따른 납세의무자로 본다.
1. 다음 각 목의 처분을 하는 경우: 수탁자
가. 수탁자가 위탁자로부터 「자본시장과 금융투자업에 관한 법률」 제103조제1항제5호 또는 제6호의 재산을 위탁자의 채무이행을 담보하기 위하여 수탁으로 운용하는 내용으로 체결되는 신탁계약을 체결한 경우로서 그 채무이행을 위하여 신탁재산을 처분하는 경우
나. 수탁자가 「도시 및 주거환경정비법」 제27조제1항 또는 「빈집 및 소규모주택 정비에 관한 특례법」 제19조제1항에 따라 지정개

발자로서 재개발사업·재건축사업 또는 가로주택정비사업·소규모재건축사업을 시행하는 과정에서 신탁재산을 처분하는 경우

2. 제1호 외의 경우: 위탁자

제6조(물적납세의무 관련 가산금에 관한 경과조치) 2020년 1월 1일 전에 납세의무가 성립된 분에 대해서는 제3조의2제2항의 개정규정에도 불구하고 종전의 규정에 따른다.

제7조(간이과세자의 영수증 발급 대상에 관한 경과조치) 2021년 7월 1일 전에 재화 또는 용역을 공급한 분에 대해서는 제36조제1항의 개정규정에도 불구하고 종전의 규정에 따른다.

제8조(신용카드 등의 사용에 따른 세액공제 등에 관한 경과조치) 2021년 7월 1일 전에 재화 또는 용역을 공급한 분에 대해서는 제46조제1항의 개정규정에도 불구하고 종전의 규정에 따른다.

제9조(간이과세의 적용 범위에 관한 경과조치) 이 법 시행 전에 개시된 과세기간에 대해서는 제61조제1항의 개정규정에도 불구하고 종전의 규정에 따른다.

제10조(간이과세자의 과세표준과 세액에 관한 경과조치) 2021년 7월 1일 전에 재화 또는 용역을 공급받은 분 또는 수입신고한 분에 대해서는 제63조제1항·제3항 및 제5항의 개정규정에도 불구하고 종전의 규정에 따른다.

제11조(간이과세자의 의제매입세액 공제에 관한 경과조치) 2021년 7월 1일 전에 재화 또는 용역을 공급받은 분 또는 수입신고한 분에 대해서는 제65조 및 제66조제1항의 개정규정에도 불구하고 종전의 규정에 따른다.

제12조(간이과세자에 대한 가산세에 관한 경과조치) 2021년 7월 1일 전에 재화나 용역을 공급하거나 공급받은 분에 대해서는 제68조제2항 및 제68조의2(같은 조 제2항제2호는 제외한다)의 개정규정에도 불구하고 종전의 제68조제2항에 따른다.

제13조(간이과세자에 대한 납부의무의 면제에 관한 경과조치) 이 법 시행 전에 개시된 과세기간에 대해서는 제69조제1항의 개정규정에도 불구하고 종전의 규정에 따른다.

제14조(다른 법률의 개정) ① 가축전염병 예방법 일부를 다음과 같이 개정한다.

제5조의3제3항제1호 중 "「부가가치세법」 제8조제6항"을 "「부가가

치세법」 제8조제8항"으로 하고, 같은 항 제2호 중 "「부가가치세법」 제8조제7항"을 "「부가가치세법」 제8조제9항"으로 한다.

② 감염병의 예방 및 관리에 관한 법률 일부를 다음과 같이 개정한다.

제52조제3항제1호 중 "「부가가치세법」 제8조제7항"을 "「부가가치세법」 제8조제8항"으로 하고, 같은 항 제2호 중 "「부가가치세법」 제8조제8항"을 "「부가가치세법」 제8조제9항"으로 한다.

③ 건설산업기본법 일부를 다음과 같이 개정한다.

제83조제2호의2 및 제12호 중 "「부가가치세법」 제8조제7항"을 각각 "「부가가치세법」 제8조제8항"으로 한다.

④ 기상산업진흥법 일부를 다음과 같이 개정한다.

제8조제2항 중 "「부가가치세법」 제8조제7항 또는 제8항"을 "「부가가치세법」 제8조제8항 또는 제9항"으로 한다.

⑤ 낚시 관리 및 육성법 일부를 다음과 같이 개정한다.

제14조제1항제6호 중 "「부가가치세법」 제8조제7항 및 제8항"을 "「부가가치세법」 제8조제8항 및 제9항"으로 한다.

제19조제1항제5호 중 "「부가가치세법」 제8조제6항 및 제7항"을 "「부가가치세법」 제8조제8항 및 제9항"으로 한다.

제39조제3항 중 "「부가가치세법」 제8조제7항 및 제8항"을 "「부가가치세법」 제8조제8항 및 제9항"으로 한다.

⑥ 소상공인 보호 및 지원에 관한 법률 일부를 다음과 같이 개정한다.

제13조제2항제1호 중 "「부가가치세법」 제8조제1항 및 제7항"을 "「부가가치세법」 제8조제1항 및 제8항"으로 한다.

⑦ 수입식품안전관리 특별법 일부를 다음과 같이 개정한다.

제15조제4항 전단 중 "「부가가치세법」 제8조제7항"을 "「부가가치세법」 제8조제8항"으로 한다.

⑧ 외국인투자 촉진법 일부를 다음과 같이 개정한다.

제21조제4항제1호 중 "「부가가치세법」 제8조제7항"을 "「부가가치세법」 제8조제8항"으로 한다.

⑨ 자동차관리법 일부를 다음과 같이 개정한다.

제66조제1항제16호 중 "「부가가치세법」 제8조제8항"을 "「부가가치세법」 제8조제9항"으로 한다.

⑩ 자연재해대책법 일부를 다음과 같이 개정한다.

제42조제1항제4호 중 "「부가가치세법」 제8조제7항 전단"을 "「부가가치세법」 제8조제8항 전단"으로, "같은 조 제8항"을 "같은 조 제9항"으로 한다.

⑪ 정보통신공사업법 일부를 다음과 같이 개정한다.

제23조제2항 단서 중 "「부가가치세법」 제8조제7항"을 "「부가가치세법」 제8조제8항"으로, "같은 조 제8항"을 "같은 조 제9항"으로 한다.

제66조제1항제15호 중 "「부가가치세법」 제8조제7항"을 "「부가가치세법」 제8조제8항"으로, "같은 조 제8항"을 "같은 조 제9항"으로 한다.

⑫ 주세법 일부를 다음과 같이 개정한다.

제16조제4항 중 "「부가가치세법」 제8조제7항"을 "「부가가치세법」 제8조제8항"으로 한다.

⑬ 취업 후 학자금 상환 특별법 일부를 다음과 같이 개정한다.

제18조제7항제2호 중 "「부가가치세법」 제8조제7항"을 "「부가가치세법」 제8조제8항"으로 한다.

부칙 〈제17758호, 2020. 12. 29.〉 (국세징수법)

제1조(시행일) 이 법은 2021년 1월 1일부터 시행한다.

제2조 부터 제23조까지 생략

제24조(다른 법률의 개정) ①부터 ⑫까지 생략

⑬ 부가가치세법 일부를 다음과 같이 개정한다.

제3조의2 각 호 외의 부분 중 "체납처분비"를 "강제징수비"로, "체납처분을"을 "강제징수를"로 하고, 같은 조 제2호 중 "체납처분"을 "강제징수"로, "체납처분비"를 "강제징수비"로 한다.

제52조의2제5항 중 "체납처분을"을 "강제징수를"로 한다.

⑭부터 ㉒까지 생략

제25조 및 제26조 생략

부칙 〈제18577호, 2021. 12. 8.〉

제1조(시행일) 이 법은 2022년 1월 1일부터 시행한다. 다만, 제47조 및 제53조의2제6항부터 제8항까지의 개정규정은 2022년 7월 1

일부터 시행한다.
제2조(일반적 적용례) 이 법은 이 법 시행 이후 재화나 용역을 공급하거나 공급받는 경우 또는 재화를 수입신고하는 경우부터 적용한다.
제3조(전자세금계산서 발급 전송에 대한 세액공제 특례에 관한 적용례) 제47조의 개정규정은 2022년 7월 1일 이후 공급하는 재화 또는 용역에 대한 전자세금계산서를 발급하는 경우부터 적용한다.
제4조(부가가치세 세액에 관한 적용례) 제72조제1항의 개정규정은 이 법 시행 이후 최초로 납부 또는 환급하는 분부터 적용한다.
제5조(부가가치세의 세액 등에 관한 특례에 관한 특례) 제72조제1항의 개정규정에도 불구하고 2022년 1월 1일부터 2022년 12월 31일까지의 기간 동안 부가가치세의 납부세액에서 이 법 및 다른 법률에서 규정하고 있는 부가가치세의 감면세액 및 공제세액을 빼고 가산세를 더한 세액의 1천분의 763을 부가가치세로, 1천분의 237을 지방소비세로 한다.
제6조(재화 및 용역의 공급시기의 특례에 관한 경과조치) 이 법 시행 전에 재화 또는 용역을 공급한 경우의 공급시기에 관하여는 제17조제3항제2호의 개정규정에도 불구하고 종전의 규정에 따른다.
제7조(토지와 건물 등을 함께 공급하는 경우의 공급가액에 관한 경과조치) 이 법 시행 전에 토지와 건물 등을 함께 공급한 경우의 공급가액에 관하여는 제29조제9항제2호의 개정규정에도 불구하고 종전의 규정에 따른다.
제8조(자료제출에 관한 경과조치) 이 법 시행 전에 국내에서 판매 또는 결제를 대행하거나 중개한 경우에 대한 관련 명세의 제출 시기에 관하여는 제75조의 개정규정에도 불구하고 종전의 규정에 따른다.

부칙 〈제19194호, 2022. 12. 31.〉

제1조(시행일) 이 법은 2023년 1월 1일부터 시행한다. 다만, 다음 각 호의 개정규정은 해당 호에서 정한 날부터 시행한다.
1. 제63조제4항부터 제7항까지, 제66조제1항, 제68조의2제2항제2호, 제75조제1항 · 제2항 및 제76조제1항의 개정규정: 2023년 7월 1일
2. 제39조제1항제6호의 개정규정: 2024년 1월 1일
제2조(실내 도서열람 용역의 공급에 대한 면세에 관한 적용례) 제26조제1항제8호의 개정규정은 이 법 시행 이후 용역을 공급하는 경우

부터 적용한다.

제3조(간이과세자의 전자세금계산서 발급에 대한 세액공제에 관한 적용례) 제63조제4항의 개정규정은 2023년 7월 1일 이후 공급하는 재화 또는 용역에 대한 전자세금계산서를 발급하는 경우부터 적용한다.

제4조(자료제출 및 시정 명령에 관한 적용례) 제75조제1항 및 제2항의 개정규정은 2023년 7월 1일 이후 국내에서 판매 또는 결제를 대행하거나 중개하는 경우부터 적용한다.

제5조(수정수입세금계산서의 발급에 관한 경과조치) 이 법 시행 전에 세관장이 결정 또는 경정하였거나 수입하는 자가 수정신고한 경우에 대한 수정수입세금계산서의 발급에 관하여는 제35조제2항의 개정규정에도 불구하고 종전의 규정에 따른다.

제6조(접대비 명칭의 변경에 관한 경과조치) 2024년 1월 1일 전에 지출한 접대비는 제39조제1항제6호의 개정규정에 따른 기업업무추진비로 본다.

부칙 〈제19931호, 2023. 12. 31.〉

제1조(시행일) 이 법은 2024년 1월 1일부터 시행한다. 다만, 제70조제4항 및 제5항의 개정규정은 2024년 7월 1일부터 시행한다.

제2조(간편사업자등록 지연 가산세에 관한 적용례) 제60조제1항제1호의2의 개정규정은 제53조의2제1항 및 제2항에 따른 간편사업자등록을 하지 아니한 사업자 또는 국외사업자가 2024년 1월 1일 이후 재화나 용역을 공급하는 경우부터 적용한다.

제3조(간이과세의 재적용에 관한 적용례) 제70조제4항 및 제5항의 개정규정은 부칙 제1조 단서에 따른 시행일 이후 간이과세자에 관한 규정을 다시 적용받기 위하여 신고하는 경우부터 적용한다.

부칙 〈제20614호, 2024. 12. 31.〉

제1조(시행일) 이 법은 2025년 1월 1일부터 시행한다.

제2조(동물의 혈액에 대한 면세에 관한 적용례) 제26조제1항제5호의 개정규정은 이 법 시행 이후 재화를 공급하는 경우부터 적용한다.

제3조(수시부과의 결정에 관한 적용례) 제57조의2(제68조제2항의 개정규정에서 준용하는 경우를 포함한다)의 개정규정은 이 법 시행 이후 제57조의2제1항 각 호의 사유가 발생하는 경우부터 적용한다.

제4조(가산세에 관한 경과조치) 이 법 시행 전에 재화 또는 용역을 공급한 경우에 대해서는 제60조제1항제2호 및 제68조의2제1항의 개정규정에도 불구하고 종전의 규정에 따른다.

부칙 〈제20776호, 2025. 3. 14.〉

제1조(시행일) 이 법은 2025년 7월 1일부터 시행한다.

제2조(자료제출에 관한 경과조치) 이 법 시행 전에 판매 또는 결제를 대행하거나 중개한 경우에 대해서는 제75조제1항의 개정규정에도 불구하고 종전의 규정에 따른다.

부가가치세법 시행령

[시행 2025. 7. 1.] [대통령령 제35353호, 2025. 2. 28., 일부개정]

제1장 총칙

제1조(목적)

제2조(재화의 범위)

제3조(용역의 범위)

제4조(사업의 구분)

제5조(간이과세자의 범위)

제5조의2(신탁 관련 납세의무)

제5조의3(신탁 관련 제2차 납세의무)

제6조(사업 개시일의 기준)

제7조(폐업일의 기준)

제8조(사업장)

제9조(하치장)

제10조(임시사업장)

제11조(사업자등록 신청과 사업자등록증 발급)

제12조(등록번호)

제13조(휴업ㆍ폐업의 신고)

제14조(사업자등록 사항의 변경)

제15조(등록말소)

제16조(사업자등록증의 갱신)

제17조(사업자 단위 과세의 포기)

제2장 과세거래

제1절 과세대상 거래

제18조(재화 공급의 범위)

제19조(자기생산ㆍ취득재화 중 영업 외의 용도로 사용하는 것을 재화의 공급으로 보는 자동차 관련 업종 등의 범위)

제19조의2(실비변상적이거나 복리후생적인 목적으로 제공해 재화의 공급으로 보지 않는 경우)

제20조(사업을 위한 증여로서 재화의 공급으로 보지 아니하는 것의 범위)

제21조(위탁판매 등의 경우 수탁자 또는 대리인이 재화를 공급하거나 공급받는 것으로 보는 경우)
제21조의2(위탁자 지위의 이전을 신탁재산의 공급으로 보지 않는 경우)
제22조(재화의 공급으로 보지 아니하는 담보 제공)
제23조(재화의 공급으로 보지 아니하는 사업 양도)
제24조(재화의 공급으로 보지 아니하는 조세의 물납)
제25조(용역 공급의 범위)
제26조(용역의 공급으로 보는 특수관계인에 대한 사업용 부동산의 임대용역)
제27조(보세구역)
제2절 공급시기와 공급장소
제28조(구체적인 거래 형태에 따른 재화의 공급시기)
제29조(할부 또는 조건부로 용역을 공급하는 경우 등의 용역의 공급시기)
제30조(할부로 공급하는 경우 등의 세금계산서 등 발급에 의한 재화 또는 용역 공급시기의 특례)
제3장 영세율과 면세
제1절 영세율의 적용
제31조(수출의 범위)
제32조(선박 또는 항공기에 의한 외국항행용역의 범위)
제33조(그 밖의 외화 획득 재화 또는 용역 등의 범위)
제2절 면세
제34조(면세하는 미가공식료품 등의 범위)
제35조(면세하는 의료보건 용역의 범위)
제36조(면세하는 교육 용역의 범위)
제37조(면세하지 않는 여객운송 용역의 범위)
제38조(면세하는 도서, 신문, 잡지 등의 범위)
제39조(면세하는 특수용담배 등의 범위)
제40조(면세하는 금융 · 보험 용역의 범위)
제41조(주택과 이에 부수되는 토지의 임대 용역으로서 면세하는 것의 범위)
제42조(저술가 등이 직업상 제공하는 인적 용역으로서 면세하는 것의 범위)
제43조(면세하는 예술창작품 등의 범위)
제44조(면세하는 입장 장소의 범위)
제45조(종교, 자선, 학술, 구호 등의 공익 목적 단체가 공급하는

재화 또는 용역으로서 면세하는 것의 범위)
제46조(국가, 지방자치단체 또는 지방자치단체조합이 공급하는 재화 또는 용역으로서 면세하는 것의 범위)
제47조(공익단체의 범위)
제48조(비영리 출판물과 관련되는 용역의 범위)
제49조(면세하는 수입 미가공식료품의 범위)
제50조(면세하는 수입 도서, 신문 및 잡지의 범위)
제51조(과학용 등으로 수입하는 재화로서 면세하는 것의 범위)
제52조(종교단체 등에 기증되는 재화로서 면세하는 것의 범위)
제53조(조약 등에 따라 관세가 면제되는 재화의 범위)
제54조(다시 수입하는 재화로서 관세가 감면되는 것의 범위)
제55조(일시 수입하는 재화로서 관세가 감면되는 것의 범위)
제56조(그 밖에 관세가 무세이거나 감면되는 재화의 범위)
제57조(면세 포기의 신고)
제58조(면세 재적용 신고의 절차)
제4장 과세표준과 세액의 계산
제1절 과세표준과 세율
제59조(외화의 환산)
제60조(취득가액 등을 기준으로 한 공급가액)
제61조(외상거래 등 그 밖의 공급가액의 계산)
제62조(시가의 기준)
제63조(과세사업과 면세사업등에 공통으로 사용된 재화의 공급가액 계산)
제64조(토지와 건물 등을 함께 공급하는 경우 건물 등의 공급가액 계산)
제65조(부동산 임대용역의 공급가액 계산)
제66조(감가상각자산 자가공급 등의 공급가액 계산)
제2절 거래징수와 세금계산서
제67조(세금계산서)
제68조(전자세금계산서의 발급 등)
제69조(위탁판매 등에 대한 세금계산서 발급)
제70조(수정세금계산서 또는 수정전자세금계산서의 발급사유 및 발급절차)
제71조(세금계산서 발급의무의 면제 등)
제71조의2(매입자발행세금계산서의 발행대상 사업자 및 매입세액공제 절차 등)
제72조(수입세금계산서)

제73조(영수증 등)
제73조의2(간이과세자의 영수증 발급 적용기간 통지)
제3절 납부세액 등
제74조(매입처별 세금계산서합계표를 제출하지 아니한 경우 등에 대한 매입세액 공제)
제75조(세금계산서 등의 필요적 기재사항이 사실과 다르게 적힌 경우 등에 대한 매입세액 공제)
제76조삭 제
제77조(사업과 직접 관련이 없는 지출)
제78조(운수업 등)
제79조(기업업무추진비 등)
제80조(토지에 관련된 매입세액)
제81조(공통매입세액 안분 계산)
제82조(공통매입세액의 정산)
제83조(납부세액 또는 환급세액의 재계산)
제84조(의제매입세액 계산)
제85조(면세사업등을 위한 감가상각자산의 과세사업 전환 시 매입세액 공제 특례)
제86조(일반과세자로 변경 시 재고품등에 대한 매입세액 공제 특례)
제87조(대손세액 공제의 범위)
제4절 세액공제
제88조(신용카드 등의 사용에 따른 세액공제 등)
제89조(전자세금계산서 발급 전송에 대한 세액공제 특례)
제5장 신고와 납부 등
제1절 신고와 납부
제90조(예정신고와 납부)
제91조(확정신고와 납부)
제91조의2(재화의 수입에 대한 부가가치세 납부 유예)
제92조(주사업장 총괄 납부)
제93조(주사업장 총괄 납부의 변경)
제94조(주사업장 총괄 납부의 적용 제외 및 포기)
제95조(대리납부)
제96조삭 제
제96조의2(전자적 용역을 공급하는 국외사업자의 용역 공급과 사업자등록 등에 관한 특례)
제2절 제출서류 등

제97조(세금계산서합계표의 제출방법)
제98조(세금계산서합계표)
제99조(매입처별 세금계산서합계표 제출의무자의 범위)
제100조(현금매출명세서의 제출)
제101조(영세율 첨부서류의 제출)
제6장 결정 · 경정 · 징수와 환급
제1절 결정 등
제102조(결정 · 경정 기관)
제103조(결정 · 경정 사유의 범위)
제104조(추계 결정 · 경정 방법)
제104조의2(수시부과의 결정)
제105조(재화의 수입에 대한 징수)
제106조(환급)
제107조(조기환급)
제2절 가산세
제108조(가산세)
제7장 간이과세
제109조(간이과세의 적용 범위)
제110조(간이과세와 일반과세의 적용시기)
제111조(간이과세자의 과세표준 및 세액의 계산)
제112조(간이과세자로 변경되는 경우의 재고품등 특례)
제113조삭 제
제114조(간이과세자의 신고와 납부)
제115조(사업자미등록가산세가 부과되지 아니하는 납부의무 면제자의 범위)
제116조(간이과세의 포기 및 재적용)
제8장 보칙
제117조(장부의 작성 · 보관)
제118조(납세관리인의 선정과 신고)
제119조(질문 · 조사 및 명령 사항)
제120조(서식)
제121조(자료제출)
제9장 벌칙 〈신설 2022. 2. 15.〉
제122조(과태료)

**개정 예정 법률 밑줄 별도 표시.

부가가치세법 시행령

[시행 2025. 7. 1.] [대통령령 제35353호, 2025. 2. 28., 일부개정]

제1장 총칙

제1조(목적) 이 영은 「부가가치세법」에서 위임된 사항과 그 시행에 필요한 사항을 규정함을 목적으로 한다.

제2조(재화의 범위) ① 「부가가치세법」(이하 "법"이라 한다) 제2조제1호의 물건은 다음 각 호의 것으로 한다.

1. 상품, 제품, 원료, 기계, 건물 등 모든 유체물(有體物)
2. 전기, 가스, 열 등 관리할 수 있는 자연력

② 법 제2조제1호의 권리는 광업권, 특허권, 저작권 등 제1항에 따른 물건 외에 재산적 가치가 있는 모든 것으로 한다.

제3조(용역의 범위) ① 법 제2조제2호에 따른 용역은 재화 외에 재산 가치가 있는 다음 각 호의 사업에 해당하는 모든 역무(役務)와 그 밖의 행위로 한다. 〈개정 2019. 2. 12., 2020. 2. 11.〉

1. 건설업
2. 숙박 및 음식점업
3. 운수 및 창고업
4. 정보통신업(출판업과 영상·오디오 기록물 제작 및 배급업은 제외한다)
5. 금융 및 보험업
6. 부동산업. 다만, 다음 각 목의 사업은 제외한다.

가. 전·답·과수원·목장용지·임야 또는 염전 임대업

나. 「공익사업을 위한 토지 등의 취득 및 보상에 관한 법률」 제4조에 따른 공익사업과 관련해 지역권·지상권(지하 또는 공중에 설정된 권리를 포함한다)을 설정하거나 대여하는 사업

7. 전문, 과학 및 기술 서비스업과 사업시설 관리, 사업 지원 및 임대서비스업

8. 공공행정, 국방 및 사회보장 행정

9. 교육 서비스업

10. 보건업 및 사회복지 서비스업

11. 예술, 스포츠 및 여가관련 서비스업

12. 협회 및 단체, 수리 및 기타 개인서비스업과 제조업 중 산업용 기계 및 장비 수리업

13. 가구내 고용활동 및 달리 분류되지 않은 자가소비 생산활동

14. 국제 및 외국기관의 사업

② 제1항제1호 및 제6호에도 불구하고 건설업과 부동산업 중 기획재정부령으로 정하는 사업은 재화(財貨)를 공급하는 사업으로 본다.

제4조(사업의 구분) ① 재화나 용역을 공급하는 사업의 구분은 이 영에 특별한 규정이 있는 경우를 제외하고는 통계청장이 고시하는 해당 과세기간 개시일 현재의 한국표준산업분류에 따른다.

② 용역을 공급하는 경우 제3조제1항에 따른 사업과 유사한 사업은 한국표준산업분류에도 불구하고 같은 항의 사업에 포함되는 것으로 본다.

③ 제1항과 제2항에서 규정한 사항 외에 사업의 구분에 필요한 사항은 기획재정부령으로 정한다.

제5조(간이과세자의 범위) 법 제2조제4호에서 "대통령령으로 정하는 금액"이란 제109조제1항에 따른 금액을 말한다.

제5조의2(신탁 관련 납세의무) ① 법 제3조제2항에서 "대통령령으로 정하는 신탁재산"이란 「신탁법」 또는 다른 법률에 따른 신탁재산(해당 신탁재산의 관리, 처분 또는 운용 등을 통하여 발생한 소득 및 재산을 포함한다)을 말한다.

② 법 제3조제3항제2호에서 "대통령령으로 정하는 경우"란 다음 각 호의 어느 하나에 해당하는 경우를 말한다. 〈개정 2022. 2. 15., 2022. 6. 30., 2025. 2. 28.〉

1. 수탁자가 위탁자로부터 「자본시장과 금융투자업에 관한 법률」 제103조제1항제5호 또는 제6호의 재산을 수탁받아 같은 조 제4항에 따라 부동산개발사업을 목적으로 하는 신탁계약을 체결한 경우로서 그 신탁계약에 따른 부동산개발사업비의 조달의무를 수탁자가 부

담하지 않는 경우. 다만, 수탁자가 「도시 및 주거환경정비법」 제27조제1항 또는 「빈집 및 소규모주택 정비에 관한 특례법」 제19조제1항에 따른 재개발사업·재건축사업 또는 가로주택정비사업·소규모재건축사업·소규모재개발사업의 사업시행자인 경우는 제외한다.

2. 수탁자가 「도시 및 주거환경정비법」 제28조제1항 또는 「빈집 및 소규모주택 정비에 관한 특례법」 제56조제1항에 따른 재개발사업·재건축사업 또는 가로주택정비사업·소규모재건축사업·소규모재개발사업의 사업대행자인 경우

3. 수탁자가 위탁자의 지시로 위탁자와 「국세기본법 시행령」 제1조의2제1항, 제2항, 같은 조 제3항제1호 또는 「법인세법 시행령」 제2조제8항 각 호의 관계에 있는 자에게 신탁재산과 관련된 재화 또는 용역을 공급하는 경우

4. 「자본시장과 금융투자업에 관한 법률」 제9조제18항제1호에 따른 투자신탁의 경우

③ 법 제10조제8항에 따라 위탁자의 지위 이전을 신탁재산의 공급으로 보는 경우에는 법 제3조제1항에 따라 기존 위탁자가 해당 공급에 대한 부가가치세의 납세의무자가 된다. 〈신설 2022. 2. 15.〉

[본조신설 2021. 2. 17.]

[종전 제5조의2는 제5조의3으로 이동 〈2021. 2. 17.〉]

제5조의3(신탁 관련 제2차 납세의무) ① 법 제3조의2제1항 각 호 외의 부분에 따라 신탁의 수익자가 제2차 납세의무를 지는 경우에 신탁의 수익자에게 귀속된 재산의 가액은 신탁재산이 해당 수익자에게 이전된 날 현재의 시가(時價)로 하며, 시가의 기준은 제62조에 따른다. 〈개정 2021. 2. 17.〉

② 법 제3조의2제1항제1호에 따른 신탁 설정일은 「신탁법」 제4조에 따라 해당 재산이 신탁재산에 속한 것임을 제3자에게 대항할 수 있게 된 날로 한다. 다만, 다른 법률에서 제3자에게 대항할 수 있게 된 날을 「신탁법」과 달리 정하고 있는 경우에는 그 날로 한다. 〈개정 2021. 2. 17.〉

[본조신설 2018. 2. 13.]

[제목개정 2021. 2. 17.]

[제5조의2에서 이동 〈2021. 2. 17.〉]

제6조(사업 개시일의 기준) 법 제5조제2항에 따른 사업 개시일은 다

음 각 호의 구분에 따른다. 다만, 해당 사업이 법령 개정 등으로 면세사업에서 과세사업으로 전환되는 경우에는 그 과세 전환일을 사업 개시일로 한다.

1. 제조업: 제조장별로 재화의 제조를 시작하는 날
2. 광업: 사업장별로 광물의 채취·채광을 시작하는 날
3. 제1호와 제2호 외의 사업: 재화나 용역의 공급을 시작하는 날

제7조(폐업일의 기준) ① 법 제5조제3항에 따른 폐업일은 다음 각 호의 구분에 따른다.

1. 합병으로 인한 소멸법인의 경우: 합병법인의 변경등기일 또는 설립등기일
2. 분할로 인하여 사업을 폐업하는 경우: 분할법인의 분할변경등기일(분할법인이 소멸하는 경우에는 분할신설법인의 설립등기일)
3. 제1호 및 제2호 외의 경우: 사업장별로 그 사업을 실질적으로 폐업하는 날. 다만, 폐업한 날이 분명하지 아니한 경우에는 제13조제1항에 따른 폐업신고서의 접수일

② 제1항제3호에도 불구하고 해산으로 청산 중인 내국법인(「법인세법」 제2조제1호에 따른 내국법인을 말한다. 이하 이 항에서 같다) 또는 「채무자 회생 및 파산에 관한 법률」에 따라 법원으로부터 회생계획인가 결정을 받고 회생절차를 진행 중인 내국법인이 사업을 실질적으로 폐업하는 날부터 25일 이내에 납세지 관할 세무서장에게 신고하여 승인을 받은 경우에는 잔여재산가액 확정일(해산일부터 365일이 되는 날까지 잔여재산가액이 확정되지 아니한 경우에는 그 해산일부터 365일이 되는 날)을 폐업일로 할 수 있다. 〈개정 2019. 2. 12.〉

③ 법 제8조제1항 단서에 따라 사업 개시일 전에 사업자등록을 한 자로서 사업자등록을 한 날부터 6개월이 되는 날까지 재화와 용역의 공급실적이 없는 자에 대해서는 그 6개월이 되는 날을 폐업일로 본다. 다만, 사업장의 설치기간이 6개월 이상이거나 그 밖의 정당한 사유로 인하여 사업 개시가 지연되는 경우에는 그러하지 아니하다.

제8조(사업장) ①법 제6조제2항에 따른 사업장의 범위는 다음 표와 같다. 〈개정 2016. 2. 17.〉

<table>
<tr><th>사업</th><th colspan="2">사업장의 범위</th></tr>
<tr><td>1. 광업</td><td colspan="2">광업사무소의 소재지. 이 경우 광업사무소가 광구(鑛區) 밖에 있을 때에는 그 광업사무소에서 가장 가까운 광구에 대하여 작성한 광업 원부의 맨 처음에 등록된 광구 소재지에 광업사무소가 있는 것으로 본다.</td></tr>
<tr><td>2. 제조업</td><td colspan="2">최종제품을 완성하는 장소. 다만, 따로 제품 포장만을 하거나 용기에 충전만을 하는 장소와 「개별소비세법」 제10조의5에 따른 저유소(貯油所)는 제외한다.</td></tr>
<tr><td rowspan="4">3. 건설업·운수업과 부동산매매업</td><td>가. 법인인 경우</td><td>법인의 등기부상 소재지(등기부상의 지점 소재지를 포함한다)</td></tr>
<tr><td>나. 개인인 경우</td><td>사업에 관한 업무를 총괄하는 장소</td></tr>
<tr><td>다. 법인의 명의로 등록된 차량을 개인이 운용하는 경우</td><td>법인의 등기부상 소재지(등기부상의 지점 소재지를 포함한다)</td></tr>
<tr><td>라. 개인의 명의로 등록된 차량을 다른 개인이 운용하는 경우</td><td>그 등록된 개인이 업무를 총괄하는 장소</td></tr>
<tr><td>4. 수자원을 개발하여 공급하는 사업</td><td colspan="2">사업에 관한 업무를 총괄하는 장소</td></tr>
<tr><td>5. 삭제 <2024. 2. 29.></td><td colspan="2"></td></tr>
<tr><td>6. 「방문판매 등에 관한 법률」에 따른 다단계판매원(이하 "다단계판매원"이라 한다)이 재화나 용역을 공급하는 사업</td><td colspan="2">해당 다단계판매원이 「방문판매 등에 관한 법률」 제13조에 따라 등록한 다단계판매업자(이하 "다단계판매업자"라 한다)의 주된 사업장의 소재지. 다만, 다단계판매원이 상시 주재하여 거래의 전부 또는 일부를 하는 별도의 장소가 있는 경우에는 그 장소로 한다.</td></tr>
<tr><td>7. 「전기통신사업법」에 따른 전기통신사업자가 기획재정부령으로 정하는 통신요금 통합청구의 방법으로 요금을 청구하는 전기통신사업</td><td colspan="2">사업에 관한 업무를 총괄하는 장소</td></tr>
<tr><td rowspan="2">8. 「전기통신사업법」에 따른 전기통신사업자가 기획재정부령으로 정하는 이동통신역무를 제공하는 전기통신사업</td><td>가. 법인인 경우</td><td>법인의 본점 소재지</td></tr>
<tr><td>나. 개인인 경우</td><td>사업에 관한 업무를 총괄하는 장소</td></tr>
<tr><td>9. 무인자동판매기를 통하여 재화·용역을 공급하는 사업</td><td colspan="2">사업에 관한 업무를 총괄하는 장소</td></tr>
<tr><td>10. 「한국철도공사법」에 따른 한국철도공사가 경영하는 사업</td><td colspan="2">사업에 관한 업무를 지역별로 총괄하는 장소</td></tr>
<tr><td>11. 「우정사업 운영에 관한 특례법」에 따른 우정사업조직이 「우편법」 제1조의2제3호의 소포우편물을 방문접수하여 배달하는 용역을 공급하는 사업</td><td colspan="2">사업에 관한 업무를 총괄하는 장소</td></tr>
<tr><td>12. 「전기사업법」에 따른 전기판매사업자가 기획재정부령으로 정하는 전기요금 통합청구의 방법으로 요금을 청구하는 전기판매사</td><td colspan="2">사업에 관한 업무를 총괄하는 장소</td></tr>
</table>

업	
13. 국가, 지방자치단체 또는 지방자치단체조합이 공급하는 제46조제3호에 따른 사업	사업에 관한 업무를 총괄하는 장소. 다만, 위임·위탁 또는 대리에 의하여 재화나 용역을 공급하는 경우에는 수임자·수탁자 또는 대리인이 그 업무를 총괄하는 장소를 사업장으로 본다.
14. 「송유관 안전관리법」 제2조제3호의 송유관설치자가 송유관을 통하여 재화 또는 용역을 공급하는 사업	사업에 관한 업무를 총괄하는 장소
15. 부동산임대업	부동산의 등기부상 소재지

② 제1항의 표 제15호에도 불구하고 부동산상의 권리만을 대여하거나 다음 각 호의 어느 하나에 해당하는 사업자가 부동산을 임대하는 경우에는 그 사업에 관한 업무를 총괄하는 장소를 사업장으로 한다. 〈개정 2016. 3. 11., 2020. 9. 10., 2022. 2. 17., 2025. 2. 28.〉

1. 「한국자산관리공사 설립 등에 관한 법률」에 따른 한국자산관리공사
2. 「농업협동조합의 구조개선에 관한 법률」에 따른 농업협동조합자산관리회사
3. 「부동산투자회사법」에 따른 기업구조조정 부동산투자회사
4. 「예금자보호법」에 따른 예금보험공사 및 정리금융회사
5. 「전기사업법」에 따른 전기사업자
6. 「전기통신사업법」에 따른 전기통신사업자
7. 「지방공기업법」에 따라 설립된 지방공사로서 기획재정부령으로 정하는 지방공사
8. 「한국농어촌공사 및 농지관리기금법」에 따른 한국농어촌공사
9. 「한국도로공사법」에 따른 한국도로공사
10. 「국가철도공단법」에 따른 국가철도공단
11. 「한국토지주택공사법」에 따른 한국토지주택공사
12. 「주택도시기금법」 제16조에 따른 주택도시보증공사

③ 사업자가 자기의 사업과 관련하여 생산하거나 취득한 재화를 직접 판매하기 위하여 특별히 판매시설을 갖춘 장소(이하 “직매장”이라 한다)는 사업장으로 본다.

④ 제1항부터 제3항까지의 규정에 따른 사업장 외의 장소도 사업자의 신청에 따라 추가로 사업장으로 등록할 수 있다. 다만, 제1항의 표 제9호에 따른 무인자동판매기를 통하여 재화·용역을 공급하

는 사업의 경우에는 그러하지 아니하다.

⑤ 사업장을 설치하지 아니하고 법 제8조제1항 및 제3항에 따른 등록도 하지 아니한 경우에는 과세표준 및 세액을 결정하거나 경정할 당시의 사업자의 주소 또는 거소를 사업장으로 한다.

⑥ 사업자가 비거주자인 경우에는 「소득세법」 제120조에 따른 장소를 사업장으로 하고, 외국법인인 경우에는 「법인세법」 제94조에 따른 장소를 사업장으로 한다.

⑦ 법 제8조제6항에 따라 사업자등록을 신청하는 경우에는 해당 신탁재산의 등기부상 소재지, 등록부상 등록지 또는 신탁사업에 관한 업무를 총괄하는 장소를 사업장으로 한다. 〈신설 2021. 2. 17.〉

제9조(하치장) ① 법 제6조제5항제1호에 따른 하치장(荷置場)을 둔 사업자는 다음 각 호의 사항을 적은 하치장 설치 신고서를 하치장을 둔 날부터 10일 이내에 하치장 관할 세무서장에게 제출하여야 한다. 다만, 「주류 면허 등에 관한 법률 시행령」 제36조제4항에 따라 관할 세무서장의 승인을 받은 주류하치장의 경우에는 하치장 설치 신고서의 제출을 생략할 수 있다. 〈개정 2021. 2. 17.〉

1. 사업자의 상호, 성명(법인의 경우에는 대표자 성명), 주소, 사업자등록번호, 주민등록번호 및 사업장 소재지와 사업의 종류(이하 "인적사항"이라 한다)

2. 하치장의 설치일자, 소재지 및 소속 구분

3. 그 밖의 참고 사항

② 제1항의 하치장 설치 신고를 받은 하치장 관할 세무서장은 하치장 설치 신고를 받은 날부터 10일 이내에 납세지 관할 세무서장에게 그 사실을 통보하여야 한다.

제10조(임시사업장) ① 법 제6조제5항제2호에 따른 임시사업장은 사업자가 임시사업장을 개설하기 전에 두고 있던 제8조에 따른 사업장(이하 이 조에서 "기존사업장"이라 한다)에 포함되는 것으로 한다.

② 법 제6조제5항제2호에 따라 임시사업장을 개설하려는 자는 다음 각 호의 사항을 적은 임시사업장 개설 신고서를 해당 임시사업장의 사업 개시일부터 10일 이내에 임시사업장의 관할 세무서장에게 제출[「국세기본법」 제2조제19호에 따른 국세정보통신망(이하 "국세정보통신망"이라 한다)에 의한 제출을 포함한다]해야 한다. 다만, 임시사업장의 설치기간이 10일 이내인 경우에는 임시사업장 개설

신고를 하지 않을 수 있다. 〈개정 2021. 2. 17.〉

1. 사업자의 인적사항
2. 임시사업장의 소재지
3. 임시사업장의 설치기간
4. 그 밖의 참고 사항

③ 제2항에 따른 신고서를 제출받은 세무서장은 임시사업장 설치의 타당성을 확인하여 그 결과를 신청인과 기존사업장의 관할 세무서장에게 통지하여야 한다.

④ 임시사업장을 개설한 자가 임시사업장을 폐쇄하였을 때에는 폐쇄일부터 10일 이내에 다음 각 호의 사항을 적은 임시사업장 폐쇄신고서를 그 임시사업장 관할 세무서장에게 제출하여야 한다.

1. 사업자의 인적사항
2. 폐쇄 연월일 및 폐쇄 사유
3. 그 밖의 참고 사항

제11조(사업자등록 신청과 사업자등록증 발급) ① 법 제8조제1항에 따라 사업자등록을 하려는 사업자는 사업장마다 다음 각 호의 사항을 적은 사업자등록 신청서를 관할 세무서장이나 그 밖에 신청인의 편의에 따라 선택한 세무서장에게 제출(국세정보통신망에 의한 제출을 포함한다)해야 한다. 〈개정 2021. 2. 17.〉

1. 사업자의 인적사항
2. 사업자등록 신청 사유
3. 사업 개시 연월일 또는 사업장 설치 착수 연월일
4. 그 밖의 참고 사항

② 제1항에도 불구하고 법 제8조제3항부터 제5항까지의 규정에 따라 사업자 단위 과세 사업자로 등록을 신청하려는 사업자는 본점 또는 주사무소(이하 "사업자 단위 과세 적용 사업장"이라 한다)에 대하여 제1항 각 호의 사항을 적은 사업자 등록신청서를 사업자 단위 과세 적용 사업장 관할 세무서장에게 제출하여야 한다. 〈개정 2019. 2. 12.〉

③제1항과 제2항의 신청서에는 다음 표의 구분에 따른 서류를 첨부하여야 하며, 제1항과 제2항에 따른 사업자등록을 신청하려는 사업자가 미성년자인 경우에는 기획재정부령으로 정하는 법정대리인 동의서를 추가로 첨부하여야 한다. 〈개정 2014. 2. 21., 2019. 2.

12., 2024. 2. 29., 2025. 2. 28.〉

구분	첨부서류
1. 법령에 따라 허가를 받거나 등록 또는 신고를 하여야 하는 사업의 경우	사업허가증 사본, 사업등록증 사본 또는 신고확인증 사본
2. 사업장을 임차하거나 전차(轉借)한 경우	가. 사업장을 임차한 경우: 임대차계약서 사본 나. 사업장을 전차한 경우: 전대차계약서 사본 및 임대인의 전차동의서(임대차계약서에 전차를 할 때 임대인의 동의가 필요 없다는 특약이 있는 경우 해당 임대차계약서 사본)
3. 「상가건물 임대차보호법」 제2조제1항에 따른 상가건물의 일부분만 임차한 경우	해당 부분의 도면
4. 「조세특례제한법」 제106조의3제1항에 따른 금지금(이하 "금지금"이라 한다) 도매 및 소매업	사업자금 명세 또는 재무상황 등을 확인할 수 있는 서류로서 기획재정부령으로 정하는 서류
5. 「개별소비세법」 제1조제4항에 따른 과세유흥장소에서 영업을 경영하는 경우	사업자금 명세 또는 재무상황 등을 확인할 수 있는 서류로서 기획재정부령으로 정하는 서류
6. 법 제8조제3항부터 제5항까지의 규정에 따라 사업자 단위로 등록하려는 사업자	사업자 단위 과세 적용 사업장 외의 사업장(이하 "종된 사업장"이라 한다)에 대한 이 표 제1호부터 제5호까지의 규정에 따른 서류 및 사업장 소재지·업태(業態)·종목 등이 적힌 기획재정부령으로 정하는 서류
7. 액체연료 및 관련제품 도매업, 기체연료 및 관련제품 도매업, 차량용 주유소 운영업, 차량용 가스 충전업, 가정용 액체연료 소매업과 가정용 가스연료 소매업	사업자금 명세 또는 재무상황 등을 확인할 수 있는 서류로서 기획재정부령으로 정하는 서류
8. 재생용 재료 수집 및 판매업	사업자금 명세 또는 재무상황 등을 확인할 수 있는 서류로서 기획재정부령으로 정하는 서류

④ 법 제8조제1항 단서의 경우 해당 법인의 설립등기 전 또는 사업의 허가·등록이나 신고 전에 사업자등록을 할 때에는 법인 설립을 위한 사업허가신청서 사본, 사업등록신청서 사본, 사업신고서 사

본 또는 사업계획서로 제3항의 표 제1호의 서류를 대신할 수 있다.

⑤ 제1항이나 제2항의 신청을 받은 사업장 관할 세무서장은 사업자의 인적사항과 그 밖에 필요한 사항을 적은 사업자등록증을 신청일부터 2일 이내(「국세기본법」 제5조제1항 각 호에 해당하는 날은 산정에서 제외한다. 이하 이 항에서 같다)에 신청자에게 발급하여야 한다. 다만, 사업장시설이나 사업현황을 확인하기 위하여 국세청장이 필요하다고 인정하는 경우에는 발급기한을 5일 이내에서 연장하고 조사한 사실에 따라 사업자등록증을 발급할 수 있다. 〈개정 2020. 2. 11., 2023. 2. 28.〉

⑥ 사업자가 법 제8조제1항부터 제3항까지의 규정에 따라 사업자등록을 하지 않거나 국외사업자 등이 법 제53조의2제1항 및 제2항에 따른 간편사업자등록을 하지 않은 경우에는 납세지 관할 세무서장이 조사하여 등록할 수 있다. 〈개정 2024. 2. 29.〉

⑦ 법 제8조제1항 단서에 따라 사업자등록의 신청을 받은 사업장 관할 세무서장은 신청자가 사업을 사실상 시작하지 아니할 것이라고 인정될 때에는 등록을 거부할 수 있다.

⑧ 다단계판매원이 「방문판매 등에 관한 법률」 제15조에 따라 다단계판매업자에게 등록을 하고 도매 및 소매업을 경영할 목적으로 다단계판매업자에게 도매 및 소매업자로 신고한 경우 그 다단계판매원에 대하여 다단계판매업자가 그 신고일이 속하는 달의 다음 달 10일까지 사업장 관할 세무서장에게 그 다단계판매원의 인적사항, 사업 개시 연월일과 그 밖에 국세청장이 정하는 사항을 신고하였을 때에는 해당 다단계판매원이 제1항에 따른 등록신청을 한 것으로 본다. 다만, 법 제69조에 따라 납부의무가 면제되지 아니하는 다단계판매원과 이 영 제8조제1항의 표 제6호의 사업장의 범위란 단서에 해당하는 다단계판매원에 대해서는 그러하지 아니하다.

⑨ 제8항 본문에 따라 신고한 다단계판매원에 대해서는 다단계판매업자가 「방문판매 등에 관한 법률」 제15조에 따라 발급한 다단계판매원 등록증을 관할 세무서장이 제5항에 따라 해당 다단계판매원에게 발급한 사업자등록증으로 본다.

⑩ 「소득세법」 제168조 및 「법인세법」 제111조에 따라 등록한 자로서 면세사업을 경영하는 자가 추가로 과세사업을 경영하려는 경우 제14조제1항을 준용하여 사업자등록 정정신고서를 제출하면 제1

항 및 제2항에 따른 등록신청을 한 것으로 본다.

⑪ 수탁자가 법 제8조제6항에 따라 사업자등록을 신청하는 경우로서 다음 각 호의 요건을 모두 갖춘 경우에는 둘 이상의 신탁재산을 하나의 사업장으로 보아 신탁사업에 관한 업무를 총괄하는 장소를 관할하는 세무서장에게 사업자등록을 신청할 수 있다. 〈신설 2022. 2. 15., 2024. 2. 29.〉

1. 수탁자가 하나 또는 둘 이상의 위탁자와 둘 이상의 신탁계약을 체결하였을 것

2. 신탁계약이 다음 각 목의 어느 하나에 해당할 것

가. 수탁자가 위탁자의 채무이행을 담보하기 위해 위탁자로부터 「자본시장과 금융투자업에 관한 법률」 제103조제1항제5호 또는 제6호의 재산을 수탁하여 운용하는 신탁계약

나. 「자본시장과 금융투자업에 관한 법률」에 따른 신탁업자가 같은 법 제103조제1항제7호의 재산을 수탁하여 운용하는 신탁계약

다. 「저작권법」 제2조제26호에 따른 저작권신탁관리업을 영위하는 자가 같은 호에 따른 권리를 수탁하여 운용하는 신탁계약

라. 「기술의 이전 및 사업화 촉진에 관한 법률」 제2조제8호에 따른 기술신탁관리업을 영위하는 자가 같은 호에 따른 기술과 그 사용에 관한 권리를 수탁하여 운용하는 신탁계약

⑫ 법 제8조제1항 단서에 따라 사업자등록을 신청받은 사업장 관할 세무서장은 「전자정부법」에 따른 행정정보의 공동이용을 통하여 발기인의 주민등록표 등본을 확인하여야 한다. 다만, 등록을 신청하는 자가 확인에 동의하지 아니하는 경우에는 발기인의 주민등록표 등본을 첨부하게 하여야 한다. 〈개정 2022. 2. 15.〉

⑬ 사업장 관할 세무서장은 제1항부터 제4항까지의 규정에 따른 사업자등록의 신청 내용을 보정(補正)할 필요가 있다고 인정될 때에는 10일 이내의 기간을 정하여 보정을 요구할 수 있다. 이 경우 해당 보정기간은 제5항 본문 및 단서에 따른 기간에 산입하지 아니한다. 〈개정 2022. 2. 15.〉

제12조(등록번호) ① 법 제8조제7항에 따른 등록번호는 사업장마다 관할 세무서장이 부여한다. 다만, 법 제8조제3항부터 제5항까지의 규정에 따라 사업자 단위로 등록신청을 한 경우에는 사업자 단위 과세 적용 사업장에 한 개의 등록번호를 부여한다. 〈개정 2019. 2.

12., 2021. 2. 17.〉

② 관할 세무서장은 과세자료를 효율적으로 처리하기 위하여 법 제54조제4항 또는 제5항에 따른 자에게도 등록번호에 준하는 고유번호를 부여할 수 있다.

③ 제11조제8항 본문에 따라 신고한 다단계판매원에 대해서는 다단계판매업자가 「방문판매 등에 관한 법률」 제15조에 따라 다단계판매원에게 부여한 등록번호를 제1항에 따른 등록번호로 본다.

제13조(휴업ㆍ폐업의 신고) ① 법 제8조제1항 본문 및 같은 조 제3항부터 제7항까지의 규정에 따라 사업자등록을 한 사업자가 휴업 또는 폐업을 하거나 같은 조 제1항 단서 및 같은 조 제7항에 따라 사업자등록을 한 자가 사실상 사업을 시작하지 않게 되는 경우에는 같은 조 제8항에 따라 지체 없이 다음 각 호의 사항을 적은 휴업(폐업)신고서를 관할 세무서장이나 그 밖에 신고인의 편의에 따라 선택한 세무서장에게 제출(국세정보통신망에 의한 제출을 포함한다)해야 한다. 〈개정 2019. 2. 12., 2021. 2. 17.〉

1. 사업자의 인적사항
2. 휴업 연월일 또는 폐업 연월일과 그 사유
3. 그 밖의 참고 사항

② 제1항의 폐업신고서에는 사업자등록증을 첨부해야 한다. 〈개정 2021. 2. 17.〉

③ 제1항에도 불구하고 폐업을 하는 사업자가 제91조에 따른 부가가치세 확정신고서에 폐업 연월일과 그 사유를 적고 사업자등록증을 첨부하여 제출하는 경우에는 폐업신고서를 제출한 것으로 본다. 〈개정 2021. 2. 17.〉

④ 법인이 합병할 때에는 합병 후 존속하는 법인(신설합병의 경우에는 합병으로 설립된 법인) 또는 합병 후 소멸하는 법인(이 항에서 "소멸법인"이라 한다)이 다음 각 호의 사항을 적은 법인합병신고서에 사업자등록증을 첨부하여 소멸법인의 폐업 사실을 소멸법인의 관할 세무서장에게 신고하여야 한다.

1. 합병 후 존속하는 법인 또는 합병으로 설립된 법인의 인적사항
2. 소멸법인의 인적사항
3. 합병연월일
4. 그 밖의 참고 사항

⑤ 법령에 따라 허가를 받거나 등록 또는 신고 등을 하여야 하는 사업의 경우에는 허가, 등록, 신고 등이 필요한 사업의 주무관청에 제1항의 휴업(폐업)신고서를 제출할 수 있으며, 휴업(폐업)신고서를 받은 주무관청은 지체 없이 관할 세무서장에게 그 서류를 송부(정보통신망을 이용한 송부를 포함한다. 이하 이 항에서 같다)하여야 하고, 허가, 등록, 신고 등이 필요한 사업의 주무관청에 제출하여야 하는 해당 법령에 따른 신고서를 관할 세무서장에게 제출한 경우에는 관할 세무서장은 지체 없이 그 서류를 관할 주무관청에 송부하여야 한다.

⑥ 제1항에 따른 휴업을 하는 날은 사업장별로 그 사업을 실질적으로 휴업한 날(실질적으로 휴업한 날이 분명하지 아니한 경우에는 제1항에 따른 휴업신고서의 접수일)로 한다.

⑦ 제1항에 따른 휴업신고서에 적힌 휴업기간을 산정 때에는 계절적인 사업의 경우 그 계절이 아닌 기간은 휴업기간으로 본다.

제14조(사업자등록 사항의 변경) ① 사업자가 다음 각 호의 어느 하나에 해당하는 경우에는 지체 없이 사업자의 인적사항, 사업자등록의 변경 사항 및 그 밖의 필요한 사항을 적은 사업자등록 정정신고서를 관할 세무서장이나 그 밖에 신고인의 편의에 따라 선택한 세무서장에게 제출(국세정보통신망에 따른 제출을 포함한다)해야 한다. 〈개정 2021. 2. 17.〉

1. 상호를 변경하는 경우

2. 법인 또는 「국세기본법」 제13조제1항 및 제2항에 따라 법인으로 보는 단체 외의 단체로서 기획재정부령으로 정하는 단체가 대표자를 변경하는 경우

3. 기획재정부령으로 정하는 사업의 종류에 변동이 있는 경우

4. 사업장[법 제8조제3항에 따른 사업자 단위 과세 사업자(이하 "사업자 단위 과세 사업자"라 한다)의 경우에는 사업자 단위 과세 적용 사업장을 말한다]을 이전하는 경우

5. 상속으로 사업자의 명의가 변경되는 경우

6. 공동사업자의 구성원 또는 출자지분이 변경되는 경우

7. 임대인, 임대차 목적물 및 그 면적, 보증금, 임차료 또는 임대차기간이 변경되거나 새로 상가건물을 임차한 경우(「상가건물 임대차보호법」 제2조제1항에 따른 상가건물의 임차인이 사업자등록 정

정신고를 하려는 경우, 임차인이 같은 법 제5조제2항에 따른 확정일자를 신청하려는 경우 및 확정일자를 받은 임차인에게 변경 등이 있는 경우로 한정한다)

8. 사업자 단위 과세 사업자가 사업자 단위 과세 적용 사업장을 변경하는 경우

9. 사업자 단위 과세 사업자가 종된 사업장을 신설하거나 이전하는 경우

10. 사업자 단위 과세 사업자가 종된 사업장의 사업을 휴업하거나 폐업하는 경우

11. 사이버몰[「전기통신사업법」 제5조에 따른 부가통신사업을 하는 사업자(이하 "부가통신사업자"라 한다)가 컴퓨터 등과 정보통신설비를 이용하여 재화 등을 거래할 수 있도록 설정한 가상의 영업장을 말한다. 이하 같다]에 인적사항 등의 정보를 등록하고 재화 또는 용역을 공급하는 사업을 하는 사업자(이하 "통신판매업자"라 한다)가 사이버몰의 명칭 또는 「인터넷주소자원에 관한 법률」에 따른 인터넷 도메인이름을 변경하는 경우

② 제1항의 사업자등록정정신고서에는 사업자등록증을 첨부하여야 한다. 이 경우 제11조제3항 각 호의 구분란에 해당하는 내용이 변경된 사업자는 해당 각 호의 첨부서류를 제출하여야 한다. 〈개정 2018. 2. 13.〉

③ 제1항의 신고를 받은 세무서장은 다음 각 호의 구분에 따른 기한 이내에 변경 내용을 확인하고 사업자등록증의 기재사항을 정정하여 재발급해야 한다. 〈개정 2021. 2. 17.〉

1. 제1항제1호 및 제11호의 경우: 신고일 당일
2. 제1항제2호부터 제10호까지의 경우: 신고일부터 2일 이내

④ 사업자가 제1항제4호 또는 제8호에 따른 사유로 사업자등록 정정신고를 한 경우 사업장 관할 세무서장은 종전의 사업장 관할 세무서장에게 지체 없이 사업장의 이전 또는 변경 사실을 통지하여야 한다.

⑤ 사업장과 주소지가 동일한 사업자가 사업자등록 신청서 또는 사업자등록 정정신고서를 제출하면서 「주민등록법」에 따른 주소가 변경되면 사업장의 주소도 변경되는 것에 동의한 경우에는 사업자가 「주민등록법」 제16조제1항에 따른 전입신고를 하면 제1항에 따른

사업자등록 정정신고서를 제출한 것으로 본다. 〈신설 2020. 2. 11.〉

제15조(등록말소) ① 법 제8조제9항에 따라 등록을 말소하는 경우 관할 세무서장은 지체 없이 등록증을 회수해야 하며, 등록증을 회수할 수 없는 경우에는 등록말소 사실을 공시해야 한다. 〈개정 2019. 2. 12., 2021. 2. 17.〉

② 법 제8조제9항제1호 및 제2호에서 “대통령령으로 정하는 경우”란 각각 다음 각 호의 어느 하나에 해당하는 경우를 말한다. 〈개정 2019. 2. 12., 2021. 2. 17., 2024. 2. 29.〉

1. 사업자가 사업자등록을 한 후 정당한 사유 없이 6개월 이상 사업을 시작하지 아니하는 경우

2. 사업자가 부도발생, 고액체납 등으로 도산하여 소재 불명인 경우

3. 사업자가 인가ㆍ허가의 취소 또는 그 밖의 사유로 사업을 수행할 수 없어 사실상 폐업상태에 있거나 사실상 사업을 시작하지 아니하는 경우로 볼 수 있는 경우

4. 사업자가 정당한 사유 없이 계속하여 둘 이상의 과세기간에 걸쳐 부가가치세를 신고하지 아니하고 사실상 폐업상태에 있는 경우

5. 그 밖에 사업자가 제1호부터 제4호까지의 규정과 유사한 사유로 사실상 폐업상태에 있거나 사실상 사업을 시작하지 아니하는 경우

제16조(사업자등록증의 갱신) 관할 세무서장은 법 제8조제10항에 따라 부가가치세의 업무를 효율적으로 처리하기 위하여 필요하다고 인정되면 사업자등록증을 갱신하여 발급할 수 있다. 〈개정 2019. 2. 12., 2021. 2. 17.〉

제17조(사업자 단위 과세의 포기) ① 사업자 단위 과세 사업자가 각 사업장별로 신고ㆍ납부하거나 제92조에 따른 주사업장 총괄 납부를 하려는 경우에는 그 납부하려는 과세기간 개시 20일 전에 다음 각 호의 사항을 적은 사업자 단위 과세 포기신고서를 사업자 단위 과세 적용 사업장 관할 세무서장에게 제출하여야 한다.

1. 사업자의 인적사항

2. 사업자 단위 과세 포기사유

3. 그 밖의 참고 사항

② 사업자 단위 과세 적용 사업장 관할 세무서장은 제1항에 따른 사업자 단위 과세 포기신고서의 처리결과를 지체 없이 해당 사업자와 종된 사업장의 관할 세무서장에게 통지하여야 한다.

③ 제1항에 따라 사업자 단위 과세를 포기한 경우에는 그 포기한 날이 속하는 과세기간의 다음 과세기간부터 사업자 단위 과세 포기 신고서에 적은 내용에 따라 각 사업장별로 신고·납부하거나 제92조에 따른 주사업장 총괄 납부를 하여야 한다.

제2장 과세거래

제1절 과세대상 거래

제18조(재화 공급의 범위) ① 법 제9조제1항에 따른 재화의 공급은 다음 각 호의 것으로 한다.

1. 현금판매, 외상판매, 할부판매, 장기할부판매, 조건부 및 기한부 판매, 위탁판매와 그 밖의 매매계약에 따라 재화를 인도하거나 양도하는 것
2. 자기가 주요자재의 전부 또는 일부를 부담하고 상대방으로부터 인도받은 재화를 가공하여 새로운 재화를 만드는 가공계약에 따라 재화를 인도하는 것
3. 재화의 인도 대가로서 다른 재화를 인도받거나 용역을 제공받는 교환계약에 따라 재화를 인도하거나 양도하는 것
4. 경매, 수용, 현물출자와 그 밖의 계약상 또는 법률상의 원인에 따라 재화를 인도하거나 양도하는 것
5. 국내로부터 보세구역에 있는 창고(제2항제1호 및 제2호에 따른 창고로 한정한다)에 임치된 임치물을 국내로 다시 반입하는 것

② 제1항제1호에도 불구하고 다음 각 호의 어느 하나에 해당하는 것은 재화의 공급으로 보지 아니한다.

1. 보세구역에 있는 조달청 창고(조달청장이 개설한 것으로서 「관세법」 제174조에 따라 세관장의 특허를 받은 보세창고를 말한다. 이하 같다)에 보관된 물품에 대하여 조달청장이 발행하는 창고증권의 양도로서 임치물의 반환이 수반되지 아니하는 것(창고증권을 가진 사업자가 보세구역의 다른 사업자에게 인도하기 위하여 조달청 창고에서 임치물을 넘겨받는 경우를 포함한다)
2. 보세구역에 있는 기획재정부령으로 정하는 거래소의 지정창고에 보관된 물품에 대하여 같은 거래소의 지정창고가 발행하는 창고증권의 양도로서 임치물의 반환이 수반되지 아니하는 것(창고증권을 가진 사업자가 보세구역의 다른 사업자에게 인도하기 위하여 지정창

고에서 임치물을 넘겨받는 경우를 포함한다)

3. 사업자가 위탁가공을 위하여 원자재를 국외의 수탁가공 사업자에게 대가 없이 반출하는 것[제31조제1항제5호에 따라 영(零) 퍼센트의 세율(이하 "영세율"이라 한다)이 적용되는 것은 제외한다]

4. 「한국석유공사법」에 따른 한국석유공사가 「석유 및 석유대체연료 사업법」에 따라 비축된 석유를 수입통관하지 아니하고 보세구역에 보관하면서 제8조제6항에 따른 국내사업장이 없는 비거주자 또는 외국법인과 무위험차익거래 방식으로 소비대차(消費貸借)하는 것

③ 제1항제4호에도 불구하고 다음 각 호의 어느 하나에 해당하는 것은 재화의 공급으로 보지 않는다. 〈개정 2021. 2. 17., 2023. 2. 28.〉

1. 「국세징수법」 제66조에 따른 공매(같은 법 제67조에 따른 수의계약에 따라 매각하는 것을 포함한다)에 따라 재화를 인도하거나 양도하는 것

2. 「민사집행법」에 따른 경매(같은 법에 따른 강제경매, 담보권 실행을 위한 경매와 「민법」·「상법」 등 그 밖의 법률에 따른 경매를 포함한다)에 따라 재화를 인도하거나 양도하는 것

3. 「도시 및 주거환경정비법」, 「공익사업을 위한 토지 등의 취득 및 보상에 관한 법률」 등에 따른 수용절차에서 수용대상 재화의 소유자가 수용된 재화에 대한 대가를 받는 경우

4. 「도시 및 주거환경정비법」 제64조제4항에 따른 사업시행자의 매도청구에 따라 재화를 인도하거나 양도하는 것

제19조(자기생산·취득재화 중 영업 외의 용도로 사용하는 것을 재화의 공급으로 보는 자동차 관련 업종 등의 범위) 법 제10조제2항제2호에서 "운수업, 자동차판매업 등 대통령령으로 정하는 업종"이란 다음 각 호의 업종을 말한다. 〈개정 2014. 2. 21., 2015. 2. 3.〉

1. 운수업
2. 자동차 판매업
3. 자동차 임대업
4. 운전학원업
5. 「경비업법」 제2조제1호라목에 따른 기계경비업무를 하는 경비업.이 경우 법 제10조제2항제2호에서의 자동차는 「경비업법」 제16

조의3에 따른 출동차량에 한정하여 적용한다.

6. 제1호부터 제5호까지의 업종과 유사한 업종

[제목개정 2015. 2. 3.]

제19조의2(실비변상적이거나 복리후생적인 목적으로 제공해 재화의 공급으로 보지 않는 경우) 법 제10조제4항 후단에서 "대통령령으로 정하는 경우"란 다음 각 호의 어느 하나에 해당하는 경우를 말한다. 이 경우 시가보다 낮은 대가를 받고 제공하는 것은 시가와 받은 대가의 차액에 한정한다. 〈개정 2020. 10. 7., 2024. 11. 12.〉

1. 사업을 위해 착용하는 작업복, 작업모 및 작업화를 제공하는 경우

2. 직장 연예 및 직장 문화와 관련된 재화를 제공하는 경우

3. 다음 각 목의 어느 하나에 해당하는 재화를 제공하는 경우. 이 경우 각 목별로 각각 사용인 1명당 연간 10만원을 한도로 하며, 10만원을 초과하는 경우 해당 초과액에 대해서는 재화의 공급으로 본다.

가. 경조사와 관련된 재화

나. 설날·추석과 관련된 재화

다. 창립기념일 및 생일 등과 관련된 재화

[본조신설 2019. 2. 12.]

제20조(사업을 위한 증여로서 재화의 공급으로 보지 아니하는 것의 범위) 법 제10조제5항 단서에서 "대통령령으로 정하는 것"이란 다음 각 호의 어느 하나에 해당하는 것을 증여하는 것을 말한다. 〈개정 2017. 2. 7., 2018. 2. 13.〉

1. 사업을 위하여 대가를 받지 아니하고 다른 사업자에게 인도하거나 양도하는 견본품

2. 「재난 및 안전관리 기본법」의 적용을 받아 특별재난지역에 공급하는 물품

3. 제61조제2항제9호나목에 따른 자기적립마일리지등으로만 전부를 결제받고 공급하는 재화

제21조(위탁판매 등의 경우 수탁자 또는 대리인이 재화를 공급하거나 공급받는 것으로 보는 경우) 법 제10조제7항 단서에서 "대통령령으로 정하는 경우"란 위탁매매 또는 대리인에 의한 매매를 하는 해당 거래 또는 재화의 특성상 또는 보관·관리상 위탁자 또는 본인을 알 수 없는 경우를 말한다.

제21조의2(위탁자 지위의 이전을 신탁재산의 공급으로 보지 않는 경우) 법 제10조제8항 단서에서 "대통령령으로 정하는 경우"란 다음 각 호의 경우를 말한다.

1. 「자본시장과 금융투자업에 관한 법률」에 따른 집합투자기구의 집합투자업자가 다른 집합투자업자에게 위탁자의 지위를 이전하는 경우

2. 신탁재산의 실질적인 소유권이 위탁자가 아닌 제3자에게 있는 경우 등 위탁자의 지위 이전에도 불구하고 신탁재산에 대한 실질적인 소유권의 변동이 있다고 보기 어려운 경우

[본조신설 2022. 2. 15.]

제22조(재화의 공급으로 보지 아니하는 담보 제공) 법 제10조제9항 제1호에서 "대통령령으로 정하는 것"이란 질권, 저당권 또는 양도담보의 목적으로 동산, 부동산 및 부동산상의 권리를 제공하는 것을 말한다. 〈개정 2018. 2. 13.〉

제23조(재화의 공급으로 보지 아니하는 사업 양도) 법 제10조제9항 제2호 본문에서 "대통령령으로 정하는 것"이란 사업장별(「상법」에 따라 분할하거나 분할합병하는 경우에는 같은 사업장 안에서 사업부문별로 구분하는 경우를 포함한다)로 그 사업에 관한 모든 권리와 의무를 포괄적으로 승계시키는 것(「법인세법」 제46조제2항 또는 제47조제1항의 요건을 갖춘 분할의 경우 및 양수자가 승계받은 사업 외에 새로운 사업의 종류를 추가하거나 사업의 종류를 변경한 경우를 포함한다)을 말한다. 이 경우 그 사업에 관한 권리와 의무 중 다음 각 호의 것을 포함하지 아니하고 승계시킨 경우에도 그 사업을 포괄적으로 승계시킨 것으로 본다. 〈개정 2014. 2. 21., 2018. 2. 13.〉

1. 미수금에 관한 것

2. 미지급금에 관한 것

3. 해당 사업과 직접 관련이 없는 토지·건물 등에 관한 것으로서 기획재정부령으로 정하는 것

제24조(재화의 공급으로 보지 아니하는 조세의 물납) 법 제10조제9항제3호에서 "대통령령으로 정하는 것"이란 사업용 자산을 「상속세 및 증여세법」 제73조 및 「지방세법」 제117조에 따라 물납(物納)하는 것을 말한다. 〈개정 2018. 2. 13., 2019. 2. 12.〉

제25조(용역 공급의 범위) 다음 각 호의 어느 하나에 해당하는 것은

법 제11조에 따른 용역의 공급으로 본다. 〈개정 2020. 2. 18.〉
1. 건설업의 경우 건설사업자가 건설자재의 전부 또는 일부를 부담하는 것
2. 자기가 주요자재를 전혀 부담하지 아니하고 상대방으로부터 인도받은 재화를 단순히 가공만 해 주는 것
3. 산업상·상업상 또는 과학상의 지식·경험 또는 숙련에 관한 정보를 제공하는 것

제26조(용역의 공급으로 보는 특수관계인에 대한 사업용 부동산의 임대용역) ① 법 제12조제2항 단서에서 "대통령령으로 정하는 특수관계인"이란 「소득세법 시행령」 제98조제1항 또는 「법인세법 시행령」 제2조제8항 각 호에 따른 자(이하 "특수관계인"이라 한다)를 말한다. 〈개정 2019. 2. 12., 2025. 2. 28.〉
② 법 제12조제2항 단서에서 "사업용 부동산의 임대용역 등 대통령령으로 정하는 용역"이란 사업용 부동산의 임대용역 중 다음 각 호에 해당하는 것을 제외한 것으로 한다. 〈개정 2018. 2. 13.〉
1. 「산업교육진흥 및 산학연협력촉진에 관한 법률」 제25조에 따라 설립된 산학협력단과 같은 법 제2조제2호다목의 대학 간 사업용 부동산의 임대용역
2. 「공공주택 특별법」 제4조제1항제1호부터 제4호까지의 규정에 해당하는 자와 같은 항 제6호에 따른 부동산투자회사 간 사업용 부동산의 임대용역

제27조(보세구역) 법 제13조에서 "대통령령으로 정하는 보세구역"이란 다음 각 호의 구역 또는 지역을 말한다.
1. 「관세법」에 따른 보세구역
2. 「자유무역지역의 지정 및 운영에 관한 법률」에 따른 자유무역지역

제2절 공급시기와 공급장소

제28조(구체적인 거래 형태에 따른 재화의 공급시기) ①법 제15조제1항 후단에 따른 구체적인 거래 형태별 재화의 공급시기는 다음 표에 따른다.

구분	공급시기
1. 현금판매, 외상판매 또는 할부판매의 경우	재화가 인도되거나 이용가능하게 되는 때
2. 상품권 등을 현금 또는 외상으로 판매하고 그 후 그 상품권 등이 현물과 교환되는 경우	재화가 실제로 인도되는 때
3. 재화의 공급으로 보는 가공의 경우	가공된 재화를 인도하는 때

② 반환조건부 판매, 동의조건부 판매, 그 밖의 조건부 판매 및 기한부 판매의 경우에는 그 조건이 성취되거나 기한이 지나 판매가 확정되는 때를 공급시기로 본다.

③ 다음 각 호의 어느 하나에 해당하는 경우에는 대가의 각 부분을 받기로 한 때를 재화의 공급시기로 본다. 다만, 제2호와 제3호의 경우 재화가 인도되거나 이용가능하게 되는 날 이후에 받기로 한 대가의 부분에 대해서는 재화가 인도되거나 이용가능하게 되는 날을 그 재화의 공급시기로 본다.

1. 기획재정부령으로 정하는 장기할부판매의 경우
2. 완성도기준지급조건부로 재화를 공급하는 경우
3. 기획재정부령으로 정하는 중간지급조건부로 재화를 공급하는 경우
4. 전력이나 그 밖에 공급단위를 구획할 수 없는 재화를 계속적으로 공급하는 경우

④법 제10조에 따라 재화의 공급으로 보는 경우에는 다음 표의 구분에 따른 때를 재화의 공급시기로 본다.

구분	공급시기
1. 법 제10조제1항ㆍ제2항 및 제4항에 따라 재화의 공급으로 보는 경우	재화를 사용하거나 소비하는 때
2. 법 제10조제3항에 따라 재화의 공급으로 보는 경우	재화를 반출하는 때

3. 법 제10조제5항에 따라 재화의 공급으로 보는 경우	재화를 증여하는 때
4. 법 제10조제6항에 따라 재화의 공급으로 보는 경우	제7조에 따른 폐업일

⑤ 무인판매기를 이용하여 재화를 공급하는 경우 해당 사업자가 무인판매기에서 현금을 꺼내는 때를 재화의 공급시기로 본다.

⑥수출재화의 경우 다음 표의 구분에 따른 때를 재화의 공급시기로 본다. 〈개정 2019. 2. 12.〉

구분	공급시기
1. 법 제21조제2항제1호 또는 이 영 제31조제1항제1호ㆍ제6호에 해당하는 경우	수출재화의 선(기)적일
2. 원양어업 또는 제31조제1항제2호에 해당하는 경우	수출재화의 공급가액이 확정되는 때
3. 제31조제1항제3호부터 제5호까지의 규정 중 어느 하나에 해당하는 경우	외국에서 해당 재화가 인도되는 때

⑦ 사업자가 보세구역 안에서 보세구역 밖의 국내에 재화를 공급하는 경우가 재화의 수입에 해당할 때에는 수입신고 수리일을 재화의 공급시기로 본다.

⑧제18조제2항제1호 및 제2호에 따른 조달청 창고 또는 거래소의 지정창고에 보관된 임치물의 반환이 수반되어 재화를 공급하는 경우에는 다음 표의 구분에 따른 때를 재화의 공급시기로 본다.

구분	공급시기
1. 창고증권을 소지한 사업자가 해당 조달청 창고 또는 거래소의 지정창고에서 실물을 넘겨받은 후 보세구역의 다른 사업자에게 해당 재화를 인도하는 경우	해당 재화를 인도하는 때

2. 해당 재화를 실물로 넘겨받는 것이 재화의 수입에 해당하는 경우	그 수입신고 수리일
3. 국내로부터 조달청 창고 또는 거래소의 지정창고에 임치된 임치물이 국내로 반입되는 경우	그 반입신고 수리일

⑨ 제1항부터 제8항까지의 규정에도 불구하고 사업자가 폐업 전에 공급한 재화의 공급시기가 폐업일 이후에 도래하는 경우에는 그 폐업일을 공급시기로 본다.

⑩ 법 제10조제7항 본문에 따른 위탁판매 또는 대리인에 의한 매매의 경우에는 수탁자 또는 대리인의 공급을 기준으로 하여 제1항부터 제9항까지의 규정을 적용한다. 다만, 법 제10조제7항 단서에 따른 위탁자 또는 본인을 알 수 없는 경우에는 위탁자와 수탁자 또는 본인과 대리인 사이에도 별개의 공급이 이루어진 것으로 보아 제1항부터 제9항까지의 규정을 적용한다.

⑪ 납세의무가 있는 사업자가 「여신전문금융업법」에 따라 등록한 시설대여업자로부터 시설 등을 임차하고 그 시설 등을 공급자 또는 세관장으로부터 직접 인도받은 경우에는 그 사업자가 공급자로부터 재화를 직접 공급받거나 외국으로부터 재화를 직접 수입한 것으로 보아 제1항부터 제9항까지의 규정을 적용한다.

제29조(할부 또는 조건부로 용역을 공급하는 경우 등의 용역의 공급시기) ① 다음 각 호의 어느 하나에 해당하는 경우에는 대가의 각 부분을 받기로 한 때를 법 제16조제2항에 따른 할부 또는 조건부로 용역을 공급하는 경우 등의 용역의 공급시기로 본다. 다만, 제2호와 제3호의 경우 역무의 제공이 완료되는 날 이후 받기로 한 대가의 부분에 대해서는 역무의 제공이 완료되는 날을 그 용역의 공급시기로 본다.

1. 기획재정부령으로 정하는 장기할부조건부 또는 그 밖의 조건부로 용역을 공급하는 경우
2. 완성도기준지급조건부로 용역을 공급하는 경우
3. 기획재정부령으로 정하는 중간지급조건부로 용역을 공급하는 경우
4. 공급단위를 구획할 수 없는 용역을 계속적으로 공급하는 경우

② 법 제16조제2항에 따른 용역의 공급시기는 다음 각 호의 구분에 따른다.

1. 역무의 제공이 완료되는 때 또는 대가를 받기로 한 때를 공급시기로 볼 수 없는 경우: 역무의 제공이 완료되고 그 공급가액이 확정되는 때

2. 사업자가 부동산 임대용역을 공급하는 경우로서 다음 각 목의 어느 하나에 해당하는 경우: 예정신고기간 또는 과세기간의 종료일

가. 법 제29조제10항제1호에 따른 경우

나. 법 제29조제10항제3호에 따른 경우

다. 사업자가 부동산을 임차하여 다시 임대용역을 제공하는 경우로서 제65조제2항에 따라 과세표준을 계산하는 경우

3. 다음 각 목의 어느 하나에 해당하는 용역을 둘 이상의 과세기간에 걸쳐 계속적으로 제공하고 그 대가를 선불로 받는 경우: 예정신고기간 또는 과세기간의 종료일

가. 헬스클럽장 등 스포츠센터를 운영하는 사업자가 연회비를 미리 받고 회원들에게 시설을 이용하게 하는 것

나. 사업자가 다른 사업자와 상표권 사용계약을 할 때 사용대가 전액을 일시불로 받고 상표권을 사용하게 하는 것

다. 「노인복지법」에 따른 노인복지시설(유료인 경우에만 해당한다)을 설치·운영하는 사업자가 그 시설을 분양받은 자로부터 입주 후 수영장·헬스클럽장 등을 이용하는 대가를 입주 전에 미리 받고 시설 내 수영장·헬스클럽장 등을 이용하게 하는 것

라. 그 밖에 가목부터 다목까지의 규정과 유사한 용역

4. 사업자가 「사회기반시설에 대한 민간투자법」 제4조제3호의 방식을 준용하여 설치한 시설에 대하여 둘 이상의 과세기간에 걸쳐 계속적으로 시설을 이용하게 하고 그 대가를 받는 경우: 예정신고기간 또는 과세기간의 종료일

③ 제1항과 제2항에도 불구하고 폐업 전에 공급한 용역의 공급시기가 폐업일 이후에 도래하는 경우에는 폐업일을 공급시기로 본다.

제30조(할부로 공급하는 경우 등의 세금계산서 등 발급에 의한 재화 또는 용역 공급시기의 특례) 법 제17조제4항에서 "대통령령으로 정하는 경우의 공급시기"란 다음 각 호의 공급시기를 말한다. 〈개정 2024. 2. 29.〉

1. 장기할부판매로 재화를 공급하거나 장기할부조건부로 용역을 공급하는 경우의 공급시기

2. 제28조제3항제4호에 따라 전력이나 그 밖에 공급단위를 구획할 수 없는 재화를 계속적으로 공급하는 경우의 공급시기

3. 제29조제1항제4호에 따라 그 공급단위를 구획할 수 없는 용역을 계속적으로 공급하는 경우의 공급시기

4. 법 제23조에 따른 외국항행용역을 공급하는 경우로서 「상법」 제852조 및 제853조에 따라 발행된 선하증권에 따라 거래사실이 확인되는 경우의 공급시기(용역의 공급시기가 선하증권 발행일부터 90일 이내인 경우로 한정한다)

제3장 영세율과 면세

제1절 영세율의 적용

제31조(수출의 범위) ① 법 제21조제2항제2호에서 "중계무역 방식의 거래 등 대통령령으로 정하는 것"이란 다음 각 호의 것을 말한다. 〈개정 2019. 2. 12.〉

1. 중계무역 방식의 수출(수출할 것을 목적으로 물품 등을 수입하여 「관세법」 제154조에 따른 보세구역 및 같은 법 제156조에 따라 보세구역 외 장치의 허가를 받은 장소 또는 「자유무역지역의 지정 및 운영에 관한 법률」 제4조에 따른 자유무역지역 외의 국내에 반입하지 아니하는 방식의 수출을 말한다)

2. 위탁판매수출[물품 등을 무환(無換)으로 수출하여 해당 물품이 판매된 범위에서 대금을 결제하는 계약에 의한 수출을 말한다]

3. 외국인도수출[수출대금은 국내에서 영수(領收)하지만 국내에서 통관되지 아니한 수출물품 등을 외국으로 인도하거나 제공하는 수출을 말한다]

4. 위탁가공무역 방식의 수출[가공임(加工賃)을 지급하는 조건으로 외국에서 가공(제조, 조립, 재성, 개조를 포함한다. 이하 같다)할 원료의 전부 또는 일부를 거래 상대방에게 수출하거나 외국에서 조달하여 가공한 후 가공물품 등을 외국으로 인도하는 방식의 수출을 말한다]

5. 원료를 대가 없이 국외의 수탁가공 사업자에게 반출하여 가공한 재화를 양도하는 경우에 그 원료의 반출

6. 「관세법」에 따른 수입신고 수리 전의 물품으로서 보세구역에 보관하는 물품의 외국으로의 반출

② 법 제21조제2항제3호에서 "대통령령으로 정하는 것"이란 다음 각 호의 재화를 말한다.

1. 사업자가 기획재정부령으로 정하는 내국신용장 또는 구매확인서에 의하여 공급하는 재화(금지금은 제외한다)

2. 사업자가 「한국국제협력단법」에 따른 한국국제협력단에 공급하는 재화(한국국제협력단이 같은 법 제7조에 따른 사업을 위하여 외국에 무상으로 반출하는 재화로 한정한다)

3. 사업자가 「한국국제보건의료재단법」에 따른 한국국제보건의료재단에 공급하는 재화(한국국제보건의료재단이 같은 법 제7조에 따른 사업을 위하여 외국에 무상으로 반출하는 재화로 한정한다)

4. 사업자가 「대한적십자사 조직법」에 따른 대한적십자사에 공급하는 재화(대한적십자사가 같은 법 제7조에 따른 사업을 위하여 외국에 무상으로 반출하는 재화로 한정한다)

5. 사업자가 다음 각 목의 요건에 따라 공급하는 재화

가. 국외의 비거주자 또는 외국법인(이하 이 호에서 "비거주자등"이라 한다)과 직접 계약에 따라 공급할 것

나. 대금을 외국환은행에서 원화로 받을 것

다. 비거주자등이 지정하는 국내의 다른 사업자에게 인도할 것

라. 국내의 다른 사업자가 비거주자등과 계약에 따라 인도받은 재화를 그대로 반출하거나 제조·가공한 후 반출할 것

제32조(선박 또는 항공기에 의한 외국항행용역의 범위) ① 법 제23조제2항에서 "대통령령으로 정하는 것"이란 다음 각 호의 것을 말한다.

1. 다른 외국항행사업자가 운용하는 선박 또는 항공기의 탑승권을 판매하거나 화물운송계약을 체결하는 것

2. 외국을 항행하는 선박 또는 항공기 내에서 승객에게 공급하는 것

3. 자기의 승객만이 전용(專用)하는 버스를 탑승하게 하는 것

4. 자기의 승객만이 전용하는 호텔에 투숙하게 하는 것

② 다음 각 호의 어느 하나에 해당하는 용역은 법 제23조제3항에 따라 외국항행용역의 범위에 포함된다. 〈개정 2017. 3. 29.〉

1. 운송주선업자가 국제복합운송계약에 의하여 화주(貨主)로부터 화물을 인수하고 자기 책임과 계산으로 타인의 선박 또는 항공기

등의 운송수단을 이용하여 화물을 운송하고 화주로부터 운임을 받는 국제운송용역

2. 「항공사업법」에 따른 상업서류 송달용역

제33조(그 밖의 외화 획득 재화 또는 용역 등의 범위) ① 법 제24조제1항제2호에서 "대통령령으로 정하는 방법에 따라 재화 또는 용역을 공급하는 경우"란 국세청장이 정하는 바에 따라 관할 세무서장으로부터 외교관면세점으로 지정받은 사업장(「개별소비세법 시행령」 제28조에 따라 지정받은 판매장을 포함한다)에서 외교부장관이 발행하는 외교관 면세카드를 제시받아 다음 각 호의 어느 하나에 해당하는 재화 또는 용역을 공급하는 경우로서 법 제24조제1항제2호에 따른 자(이하 이 항에서 "외교관등"이라 한다)의 성명, 국적, 외교관면세카드 번호, 품명, 수량, 공급가액 등이 적힌 외교관면세 판매기록표에 의하여 외교관등에게 공급한 것이 확인되는 경우를 말한다.

1. 음식 · 숙박 용역
2. 「개별소비세법 시행령」 제24조제1항 및 제27조에 따른 물품
3. 「교통 · 에너지 · 환경세법 시행령」 제20조제1항에 따른 석유류
4. 「주세법」에 따른 주류
5. 전력
6. 외교부장관의 승인을 받아 구입하는 자동차

② 법 제24조제1항제3호에서 "대통령령으로 정하는 경우"란 다음 각 호의 어느 하나에 해당하는 것을 공급하는 경우를 말한다. 〈개정 2015. 2. 3., 2016. 2. 17., 2017. 2. 7., 2020. 2. 11., 2021. 2. 17., 2021. 3. 23., 2022. 2. 15.〉

1. 국내에서 국내사업장이 없는 비거주자(국내에 거소를 둔 개인, 법 제24조제1항제1호에 따른 외교공관등의 소속 직원, 우리나라에 상주하는 국제연합군 또는 미합중국군대의 군인 또는 군무원은 제외한다. 이하 이 항에서 같다) 또는 외국법인에 공급되는 다음 각 목의 어느 하나에 해당하는 재화 또는 사업에 해당하는 용역으로서 그 대금을 외국환은행에서 원화로 받거나 기획재정부령으로 정하는 방법으로 받는 것. 다만, 나목 중 전문서비스업과 아목 및 자목에 해당하는 용역의 경우에는 해당 국가에서 우리나라의 거주자 또는 내국법인에 대하여 동일하게 면세하는 경우(우리나라의 부가가치세 또는 이와 유사한 성질의 조세가 없거나 면세하는 경우를 말한다.

이하 이 항에서 같다)에 한정한다.

가. 비거주자 또는 외국법인이 지정하는 국내사업자에게 인도되는 재화로서 해당 사업자의 과세사업에 사용되는 재화

나. 전문, 과학 및 기술 서비스업[수의업(獸醫業), 제조업 회사본부 및 기타 산업 회사본부는 제외한다]

다. 사업지원 및 임대서비스업 중 무형재산권 임대업

라. 통신업

마. 컨테이너수리업, 보세구역 내의 보관 및 창고업, 「해운법」에 따른 해운대리점업, 해운중개업 및 선박관리업

바. 정보통신업 중 뉴스 제공업, 영상·오디오 기록물 제작 및 배급업(영화관 운영업과 비디오물 감상실 운영업은 제외한다), 소프트웨어 개발업, 컴퓨터 프로그래밍, 시스템 통합관리업, 자료처리, 호스팅, 포털 및 기타 인터넷 정보매개서비스업, 기타 정보 서비스업

사. 상품 중개업 및 전자상거래 소매 중개업

아. 사업시설관리 및 사업지원 서비스업(조경 관리 및 유지 서비스업, 여행사 및 기타 여행보조 서비스업은 제외한다)

자. 「자본시장과 금융투자업에 관한 법률」 제6조제1항제4호에 따른 투자자문업

차. 교육 서비스업(교육지원 서비스업으로 한정한다)

카. 보건업(임상시험용역을 공급하는 경우로 한정한다)

타. 그 밖에 가목부터 차목까지의 규정과 유사한 재화 또는 용역으로서 기획재정부령으로 정하는 것

2. 비거주자 또는 외국법인의 국내사업장이 있는 경우에 국내에서 국외의 비거주자 또는 외국법인과 직접 계약하여 공급하는 재화 또는 용역 중 제1호 각 목의 어느 하나에 해당하는 재화 또는 사업(제1호나목 중 전문서비스업과 같은 호 아목 및 자목에 해당하는 용역의 경우에는 해당 국가에서 우리나라의 거주자 또는 내국법인에 대하여 동일하게 면세하는 경우에 한정한다)에 해당하는 용역. 다만, 그 대금을 해당 국외 비거주자 또는 외국법인으로부터 외국환은행에서 원화로 받거나 기획재정부령으로 정하는 방법으로 받는 경우로 한정한다.

3. 수출업자와 직접 도급계약에 의하여 수출재화를 임가공하는 수출재화임가공용역(수출재화염색임가공을 포함한다. 이하 같다). 다

만, 사업자가 법 제32조에 따라 부가가치세를 별도로 적은 세금계산서를 발급한 경우는 제외한다.

4. 기획재정부령으로 정하는 내국신용장 또는 구매확인서에 의하여 공급하는 수출재화임가공용역

5. 외국을 항행하는 선박 및 항공기 또는 원양어선에 공급하는 재화 또는 용역. 다만, 사업자가 법 제32조에 따라 부가가치세를 별도로 적은 세금계산서를 발급한 경우는 제외한다.

6. 우리나라에 상주(常住)하는 국제연합군 또는 미합중국군대[「대한민국과 아메리카합중국간의 상호방위조약 제4조에 의한 시설과 구역 및 대한민국에서의 합중국 군대의 지위에 관한 협정」 제16조제3항에 따른 공인 조달기관(公認 調達機關)을 포함한다]에 공급하는 재화 또는 용역

7. 「관광진흥법 시행령」에 따른 종합여행업자가 외국인 관광객에게 공급하는 관광알선용역. 다만, 그 대가를 다음 각 목의 어느 하나의 방법으로 받는 경우로 한정한다.

가. 외국환은행에서 원화로 받는 것

나. 외화 현금으로 받은 것 중 국세청장이 정하는 관광알선수수료명세표와 외화매입증명서에 의하여 외국인 관광객과의 거래임이 확인되는 것

8. 삭제 〈2015. 2. 3.〉

9. 다음 각 목의 어느 하나에 해당하는 사업자가 국내에서 공급하는 재화 또는 용역. 다만, 그 대가를 외화로 받고 그 외화를 외국환은행에서 원화로 환전하는 경우로 한정한다.

가. 「개별소비세법」 제17조제1항에 따른 지정을 받아 외국인전용판매장을 경영하는 자

나. 「조세특례제한법」 제115조에 따른 주한외국군인 및 외국인선원 전용 유흥음식점업을 경영하는 자

제2절 면세

제34조(면세하는 미가공식료품 등의 범위) ① 법 제26조제1항제1호에 따른 가공되지 아니한 식료품(이하 이 조에서 "미가공식료품"이라 한다)은 다음 각 호의 것으로서 가공되지 아니하거나 탈곡 · 정미 · 정맥 · 제분 · 정육 · 건조 · 냉동 · 염장 · 포장이나 그 밖에 원생산물

본래의 성질이 변하지 아니하는 정도의 1차 가공을 거쳐 식용으로 제공하는 것으로 한다. 이 경우 다음 각 호에 따른 미가공식료품의 범위에 관하여 필요한 사항은 기획재정부령으로 정한다.

1. 곡류
2. 서류
3. 특용작물류
4. 과실류
5. 채소류
6. 수축류
7. 수육류
8. 유란류(우유와 분유를 포함한다)
9. 생선류(고래를 포함한다)
10. 패류
11. 해조류
12. 제1호부터 제11호까지의 것 외에 식용으로 제공되는 농산물, 축산물, 수산물 또는 임산물
13. 소금[「식품위생법」 제7조제1항에 따라 식품의약품안전처장이 정한 식품의 기준 및 규격에 따른 천일염(天日鹽) 및 재제(再製)소금을 말한다. 이하 같다]

② 미가공식료품에는 다음 각 호의 것을 포함한다.

1. 김치, 두부 등 기획재정부령으로 정하는 단순 가공식료품
2. 원생산물 본래의 성질이 변하지 아니하는 정도로 1차 가공을 하는 과정에서 필수적으로 발생하는 부산물
3. 미가공식료품을 단순히 혼합한 것
4. 쌀에 식품첨가물 등을 첨가 또는 코팅하거나 버섯균 등을 배양한 것으로서 기획재정부령으로 정하는 것

③ 법 제26조제1항제1호에 따른 농산물, 축산물, 수산물과 임산물은 다음 각 호의 것으로 한다.

1. 원생산물
2. 원생산물 본래의 성상(性狀)이 변하지 아니하는 정도의 원시가공을 거친 것
3. 제2호에 따른 원시가공을 하는 과정에서 필수적으로 발생하는 부산물

제35조(면세하는 의료보건 용역의 범위) 법 제26조제1항제5호에 따른 의료보건 용역은 다음 각 호의 용역(「의료법」 또는 「수의사법」에 따라 의료기관 또는 동물병원을 개설한 자가 제공하는 것을 포함한다)으로 한다. 〈개정 2014. 1. 1., 2014. 1. 28., 2016. 2. 17., 2016. 8. 2., 2018. 2. 13., 2019. 2. 12., 2019. 12. 24., 2020. 2. 11., 2022. 2. 15., 2023. 9. 26., 2024. 2. 29., 2025. 6. 20.〉

1. 「의료법」에 따른 의사, 치과의사, 한의사, 조산사 또는 「간호법」에 따른 간호사가 제공하는 용역. 다만, 「국민건강보험법」 제41조제4항에 따라 요양급여의 대상에서 제외되는 다음 각 목의 진료용역은 제외한다.

가. 쌍꺼풀수술, 코성형수술, 유방확대ㆍ축소술(유방암 수술에 따른 유방 재건술은 제외한다), 지방흡인술, 주름살제거술, 안면윤곽술, 치아성형(치아미백, 라미네이트와 잇몸성형술을 말한다) 등 성형수술(성형수술로 인한 후유증 치료, 선천성 기형의 재건수술과 종양제거에 따른 재건수술은 제외한다)과 악안면 교정술(치아교정치료가 선행되는 악안면 교정술은 제외한다)

나. 색소모반ㆍ주근깨ㆍ흑색점ㆍ기미 치료술, 여드름 치료술, 제모술, 탈모치료술, 모발이식술, 문신술 및 문신제거술, 피어싱, 지방융해술, 피부재생술, 피부미백술, 항노화치료술 및 모공축소술

2. 「의료법」에 따른 접골사(接骨士), 침사(鍼士), 구사(灸士) 또는 안마사가 제공하는 용역

3. 「의료기사 등에 관한 법률」에 따른 임상병리사, 방사선사, 물리치료사, 작업치료사, 치과기공사 또는 치과위생사가 제공하는 용역

4. 「약사법」에 따른 약사가 제공하는 의약품의 조제용역

5. 「수의사법」에 따른 수의사가 제공하는 용역. 다만, 동물의 진료용역은 다음 각 목의 어느 하나에 해당하는 진료용역으로 한정한다.

가. 「축산물 위생관리법」에 따른 가축에 대한 진료용역

나. 「수산생물질병 관리법」에 따른 수산동물에 대한 진료용역

다. 「장애인복지법」 제40조제2항에 따른 장애인 보조견표지를 발급받은 장애인 보조견에 대한 진료용역

라. 「국민기초생활 보장법」 제2조제2호에 따른 수급자가 기르는 동물의 진료용역

마. 가목부터 라목까지의 규정에 따른 진료용역 외에 질병 예방

및 치료를 목적으로 하는 동물의 진료용역으로서 농림축산식품부장관 또는 해양수산부장관이 기획재정부장관과 협의하여 고시하는 용역

6. 장의업자가 제공하는 장의용역

7. 「장사 등에 관한 법률」 제14조부터 제16조까지의 규정에 따라 사설묘지, 사설화장시설, 사설봉안시설 또는 사설자연장지를 설치·관리 또는 조성하는 자가 제공하는 묘지분양, 화장, 유골 안치, 자연장지분양 및 관리업 관련 용역

8. 지방자치단체로부터 「장사 등에 관한 법률」 제13조제1항에 따른 공설묘지, 공설화장시설, 공설봉안시설 또는 공설자연장지의 관리를 위탁받은 자가 제공하는 묘지분양, 화장, 유골 안치, 자연장지분양 및 관리업 관련 용역

9. 「응급의료에 관한 법률」 제2조제8호에 따른 응급환자이송업자가 제공하는 응급환자이송용역

10. 「하수도법」 제45조에 따른 분뇨수집·운반업의 허가를 받은 사업자와 「가축분뇨의 관리 및 이용에 관한 법률」 제28조에 따른 가축분뇨수집·운반업 또는 가축분뇨처리업의 허가를 받은 사업자가 공급하는 용역

11. 「감염병의 예방 및 관리에 관한 법률」 제52조에 따라 소독업의 신고를 한 사업자가 공급하는 소독용역

12. 「폐기물관리법」 제25조에 따라 생활폐기물 또는 의료폐기물의 폐기물처리업 허가를 받은 사업자가 공급하는 생활폐기물 또는 의료폐기물의 수집·운반 및 처리용역과 같은 법 제29조에 따라 폐기물처리시설의 설치승인을 받거나 그 설치의 신고를 한 사업자가 공급하는 생활폐기물의 재활용용역

13. 「산업안전보건법」 제21조에 따라 보건관리전문기관으로 지정된 자가 공급하는 보건관리용역 및 같은 법 제126조에 따른 작업환경측정기관이 공급하는 작업환경측정용역

14. 「노인장기요양보험법」 제2조제4호에 따른 장기요양기관이 같은 법에 따라 장기요양인정을 받은 자에게 제공하는 신체활동·가사활동의 지원 또는 간병 등의 용역

15. 「사회복지사업법」 제5조의2제2항에 따라 보호대상자에게 지급되는 사회복지서비스 이용권을 대가로 국가 및 지방자치단체 외의 자가 공급하는 용역

16. 「모자보건법」에 따른 산후조리원에서 분만 직후의 임산부나 영유아에게 제공하는 급식 · 요양 등의 용역

17. 「사회적기업 육성법」 제7조에 따라 인증받은 사회적기업 또는「협동조합기본법」 제85조제1항에 따라 설립인가를 받은 사회적협동조합이 직접 제공하는 간병 · 산후조리 · 보육 용역

18. 「정신건강증진 및 정신질환자 복지서비스 지원에 관한 법률」 제15조제6항 및 그 밖에 기획재정부령으로 정하는 법령에 따라 국가 및 지방자치단체로부터 의료보건 용역을 위탁받은 자가 제공하는 의료보건 용역

제36조(면세하는 교육 용역의 범위) ① 법 제26조제1항제6호에 따른 교육 용역은 다음 각 호의 어느 하나에 해당하는 시설 등에서 학생, 수강생, 훈련생, 교습생 또는 청강생에게 지식, 기술 등을 가르치는 것으로 한다. 〈개정 2016. 2. 17., 2020. 2. 11., 2024. 2. 29.〉

1. 주무관청의 허가 또는 인가를 받거나 주무관청에 등록되거나 신고된 학교, 어린이집(「영유아보육법」 제10조에 따른 어린이집을 말하며, 같은 법 제24조제2항 및 제3항에 따라 국공립어린이집이나 직장어린이집 운영을 위탁받은 자가 제공하는 경우를 포함한다), 학원, 강습소, 훈련원, 교습소 또는 그 밖의 비영리단체

2. 「청소년활동진흥법」 제10조제1호에 따른 청소년수련시설

3. 「산업교육진흥 및 산학연협력촉진에 관한 법률」 제25조에 따른 산학협력단

4. 「사회적기업 육성법」 제7조에 따라 인증받은 사회적기업

5. 「과학관의 설립 · 운영 및 육성에 관한 법률」 제6조에 따라 등록한 과학관

6. 「박물관 및 미술관 진흥법」 제16조에 따라 등록한 박물관 및 미술관

7. 「협동조합기본법」 제85조제1항에 따라 설립인가를 받은 사회적 협동조합

② 제1항에도 불구하고 다음 각 호의 어느 하나에 해당하는 학원에서 가르치는 것은 법 제26조제1항제6호에 따른 교육 용역에서 제외한다.

1. 「체육시설의 설치 · 이용에 관한 법률」 제10조제1항제2호의 무도학원

2. 「도로교통법」 제2조제32호의 자동차운전학원

제37조(면세하지 않는 여객운송 용역의 범위) 법 제26조제1항제7호 각 목 외의 부분 단서에서 "대통령령으로 정하는 것"이란 다음 각 호의 구분에 따른 것을 말한다. 〈개정 2019. 3. 12., 2020. 10. 7., 2024. 2. 29.〉

1. 항공기, 고속버스, 전세버스, 택시, 특수자동차, 특종선박(特種船舶) 또는 고속철도에 의한 여객운송 용역의 경우에는 다음 각 목의 어느 하나에 해당하는 것

가. 「항공사업법」에 따른 항공기에 의한 여객운송 용역

나. 「여객자동차 운수사업법」에 따른 여객자동차 운수사업 중 다음의 여객자동차 운수사업에 제공되는 자동차에 의한 여객운송 용역

1) 시외우등고속버스 및 시외고급고속버스를 사용하는 시외버스운송사업

2) 전세버스운송사업

3) 일반택시운송사업 및 개인택시운송사업

4) 자동차대여사업

다. 다음의 선박에 의한 여객운송 용역. 다만, 기획재정부령으로 정하는 차도선형여객선에 의한 여객운송 용역은 제외한다.

1) 수중익선(水中翼船)

2) 에어쿠션선

3) 자동차운송 겸용 여객선

4) 항해시속 20노트 이상의 여객선

라. 「철도의 건설 및 철도시설 유지관리에 관한 법률」에 따른 고속철도에 의한 여객운송 용역

2. 삭도, 유람선 등 관광 또는 유흥 목적의 운송수단에 의한 여객운송 용역의 경우에는 다음 각 목의 어느 하나에 해당하는 것

가. 「궤도운송법」에 따른 삭도에 의한 여객운송 용역

나. 「관광진흥법 시행령」 제2조에 따른 관광유람선업, 관광순환버스업 또는 관광궤도업에 제공되는 운송수단에 의한 여객운송 용역

다. 관광 사업을 목적으로 운영하는 「철도의 건설 및 철도시설 유지관리에 관한 법률」에 따른 일반철도에 의한 여객운송 용역(「철도사업법」 제9조에 따라 철도사업자가 국토교통부장관에게 신고한 여객 운임·요금을 초과해 용역의 대가를 받는 경우로 한정한다)

[전문개정 2019. 2. 12.]

제38조(면세하는 도서, 신문, 잡지 등의 범위) ① 법 제26조제1항제8호에 따른 도서에는 도서에 부수하여 그 도서의 내용을 담은 음반, 녹음테이프 또는 비디오테이프를 첨부하여 통상 하나의 공급단위로 하는 것과 기획재정부령으로 정하는 전자출판물을 포함한다.

② 법 제26조제1항제8호에 따른 신문, 잡지는 「신문 등의 진흥에 관한 법률」 제2조제1호 및 제2호에 따른 신문 및 인터넷 신문과 「잡지 등 정기간행물의 진흥에 관한 법률」에 따른 정기간행물로 한다. 〈개정 2015. 2. 3.〉

③ 법 제26조제1항제8호에 따른 관보(官報)는 「관보규정」의 적용을 받는 것으로 한다.

④ 법 제26조제1항제8호에 따른 뉴스통신은 「뉴스통신 진흥에 관한 법률」에 따른 뉴스통신(뉴스통신사업을 경영하는 법인이 특정회원을 대상으로 하는 금융정보 등 특정한 정보를 제공하는 경우는 제외한다)과 외국의 뉴스통신사가 제공하는 뉴스통신 용역으로서 「뉴스통신 진흥에 관한 법률」에 따른 뉴스통신과 유사한 것을 포함한다.

제39조(면세하는 특수용담배 등의 범위) ① 법 제26조제1항제10호가목에서 "대통령령으로 정하는 금액"이란 200원(20개비를 기준으로 한다)을 말한다.

② 법 제26조제1항제10호나목에서 "대통령령으로 정하는 것"이란 「담배사업법」 제19조에 따른 특수용담배 중 법 제21조부터 제24조까지의 규정에 따라 영세율이 적용되는 것을 제외한 것을 말한다.

제40조(면세하는 금융·보험 용역의 범위) ① 법 제26조제1항제11호에 따른 금융·보험 용역은 다음 각 호의 용역, 사업 및 업무에 해당하는 역무로 한다. 〈개정 2014. 2. 21., 2015. 2. 3., 2015. 10. 23., 2016. 2. 17., 2018. 2. 13., 2019. 2. 12., 2020. 2. 11., 2020. 8. 11., 2022. 2. 15., 2022. 6. 30., 2023. 9. 26., 2025. 2. 28.〉

1. 「은행법」에 따른 은행업무 및 부수업무로서 다음 각 목의 용역
   가. 예금·적금의 수입 또는 유가증권 및 그 밖의 채무증서 발행
   나. 자금의 대출 또는 어음의 할인
   다. 내국환·외국환
   라. 채무의 보증 또는 어음의 인수

마. 상호부금

바. 팩토링(기업의 판매대금 채권의 매수·회수 및 이와 관련된 업무)

사. 삭제 〈2015. 2. 3.〉

아. 수납 및 지급 대행

자. 지방자치단체의 금고대행

차. 전자상거래와 관련한 지급대행

2. 「자본시장과 금융투자업에 관한 법률」에 따른 다음 각 목의 사업

가. 삭제 〈2015. 2. 3.〉

나. 삭제 〈2015. 2. 3.〉

다. 집합투자업. 다만, 집합투자업자가 투자자로부터 자금 등을 모아서 부동산, 실물자산 및 그 밖에 기획재정부령으로 정하는 자산에 운용하는 경우는 제외한다.

라. 신탁업. 다만, 다음의 구분에 따른 업무로 한정한다.

1) 신탁업자가 위탁자로부터 「자본시장과 금융투자업에 관한 법률」 제103조제1항제1호부터 제4호까지 또는 제7호의 재산(같은 법 제9조제20항의 집합투자재산을 포함한다. 이하 이 목에서 같다)을 수탁받아 운용(집합투자업자의 지시에 따라 보관·관리하는 업무를 포함한다. 이하 이 목에서 같다)하는 업무. 다만, 같은 법 제103조제1항제1호의 재산을 수탁받아 부동산, 실물자산 및 그 밖에 기획재정부령으로 정하는 자산에 운용하는 업무는 제외한다.

2) 신탁업자가 위탁자로부터 「자본시장과 금융투자업에 관한 법률」 제103조제1항제5호 또는 제6호의 재산을 수익자에 대한 채무이행을 담보하기 위하여 수탁받아 운용하는 업무

3) 신탁업자가 위탁자로부터 「자본시장과 금융투자업에 관한 법률」 제103조제1항제5호 또는 제6호의 재산을 수탁받아 같은 조 제4항에 따른 부동산개발사업을 하는 업무

마. 투자매매업 및 투자중개업과 이와 관련된 다음의 구분에 따른 업무

1) 「자본시장과 금융투자업에 관한 법률」 제8조의2제5항의 다자간매매체결회사의 업무

2) 「자본시장과 금융투자업에 관한 법률」 제283조에 따라 설립된 한국금융투자협회의 같은 법 제286조제1항제5호에 따른 증권

시장에 상장되지 아니한 주권의 장외매매거래에 관한 업무

3) 「자본시장과 금융투자업에 관한 법률」 제294조에 따라 설립된 한국예탁결제원의 업무

4) 「자본시장과 금융투자업에 관한 법률」 제373조의2제1항에 따라 허가를 받은 한국거래소의 업무

바. 일반사무관리회사업(집합투자기구 또는 집합투자업자에게 제공하는 용역으로 한정한다)

사. 투자일임업. 다만, 투자일임업자가 투자자로부터 자금 등을 모아서 부동산, 실물자산 및 그 밖에 기획재정부령으로 정하는 자산에 운용하는 경우는 제외한다.

아. 삭제 〈2015. 2. 3.〉

자. 기관전용 사모집합투자기구(법률 제18128호 자본시장과 금융투자업에 관한 법률 일부개정법률 부칙 제8조제1항부터 제4항까지의 규정에 따라 기관전용 사모집합투자기구, 기업재무안정 사모집합투자기구 및 창업·벤처전문 사모집합투자기구로 보아 존속하는 종전의 경영참여형 사모집합투자기구를 포함한다. 이하 같다)에 기관전용 사모집합투자기구 집합투자재산의 운용 및 보관·관리, 기관전용 사모집합투자기구 지분의 판매 또는 환매 등 용역을 공급하는 업무(기관전용 사모집합투자기구의 업무집행사원이 제공하는 용역으로 한정한다)

차. 삭제 〈2015. 2. 3.〉

카. 삭제 〈2015. 2. 3.〉

타. 삭제 〈2015. 2. 3.〉

파. 삭제 〈2015. 2. 3.〉

하. 단기금융업

거. 종합금융투자사업자의 사업(기업에 대한 신용공여 업무로 한정한다)

3. 「기술보증기금법」에 따른 기술보증기금이 수행하는 보증 업무

4. 「외국환거래법」에 따른 전문외국환업무취급업자의 외국환 업무 용역

5. 「상호저축은행법」에 따른 상호저축은행업

6. 「신용보증기금법」에 따른 신용보증기금업

7. 「주택도시기금법」에 따른 주택도시보증공사의 보증업무 및 주

택도시기금의 운용·관리 업무

8. 「보험업법」에 따른 보험업(보험중개·대리와 보험회사에 제공하는 손해사정용역, 보험조사 및 보고용역을 포함하되, 보험계리용역 및 「근로자퇴직급여 보장법」에 따른 연금계리용역은 제외한다)

9. 「여신전문금융업법」에 따른 여신전문금융업(여신전문금융업을 공동으로 수행하는 사업자 간에 상대방 사업자의 여신전문금융업무를 위임받아 수행하는 경우를 포함한다)

10. 「자산유동화에 관한 법률」 제2조제5호에 따른 유동화전문회사가 하는 자산유동화사업

10의2. 「자산유동화에 관한 법률」 제10조제1항에 따른 자산관리자가 하는 자산관리사업

11. 삭제 〈2023. 5. 16.〉

12. 「한국주택금융공사법」에 따른 채권관리자가 하는 주택저당채권·학자금대출채권의 관리·운용 및 처분 사업

13. 다음 각 목의 어느 하나에 해당하는 자산 관리·운용 용역. 다만, 해당 목의 용역을 제공하는 자가 자금을 부동산, 실물자산 및 그 밖에 기획재정부령으로 정하는 자산에 운용하는 경우는 제외한다.

가. 「벤처투자 촉진에 관한 법률」 제2조제9호에 따른 창업기획자가 같은 조 제8호에 따른 개인투자조합에 제공하는 자산 관리·운용 용역

나. 「벤처투자 촉진에 관한 법률」 제2조제9호에 따른 창업기획자 또는 같은 법 제50조제1항제2호·제4호 또는 제5호에 따른 자가 같은 법 제2조제11호에 따른 벤처투자조합(같은 법 제63조의2에 따라 등록한 조합은 제외한다)에 제공하는 자산 관리·운용 용역

다. 「벤처투자 촉진에 관한 법률」 제66조에 따른 한국벤처투자가 같은 법 제70조제1항에 따른 벤처투자모태조합에 제공하는 자산 관리·운용 용역

라. 「벤처투자 촉진에 관한 법률」 제63조의2제1항제1호부터 제3호까지의 자가 같은 법 제2조제12호에 따른 민간재간접벤처투자조합(이하 이 호에서 "민간재간접벤처투자조합"이라 한다)에 제공하는 자산 관리·운용 용역

마. 「벤처투자 촉진에 관한 법률」 제63조의2제3항에 따라 공동으로 업무집행조합원이 되는 자로서 기획재정부령으로 정하는 자가

민간재간접벤처투자조합에 제공하는 자산 관리·운용 용역. 다만, 기획재정부령으로 정하는 자가 제공하는 자산 관리·운용 용역의 경우에는 같은 조 제4항에 따른 다른 벤처투자조합에 대한 출자와 관련하여 민간재간접벤처투자조합에 제공하는 자산 관리·운용 용역으로 한정한다.

14. 삭제 〈2015. 2. 3.〉

15. 「한국투자공사법」에 따른 한국투자공사가 같은 법에 따라 제공하는 위탁자산 관리·운용 용역

16. 「농림수산식품투자조합 결성 및 운용에 관한 법률」에 따른 투자관리전문기관 또는 업무집행조합원이 같은 법에 따른 농식품투자모태조합, 농식품투자조합에 제공하는 자산 관리·운용 용역. 다만, 투자관리전문기관 또는 업무집행조합원이 자금을 부동산, 실물자산 및 그 밖에 기획재정부령으로 정하는 자산에 운용하는 경우는 제외한다.

17. 「민법」 제32조에 따라 설립된 금융결제원이 「한국은행법」 제81조제2항에 따른 지급결제제도의 운영기관으로서 수행하는 지급결제제도 운영업무

18. 금전대부업(어음 할인, 양도담보, 그 밖에 비슷한 방법을 통한 금전의 교부를 업으로 하는 경우를 포함한다)

19. 「중소기업협동조합법」에 따른 중소기업중앙회의 공제사업 계약 체결을 대리하는 용역

20. 「한국해양진흥공사법」에 따른 한국해양진흥공사가 같은 법에 따라 수행하는 보증 업무

② 제1항 각 호에 따른 사업 외의 사업을 하는 자가 주된 사업에 부수하여 같은 항의 금융·보험 용역과 같거나 유사한 용역을 제공하는 경우에도 법 제26조제1항제11호의 금융·보험 용역에 포함되는 것으로 본다.

③ 다음 각 호의 어느 하나에 해당하는 기관 등의 사업은 제1항제1호에 따른 은행업에 포함되는 것으로 한다. 〈개정 2016. 3. 11., 2020. 8. 19., 2022. 2. 17.〉

1. 「은행법」 외의 다른 법률에 따라 설립된 은행

2. 「한국자산관리공사 설립 등에 관한 법률」에 따른 한국자산관리공사

3. 「한국주택금융공사법」에 따른 한국주택금융공사

4. 「예금자보호법」에 따른 예금보험공사 및 정리금융회사

5. 「농업협동조합의 구조개선에 관한 법률」에 따른 농업협동조합자산관리회사 및 상호금융예금자보호기금

6. 「수산업협동조합의 부실예방 및 구조개선에 관한 법률」에 따른 상호금융예금자보호기금

7. 「산림조합의 구조개선에 관한 법률」에 따른 상호금융예금자보호기금

8. 삭제 〈2014. 12. 30.〉

④ 제1항에도 불구하고 다음 각 호의 어느 하나에 해당하는 용역은 법 제26조제1항제11호에 따른 금융·보험 용역으로 보지 아니한다.

1. 복권, 입장권, 상품권, 지금형주화 또는 금지금에 관한 대행용역. 다만, 수익증권 등 금융업자의 금융상품 판매대행용역, 유가증권의 명의개서 대행용역, 수납·지급 대행용역 및 국가·지방자치단체의 금고대행용역은 제외한다.

2. 기업합병 또는 기업매수의 중개·주선·대리, 신용정보서비스 및 은행업에 관련된 전산시스템과 소프트웨어의 판매·대여 용역

3. 부동산 임대용역

4. 제1호와 제2호에 따른 용역과 유사한 용역

5. 그 밖에 기획재정부령으로 정하는 용역

제41조(주택과 이에 부수되는 토지의 임대 용역으로서 면세하는 것의 범위) ① 법 제26조제1항제12호에 따른 주택과 이에 부수되는 토지의 임대 용역은 다음 각 호의 임대 용역으로 한다. 〈개정 2024. 2. 29.〉

1. 상시주거용(사업을 위한 주거용의 경우는 제외한다)으로 사용하는 건물(이하 이 조에서 "주택"이라 한다)과 이에 부수되는 토지의 임대 용역

2. 「주택법」 제2조제9호에 따른 토지임대부 분양주택(같은 조 제6호의 국민주택규모로 한정한다)에 부수되는 토지의 임대 용역

② 제1항을 적용할 때 토지의 면적이 다음 각 호의 면적 중 넓은 면적을 초과하는 경우 그 초과하는 부분의 임대 용역은 부가가치세 면제 대상이 되는 임대 용역에서 제외한다. 〈신설 2024. 2. 29.〉

1. 주택의 연면적(지하층의 면적, 지상층의 주차용으로 사용되는

면적 및 「주택건설기준 등에 관한 규정」 제2조제3호에 따른 주민공동시설의 면적은 제외한다)

2. 건물이 정착된 면적에 5배(「국토의 계획 및 이용에 관한 법률」 제6조에 따른 도시지역 밖의 토지의 경우에는 10배를 말한다)를 곱하여 산정한 면적

③ 주택에 부가가치세가 과세되는 사업용 건물(이하 "사업용건물"이라 한다)이 함께 설치되어 있는 경우에는 주택과 이에 부수되는 토지의 임대의 범위는 다음 각 호에 따른다. 〈개정 2024. 2. 29.〉

1. 주택 부분의 면적이 사업용 건물 부분의 면적보다 큰 경우에는 그 전부를 주택의 임대로 본다. 이 경우 그 주택에 부수되는 토지임대의 범위는 제1항과 같다.

2. 주택 부분의 면적이 사업용 건물 부분의 면적과 같거나 그보다 작은 때에는 주택 부분 외의 사업용 건물 부분은 주택의 임대로 보지 아니한다. 이 경우 그 주택에 부수되는 토지의 면적은 총토지면적에 주택 부분의 면적이 총건물면적에서 차지하는 비율을 곱하여 계산하며, 그 범위는 제1항과 같다.

제42조(저술가 등이 직업상 제공하는 인적 용역으로서 면세하는 것의 범위) 법 제26조제1항제15호에 따른 인적(人的) 용역은 독립된 사업(여러 개의 사업을 겸영하는 사업자가 과세사업에 필수적으로 부수되지 아니하는 용역을 독립하여 공급하는 경우를 포함한다)으로 공급하는 다음 각 호의 용역으로 한다. 〈개정 2019. 2. 12., 2022. 2. 15., 2024. 2. 29.〉

1. 개인이 기획재정부령으로 정하는 물적 시설 없이 근로자를 고용(고용 외의 형태로 해당 용역의 주된 업무에 대해 타인으로부터 노무 등을 제공받는 경우를 포함한다)하지 아니하고 독립된 자격으로 용역을 공급하고 대가를 받는 다음 각 목의 인적 용역

가. 저술·서화·도안·조각·작곡·음악·무용·만화·삽화·만담·배우·성우·가수 또는 이와 유사한 용역

나. 연예에 관한 감독·각색·연출·촬영·녹음·장치·조명 또는 이와 유사한 용역

다. 건축감독·학술 용역 또는 이와 유사한 용역

라. 음악·재단·무용(사교무용을 포함한다)·요리·바둑의 교수 또는 이와 유사한 용역

마. 직업운동가 · 역사 · 기수 · 운동지도가(심판을 포함한다) 또는 이와 유사한 용역

바. 접대부 · 댄서 또는 이와 유사한 용역

사. 보험가입자의 모집, 저축의 장려 또는 집금(集金) 등을 하고 실적에 따라 보험회사 또는 금융기관으로부터 모집수당 · 장려수당 · 집금수당 또는 이와 유사한 성질의 대가를 받는 용역과 서적 · 음반 등의 외판원이 판매실적에 따라 대가를 받는 용역

아. 저작자가 저작권에 의하여 사용료를 받는 용역

자. 교정 · 번역 · 고증 · 속기 · 필경(筆耕) · 타자 · 음반취입 또는 이와 유사한 용역

차. 고용관계 없는 사람이 다수인에게 강연을 하고 강연료 · 강사료 등의 대가를 받는 용역

카. 라디오 · 텔레비전 방송 등을 통하여 해설 · 계몽 또는 연기를 하거나 심사를 하고 사례금 또는 이와 유사한 성질의 대가를 받는 용역

타. 작명 · 관상 · 점술 또는 이와 유사한 용역

파. 개인이 일의 성과에 따라 수당이나 이와 유사한 성질의 대가를 받는 용역

2. 개인, 법인 또는 법인격 없는 사단 · 재단, 그 밖의 단체가 독립된 자격으로 용역을 공급하고 대가를 받는 다음 각 목의 인적 용역

가. 「형사소송법」 및 「군사법원법」 등에 따른 국선변호인의 국선변호, 「국세기본법」에 따른 국선대리인의 국선대리 및 기획재정부령으로 정하는 법률구조(法律救助)

나. 기획재정부령으로 정하는 학술연구용역과 기술연구용역

다. 직업소개소가 제공하는 용역 및 상담소 등을 경영하는 자가 공급하는 용역으로서 기획재정부령으로 정하는 용역

라. 「장애인복지법」 제40조에 따른 장애인보조견 훈련 용역

마. 외국 공공기관 또는 「국제금융기구에의 가입조치에 관한 법률」 제2조에 따른 국제금융기구로부터 받은 차관자금으로 국가 또는 지방자치단체가 시행하는 국내사업을 위하여 공급하는 용역(국내사업장이 없는 외국법인 또는 비거주자가 공급하는 용역을 포함한다)

바. 「민법」에 따른 후견인과 후견감독인이 제공하는 후견사무 용역

사. 「가사근로자의 고용개선 등에 관한 법률」에 따른 가사서비스 제공기관이 가사서비스 이용자에게 제공하는 가사서비스

아. 「직업안정법」에 따른 근로자공급 용역

자. 다른 사업자의 사업장(다른 사업자가 제공하거나 지정한 경우로서 그 사업자가 지배·관리하는 장소를 포함한다)에서 그 사업자의 시설 또는 설비를 이용하여 물건의 제조·수리, 건설, 그 밖에 이와 유사한 것으로서 기획재정부령으로 정하는 작업을 수행하기 위한 단순 인력 공급용역(「파견근로자 보호 등에 관한 법률」에 따른 근로자파견 용역은 제외한다)

제43조(면세하는 예술창작품 등의 범위) 법 제26조제1항제16호에 따른 예술창작품, 예술행사, 문화행사 또는 아마추어 운동경기는 다음 각 호의 것으로 한다. 〈개정 2016. 2. 17.〉

1. 예술창작품: 미술, 음악, 사진, 연극 또는 무용에 속하는 창작품. 다만, 골동품(「관세법」 별표 관세율표 번호 제9706호의 것을 말한다)은 제외한다.

2. 예술행사: 영리를 목적으로 하지 아니하는 발표회, 연구회, 경연대회 또는 그 밖에 이와 유사한 행사

3. 문화행사: 영리를 목적으로 하지 아니하는 전시회, 박람회, 공공행사 또는 그 밖에 이와 유사한 행사

4. 아마추어 운동경기: 대한체육회 및 그 산하 단체와 「태권도 진흥 및 태권도공원 조성 등에 관한 법률」에 따른 국기원이 주최, 주관 또는 후원하는 운동경기나 승단·승급·승품 심사로서 영리를 목적으로 하지 아니하는 것

제44조(면세하는 입장 장소의 범위) 법 제26조제1항제17호에 따른 "대통령령으로 정하는 곳"이란 다음 각 호의 장소를 말한다.

1. 민속문화자원을 소개하는 장소

2. 「전쟁기념사업회법」에 따른 전쟁기념관

제45조(종교, 자선, 학술, 구호 등의 공익 목적 단체가 공급하는 재화 또는 용역으로서 면세하는 것의 범위) 법 제26조제1항제18호에 따른 종교, 자선, 학술, 구호(救護), 그 밖의 공익을 목적으로 하는 단체가 공급하는 재화 또는 용역은 다음 각 호의 재화 또는 용역으로 한다. 〈개정 2014. 2. 21., 2015. 2. 3., 2019. 2. 12., 2021. 2. 17., 2022. 2. 15., 2024. 5. 7.〉

1. 주무관청의 허가 또는 인가를 받거나 주무관청에 등록된 단체(종교단체의 경우에는 그 소속단체를 포함한다)로서 「상속세 및 증여세법 시행령」 제12조 각 호의 어느 하나에 따른 사업 또는 기획재정부령으로 정하는 사업을 하는 단체가 그 고유의 사업목적을 위하여 일시적으로 공급하거나 실비(實費) 또는 무상으로 공급하는 재화 또는 용역

2. 학술 및 기술 발전을 위하여 학술 및 기술의 연구와 발표를 주된 목적으로 하는 단체(이하 "학술등 연구단체"라 한다)가 그 연구와 관련하여 실비 또는 무상으로 공급하는 재화 또는 용역

3. 「문화유산의 보존 및 활용에 관한 법률」에 따른 지정문화유산 또는 「자연유산의 보존 및 활용에 관한 법률」에 따른 천연기념물등을 소유하거나 관리하고 있는 종교단체(주무관청에 등록된 종교단체로 한정하되, 그 소속단체를 포함한다)의 경내지(境內地) 및 경내지 안의 건물과 공작물의 임대용역

4. 공익을 목적으로 기획재정부령으로 정하는 기숙사를 운영하는 자가 학생이나 근로자를 위하여 실비 또는 무상으로 공급하는 음식 및 숙박 용역

5. 「저작권법」 제105조제1항에 따라 문화체육관광부장관의 허가를 받아 설립된 저작권위탁관리업자로서 기획재정부령으로 정하는 사업자가 저작권자를 위하여 실비 또는 무상으로 공급하는 신탁관리 용역

6. 「저작권법」 제25조제7항(같은 법 제31조제6항, 제75조제2항, 제76조제2항, 제76조의2제2항, 제82조제2항, 제83조제2항 및 제83조의2제2항에 따라 준용되는 경우를 포함한다)에 따라 문화체육관광부장관이 지정한 보상금수령단체로서 기획재정부령으로 정하는 단체인 사업자가 저작권자를 위하여 실비 또는 무상으로 공급하는 보상금 수령 관련 용역

7. 「법인세법」 제24조제2항제1호라목2)에 따른 비영리 교육재단이 「초·중등교육법」 제60조의2제1항에 따른 외국인학교의 설립·경영 사업을 하는 자에게 제공하는 학교시설 이용 등 교육환경 개선과 관련된 용역

제46조(국가, 지방자치단체 또는 지방자치단체조합이 공급하는 재화 또는 용역으로서 면세하는 것의 범위) 법 제26조제1항제19호에 따

른 국가, 지방자치단체 또는 지방자치단체조합이 공급하는 재화 또는 용역은 다음 각 호의 재화 또는 용역을 제외한 것으로 한다. 〈개정 2016. 2. 17., 2017. 2. 7., 2017. 12. 19., 2018. 2. 13., 2019. 3. 12., 2022. 2. 15.〉

1. 「우정사업 운영에 관한 특례법」에 따른 우정사업조직이 제공하는 다음 각 목의 용역

가. 「우편법」 제1조의2제3호의 소포우편물을 방문접수하여 배달하는 용역

나. 「우편법」 제15조제1항에 따른 선택적 우편역무 중 기획재정부령으로 정하는 우편주문판매를 대행하는 용역

2. 「철도의 건설 및 철도시설 유지관리에 관한 법률」에 따른 고속철도에 의한 여객운송용역

3. 부동산임대업, 도매 및 소매업, 음식점업·숙박업, 골프장 및 스키장 운영업, 기타 스포츠시설 운영업. 다만, 다음 각 목의 어느 하나에 해당하는 경우는 제외한다.

가. 국방부 또는 「국군조직법」에 따른 국군이 「군인사법」 제2조에 따른 군인, 「군무원인사법」 제3조제1항에 따른 일반군무원, 그 밖에 이들의 직계존속·비속 등 기획재정부령으로 정하는 사람에게 제공하는 소매업, 음식점업·숙박업, 기타 스포츠시설 운영업(골프연습장 운영업은 제외한다) 관련 재화 또는 용역

나. 국가, 지방자치단체 또는 지방자치단체조합이 그 소속 직원의 복리후생을 위하여 구내에서 식당을 직접 경영하여 음식을 공급하는 용역

다. 국가 또는 지방자치단체가 「사회기반시설에 대한 민간투자법」에 따른 사업시행자로부터 같은 법 제4조제1호 및 제2호의 방식에 따라 사회기반시설 또는 사회기반시설의 건설용역을 기부채납받고 그 대가로 부여하는 시설관리운영권

4. 다음 각 목의 어느 하나에 해당하는 의료보건 용역

가. 제35조제1호 단서에 따른 진료용역

나. 제35조제5호에 해당하지 아니하는 동물의 진료용역

제47조(공익단체의 범위) ① 법 제26조제1항제20호에서 "대통령령으로 정하는 공익단체"란 주무관청의 허가 또는 인가를 받거나 주무관청에 등록된 단체로서 「상속세 및 증여세법 시행령」 제12조 각

호의 어느 하나에 해당하는 사업을 하는 단체를 말한다.

② 공익사업을 위하여 주무관청의 승인을 받아 금품을 모집하는 단체는 제1항에 해당하지 아니하더라도 법 제26조제1항제20호를 적용할 때에는 공익단체로 본다.

제48조(비영리 출판물과 관련되는 용역의 범위) 영리 아닌 사업을 목적으로 하는 법인이나 그 밖의 단체가 발행하는 기획재정부령으로 정하는 기관지 또는 이와 유사한 출판물과 관련되는 용역은 법 제26조제2항에 따라 면세되는 것으로 본다.

제49조(면세하는 수입 미가공식료품의 범위) ① 법 제27조제1호에 따른 가공되지 아니한 식료품(이하 이 조에서 “수입 미가공식료품”이라 한다)의 범위에 관하여는 제34조제1항 및 제2항을 준용한다. 다만, 관세가 감면되지 아니하는 수입 미가공식료품으로서 기획재정부령으로 정하는 것은 제외한다.

② 제1항에서 규정한 사항 외에 수입 미가공식료품의 범위에 관하여 필요한 사항은 기획재정부령으로 정한다.

제50조(면세하는 수입 도서, 신문 및 잡지의 범위) 법 제27조제2호에 따른 도서, 신문 및 잡지는 「관세법」 별표 관세율표 제49류의 인쇄한 서적, 신문, 잡지나 그 밖의 정기간행물, 수제(手製)문서 및 타자문서와 기획재정부령으로 정하는 전자출판물로 한다.

제51조(과학용 등으로 수입하는 재화로서 면세하는 것의 범위) 법 제27조제3호에 따른 과학용·교육용·문화용으로 수입하는 재화는 다음 각 호의 어느 하나에 해당하는 재화로 한다. 이 경우 제1호부터 제5호까지의 재화는 관세가 감면되는 것으로 한정하여 적용하되, 관세가 경감되는 경우에는 경감되는 부분으로 한정하여 적용한다. 〈개정 2017. 2. 7.〉

1. 학교(「서울대학교병원 설치법」에 따라 설립된 서울대학교병원, 「국립대학병원 설치법」에 따라 설립된 국립대학병원, 「서울대학교치과병원 설치법」에 따라 설립된 서울대학교치과병원 및 「국립대학치과병원 설치법」에 따라 설립된 국립대학치과병원을 포함한다), 박물관 또는 그 밖에 기획재정부령으로 정하는 시설에서 진열하는 표본 및 참고품·교육용의 촬영된 필름, 슬라이드, 레코드, 테이프 또는 그 밖에 이와 유사한 매개체와 이러한 시설에서 사용되는 물품

2. 연구원, 연구기관 등 기획재정부령으로 정하는 과학기술 연구개

발 시설에서 과학기술의 연구개발에 제공하기 위하여 수입하는 물품

3. 과학기술의 연구개발을 지원하는 단체에서 수입하는 과학기술의 연구개발에 사용되는 시약류

4. 「정부출연연구기관 등의 설립·운영 및 육성에 관한 법률」 제8조에 따라 설립된 한국교육개발원이 학술연구를 위하여 수입하는 물품

5. 「한국교육방송공사법」에 따른 한국교육방송공사가 교육방송을 위하여 수입하는 물품

6. 외국으로부터 기획재정부령으로 정하는 영상 관련 공익단체에 기증되는 재화로서 그 단체가 직접 사용하는 것

제52조(종교단체 등에 기증되는 재화로서 면세하는 것의 범위) 법 제27조제4호에 따른 종교단체·자선단체 또는 구호단체에 기증되는 재화는 다음 각 호의 것으로 한다.

1. 사원(寺院)이나 그 밖의 종교단체에 기증되는 물품으로서 관세가 면제되는 것

2. 자선이나 구호의 목적으로 기증되는 급여품으로서 관세가 면제되는 것

3. 구호시설 및 사회복리시설에 기증되는 구호 또는 사회복리용에 직접 제공하는 물품으로서 관세가 면제되는 것

제53조(조약 등에 따라 관세가 면제되는 재화의 범위) 법 제27조제11호에 따른 관세가 면제되는 재화는 다음 각 호의 것으로 한다.

1. 대한민국을 방문하는 외국의 원수와 그 가족 및 수행원이 사용하는 물품

2. 국내에 있는 외국의 대사관·공사관, 그 밖에 이에 준하는 기관의 업무용품

3. 국내에 주재하는 외국의 대사·공사, 그 밖에 이에 준하는 사절 및 그 가족이 사용하는 물품

4. 국내에 있는 외국의 영사관, 그 밖에 이에 준하는 기관의 업무용품

5. 국내에 있는 외국의 대사관·공사관·영사관, 그 밖에 이에 준하는 기관의 직원과 그 가족이 사용하는 물품

6. 정부와의 사업계약을 수행하기 위하여 외국계약자가 계약조건에 따라 수입하는 업무 용품

7. 국제기구나 외국정부로부터 정부에 파견된 고문관·기술단원, 그 밖에 이에 준하는 자가 직접 사용할 물품

제54조(다시 수입하는 재화로서 관세가 감면되는 것의 범위) 법 제27조제12호 본문에 따른 수출된 후 다시 수입하는 재화로서 관세가 감면되는 것은 사업자가 재화를 사용하거나 소비할 권한을 이전하지 아니하고 외국으로 반출하였다가 다시 수입하는 재화로서 「관세법」 제99조에 따라 관세가 면제되거나 같은 법 제101조에 따라 관세가 경감되는 재화로 한다.

제55조(일시 수입하는 재화로서 관세가 감면되는 것의 범위) 법 제27조제13호 본문에 따른 다시 수출하는 조건으로 일시 수입하는 재화로서 관세가 감면되는 것은 「관세법」 제97조에 따라 관세가 감면되는 것으로 한다.

제56조(그 밖에 관세가 무세이거나 감면되는 재화의 범위) 법 제27조제15호 본문에서 "대통령령으로 정하는 것"이란 다음 각 호의 어느 하나에 해당되는 재화로 한다. 〈개정 2015. 2. 3., 2016. 2. 17., 2017. 7. 26., 2019. 2. 12., 2020. 2. 11.〉

1. 정부에서 직접 수입하는 군수품(정부의 위탁을 받아 정부 외의 자가 수입하는 경우를 포함한다)
2. 국가원수 경호용으로 사용할 물품
3. 국내 거주자에게 수여된 훈장·기장 또는 이에 준하는 표창장과 상패
4. 기록문서와 그 밖의 서류
5. 외국에 주둔하거나 주재하는 국군 또는 재외공관으로부터 반환된 공용품
6. 대한민국의 선박 또는 그 밖의 운수기관이 조난으로 인하여 해체된 경우 그 해체재 및 장비품
7. 대한민국 수출물품의 품질·규격·안전도 등이 수입국의 권한 있는 기관이 정하는 조건을 충족하는 것임을 표시하는 수출물품 첨부용 라벨
8. 항공기의 제작·수리 또는 정비에 필요한 부분품
9. 항공기의 제작·수리 또는 정비에 필요한 원재료로서 소관 중앙행정기관의 장이 국내 생산이 곤란한 것으로 확인하는 것
10. 국제 올림픽 및 아시아 운동 경기 대회 종목에 해당하는 운

동용구(부분품을 포함한다)로서 대회 참가 선수의 훈련에 직접 사용되는 물품

11. 대한민국과 외국 간의 교량, 통신시설, 해저통로, 그 밖에 이에 준하는 시설의 건설 또는 수리에 쓰이는 물품

12. 국제적십자사, 그 밖의 국제기구 및 외국적십자사가 국제평화봉사활동 또는 국제친선활동을 위하여 기증하는 물품

13. 박람회, 국제경기대회, 그 밖에 이에 준하는 행사에 사용하기 위하여 그 행사 참가자가 수입하는 물품

14. 과학기술정보통신부장관이 국가안전보장에 긴요하다고 인정하여 수입하는 비상통신용 및 전파관리용 물품

15. 수입신고한 물품으로서 수입신고 수리 전에 변질 또는 손상된 것

16. 「관세법」 외의 법령(「조세특례제한법」은 제외한다)에 따라 관세가 감면되는 물품

17. 지도, 설계도, 도안, 우표, 수입인지, 화폐, 유가증권, 서화, 판화, 조각, 주상, 수집품, 표본 또는 그 밖에 이와 유사한 물품

18. 삭제 〈2015. 2. 3.〉

19. 시각·청각 및 언어의 장애인, 지체장애인, 만성신부전증 환자, 희귀난치성 질환자 등을 위한 용도로 특수하게 제작되거나 제조된 물품 중 기획재정부령으로 정하는 물품(협정관세율이 0인 것을 포함한다)

20. 국가정보원장 또는 그 위임을 받은 자가 국가안전보장 목적의 수행에 긴요하다고 인정하여 수입하는 물품

21. 삭제 〈2015. 2. 3.〉

22. 그 밖에 관세의 기본세율이 무세인 물품으로서 기획재정부령으로 정하는 것과 관세의 협정세율이 무세인 철도용 내연기관, 디젤기관차 및 이식용 각막

제57조(면세 포기의 신고) 법 제26조제1항에 따라 부가가치세가 면제되는 재화 또는 용역의 공급이 법 제28조제1항제1호에 해당하는 경우와 제45조제2호에 따라 학술등 연구단체가 그 연구와 관련하여 실비 또는 무상으로 공급하는 재화 또는 용역에 대하여 법 제28조제1항에 따라 부가가치세의 면제를 받지 아니하려는 사업자는 다음 각 호의 사항을 적은 면세포기신고서를 관할 세무서장에게 제출(국세정

보통신망에 의한 제출을 포함한다)하여야 한다. 이 경우 법 제8조에 따라 지체 없이 사업자등록을 하여야 한다. 〈개정 2015. 2. 3.〉

1. 사업자의 인적사항
2. 면세를 포기하려는 재화 또는 용역
3. 그 밖의 참고 사항

제58조(면세 재적용 신고의 절차) 법 제28조제1항과 이 영 제57조에 따라 면세 포기를 신고한 사업자가 법 제28조제2항의 기간이 지난 후 부가가치세의 면제를 받으려면 같은 조 제3항에 따라 다음 각 호의 사항을 적은 면세적용신고서와 함께 제11조제5항에 따라 발급받은 사업자등록증을 제출하여야 한다.

1. 사업자의 인적사항
2. 면세를 받으려는 재화 또는 용역
3. 그 밖의 참고 사항

제4장 과세표준과 세액의 계산

제1절 과세표준과 세율

제59조(외화의 환산) 법 제29조제3항제1호 단서에 따라 대가를 외국통화나 그 밖의 외국환으로 받은 경우에는 다음 각 호의 구분에 따른 금액을 그 대가로 한다.

1. 법 제15조부터 제17조까지의 규정에 따른 공급시기가 되기 전에 원화로 환가(換價)한 경우: 환가한 금액
2. 법 제15조부터 제17조까지의 규정에 따른 공급시기 이후에 외국통화나 그 밖의 외국환 상태로 보유하거나 지급받는 경우: 법 제15조부터 제17조까지의 규정에 따른 공급시기의 「외국환거래법」에 따른 기준환율 또는 재정환율에 따라 계산한 금액

제60조(취득가액 등을 기준으로 한 공급가액) ① 법 제29조제3항제5호에서 "대통령령으로 정하는 가액"이란 「소득세법 시행령」 제89조 또는 「법인세법 시행령」 제72조제2항 및 제4항에 따른 취득가액을 말한다. 다만, 취득가액에 일정액을 더하여 공급하여 자기의 다른 사업장에 반출하는 경우에는 그 취득가액에 일정액을 더한 금액을 공급가액으로 본다. 〈개정 2014. 2. 21.〉

② 제1항에도 불구하고 개별소비세, 주세 및 교통·에너지·환경세가 부과되는 재화에 대해서는 개별소비세, 주세 및 교통·에너지·환

경세의 과세표준에 해당 개별소비세, 주세, 교육세, 농어촌특별세 및 교통·에너지·환경세 상당액을 합계한 금액을 공급가액으로 한다.
제61조(외상거래 등 그 밖의 공급가액의 계산) ① 법 제29조제3항제6호에서 "대통령령으로 정하는 마일리지 등"이란 재화 또는 용역의 구입실적에 따라 마일리지, 포인트 또는 그 밖에 이와 유사한 형태로 별도의 대가 없이 적립받은 후 다른 재화 또는 용역 구입 시 결제수단으로 사용할 수 있는 것과 재화 또는 용역의 구입실적에 따라 별도의 대가 없이 교부받으며 전산시스템 등을 통하여 그 밖의 상품권과 구분 관리되는 상품권(이하 이 조에서 "마일리지등"이라 한다)을 말한다. 〈신설 2018. 2. 13.〉

② 법 제29조제3항제6호에서 "대통령령으로 정하는 가액"이란 다음 각 호의 구분에 따른 가액을 말한다. 〈개정 2014. 2. 21., 2015. 2. 3., 2017. 2. 7., 2018. 2. 13.〉

1. 외상판매 및 할부판매의 경우: 공급한 재화의 총가액

2. 다음 각 목의 어느 하나에 해당하는 경우: 계약에 따라 받기로 한 대가의 각 부분

가. 장기할부판매의 경우

나. 완성도기준지급조건부 또는 중간지급조건부로 재화나 용역을 공급하는 경우

다. 계속적으로 재화나 용역을 공급하는 경우

3. 기부채납의 경우: 해당 기부채납의 근거가 되는 법률에 따라 기부채납된 가액. 다만, 기부채납된 가액에 부가가치세가 포함된 경우 그 부가가치세는 제외한다.

4. 「공유수면 관리 및 매립에 관한 법률」에 따라 매립용역을 제공하는 경우: 「공유수면 관리 및 매립에 관한 법률」에 따라 산정한 해당 매립공사에 든 총사업비

5. 사업자가 보세구역 내에 보관된 재화를 다른 사업자에게 공급하고, 그 재화를 공급받은 자가 그 재화를 보세구역으로부터 반입하는 경우: 그 재화의 공급가액에서 세관장이 법 제58조제2항에 따라 부가가치세를 징수하고 발급한 수입세금계산서에 적힌 공급가액을 뺀 금액. 다만, 세관장이 법 제58조제2항에 따라 부가가치세를 징수하기 전에 같은 재화에 대한 선하증권이 양도되는 경우에는 선하증권의 양수인으로부터 받은 대가를 공급가액으로 할 수 있다.

6. 사업자가 제29조제2항제3호에 따라 둘 이상의 과세기간에 걸쳐 용역을 제공하고 그 대가를 선불로 받는 경우: 해당 금액을 계약기간의 개월 수로 나눈 금액의 각 과세대상기간의 합계액. 이 경우 개월 수의 계산에 관하여는 해당 계약기간의 개시일이 속하는 달이 1개월 미만이면 1개월로 하고, 해당 계약기간의 종료일이 속하는 달이 1개월 미만이면 산입하지 아니한다.

7. 사업자가 제29조제2항제4호에 따라 둘 이상의 과세기간에 걸쳐 용역을 제공하는 경우: 그 용역을 제공하는 기간 동안 지급받는 대가와 그 시설의 설치가액을 그 용역제공 기간의 개월 수로 나눈 금액의 각 과세대상기간의 합계액. 이 경우 개월 수의 계산에 관하여는 해당 용역제공 기간의 개시일이 속하는 달이 1개월 미만이면 1개월로 하고, 해당 용역제공 기간의 종료일이 속하는 달이 1개월 미만이면 산입하지 아니한다.

8. 제31조제1항제4호에 따른 위탁가공무역 방식으로 수출하는 경우: 완성된 제품의 인도가액

9. 마일리지등으로 대금의 전부 또는 일부를 결제받은 경우(제10호에 해당하는 경우는 제외한다): 다음 각 목의 금액을 합한 금액

가. 마일리지등 외의 수단으로 결제받은 금액

나. 자기적립마일리지등[당초 재화 또는 용역을 공급하고 마일리지등을 적립(다른 사업자를 통하여 적립하여 준 경우를 포함한다)하여 준 사업자에게 사용한 마일리지등(여러 사업자가 적립하여 줄 수 있거나 여러 사업자를 대상으로 사용할 수 있는 마일리지등의 경우 다음의 요건을 모두 충족한 경우로 한정한다)을 말한다. 이하 이 항에서 같다] 외의 마일리지등으로 결제받은 부분에 대하여 재화 또는 용역을 공급받는 자 외의 자로부터 보전(補塡)받았거나 보전받을 금액

1) 고객별·사업자별로 마일리지등의 적립 및 사용 실적을 구분하여 관리하는 등의 방법으로 당초 공급자와 이후 공급자가 같다는 사실이 확인될 것

2) 사업자가 마일리지등으로 결제받은 부분에 대하여 재화 또는 용역을 공급받는 자 외의 자로부터 보전받지 아니할 것

10. 자기적립마일리지등 외의 마일리지등으로 대금의 전부 또는 일부를 결제받은 경우로서 다음 각 목의 어느 하나에 해당하는 경

우: 공급한 재화 또는 용역의 시가(제62조에 따른 금액을 말한다)

가. 제9호나목에 따른 금액을 보전받지 아니하고 법 제10조제1항에 따른 자기생산·취득재화를 공급한 경우

나. 제9호나목과 관련하여 특수관계인으로부터 부당하게 낮은 금액을 보전받거나 아무런 금액을 받지 아니하여 조세의 부담을 부당하게 감소시킬 것으로 인정되는 경우

③ 통상적으로 용기 또는 포장을 해당 사업자에게 반환할 것을 조건으로 그 용기대금과 포장비용을 공제한 금액으로 공급하는 경우에는 그 용기대금과 포장비용은 공급가액에 포함하지 아니한다. 〈개정 2018. 2. 13.〉

④ 사업자가 음식·숙박 용역이나 개인서비스 용역을 공급하고 그 대가와 함께 받는 종업원(자유직업소득자를 포함한다)의 봉사료를 세금계산서, 영수증 또는 법 제46조제1항에 따른 신용카드매출전표 등에 그 대가와 구분하여 적은 경우로서 봉사료를 해당 종업원에게 지급한 사실이 확인되는 경우에는 그 봉사료는 공급가액에 포함하지 아니한다. 다만, 사업자가 그 봉사료를 자기의 수입금액에 계상하는 경우에는 그러하지 아니하다. 〈개정 2018. 2. 13.〉

제62조(시가의 기준) 법 제29조제3항 및 제4항에 따른 시가는 다음 각 호의 가격으로 한다. 〈개정 2021. 2. 17.〉

1. 사업자가 특수관계인이 아닌 자와 해당 거래와 유사한 상황에서 계속적으로 거래한 가격 또는 제3자 간에 일반적으로 거래된 가격

2. 제1호의 가격이 없는 경우에는 사업자가 그 대가로 받은 재화 또는 용역의 가격(공급받은 사업자가 특수관계인이 아닌 자와 해당 거래와 유사한 상황에서 계속적으로 거래한 해당 재화 및 용역의 가격 또는 제3자 간에 일반적으로 거래된 가격을 말한다)

3. 제1호나 제2호에 따른 가격이 없거나 시가가 불분명한 경우에는 「소득세법 시행령」 제98조제3항 및 제4항 또는 「법인세법 시행령」 제89조제2항 및 제4항에 따른 가격

제63조(과세사업과 면세사업등에 공통으로 사용된 재화의 공급가액 계산) ①법 제29조제8항에 따른 과세표준에 포함되는 공급가액은 다음 계산식에 따라 계산한다. 이 경우 휴업 등으로 인하여 직전 과세기간의 공급가액이 없을 때에는 그 재화를 공급한 날에 가장 가까운 과세기간의 공급가액으로 계산한다.

$$\text{공급가액} = \text{해당 재화의 공급가액} \times \frac{\text{재화를 공급한 날이 속하는 과세기간의 직전 과세기간의 과세된 공급가액}}{\text{재화를 공급한 날이 속하는 과세기간의 직전 과세기간의 총공급가액}}$$

②제1항에도 불구하고 제81조제4항제3호, 같은 조 제5항 또는 제82조제2호를 적용받은 재화 또는 제83조에 따라 납부세액이나 환급세액을 사용면적비율에 따라 재계산한 재화로서 과세사업과 법 제29조제8항에 따른 면세사업등(이하 "면세사업등"이라 한다)에 공통으로 사용되는 재화를 공급하는 경우에 과세표준에 포함되는 공급가액은 다음 계산식에 따라 계산한다. 이 경우 휴업 등으로 인하여 직전 과세기간의 사용면적비율이 없을 때에는 그 재화를 공급한 날에 가장 가까운 과세기간의 사용면적비율에 의하여 계산한다.

$$\text{공급가액} = \text{해당 재화의 공급가액} \times \frac{\text{재화를 공급한 날이 속하는 과세기간의 직전 과세기간의 과세사용면적}}{\text{재화를 공급한 날이 속하는 과세기간의 직전 과세기간의 총사용면적}}$$

③ 제1항에도 불구하고 다음 각 호의 어느 하나에 해당하는 경우에는 해당 재화의 공급가액 전부를 과세표준으로 한다.

1. 재화를 공급하는 날이 속하는 과세기간의 직전 과세기간의 총공급가액 중 면세공급가액이 5퍼센트 미만인 경우. 다만, 해당 재화의 공급가액이 5천만원 이상인 경우는 제외한다.

2. 재화의 공급가액이 50만원 미만인 경우

3. 재화를 공급하는 날이 속하는 과세기간에 신규로 사업을 시작하여 직전 과세기간이 없는 경우

제64조(토지와 건물 등을 함께 공급하는 경우 건물 등의 공급가액 계산) ① 법 제29조제9항 각 호 외의 부분 단서 및 같은 항 제2호 본문에 따른 안분계산한 금액은 다음 각 호의 구분에 따라 계산한 금액으로 한다. 〈개정 2015. 2. 3., 2016. 8. 31., 2019. 2. 12., 2022. 1. 21., 2022. 2. 15.〉

1. 토지와 건물 또는 구축물 등(이하 이 조에서 "건물등"이라 한다)에 대한 「소득세법」 제99조에 따른 기준시가(이하 이 조에서 "기준시가"라 한다)가 모두 있는 경우: 공급계약일 현재의 기준시가에

따라 계산한 가액에 비례하여 안분(按分) 계산한 금액. 다만, 감정평가가액[제28조에 따른 공급시기(중간지급조건부 또는 장기할부판매의 경우는 최초 공급시기)가 속하는 과세기간의 직전 과세기간 개시일부터 공급시기가 속하는 과세기간의 종료일까지 「감정평가 및 감정평가사에 관한 법률」에 따른 감정평가법인등이 평가한 감정평가가액을 말한다. 이하 이 조에서 같다]이 있는 경우에는 그 가액에 비례하여 안분 계산한 금액으로 한다.

2. 토지와 건물등 중 어느 하나 또는 모두의 기준시가가 없는 경우로서 감정평가가액이 있는 경우: 그 가액에 비례하여 안분 계산한 금액. 다만, 감정평가가액이 없는 경우에는 장부가액(장부가액이 없는 경우에는 취득가액)에 비례하여 안분 계산한 후 기준시가가 있는 자산에 대해서는 그 합계액을 다시 기준시가에 의하여 안분 계산한 금액으로 한다.

3. 제1호와 제2호를 적용할 수 없거나 적용하기 곤란한 경우: 국세청장이 정하는 바에 따라 안분하여 계산한 금액

② 법 제29조제9항제2호 단서에 따라 다음 각 호의 어느 하나에 해당하는 경우에는 건물등의 실지거래가액을 공급가액으로 한다. 〈신설 2022. 2. 15.〉

1. 다른 법령에서 정하는 바에 따라 토지와 건물등의 가액을 구분한 경우

2. 토지와 건물등을 함께 공급받은 후 건물등을 철거하고 토지만 사용하는 경우

제65조(부동산 임대용역의 공급가액 계산) ①법 제29조제10항제1호에 따라 전세금이나 임대보증금을 받는 경우에는 법 제29조제3항제2호에 따른 금전 외의 대가를 받는 것으로 보아 다음 계산식에 따라 계산한 금액을 공급가액으로 한다. 이 경우 국가나 지방자치단체의 소유로 귀속되는 지하도의 건설비를 전액 부담한 자가 지하도로 점용허가(1차 무상점용기간으로 한정한다)를 받아 대여하는 경우에 기획재정부령으로 정하는 건설비상당액은 전세금이나 임대보증금으로 보지 아니한다.

$$\text{공급가액} = \text{해당 기간의 전세금 또는 임대 보증금} \times \text{과세대상 기간의 일수} \times \frac{\text{계약기간 1년의 정기예금 이자율(해당 예정신고기간 또는 과세기간 종료일 현재)}}{\text{365(윤년에는 366)}}$$

②사업자가 부동산을 임차하여 다시 임대용역을 제공하는 경우에는 제1항의 계산식 중 “해당 기간의 전세금 또는 임대보증금”을 “해당 기간의 전세금 또는 임대보증금 - 임차 시 지급한 전세금 또는 임차보증금”으로 한다. 이 경우 임차한 부동산 중 직접 자기의 사업에 사용하는 부분이 있는 경우 임차 시 지급한 전세금 또는 임차보증금은 다음 계산식에 따른 금액을 제외한 금액으로 한다. 〈개정 2021. 1. 5.〉

$$\text{임차 시 지급한 전세금 또는 임차보증금} \times \frac{\text{예정신고기간 또는 과세기간 종료일 현재 직접 자기의 사업에 사용하는 면적}}{\text{예정신고기간 또는 과세기간 종료일 현재 임차한 부동산의 총면적}}$$

③ 제1항과 제2항의 경우에 사업자가 계약에 따라 전세금이나 임대보증금을 임대료에 충당하였을 때에는 그 금액을 제외한 가액을 전세금 또는 임대보증금으로 한다.

④ 법 제29조제10항제2호에 따라 과세되는 부동산 임대용역과 면세되는 주택 임대용역을 함께 공급하여 그 임대구분과 임대료 등의 구분이 불분명한 경우에는 다음 각 호의 계산식을 순차로 적용하여 공급가액을 계산한다.

1.

$$\text{임대료 등의 대가 및 제1항에 따라 계산한 금액} \times \frac{\text{토지가액 또는 건물가액}}{\text{토지가액과 정착된 건물가액의 합계액}} = \text{토지분에 대한 임대료상당액 또는 건물분에 대한 임대료상당액}$$

2.

$$\text{제1호에 따른 금액} \times \frac{\text{과세되는 토지임대면적}}{\text{총토지임대면적}} = \text{토지임대공급가액}$$

3.

$$\text{제1호에 따른 금액} \times \frac{\text{과세되는 건물임대면적}}{\text{총건물임대면적}} = \text{건물임대공급가액}$$

⑤ 법 제29조제10항제3호에 따라 사업자가 둘 이상의 과세기간에 걸쳐 부동산 임대용역을 공급하고 그 대가를 선불이나 후불로 받는 경우에는 해당 금액을 계약기간의 개월 수로 나눈 금액의 각 과세대상기간의 합계액을 공급가액으로 한다. 이 경우 개월 수의 계산에 관하여는 제61조제2항제6호 후단을 준용한다. 〈개정 2018. 2. 13.〉

⑥ 제1항부터 제5항까지에서 규정한 사항 외에 부동산 임대용역의 공급가액 계산에 필요한 사항은 기획재정부령으로 정한다.

제66조(감가상각자산 자가공급 등의 공급가액 계산) ① 법 제29조제11항에서 "대통령령으로 정하는 감가상각자산"이란 「소득세법 시행령」 제62조 또는 「법인세법 시행령」 제24조에 따른 감가상각자산(이하 "감가상각자산"이라 한다)을 말한다.

② 과세사업에 제공한 재화가 감가상각자산에 해당하고, 해당 재화를 법 제10조제1항·제2항 및 제4항부터 제6항까지의 규정에 따라 공급한 것으로 보는 경우에는 다음 각 호의 계산식에 따라 계산한 금액을 공급가액으로 본다. 이 경우 경과된 과세기간의 수는 법 제5조에 따른 과세기간 단위로 계산하되, 건물 또는 구축물의 경과된 과세기간의 수가 20을 초과할 때에는 20으로, 그 밖의 감가상각자산의 경과된 과세기간의 수가 4를 초과할 때에는 4로 한다.

1. 건물 또는 구축물

$$\text{공급가액} = \text{해당 재화의 취득가액} \times (1 - \frac{5}{100} \times \text{경과된 과세기간의 수})$$

2. 그 밖의 감가상각자산

$$공급가액 = 해당\ 재화의\ 취득가액 \times \left(1 - \frac{25}{100} \times 경과된\ 과세기간의\ 수\right)$$

③ 과세사업에 제공한 감가상각자산을 면세사업에 일부 사용하는 경우에는 다음 각 호의 계산식에 따라 계산한 금액을 공급가액으로 하되, 그 면세사업에 의한 면세공급가액이 총공급가액 중 5퍼센트 미만인 경우에는 공급가액이 없는 것으로 본다. 이 경우 경과된 과세기간의 수에 관하여는 제2항 후단을 준용한다.

1. 건물 또는 구축물

$$공급가액 = 해당\ 재화의\ 취득가액 \times \left(1 - \frac{5}{100} \times 경과된\ 과세기간의\ 수\right) \times \frac{면세사업에\ 일부\ 사용한\ 날이\ 속하는\ 과세기간의\ 면세공급가액}{면세사업에\ 일부\ 사용한\ 날이\ 속하는\ 과세기간의\ 총공급가액}$$

2. 그 밖의 감가상각자산

$$공급가액 = 해당\ 재화의\ 취득가액 \times \left(1 - \frac{25}{100} \times 경과된\ 과세기간의\ 수\right) \times \frac{면세사업에\ 일부\ 사용한\ 날이\ 속하는\ 과세기간의\ 면세공급가액}{면세사업에\ 일부\ 사용한\ 날이\ 속하는\ 과세기간의\ 총공급가액}$$

④ 제2항 및 제3항 각 호의 재화의 취득가액은 법 제38조에 따라 매입세액을 공제받은 해당 재화의 가액으로 한다.

⑤ 제2항과 제3항에 따라 경과된 과세기간의 수를 계산할 때 과세기간의 개시일 후에 감가상각자산을 취득하거나 해당 재화가 공급된 것으로 보게 되는 경우에는 그 과세기간의 개시일에 해당 재화를 취득하거나 해당 재화가 공급된 것으로 본다.

제2절 거래징수와 세금계산서

제67조(세금계산서) ① 법 제32조제1항제2호 단서에서 "대통령령으로 정하는 고유번호"란 제12조제2항에 따라 부여받는 고유번호를 말한다.

② 법 제32조제1항제5호에 따라 세금계산서에 적을 그 밖의 사항은 다음 각 호와 같다.

1. 공급하는 자의 주소
2. 공급받는 자의 상호 · 성명 · 주소
3. 공급하는 자와 공급받는 자의 업태와 종목
4. 공급품목
5. 단가와 수량
6. 공급 연월일
7. 거래의 종류
8. 사업자 단위 과세 사업자의 경우 실제로 재화 또는 용역을 공급하거나 공급받는 종된 사업장의 소재지 및 상호

③ 사업자는 제73조제5항에 따라 세금계산서를 발급하는 경우 비고란에 영수증 취소분이라고 적어야 한다.

④ 사업자는 법 제32조제1항제1호부터 제4호까지의 기재사항과 그 밖에 필요하다고 인정되는 사항 및 국세청장에게 신고한 계산서임을 적은 계산서를 국세청장에게 신고한 후 발급할 수 있다.

⑤ 제1항부터 제4항까지에서 규정한 사항 외에 세금계산서의 발급절차 및 보관요건, 신청절차, 제출형식 등에 관하여 필요한 사항은 국세청장이 정한다.

제68조(전자세금계산서의 발급 등) ① 법 제32조제2항에서 "대통령령으로 정하는 개인사업자"란 직전 연도의 사업장별 재화 및 용역의 공급가액(면세공급가액을 포함한다. 이하 이 조에서 같다)의 합계액이 8천만원 이상인 개인사업자(그 이후 직전 연도의 사업장별 재화 및 용역의 공급가액이 8천만원 미만이 된 개인사업자를 포함하며, 이하 이 조에서 "전자세금계산서 의무발급 개인사업자"라 한다)를 말한다. 〈개정 2018. 2. 13., 2021. 2. 17., 2022. 2. 15., 2023. 2. 28.〉

② 전자세금계산서 의무발급 개인사업자는 사업장별 재화 및 용역의 공급가액의 합계액이 8천만원 이상인 해의 다음 해 제2기 과세기간이 시작하는 날부터 전자세금계산서를 발급해야 한다. 다만, 사업장별 재화와 용역의 공급가액의 합계액이 「국세기본법」 제45조에 따른 수정신고 또는 법 제57조에 따른 결정과 경정(이하 이 항에서 "수정신고등"이라 한다)으로 8천만원 이상이 된 경우에는 수정신고등을 한 날이 속하는 과세기간의 다음 과세기간이 시작하는 날부터 전자세금계산서를 발급해야 한다. 〈개정 2021. 2. 17., 2022. 2.

15., 2023. 2. 28.〉

③ 관할 세무서장은 개인사업자가 전자세금계산서 의무발급 개인사업자에 해당하는 경우에는 제2항에 따라 전자세금계산서를 발급해야 하는 날이 시작되기 1개월 전까지 그 사실을 해당 개인사업자에게 통지하여야 한다. 〈개정 2023. 2. 28.〉

④ 제2항에도 불구하고 개인사업자가 전자세금계산서를 발급해야 하는 날이 시작되기 1개월 전까지 제3항에 따른 통지를 받지 못한 경우에는 통지서를 수령한 날이 속하는 달의 다음 다음 달 1일부터 전자세금계산서를 발급하여야 한다. 〈신설 2018. 2. 13., 2023. 2. 28.〉

⑤ 법 제32조제2항에서 "대통령령으로 정하는 전자적 방법"이란 다음 각 호의 어느 하나에 해당하는 방법으로 같은 조 제1항 각 호의 기재사항을 계산서 작성자의 신원 및 계산서의 변경 여부 등을 확인할 수 있는 인증시스템을 거쳐 정보통신망으로 발급하는 것을 말한다. 〈개정 2018. 2. 13., 2020. 2. 11., 2020. 12. 8.〉

1. 「조세특례제한법」 제5조의2제1호에 따른 전사적(全社的) 기업자원 관리설비를 이용하는 방법

2. 재화 또는 용역을 실제 공급하는 사업자를 대신하여 전자세금계산서 발급업무를 대행하는 사업자의 전자세금계산서 발급 시스템을 이용하는 방법

3. 국세청장이 구축한 전자세금계산서 발급 시스템을 이용하는 방법

4. 전자세금계산서 발급이 가능한 현금영수증 발급장치 및 그 밖에 국세청장이 지정하는 전자세금계산서 발급 시스템을 이용하는 방법

⑥ 제5항제1호·제2호 및 제4호에 따른 설비 또는 시스템을 구축하고 운영하려는 자는 미리 기획재정부령으로 정하는 바에 따라 국세청장 또는 관할 세무서장에게 등록하여야 한다. 〈개정 2018. 2. 13.〉

⑦ 법 제32조제3항에서 "대통령령으로 정하는 기한"이란 전자세금계산서 발급일의 다음 날을 말한다. 〈개정 2018. 2. 13.〉

⑧ 법 제32조제3항에서 "대통령령으로 정하는 전자세금계산서 발급명세"란 법 제32조제1항 각 호의 사항을 말한다. 〈개정 2018. 2. 13.〉

⑨ 사업자의 사업이 다음 각 호의 어느 하나에 해당하는 경우 해당 사업자는 법 제32조제4항에 따라 해당 사업과 관련하여 법 제32조제1항제1호부터 제4호까지의 기재사항과 그 밖에 필요하다고 인정되는 사항 및 관할 세무서장에게 신고한 전자세금계산서임을 적

은 계산서를 관할 세무서장에게 신고한 후 발급할 수 있다. 이 경우 사업자는 제5항 각 호에 따른 표준인증을 받고 공급일의 다음 달 11일까지 전자세금계산서 파일을 국세청장에게 전산매체로 제출하여야 한다. 〈개정 2018. 2. 13.〉

1. 「전기사업법」에 따른 전기사업자가 산업용 전력을 공급하는 경우

2. 「전기통신사업법」에 따른 전기통신사업자가 사업자에게 같은 법 제2조제11호에 따른 기간통신역무(이하 이 호에서 “기간통신역무”라 한다)를 제공하는 경우와 같은 조 제12호에 따른 부가통신역무 중 월단위 요금형 서비스를 제공하는 경우로서 기간통신역무와 공급시기가 동일하여 통합하여 비용을 청구하는 경우

3. 「도시가스사업법」에 따른 도시가스사업자가 산업용 도시가스를 공급하는 경우

4. 「집단에너지사업법」에 따라 집단에너지를 공급하는 사업자가 산업용 열 또는 산업용 전기를 공급하는 경우

5. 「방송법」 제2조제3호에 따른 방송사업자가 사업자에게 방송용역을 제공하는 경우

6. 일반과세자가 농어민에게 「조세특례제한법」 제105조의2에 따른 농어업용 기자재를 공급하는 경우

7. 「인터넷 멀티미디어 방송사업법」 제2조제5호가목에 따른 인터넷 멀티미디어 방송 제공사업자가 사업자에게 방송용역을 제공하는 경우

⑩ 법 제32조제5항에 따라 법인사업자 및 전자세금계산서 의무발급 개인사업자 외의 사업자도 제5항부터 제8항까지의 규정에 따라 전자세금계산서를 발급하고 전송할 수 있다. 〈개정 2018. 2. 13.〉

⑪ 재화 또는 용역을 공급받는 자가 전자세금계산서를 발급받을 수신함을 가지고 있지 아니하거나 지정하지 아니한 경우 또는 제5항제4호의 시스템 등 수신함이 적용될 수 없는 시스템을 사용하는 경우에는 제5항제3호에 따른 전자세금계산서 발급 시스템을 수신함으로 지정한 것으로 본다. 〈개정 2018. 2. 13.〉

⑫ 전자세금계산서가 재화 또는 용역을 공급받는 자가 지정하는 수신함에 입력되거나 제5항제3호에 따른 전자세금계산서 발급 시스템에 입력된 때에 재화 또는 용역을 공급받는 자가 그 전자세금계산서를 수신한 것으로 본다. 〈개정 2018. 2. 13.〉

⑬ 제1항부터 제12항까지에서 규정한 사항 외에 전자세금계산서의 발급절차 및 보관요건, 각 설비 및 시스템을 구축하여 운영하는 사업자에 관한 등록절차 및 등록요건, 제출서류, 등록 취소 사유 등에 관하여 필요한 사항은 기획재정부령으로 정한다. 〈개정 2018. 2. 13.〉

제69조(위탁판매 등에 대한 세금계산서 발급) ① 위탁판매 또는 대리인에 의한 판매의 경우 수탁자 또는 대리인이 재화를 인도할 때에는 법 제32조제6항에 따라 수탁자 또는 대리인이 위탁자 또는 본인의 명의로 세금계산서를 발급하며, 위탁자 또는 본인이 직접 재화를 인도하는 때에는 위탁자 또는 본인이 세금계산서를 발급할 수 있다. 이 경우 수탁자 또는 대리인의 등록번호를 덧붙여 적어야 한다.

② 위탁매입 또는 대리인에 의한 매입의 경우에는 법 제32조제6항에 따라 공급자가 위탁자 또는 본인을 공급받는 자로 하여 세금계산서를 발급한다. 이 경우 수탁자 또는 대리인의 등록번호를 덧붙여 적어야 한다.

③ 법 제10조제7항 단서의 경우에는 제1항과 제2항을 적용하지 아니한다.

④ 수용으로 인하여 재화가 공급되는 경우에는 제1항을 준용하여 해당 사업시행자가 세금계산서를 발급할 수 있다.

⑤ 용역의 공급에 대한 주선·중개의 경우에는 제1항과 제2항을 준용한다.

⑥ 「조달사업에 관한 법률」에 따라 물자가 공급되는 경우에는 법 제32조제6항에 따라 공급자 또는 세관장이 해당 실수요자에게 직접 세금계산서를 발급하여야 한다. 다만, 물자를 조달할 때에 그 물자의 실수요자를 알 수 없는 경우에는 조달청장에게 세금계산서를 발급하고, 조달청장이 실제로 실수요자에게 그 물자를 인도할 때에는 그 실수요자에게 세금계산서를 발급할 수 있다.

⑦ 「한국가스공사법」에 따른 한국가스공사가 기획재정부령으로 정하는 가스도입판매사업자를 위하여 천연가스(액화한 것을 포함한다)를 직접 수입하는 경우에는 법 제32조제6항에 따라 세관장이 해당 가스도입판매사업자에게 직접 세금계산서를 발급할 수 있다.

⑧ 납세의무가 있는 사업자가 「여신전문금융업법」 제3조에 따라 등록한 시설대여업자로부터 시설 등을 임차하고, 그 시설 등을 공급

자 또는 세관장으로부터 직접 인도받는 경우에는 법 제32조제6항에 따라 공급자 또는 세관장이 그 사업자에게 직접 세금계산서를 발급할 수 있다.

⑨ 제18조제2항제1호에 따라 조달청장이 발행한 창고증권의 양도로서 임치물의 반환이 수반되는 경우의 세금계산서 발급에 관하여는 제6항 단서를 준용한다. 이 경우 제6항 단서 중 "실수요자"는 "창고증권과의 교환으로 임치물을 반환받는 자"로 본다.

⑩ 「감정평가 및 감정평가사에 관한 법률」에 따른 감정평가법인등 또는 「신문 등의 진흥에 관한 법률」에 따른 신문 발행업자 및 「잡지 등 정기간행물의 진흥에 관한 법률」에 따른 정기간행물 발행업자 또는 「뉴스통신 진흥에 관한 법률」에 따른 뉴스통신사업을 경영하는 법인이 법원의 의뢰를 받아 감정평가용역 또는 광고용역을 제공하는 경우로서 그 용역을 실제로 공급받는 자를 알 수 없을 때에는 법 제32조제6항에 따라 감정평가법인등 또는 신문 발행업자 및 정기간행물 발행업자 또는 뉴스통신사업을 경영하는 법인은 법원에 세금계산서를 발급하고, 그 법원이 감정평가용역 또는 광고용역을 실제로 공급받는 자로부터 그 용역에 대한 대가를 징수할 때에는 법원이 그 자에게 세금계산서를 발급할 수 있다. 〈개정 2016. 8. 31., 2022. 1. 21.〉

⑪ 「전기통신사업법」에 따른 전기통신사업자가 다른 전기통신사업자의 이용자(「전기통신사업법」 제2조제1항제9호에 따른 이용자를 말한다. 이하 이 조에서 같다)에게 전기통신역무를 제공하고 그 대가의 징수를 다른 전기통신사업자에게 대행하게 하는 경우에는 법 제32조제6항에 따라 해당 전기통신역무를 제공한 사업자가 다른 전기통신사업자에게 세금계산서를 발급하고, 다른 전기통신사업자가 이용자에게 세금계산서를 발급할 수 있다.

⑫ 「전기사업법」에 따른 발전사업자가 전력시장을 통하여 같은 법에 따른 전기판매사업자 또는 전기사용자에게 전력을 공급하고 그 대가를 같은 법에 따른 한국전력거래소를 통하여 받는 경우에는 법 제32조제6항에 따라 그 발전사업자가 한국전력거래소에 세금계산서를 발급하고 한국전력거래소가 그 전기판매사업자 또는 전기사용자에게 세금계산서를 발급할 수 있다.

⑬ 「방송법 시행령」 제1조의2제4호 및 제5호에 따른 위성이동멀

티미디어방송사업자 및 일반위성방송사업자가 「전기통신사업법」에 따른 전기통신사업자의 이용자에게 각각 위성이동멀티미디어방송용역 또는 일반위성방송용역을 제공하고 그 대가의 징수를 전기통신사업자에게 대행하게 하는 경우에는 법 제32조제6항에 따라 위성이동멀티미디어방송사업자 및 일반위성방송사업자는 전기통신사업자에게 세금계산서를 발급하고, 전기통신사업자가 이용자에게 세금계산서를 발급할 수 있다.

⑭ 「전기사업법」에 따른 전기사업자가 전력을 공급하는 경우로서 전력을 공급받는 명의자와 전력을 실제로 소비하는 자가 서로 다른 경우에 그 전기사업자가 전력을 공급받는 명의자를 공급받는 자로 하여 세금계산서를 발급하고 그 명의자는 발급받은 세금계산서에 적힌 공급가액의 범위에서 전력을 실제로 소비하는 자를 공급받는 자로 하여 세금계산서를 발급하였을 때(세금계산서의 발급이 면제되는 경우로서 기획재정부령으로 정하는 경우에 그 세금계산서를 발급하였을 때를 포함한다)에는 그 전기사업자가 전력을 실제로 소비하는 자를 공급받는 자로 하여 세금계산서를 발급한 것으로 본다.

⑮ 「전기사업법」에 따른 재생에너지전기공급사업자가 같은 법에 따른 발전사업자로부터 전력을 공급받아 전기사용자에게 전력을 공급하고 같은 법에 따른 전기판매사업자 또는 한국전력거래소에 전기공급과 관련된 기획재정부령으로 정하는 부대비용을 각각 지급하는 경우에는 전기판매사업자 또는 한국전력거래소가 재생에너지전기공급자에게 각각의 부대비용에 대한 세금계산서를 발급하고 재생에너지공급사업자는 그 부대비용과 관련하여 발급받은 세금계산서에 적힌 공급가액의 범위에서 발전사업자 또는 전기사용자에게 각각의 세금계산서를 발급할 수 있다. 〈신설 2024. 2. 29.〉

⑯ 동업자가 조직한 조합 또는 이와 유사한 단체가 그 조합원이나 그 밖의 구성원을 위하여 재화 또는 용역을 공급하거나 공급받는 경우와 「국가를 당사자로 하는 계약에 관한 법률」에 따른 공동도급계약에 의하여 용역을 공급하고 그 공동 수급체의 대표자가 그 대가를 지급받는 경우 및 「도시가스사업법」에 따른 도시가스사업자가 도시가스를 공급할 때 도시가스를 공급받는 명의자와 도시가스를 실제로 소비하는 자가 서로 다른 경우에 관하여는 제14항을 준용한다. 〈개정 2024. 2. 29.〉

⑰ 제18조제2항제1호에 따른 조달청 창고 및 같은 항 제2호에 따른 거래소의 지정창고에 보관된 물품이 국내로 반입되는 경우에는 세관장이 수입세금계산서를 발급한다. 〈개정 2024. 2. 29.〉

⑱ 법 제52조제1항에 따른 용역등(이하 “용역등”이라 한다)을 법 제53조제1항에 따라 공급하는 경우에는 세금계산서를 발급할 때 그 용역등을 공급하는 법 제52조제1항 각 호의 어느 하나에 해당하는 자의 상호 및 주소를 덧붙여 적어야 한다. 〈개정 2024. 2. 29.〉

⑲ 「온실가스 배출권의 할당 및 거래에 관한 법률」에 따라 배출권 거래계정을 등록한 자(이하 “할당대상업체등”이라 한다)가 같은 법에 따른 배출권 거래소가 개설한 배출권 거래시장을 통하여 다른 할당대상업체등에게 같은 법 제2조제3호에 따른 배출권(같은 법 제29조제3항에 따른 상쇄배출권을 포함한다)을 공급하고 그 대가를 배출권 거래소를 통하여 받는 경우에는 법 제32조제6항에 따라 그 할당대상업체등이 배출권 거래소에 세금계산서를 발급하고 배출권 거래소가 공급받은 할당대상업체등에 세금계산서를 발급할 수 있다. 〈신설 2015. 2. 3., 2024. 2. 29.〉

⑳ 합병에 따라 소멸하는 법인이 합병계약서에 기재된 합병을 할 날부터 합병등기일까지의 기간에 재화 또는 용역을 공급하거나 공급받는 경우 합병 이후 존속하는 법인 또는 합병으로 신설되는 법인이 세금계산서를 발급하거나 발급받을 수 있다. 〈신설 2020. 2. 11., 2024. 2. 29.〉

㉑ 분할 또는 분할합병에 따라 소멸하는 법인이 분할계획서에 기재된 분할을 할 날 또는 분할합병계약서에 기재된 분할합병을 할 날부터 분할등기일 또는 분할합병등기일까지의 기간에 재화 또는 용역을 공급하거나 공급받는 경우에는 다음 각 호의 어느 하나에 해당하는 법인으로서 분할계획서 또는 분할합병계약서에서 정하는 바에 따라 해당 재화 또는 용역의 공급에 관한 권리의무를 승계하는 법인이 세금계산서를 발급하거나 발급받을 수 있다. 〈신설 2025. 2. 28.〉

1. 분할 또는 분할합병 이후 존속하는 법인
2. 분할 또는 분할합병으로 신설되는 법인

제70조(수정세금계산서 또는 수정전자세금계산서의 발급사유 및 발급절차) ① 법 제32조제7항에 따른 수정세금계산서 또는 수정전자

세금계산서는 다음 각 호의 구분에 따른 사유 및 절차에 따라 발급할 수 있다. 〈개정 2014. 2. 21., 2015. 2. 3., 2016. 2. 17., 2022. 2. 15., 2023. 2. 28.〉

1. 처음 공급한 재화가 환입(還入)된 경우: 재화가 환입된 날을 작성일로 적고 비고란에 처음 세금계산서 작성일을 덧붙여 적은 후 붉은색 글씨로 쓰거나 음(陰)의 표시를 하여 발급

2. 계약의 해제로 재화 또는 용역이 공급되지 아니한 경우: 계약이 해제된 때에 그 작성일은 계약해제일로 적고 비고란에 처음 세금계산서 작성일을 덧붙여 적은 후 붉은색 글씨로 쓰거나 음(陰)의 표시를 하여 발급

3. 계약의 해지 등에 따라 공급가액에 추가되거나 차감되는 금액이 발생한 경우: 증감 사유가 발생한 날을 작성일로 적고 추가되는 금액은 검은색 글씨로 쓰고, 차감되는 금액은 붉은색 글씨로 쓰거나 음(陰)의 표시를 하여 발급

4. 재화 또는 용역을 공급한 후 공급시기가 속하는 과세기간 종료 후 25일(과세기간 종료 후 25일이 되는 날이 「국세기본법」 제5조제1항 각 호에 해당하는 날인 경우에는 바로 다음 영업일을 말한다) 이내에 내국신용장이 개설되었거나 구매확인서가 발급된 경우: 내국신용장 등이 개설된 때에 그 작성일은 처음 세금계산서 작성일을 적고 비고란에 내국신용장 개설일 등을 덧붙여 적어 영세율 적용분은 검은색 글씨로 세금계산서를 작성하여 발급하고, 추가하여 처음에 발급한 세금계산서의 내용대로 세금계산서를 붉은색 글씨로 또는 음(陰)의 표시를 하여 작성하고 발급

5. 필요적 기재사항 등이 착오로 잘못 적힌 경우(다음 각 목의 어느 하나에 해당하는 경우로서 과세표준 또는 세액을 경정할 것을 미리 알고 있는 경우는 제외한다): 처음에 발급한 세금계산서의 내용대로 세금계산서를 붉은색 글씨로 쓰거나 음(陰)의 표시를 하여 발급하고, 수정하여 발급하는 세금계산서는 검은색 글씨로 작성하여 발급

가. 세무조사의 통지를 받은 경우

나. 세무공무원이 과세자료의 수집 또는 민원 등을 처리하기 위하여 현지출장이나 확인업무에 착수한 경우

다. 세무서장으로부터 과세자료 해명안내 통지를 받은 경우

라. 그 밖에 가목부터 다목까지의 규정에 따른 사항과 유사한

경우

6. 필요적 기재사항 등이 착오 외의 사유로 잘못 적힌 경우(제5호 각 목의 어느 하나에 해당하는 경우로서 과세표준 또는 세액을 경정할 것을 미리 알고 있는 경우는 제외한다): 재화나 용역의 공급일이 속하는 과세기간에 대한 확정신고기한 다음 날부터 1년 이내에 세금계산서를 작성하되, 처음에 발급한 세금계산서의 내용대로 세금계산서를 붉은색 글씨로 쓰거나 음(陰)의 표시를 하여 발급하고, 수정하여 발급하는 세금계산서는 검은색 글씨로 작성하여 발급

7. 착오로 전자세금계산서를 이중으로 발급한 경우: 처음에 발급한 세금계산서의 내용대로 음(陰)의 표시를 하여 발급

8. 면세 등 발급대상이 아닌 거래 등에 대하여 발급한 경우: 처음에 발급한 세금계산서의 내용대로 붉은색 글씨로 쓰거나 음(陰)의 표시를 하여 발급

9. 세율을 잘못 적용하여 발급한 경우(제5호 각 목의 어느 하나에 해당하는 경우로서 과세표준 또는 세액을 경정할 것을 미리 알고 있는 경우는 제외한다): 처음에 발급한 세금계산서의 내용대로 세금계산서를 붉은색 글씨로 쓰거나 음(陰)의 표시를 하여 발급하고, 수정하여 발급하는 세금계산서는 검은색 글씨로 작성하여 발급

② 일반과세자에서 간이과세자로 과세유형이 전환된 후 과세유형 전환 전에 공급한 재화 또는 용역에 제1항제1호부터 제3호까지의 사유가 발생한 경우에는 제1항제1호부터 제3호까지의 절차에도 불구하고 처음에 발급한 세금계산서 작성일을 수정세금계산서 또는 수정전자세금계산서의 작성일로 적고, 비고란에 사유 발생일을 덧붙여 적은 후 추가되는 금액은 검은색 글씨로 쓰고 차감되는 금액은 붉은색 글씨로 쓰거나 음(陰)의 표시를 하여 수정세금계산서나 수정전자세금계산서를 발급할 수 있다. 〈개정 2021. 2. 17.〉

③ 간이과세자에서 일반과세자로 과세유형이 전환된 후 과세유형 전환 전에 공급한 재화 또는 용역에 제1항제1호부터 제3호까지의 사유가 발생하여 수정세금계산서나 수정전자세금계산서를 발급하는 경우에는 제1항제1호부터 제3호까지의 절차에도 불구하고 처음에 발급한 세금계산서 작성일을 수정세금계산서 또는 수정전자세금계산서의 작성일로 적고, 비고란에 사유 발생일을 덧붙여 적은 후 추가되는 금액은 검은색 글씨로 쓰고 차감되는 금액은 붉은색 글씨로

쓰거나 음(陰)의 표시를 해야 한다. 〈신설 2021. 2. 17.〉

제71조(세금계산서 발급의무의 면제 등) ① 법 제33조제1항에서 "세금계산서를 발급하기 어렵거나 세금계산서의 발급이 불필요한 경우 등 대통령령으로 정하는 경우"란 다음 각 호의 어느 하나에 해당하는 재화 또는 용역을 공급하는 경우를 말한다. 〈개정 2014. 2. 21., 2015. 2. 3., 2016. 2. 17., 2017. 3. 29., 2020. 12. 8., 2021. 2. 17., 2021. 3. 23., 2023. 2. 28.〉

1. 택시운송 사업자, 노점 또는 행상을 하는 사람, 그 밖에 기획재정부령으로 정하는 사업자가 공급하는 재화 또는 용역

2. 소매업 또는 미용, 욕탕 및 유사 서비스업을 경영하는 자가 공급하는 재화 또는 용역. 다만, 소매업의 경우에는 공급받는 자가 세금계산서 발급을 요구하지 아니하는 경우로 한정한다.

3. 법 제10조제1항, 제2항 및 제4항부터 제6항까지의 규정에 따른 재화

4. 법 제21조(제31조제1항제5호에 따른 원료, 같은 조 제2항제1호에 따른 내국신용장 또는 구매확인서에 의하여 공급하는 재화와 같은 항 제2호부터 제4호까지의 규정에 따른 한국국제협력단, 한국국제보건의료재단 및 대한적십자사에 공급하는 재화는 제외한다), 제22조 및 제23조(공급받는 자가 국내에 사업장이 없는 비거주자 또는 외국법인인 경우와 법 제23조제2항에 따른 외국항행용역으로서 항공기의 외국항행용역 및 「항공사업법」에 따른 상업서류 송달용역으로 한정한다)에 따른 재화 또는 용역

5. 제33조제2항제1호, 제2호, 제5호(공급받는 자가 국내에 사업장이 없는 비거주자 또는 외국법인인 경우로 한정한다), 제6호 및 제7호에 따른 재화 또는 용역과 법 제24조제1항제1호에 따른 외교공관등에 공급하는 재화 또는 용역

6. 부동산 임대용역 중 제65조제1항 및 제2항이 적용되는 부분

7. 「전자서명법」 제2조제8호에 따른 전자서명인증사업자가 같은 조 제6호에 따른 인증서를 발급하는 용역. 다만, 공급받는 자가 사업자로서 세금계산서 발급을 요구하는 경우는 제외한다.

8. 법 제53조의2제1항 또는 제2항에 따라 간편사업자등록을 한 사업자가 국내에 공급하는 전자적 용역

9. 그 밖에 국내사업장이 없는 비거주자 또는 외국법인에 공급하

는 재화 또는 용역. 다만, 다음 각 목의 어느 하나에 해당하는 경우는 제외한다.

가. 국내사업장이 없는 비거주자 또는 외국법인이 해당 외국의 개인사업자 또는 법인사업자임을 증명하는 서류를 제시하고 세금계산서 발급을 요구하는 경우

나. 「법인세법」 제94조의2에 따른 외국법인연락사무소에 재화 또는 용역을 공급하는 경우

② 법 제33조제2항에서 "대통령령으로 정하는 사업자"란 제88조제5항에 따른 사업자를 말한다. 〈개정 2016. 2. 17., 2021. 2. 17.〉

제71조의2(매입자발행세금계산서의 발행대상 사업자 및 매입세액공제 절차 등) ① 법 제34조의2제1항에서 "대통령령으로 정하는 사업자"란 법 제32조에 따른 세금계산서 발급의무가 있는 사업자(제73조제3항 및 제4항에 따라 세금계산서 발급의무가 있는 사업자를 포함한다)를 말한다. 〈개정 2021. 2. 17.〉

② 법 제34조의2제1항에서 "대통령령으로 정하는 사유가 발생한 경우"란 재화 또는 용역을 공급한 자가 다음 각 호의 어느 하나에 해당하는 경우를 말한다. 〈신설 2024. 2. 29.〉

1. 소재불명 또는 연락두절 상태인 경우
2. 휴업이나 그 밖의 부득이한 사유로 세금계산서를 발급받는 것이 곤란하다고 국세청장이 인정하는 경우

③ 법 제34조의2제2항에 따른 매입자발행세금계산서를 발행하려는 자(이하 이 조에서 "신청인"이라 한다)는 해당 재화 또는 용역의 공급시기가 속하는 과세기간의 종료일부터 1년 이내에 기획재정부령으로 정하는 거래사실확인신청서에 거래사실을 객관적으로 입증할 수 있는 서류를 첨부하여 신청인 관할 세무서장에게 거래사실의 확인을 신청하여야 한다. 〈개정 2019. 2. 12., 2024. 2. 29.〉

④ 제3항에 따른 거래사실의 확인신청 대상이 되는 거래는 거래건당 공급대가가 5만원 이상인 경우로 한다. 〈개정 2023. 2. 28., 2024. 2. 29.〉

⑤ 제3항에 따른 신청을 받은 관할 세무서장은 신청서에 재화 또는 용역을 공급한 자(이하 이 조에서 "공급자"라 한다)의 인적사항이 부정확하거나 신청서 기재방식에 흠이 있는 경우에는 신청일부터 7일 이내에 일정한 기간을 정하여 보정요구를 할 수 있다. 〈개정

2024. 2. 29.〉

⑥ 신청인이 제5항의 기간 이내에 보정요구에 응하지 아니하거나 다음 각 호의 어느 하나에 해당하는 경우에는 신청인 관할 세무서장은 거래사실의 확인을 거부하는 결정을 하여야 한다. 〈개정 2024. 2. 29.〉

1. 제3항의 신청기간을 넘긴 것이 명백한 경우

2. 신청서의 내용으로 보아 거래 당시 미등록사업자 또는 휴・폐업자와 거래한 것이 명백한 경우

⑦ 신청인 관할 세무서장은 제6항에 따른 확인을 거부하는 결정을 하지 아니한 신청에 대해서는 거래사실확인신청서가 제출된 날(제5항에 따라 보정을 요구하였을 때에는 보정이 된 날)부터 7일 이내에 신청서와 제출된 증빙서류를 공급자 관할 세무서장에게 송부하여야 한다. 〈개정 2024. 2. 29.〉

⑧ 제7항에 따라 신청서를 송부받은 공급자 관할 세무서장은 신청인의 신청내용, 제출된 증빙자료를 검토하여 거래사실여부를 확인하여야 한다. 이 경우 거래사실의 존재 및 그 내용에 대한 입증책임은 신청인에게 있다. 〈개정 2024. 2. 29.〉

⑨ 공급자 관할 세무서장은 신청일의 다음 달 말일까지 거래사실여부를 확인한 후 다음 각 호의 구분에 따른 통지를 공급자와 신청인 관할 세무서장에게 하여야 한다. 다만, 공급자의 부도, 일시 부재 등 기획재정부령으로 정하는 불가피한 사유가 있는 경우에는 거래사실 확인기간을 20일 이내의 범위에서 연장할 수 있다. 〈개정 2024. 2. 29.〉

1. 거래사실이 확인되는 경우: 공급자 및 공급받는 자의 사업자등록번호, 작성연월일, 공급가액 및 부가가치세액 등을 포함한 거래사실 확인 통지

2. 거래사실이 확인되지 아니하는 경우: 거래사실 확인불가 통지

⑩ 신청인 관할 세무서장은 공급자 관할 세무서장으로부터 제9항의 통지를 받은 후 즉시 신청인에게 그 확인결과를 통지하여야 한다. 〈개정 2024. 2. 29.〉

⑪ 제10항에 따라 신청인 관할 세무서장으로부터 제9항제1호에 따른 거래사실 확인 통지를 받은 신청인은 공급자 관할 세무서장이 확인한 거래일자를 작성일자로 하여 매입자발행세금계산서를 발행하

여 공급자에게 교부하여야 한다. 〈개정 2024. 2. 29.〉

⑫ 제11항에도 불구하고 신청인 및 공급자가 관할 세무서장으로부터 제9항제1호의 통지를 받은 때에는 신청인이 매입자발행세금계산서를 공급자에게 교부한 것으로 본다. 〈개정 2024. 2. 29.〉

⑬ 제11항 또는 제12항에 따라 매입자발행세금계산서를 공급자에게 교부하였거나 교부한 것으로 보는 경우 신청인은 법 제48조에 따른 예정신고, 법 제49조에 따른 확정신고 또는 「국세기본법」 제45조의2제1항에 따른 경정청구를 할 때 기획재정부령으로 정하는 매입자발행세금계산서합계표를 제출한 경우에는 매입자발행세금계산서에 기재된 매입세액을 법 제37조, 제38조 및 제63조제3항에 따라 해당 재화 또는 용역의 공급시기에 해당하는 과세기간의 매출세액 또는 납부세액에서 매입세액으로 공제받을 수 있다. 〈개정 2024. 2. 29.〉

[본조신설 2017. 2. 7.]

제72조(수입세금계산서) ① 법 제35조제1항에 따른 수입세금계산서는 법 제32조제1항에 따른 세금계산서 발급에 관한 규정을 준용하여 발급한다. 이 경우 법 제50조의2제1항에 따라 부가가치세 납부가 유예되는 때에는 수입세금계산서에 부가가치세 납부유예 표시를 하여 발급한다. 〈개정 2016. 2. 17.〉

② 세관장은 「관세법」에 따라 과세표준 또는 세액을 결정 또는 경정하기 전에 같은 법 제28조제2항, 제38조의2제1항ㆍ제2항, 제38조의3제1항부터 제3항까지, 제38조의4제1항, 제46조, 제47조, 제106조 및 제106조의2에 따라 부가가치세를 납부받거나 징수 또는 환급하는 경우에는 법 제35조제2항에 따라 수입자에게 수정한 수입세금계산서를 발급하여야 한다. 〈개정 2014. 2. 21., 2023. 2. 28.〉

③ 법 제35조제2항제3호에서 "세관공무원의 관세 조사 등 대통령령으로 정하는 행위"란 다음 각 호의 어느 하나에 해당하는 행위를 말한다. 〈개정 2014. 2. 21., 2023. 2. 28.〉

1. 관세 조사 또는 관세 범칙사건에 대한 조사를 통지하는 행위
2. 세관공무원이 과세자료의 수집 또는 민원 등을 처리하기 위하여 현지출장이나 확인업무에 착수하는 행위
3. 그 밖에 제1호 또는 제2호와 유사한 행위

④ 법 제35조제2항제2호다목에서 "수입자가 과세표준 또는 세액

을 신고하면서 관세조사 등을 통하여 이미 통지받은 오류를 다음 신고 시에도 반복하는 등 대통령령으로 정하는 중대한 잘못이 있는 경우"란 다음 각 호의 어느 하나에 해당하는 경우를 말한다. 〈개정 2023. 2. 28.〉

1. 「관세법」 제37조의4제1항 및 제2항에 따라 세관장이 과세가격의 결정과 관계되는 자료 및 증명자료를 제출하도록 요구하였으나 수입자가 같은 조 제3항에 따른 기한까지 제출하지 않거나 거짓의 자료를 제출하는 경우

2. 다음 각 목의 어느 하나에 해당하는 심사 또는 조사를 통하여 과세표준 또는 세액의 과소신고에 관한 오류를 통지받은 후에도 법 제50조에 따른 부가가치세에 관한 다음 신고 시에도 그 오류를 반복하는 경우

가. 「관세법」 제38조제2항에 따른 심사

나. 「관세법」 제110조제2항제1호 및 제2호에 따른 조사 중 과세표준 또는 세액의 결정 · 경정을 위한 조사

다. 「관세법」 제255조의2에 따른 심사(같은 법 시행령 제259조의2제1항제1호의 기준에 따라 과세표준 또는 세액의 결정 · 경정에 관련하여 심사하는 경우로 한정한다)

라. 「자유무역협정의 이행을 위한 관세법의 특례에 관한 법률」 제17조제1항에 따른 조사

3. 「관세법」 제38조의2제2항에 따라 보정신청을 하도록 통지하였으나 정당한 사유 없이 수입자가 같은 조 제1항에 따른 신청 또는 같은 법 제38조의3제1항에 따른 수정신고를 하지 않은 경우

4. 「관세법 시행령」 제15조제1항제1호에 따른 사항을 적은 서류 또는 같은 조 제5항 각 호에 해당하는 과세자료의 내용이 객관적 사실과 명백히 다른 경우 등 해당 서류 또는 과세자료에 중대한 하자가 있는 경우(수입자의 착오 또는 경미한 과실로 인한 경우는 제외한다)

⑤ 세관장이 제2항과 제3항에 따라 수정한 수입세금계산서를 발급하는 경우에는 부가가치세를 납부받거나 징수 또는 환급한 날을 작성일로 적고 비고란에 최초 수입세금계산서 발급일 등을 덧붙여 적은 후 추가되는 금액은 검은색 글씨로 쓰고, 차감되는 금액은 붉은색 글씨로 쓰거나 음(陰)의 표시를 하여 발급한다.

⑥ 법 제35조제5항에 따라 수정수입세금계산서를 발급받으려는 자는 기획재정부령으로 정하는 수정수입세금계산서 발급신청서를 해당 부가가치세를 징수한 세관장에게 제출하여야 한다. 〈신설 2018. 2. 13., 2023. 2. 28.〉

⑦ 제6항에 따라 신청을 받은 세관장은 신청을 받은 날부터 2개월 이내에 수정수입세금계산서를 발급하거나 발급할 이유가 없다는 뜻을 신청인에게 통지하여야 한다. 〈신설 2018. 2. 13.〉

⑧ 세관장이 제7항에 따라 수정한 수입세금계산서를 발급하는 경우에는 그 작성일은 발급결정일로 적고 비고란에 최초 수입세금계산서 발급일 등을 덧붙여 적은 후 추가되는 금액은 검은색 글씨로 쓰며, 차감되는 금액은 붉은색 글씨로 쓰거나 음(陰)의 표시를 하여 발급한다. 〈신설 2018. 2. 13.〉

⑨ 법인의 합병, 분할 또는 분할합병에 따른 수입세금계산서의 발급에 관하여는 제69조제20항 및 제21항을 준용한다. 이 경우 "세금계산서"는 "수입세금계산서"로 본다. 〈신설 2025. 2. 28.〉

⑩ 제1항부터 제9항까지에서 규정한 사항 외에 수입세금계산서 또는 수정한 수입세금계산서의 작성과 발급 등에 필요한 사항은 기획재정부령으로 정한다. 〈개정 2018. 2. 13., 2025. 2. 28.〉

제73조(영수증 등) ① 법 제36조제1항제1호에서 "대통령령으로 정하는 사업자"란 다음 각 호의 사업을 하는 사업자를 말한다. 〈개정 2015. 2. 3., 2020. 12. 8., 2021. 2. 17.〉

1. 소매업
2. 음식점업(다과점업을 포함한다)
3. 숙박업
4. 미용, 욕탕 및 유사 서비스업
5. 여객운송업
6. 입장권을 발행하여 경영하는 사업
7. 제109조제2항제7호에 따른 사업 및 행정사업(법 제3조 및 「소득세법」 제160조의2제2항에 따른 사업자에게 공급하는 것은 제외한다)
8. 「우정사업 운영에 관한 특례법」에 따른 우정사업조직이 「우편법」 제15조제1항에 따른 선택적 우편업무 중 소포우편물을 방문접수하여 배달하는 용역을 공급하는 사업
9. 제35조제1호 단서의 용역을 공급하는 사업

10. 제35조제5호 단서에 해당하지 아니하는 것으로서 수의사가 제공하는 동물의 진료용역

11. 제36조제2항제1호 및 제2호의 용역을 공급하는 사업

12. 제71조제1항제7호에 따라 인증서를 발급하는 사업

13. 법 제53조의2제1항 및 제2항에 따라 간편사업자등록을 한 사업자가 국내에 전자적 용역을 공급하는 사업

14. 주로 사업자가 아닌 소비자에게 재화 또는 용역을 공급하는 사업으로서 기획재정부령으로 정하는 사업

② 법 제36조제2항에서 "「전기사업법」 제2조제2호에 따른 전기사업자가 산업용이 아닌 전력을 공급하는 경우 등 대통령령으로 정하는 경우"란 다음 각 호의 어느 하나에 해당하는 경우를 말한다. 〈개정 2019. 6. 25.〉

1. 제10조에 따른 임시사업장을 개설한 사업자가 그 임시사업장에서 사업자가 아닌 소비자에게 재화 또는 용역을 공급하는 경우

2. 「전기사업법」에 따른 전기사업자가 산업용이 아닌 전력을 공급하는 경우

3. 「전기통신사업법」에 따른 전기통신사업자가 전기통신역무를 제공하는 경우. 다만, 부가통신사업자가 통신판매업자에게 「전기통신사업법」 제5조제3항에 따른 부가통신역무를 제공하는 경우는 제외한다.

4. 「도시가스사업법」에 따른 도시가스사업자가 산업용이 아닌 도시가스를 공급하는 경우

5. 「집단에너지사업법」에 따라 집단에너지를 공급하는 사업자가 산업용이 아닌 열 또는 산업용이 아닌 전기를 공급하는 경우

6. 「방송법」 제2조제3호에 따른 방송사업자가 사업자가 아닌 자에게 방송용역을 제공하는 경우

7. 「인터넷 멀티미디어 방송사업법」 제2조제5호가목에 따른 인터넷 멀티미디어 방송 제공사업자가 사업자가 아닌 자에게 방송용역을 제공하는 경우

③ 제1항제1호부터 제3호까지, 제5호(「여객자동차 운수사업법 시행령」 제3조제2호가목에 따른 전세버스운송사업으로 한정한다), 제7호, 제8호, 제12호 또는 제14호의 사업을 하는 사업자와 제2항 각 호의 어느 하나에 해당하는 사업자가 재화 또는 용역을 공급하는

경우로서 그 재화 또는 용역을 공급받는 사업자가 법 제36조제3항에 따라 세금계산서의 발급을 요구하는 경우에는 세금계산서를 발급해야 한다. 〈개정 2021. 2. 17.〉

④ 제1항제4호, 제5호(「여객자동차 운수사업법 시행령」 제3조제2호가목에 따른 전세버스운송사업은 제외한다), 제6호 또는 제9호부터 제11호까지의 사업을 하는 사업자가 감가상각자산을 공급하거나 제1항 각 호·제2항 각 호에 따른 역무 외의 역무를 공급하는 경우로서 그 재화 또는 용역을 공급받는 사업자가 법 제36조제3항에 따라 세금계산서의 발급을 요구하는 경우에는 세금계산서를 발급해야 한다. 〈개정 2021. 2. 17.〉

⑤ 제1항제14호의 사업을 하는 사업자 중 자동차 제조업 및 자동차 판매업을 경영하는 사업자가 법 제36조제1항에 따라 영수증을 발급하였으나, 그 사업자로부터 재화를 공급받는 사업자가 해당 재화를 공급받은 날이 속하는 과세기간의 다음 달 10일까지 법 제36조제3항에 따라 세금계산서의 발급을 요구하는 경우에는 세금계산서를 발급해야 한다. 이 경우 처음에 발급한 영수증은 발급되지 않은 것으로 본다. 〈개정 2015. 2. 3., 2021. 2. 17.〉

⑥ 법 제36조제1항 각 호에 따른 사업자가 제71조제1항에 따른 재화 또는 용역을 공급하는 경우에는 영수증을 발급하지 아니한다. 다만, 제71조제1항제2호에 따른 자가 재화 또는 용역을 공급하는 경우에는 공급받는 자가 영수증 발급을 요구하지 아니하는 경우로 한정한다.

⑦ 법 제36조에 따른 영수증에는 다음 각 호의 사항을 적어야 한다. 이 경우 영수증의 서식과 그 밖에 필요한 사항은 국세청장이 정한다.

1. 공급자의 등록번호·상호·성명(법인의 경우 대표자의 성명)
2. 공급대가
3. 작성 연월일
4. 그 밖에 필요한 사항

⑧ 제1항 각 호의 사업을 하는 사업자와 제2항 각 호의 어느 하나에 해당하는 사업자가 신용카드기 또는 직불카드기 등 기계적 장치(금전등록기는 제외한다)를 사용하여 영수증을 발급할 때에는 제7항에도 불구하고 영수증에 공급가액과 세액을 별도로 구분하여 적어

야 한다. 〈개정 2021. 2. 17.〉

⑨ 법 제36조에 따른 영수증은 다음 각 호의 어느 하나에 해당하는 방법으로 발급할 수 있다. 〈신설 2020. 2. 11.〉

1. 신용카드단말기 또는 현금영수증 발급장치 등을 통해 법 제46조제1항에 따른 신용카드매출전표등을 출력하여 공급받는 자에게 발급하는 방법

2. 제7항 각 호에 따른 사항이 기재된 결제내역(이하 "결제내역"이라 한다)을 「전자문서 및 전자거래 기본법」 제2조제1호에 따른 전자문서의 형태로 공급받는 자에게 송신하는 방법(공급받는 자가 동의한 경우에 한정한다). 이 경우 전자적 방법으로 생성·저장된 결제내역을 「국세기본법」 제2조제18호에 따른 정보통신망 등을 통하여 확인할 수 있는 경우에는 공급받는 자에게 송신한 것으로 본다.

⑩ 간이과세자인 사업자가 법 제36조의2제1항 또는 제2항에 따른 영수증 발급 적용기간에 재화 또는 용역을 공급한 경우에는 제3항부터 제5항까지 및 제8항을 적용하지 않는다. 〈신설 2021. 2. 17.〉

제73조의2(간이과세자의 영수증 발급 적용기간 통지) ① 법 제36조제1항제2호가목에 따라 영수증 발급에 관한 규정이 적용되거나 적용되지 않게 되는 사업자의 관할 세무서장은 법 제36조의2제1항에 따른 기간이 시작되기 20일 전까지 영수증 발급에 관한 규정이 적용되거나 적용되지 않게 되는 사실을 그 사업자에게 통지해야 하고, 사업자등록증을 정정하여 과세기간 개시 당일까지 발급해야 한다.

② 법 제36조제1항제2호가목에 따라 영수증 발급에 관한 규정이 적용되지 않게 되는 사업자의 관할 세무서장이 제110조제1항에 따라 간이과세자에 관한 규정이 적용되지 않게 되는 사실을 그 사업자에게 통지하고 사업자등록증을 정정하여 발급한 경우에는 제1항에 따른 통지·발급을 하지 않는다.

[본조신설 2021. 2. 17.]

제3절 납부세액 등

제74조(매입처별 세금계산서합계표를 제출하지 아니한 경우 등에 대한 매입세액 공제) 법 제39조제1항제1호 단서에서 "대통령령으로 정하는 경우"란 다음 각 호의 어느 하나에 해당하는 경우를 말한다.

1. 법 제32조에 따라 발급받은 세금계산서에 대한 매입처별 세금

계산서합계표 또는 법 제46조제1항에 따른 신용카드매출전표등의 수령명세서(정보처리시스템으로 처리된 전산매체를 포함하며, 이하 "신용카드매출전표등 수령명세서"라 한다)를 「국세기본법 시행령」 제25조제1항에 따라 과세표준수정신고서와 함께 제출하는 경우

2. 법 제32조에 따라 발급받은 세금계산서에 대한 매입처별 세금계산서합계표 또는 신용카드매출전표등 수령명세서를 「국세기본법 시행령」 제25조의3에 따라 경정청구서와 함께 제출하여 제102조에 따른 경정기관이 경정하는 경우

3. 법 제32조에 따라 발급받은 세금계산서에 대한 매입처별 세금계산서합계표 또는 신용카드매출전표등 수령명세서를 「국세기본법 시행령」 제25조의4에 따른 기한후과세표준신고서와 함께 제출하여 관할 세무서장이 결정하는 경우

4. 법 제32조에 따라 발급받은 세금계산서에 대한 매입처별 세금계산서합계표의 거래처별 등록번호 또는 공급가액이 착오로 사실과 다르게 적힌 경우로서 발급받은 세금계산서에 의하여 거래사실이 확인되는 경우

5. 법 제57조에 따른 경정을 하는 경우 사업자가 법 제32조에 따라 발급받은 세금계산서 또는 법 제46조제3항에 따라 발급받은 신용카드매출전표등을 제102조에 따른 경정기관의 확인을 거쳐 해당 경정기관에 제출하는 경우

제75조(세금계산서 등의 필요적 기재사항이 사실과 다르게 적힌 경우 등에 대한 매입세액 공제) 법 제39조제1항제2호 단서에서 "대통령령으로 정하는 경우"란 다음 각 호의 어느 하나에 해당하는 경우를 말한다. 〈개정 2016. 2. 17., 2019. 2. 12., 2021. 2. 17., 2022. 2. 15., 2023. 2. 28.〉

1. 제11조제1항 또는 제2항에 따라 사업자등록을 신청한 사업자가 제11조제5항에 따른 사업자등록증 발급일까지의 거래에 대하여 해당 사업자 또는 대표자의 주민등록번호를 적어 발급받은 경우

2. 법 제32조에 따라 발급받은 세금계산서의 필요적 기재사항 중 일부가 착오로 사실과 다르게 적혔으나 그 세금계산서에 적힌 나머지 필요적 기재사항 또는 임의적 기재사항으로 보아 거래사실이 확인되는 경우

3. 재화 또는 용역의 공급시기 이후에 발급받은 세금계산서로서

해당 공급시기가 속하는 과세기간에 대한 확정신고기한까지 발급받은 경우

4. 법 제32조제2항에 따라 발급받은 전자세금계산서로서 국세청장에게 전송되지 아니하였으나 발급한 사실이 확인되는 경우

5. 법 제32조제2항에 따른 전자세금계산서 외의 세금계산서로서 재화 또는 용역의 공급시기가 속하는 과세기간에 대한 확정신고기한까지 발급받았고, 그 거래사실도 확인되는 경우

6. 실제로 재화 또는 용역을 공급하거나 공급받은 사업장이 아닌 사업장을 적은 세금계산서를 발급받았더라도 그 사업장이 법 제51조제1항에 따라 총괄하여 납부하거나 사업자 단위 과세 사업자에 해당하는 사업장인 경우로서 그 재화 또는 용역을 실제로 공급한 사업자가 법 제48조·제49조 또는 제66조·제67조에 따라 납세지 관할 세무서장에게 해당 과세기간에 대한 납부세액을 신고하고 납부한 경우

7. 재화 또는 용역의 공급시기가 속하는 과세기간에 대한 확정신고기한이 지난 후 세금계산서를 발급받았더라도 그 세금계산서의 발급일이 확정신고기한 다음 날부터 1년 이내이고 다음 각 목의 어느 하나에 해당하는 경우

가. 「국세기본법 시행령」 제25조제1항에 따른 과세표준수정신고서와 같은 영 제25조의3에 따른 경정 청구서를 세금계산서와 함께 제출하는 경우

나. 해당 거래사실이 확인되어 법 제57조에 따라 납세지 관할 세무서장, 납세지 관할 지방국세청장 또는 국세청장(이하 이 조에서 "납세지 관할 세무서장등"이라 한다)이 결정 또는 경정하는 경우

8. 재화 또는 용역의 공급시기 전에 세금계산서를 발급받았더라도 재화 또는 용역의 공급시기가 그 세금계산서의 발급일부터 6개월 이내에 도래하고 해당 거래사실이 확인되어 법 제57조에 따라 납세지 관할 세무서장등이 결정 또는 경정하는 경우

9. 다음 각 목의 경우로서 그 거래사실이 확인되고 거래 당사자가 법 제48조·제49조 또는 제66조·제67조에 따라 납세지 관할 세무서장에게 해당 납부세액을 신고하고 납부한 경우

가. 거래의 실질이 위탁매매 또는 대리인에 의한 매매에 해당함에도 불구하고 거래 당사자 간 계약에 따라 위탁매매 또는 대리인

에 의한 매매가 아닌 거래로 하여 세금계산서를 발급받은 경우

나. 거래의 실질이 위탁매매 또는 대리인에 의한 매매에 해당하지 않음에도 불구하고 거래 당사자 간 계약에 따라 위탁매매 또는 대리인에 의한 매매로 하여 세금계산서를 발급받은 경우

다. 거래의 실질이 용역의 공급에 대한 주선·중개에 해당함에도 불구하고 거래 당사자 간 계약에 따라 용역의 공급에 대한 주선·중개가 아닌 거래로 하여 세금계산서를 발급받은 경우

라. 거래의 실질이 용역의 공급에 대한 주선·중개에 해당하지 않음에도 불구하고 거래 당사자 간 계약에 따라 용역의 공급에 대한 주선·중개로 하여 세금계산서를 발급받은 경우

마. 다른 사업자로부터 사업(용역을 공급하는 사업으로 한정한다. 이하 이 호에서 같다)을 위탁받아 수행하는 사업자가 위탁받은 사업의 수행에 필요한 비용을 사업을 위탁한 사업자로부터 지급받아 지출한 경우로서 해당 비용을 공급가액에 포함해야 함에도 불구하고 거래 당사자 간 계약에 따라 이를 공급가액에서 제외하여 세금계산서를 발급받은 경우

바. 다른 사업자로부터 사업을 위탁받아 수행하는 사업자가 위탁받은 사업의 수행에 필요한 비용을 사업을 위탁한 사업자로부터 지급받아 지출한 경우로서 해당 비용을 공급가액에서 제외해야 함에도 불구하고 거래 당사자 간 계약에 따라 이를 공급가액에 포함하여 세금계산서를 발급받은 경우

사. 법 제29조제5항제1호에 따라 같은 호에 따른 금액을 공급가액에 포함하지 않아야 함에도 불구하고 거래 당사자 간 계약에 따라 해당 금액을 같은 조 제6항에 따른 장려금이나 이와 유사한 금액으로 보고 이를 공급가액에 포함하여 세금계산서를 발급받은 경우

10. 삭제 〈2022. 2. 15.〉

11. 법 제3조제2항에 따라 부가가치세를 납부해야 하는 수탁자가 위탁자를 재화 또는 용역을 공급받는 자로 하여 발급된 세금계산서의 부가가치세액을 매출세액에서 공제받으려는 경우로서 그 거래사실이 확인되고 재화 또는 용역을 공급한 자가 법 제48조·제49조 또는 제66조·제67조에 따라 납세지 관할 세무서장에게 해당 납부세액을 신고하고 납부한 경우

12. 법 제3조제3항에 따라 부가가치세를 납부해야 하는 위탁자가

수탁자를 재화 또는 용역을 공급받는 자로 하여 발급된 세금계산서의 부가가치세액을 매출세액에서 공제받으려는 경우로서 그 거래사실이 확인되고 재화 또는 용역을 공급한 자가 법 제48조·제49조 또는 제66조·제67조에 따라 납세지 관할 세무서장에게 해당 납부세액을 신고하고 납부한 경우

제76조 삭제 〈2014. 2. 21.〉

제77조(사업과 직접 관련이 없는 지출) 법 제39조제1항제4호에 따른 사업과 직접 관련이 없는 지출의 범위는 「소득세법 시행령」 제78조 또는 「법인세법 시행령」 제48조, 제49조제3항 및 제50조에서 정하는 바에 따른다.

제78조(운수업 등) 법 제39조제1항제5호에서 "운수업, 자동차판매업 등 대통령령으로 정하는 업종"이란 제19조 각 호에 따른 업종을 말한다.

제79조(기업업무추진비 등) 법 제39조제1항제6호에서 "대통령령으로 정하는 비용의 지출"이란 「소득세법」 제35조 및 「법인세법」 제25조에 따른 기업업무추진비 및 이와 유사한 비용의 지출을 말한다. 〈개정 2023. 2. 28.〉

[제목개정 2023. 2. 28.]

제80조(토지에 관련된 매입세액) 법 제39조제1항제7호에서 "대통령령으로 정하는 토지에 관련된 매입세액"이란 토지의 조성 등을 위한 자본적 지출에 관련된 매입세액으로서 다음 각 호의 어느 하나에 해당하는 경우를 말한다.

1. 토지의 취득 및 형질변경, 공장부지 및 택지의 조성 등에 관련된 매입세액
2. 건축물이 있는 토지를 취득하여 그 건축물을 철거하고 토지만 사용하는 경우에는 철거한 건축물의 취득 및 철거 비용과 관련된 매입세액
3. 토지의 가치를 현실적으로 증가시켜 토지의 취득원가를 구성하는 비용에 관련된 매입세액

제81조(공통매입세액 안분 계산) ①법 제40조에 따라 과세사업과 면세사업등을 겸영(兼營)하는 경우로서 실지귀속(實地歸屬)을 구분할 수 없는 매입세액(이하 "공통매입세액"이라 한다)이 있는 경우 면세사업등에 관련된 매입세액은 인원 수 등에 따르는 등 기획재정부령

으로 정하는 경우를 제외하고 다음 계산식에 따라 안분하여 계산한다. 다만, 예정신고를 할 때에는 예정신고기간에 있어서 총공급가액에 대한 면세공급가액(면세사업등에 대한 공급가액과 사업자가 해당 면세사업등과 관련하여 받았으나 법 제29조의 과세표준에 포함되지 아니하는 국고보조금과 공공보조금 및 이와 유사한 금액의 합계액을 말한다. 이하 이 조부터 제83조까지의 규정에서 같다)의 비율에 따라 안분하여 계산하고, 확정신고를 할 때에 정산한다. 〈개정 2016. 2. 17., 2018. 2. 13., 2019. 2. 12.〉

$$\text{면세사업등에 관련된 매입세액} = \text{공통매입세액} \times \frac{\text{면세공급가액}}{\text{총공급가액}}$$

② 제1항에도 불구하고 다음 각 호의 어느 하나에 해당하는 경우에는 해당 재화 또는 용역의 매입세액은 공제되는 매입세액으로 한다.

1. 해당 과세기간의 총공급가액 중 면세공급가액이 5퍼센트 미만인 경우의 공통매입세액. 다만, 공통매입세액이 5백만원 이상인 경우는 제외한다.

2. 해당 과세기간 중의 공통매입세액이 5만원 미만인 경우의 매입세액

3. 제63조제3항제3호가 적용되는 재화에 대한 매입세액

③제1항을 적용할 때 「전기통신사업법」에 따른 전기통신사업자 및 「한국철도공사법」에 따른 한국철도공사는 실지귀속을 구분하기 어려운 재화 또는 용역에 대해서만 다음 계산식에 따라 공통매입세액을 안분하여 계산할 수 있다.

$$\text{면세사업등에 관련된 매입세액} = \text{공통매입세액} \times \frac{\text{전 사업장의 면세공급가액}}{\text{전 사업장의 총공급가액}}$$

④ 제1항을 적용할 때 해당 과세기간 중 과세사업과 면세사업등의 공급가액이 없거나 그 어느 한 사업의 공급가액이 없는 경우에 해당 과세기간에 대한 안분 계산은 다음 각 호의 순서에 따른다. 다만, 건물 또는 구축물을 신축하거나 취득하여 과세사업과 면세사업등에 제공할 예정면적을 구분할 수 있는 경우에는 제3호를 제1호 및 제2호에 우선하여 적용한다.

1. 총매입가액(공통매입가액은 제외한다)에 대한 면세사업등에 관련된 매입가액의 비율

2. 총예정공급가액에 대한 면세사업등에 관련된 예정공급가액의 비율

3. 총예정사용면적에 대한 면세사업등에 관련된 예정사용면적의 비율

⑤ 제4항 단서에 따라 토지를 제외한 건물 또는 구축물에 대하여 같은 항 제3호를 적용하여 공통매입세액 안분 계산을 하였을 때에는 그 후 과세사업과 면세사업등의 공급가액이 모두 있게 되어 제1항의 계산식에 따라 공통매입세액을 계산할 수 있는 경우에도 과세사업과 면세사업등의 사용면적이 확정되기 전의 과세기간까지는 제4항제3호를 적용하고, 과세사업과 면세사업등의 사용면적이 확정되는 과세기간에 제82조제2호에 따라 공통매입세액을 정산한다.

⑥ 제1항부터 제5항까지에서 규정한 사항 외에 공통매입세액의 안분 계산에 필요한 사항은 기획재정부령으로 정한다.

제82조(공통매입세액의 정산) 사업자가 제81조제4항에 따라 매입세액을 안분하여 계산한 경우에는 해당 재화의 취득으로 과세사업과 면세사업등의 공급가액, 과세사업과 면세사업등의 사용면적이 확정되는 과세기간에 대한 납부세액을 확정신고할 때에 다음 각 호의 계산식에 따라 정산한다. 다만, 예정신고를 할 때에는 예정신고기간에 있어서 총공급가액에 대한 면세공급가액의 비율, 총사용면적에 대한 면세 또는 비과세 사용면적의 비율에 따라 안분하여 계산하고, 확정신고를 할 때에 정산한다.

1. 제81조제4항제1호 및 제2호에 따라 매입세액을 안분하여 계산한 경우

$$\text{가산되거나 공제되는 세액} = \text{총공통매입세액} \times \left(1 - \frac{\text{과세사업과 면세사업등의 공급가액이 확정되는 과세기간의 면세공급가액}}{\text{과세사업과 면세사업등의 공급가액이 확정되는 과세기간의 총공급가액}}\right) - \text{이미 공제한 세액}$$

2. 제81조제4항제3호에 따라 매입세액을 안분하여 계산한 경우

$$\text{가산되거나 공제되는 세액} = \text{총공통매입세액} \times \left(1 - \frac{\text{과세사업과 면세사업등의 사용면적이 확정되는 과세기간의 면세사용면적}}{\text{과세사업과 면세사업등의 사용면적이 확정되는 과세기간의 총사용면적}}\right) - \text{이미 공제한 세액}$$

제83조(납부세액 또는 환급세액의 재계산) ① 법 제41조에 따른 납부세액 또는 환급세액의 재계산은 감가상각자산에 대한 매입세액이 법 제38조제1항, 이 영 제81조 및 제82조에 따라 공제된 후 총공급가액에 대한 면세공급가액의 비율 또는 총사용면적에 대한 면세사용면적의 비율과 해당 감가상각자산의 취득일이 속하는 과세기간(그 후의 과세기간에 재계산하였을 때에는 그 재계산한 기간)에 적용하였던 비율 간의 차이가 5퍼센트 이상인 경우에만 적용한다.

② 제1항에 따른 납부세액 또는 환급세액의 재계산에 따라 납부세액에 가산 또는 공제하거나 환급세액에 가산 또는 공제하는 세액은 다음 각 호의 계산식에 따라 계산한 금액으로 한다. 이 경우 경과된 과세기간의 수에 관하여는 제66조제2항 후단을 준용한다.

1. 건물 또는 구축물

$$\text{가산되거나 공제되는 세액} = \text{해당 재화의 매입세액} \times \left(1 - \frac{5}{100} \times \text{경과된 과세기간의 수}\right) \times \text{증가되거나 감소된 면세공급가액의 비율 또는 증가되거나 감소된 면세사용면적의 비율}$$

2. 그 밖의 감가상각자산

$$\text{가산되거나 공제되는 세액} = \text{해당 재화의 매입세액} \times \left(1 - \frac{25}{100} \times \text{경과된 과세기간의 수}\right) \times \text{증가되거나 감소된 면세공급가액의 비율 또는 증가되거나 감소된 면세사용면적의 비율}$$

③ 제1항 및 제2항을 적용할 때 해당 취득일이 속하는 과세기간의 총공급가액에 대한 면세공급가액의 비율로 안분하여 계산한 경우에는 증가되거나 감소된 면세공급가액의 비율에 따라 재계산하고, 해당 취득일이 속하는 과세기간의 총사용면적에 대한 면세사용면적의 비율로 안분하여 계산한 경우에는 증가되거나 감소된 면세사용면적의 비율에 따라 재계산한다.

④ 제66조가 적용되는 경우에는 제1항 및 제2항을 적용하지 아니한다.

⑤ 제2항에 따른 경과된 과세기간의 수를 계산할 때 과세기간의

개시일 후에 감가상각자산을 취득하거나 해당 재화가 제1항에 해당하게 된 경우에는 그 과세기간의 개시일에 해당 재화를 취득하거나 해당 재화가 제1항에 해당하게 된 것으로 본다.

⑥ 제1항부터 제5항까지에서 규정한 사항 외에 납부세액 또는 환급세액의 재계산에 필요한 사항은 기획재정부령으로 정한다.

제84조(의제매입세액 계산) ① 법 제42조제1항에 따라 매입세액으로서 공제할 수 있는 면세농산물등(이하 "면세농산물등"이라 한다)은 부가가치세를 면제받아 공급받은 농산물, 축산물, 수산물 또는 임산물(제34조제1항에 따른 1차 가공을 거친 것, 같은 조 제2항 각 호의 것 및 소금을 포함한다)로 한다. 〈개정 2018. 2. 13.〉

② 법 제42조제1항 표 외의 부분에서 "대통령령으로 정하는 금액"이란 해당 과세기간에 해당 사업자가 면세농산물등과 관련하여 공급한 과세표준(이하 이 항에서 "과세표준"이라 한다)에 100분의 30(개인사업자에 대해서는 과세표준이 2억원 이하인 경우에는 100분의 50, 과세표준이 2억원 초과인 경우에는 100분의 40)을 곱하여 계산한 금액을 말한다. 다만, 2025년 12월 31일까지는 사업자별로 매입세액으로서 공제할 수 있는 금액의 한도를 다음 각 호의 구분에 따라 계산한 금액으로 한다. 〈신설 2015. 2. 3., 2016. 2. 17., 2017. 2. 7., 2018. 2. 13., 2018. 9. 28., 2020. 2. 11., 2022. 2. 15., 2022. 6. 30., 2023. 12. 26.〉

1. 법인사업자: 과세표준에 100분의 50을 곱하여 계산한 금액에 공제율을 곱한 금액

2. 음식점업을 경영하는 개인사업자는 다음 각 목의 구분에 따라 계산한 금액에 공제율을 곱한 금액

가. 과세표준이 1억원 이하인 경우: 과세표준에 100분의 75를 곱하여 계산한 금액

나. 과세표준이 1억원 초과 2억원 이하인 경우: 과세표준에 100분의 70을 곱하여 계산한 금액

다. 과세표준이 2억원 초과인 경우: 과세표준에 100분의 60을 곱하여 계산한 금액

3. 제2호 외의 사업을 경영하는 개인사업자는 다음 각 목의 구분에 따라 계산한 금액에 공제율을 곱한 금액

가. 과세표준이 2억원 이하인 경우: 과세표준에 100분의 65를

곱하여 계산한 금액

나. 과세표준이 2억원 초과인 경우: 과세표준에 100분의 55를 곱하여 계산한 금액

③ 제1항 및 제2항에도 불구하고 다음 각 호의 요건을 모두 충족하는 사업자는 제2기 과세기간에 대한 납부세액을 확정신고할 때, 그 해의 1월 1일부터 12월 31일까지 공급받은 면세농산물등의 가액에 공제율을 곱한 금액에서 제1기 과세기간에 제1항 및 제2항에 따라 매입세액으로 공제받은 금액을 차감한 금액을 매입세액으로 공제할 수 있다. 이 경우 그 해의 1월 1일부터 12월 31일까지의 매입세액으로서 공제할 수 있는 금액의 한도는 해당 기간에 면세농산물등과 관련하여 공급한 과세표준 합계액(이하 "과세표준 합계액"이라 한다)에 100분의 30[개인사업자에 대해서는 과세표준 합계액이 4억원 이하인 경우에는 100분의 50, 과세표준 합계액이 4억원 초과인 경우에는 100분의 40(2025년 12월 31일까지는 과세표준 합계액이 4억원 이하인 경우에는 100분의 65, 과세표준 합계액이 4억원 초과인 경우에는 100분의 55), 2025년 12월 31일까지 법인사업자에 대해서는 100분의 50]을 곱하여 계산한 금액에 공제율을 곱한 금액으로 한다. 〈신설 2015. 2. 3., 2016. 2. 17., 2017. 2. 7., 2018. 9. 28., 2020. 2. 11., 2022. 2. 15., 2022. 6. 30., 2023. 12. 26., 2024. 2. 29.〉

1. 제1기 과세기간에 공급받은 면세농산물등의 가액을 그 해의 1월 1일부터 12월 31일까지 공급받은 면세농산물등의 가액으로 나누어 계산한 비율이 100분의 75 이상이거나 100분의 25 미만일 것

2. 해당 과세기간이 속하는 해의 1월 1일부터 12월 31일까지 계속하여 제조업을 영위하였을 것

④ 제1항부터 제3항까지의 규정에 따라 매입세액으로서 공제한 면세농산물등을 그대로 양도 또는 인도하거나 부가가치세가 면제되는 재화 또는 용역을 공급하는 사업, 그 밖의 목적에 사용하거나 소비할 때에는 그 공제한 금액을 납부세액에 가산하거나 환급세액에서 공제하여야 한다. 〈개정 2015. 2. 3.〉

⑤ 법 제42조제1항에 따라 매입세액을 공제받으려는 사업자는 기획재정부령으로 정하는 의제매입세액 공제신고서와 다음 각 호의 어느 하나에 해당하는 서류를 관할 세무서장에게 제출(국세정보통신망

에 의한 제출을 포함한다)하여야 한다. 다만, 제조업을 경영하는 사업자가 농어민으로부터 면세농산물등을 직접 공급받는 경우에는 의제매입세액 공제신고서만 제출한다. 〈개정 2015. 2. 3., 2023. 2. 28.〉

1. 「소득세법」 제163조 또는 「법인세법」 제121조에 따른 매입처별 계산서합계표

2. 기획재정부령으로 정하는 신용카드매출전표등 수령명세서

3. 「소득세법 시행령」 제212조의4 또는 「법인세법 시행령」 제164조의2에 따른 매입자발행계산서합계표

⑥ 제5항 단서에 따른 농어민은 통계청장이 고시하는 한국표준산업분류상의 농업 중 작물 재배업, 축산업, 작물재배 및 축산 복합농업에 종사하거나 임업, 어업 및 소금 채취업에 종사하는 개인을 말한다. 〈개정 2015. 2. 3., 2016. 2. 17.〉

⑦ 제5항에 따른 매입세액의 공제에 관하여는 제74조와 제75조를 준용한다. 〈개정 2015. 2. 3.〉

⑧ 제1항부터 제7항까지에서 규정한 사항 외에 의제매입세액의 계산에 필요한 사항은 기획재정부령으로 정한다. 〈개정 2015. 2. 3.〉

제85조(면세사업등을 위한 감가상각자산의 과세사업 전환 시 매입세액 공제 특례) ① 사업자가 법 제39조제1항제7호에 따라 매입세액이 공제되지 아니한 감가상각자산을 과세사업에 사용하거나 소비하는 경우 법 제43조에 따라 공제되는 세액은 다음 각 호의 계산식에 따라 계산한 금액으로 한다. 이 경우 경과된 과세기간의 수에 관하여는 제66조제2항 후단을 준용한다.

1. 건물 또는 구축물

$$\text{공제되는 세액} = \text{취득 당시 해당 재화의 면세사업등과 관련하여 공제되지 아니한 매입세액} \times \left(1 - \frac{5}{100} \times \text{경과된 과세기간의 수}\right)$$

2. 그 밖의 감가상각자산

$$\text{공제되는 세액} = \text{취득 당시 해당 재화의 면세사업등과 관련하여 공제되지 아니한 매입세액} \times \left(1 - \frac{25}{100} \times \text{경과된 과세기간의 수}\right)$$

② 사업자가 법 제43조에 따라 매입세액이 공제되지 아니한 감가상각자산을 과세사업과 면세사업등에 공통으로 사용하거나 소비하는

경우에 공제되는 세액은 다음 각 호의 계산식에 따라 계산한 금액으로 하되, 그 과세사업에 의한 과세공급가액이 총공급가액 중 5퍼센트 미만일 때에는 공제세액이 없는 것으로 본다. 이 경우 경과된 과세기간의 수에 관하여는 제66조제2항 후단을 준용한다.

1. 건물 또는 구축물

$$\text{공제되는 세액} = \text{취득 당시 해당 재화의 면세사업등과 관련하여 공제되지 아니한 매입세액} \times \left(1 - \frac{5}{100} \times \text{경과된 과세기간의 수}\right) \times \frac{\text{과세사업에 사용·소비한 날이 속하는 과세기간의 과세공급가액}}{\text{과세사업에 사용·소비한 날이 속하는 과세기간의 총공급가액}}$$

2. 그 밖의 감가상각자산

$$\text{공제되는 세액} = \text{취득 당시 해당 재화의 면세사업등과 관련하여 공제되지 아니한 매입세액} \times \left(1 - \frac{25}{100} \times \text{경과된 과세기간의 수}\right) \times \frac{\text{과세사업에 사용·소비한 날이 속하는 과세기간의 과세공급가액}}{\text{과세사업에 사용·소비한 날이 속하는 과세기간의 총공급가액}}$$

③ 제2항을 적용할 때 해당 과세기간 중 과세사업과 면세사업등의 공급가액이 없거나 그 어느 한 사업의 공급가액이 없는 경우에 그 과세기간에 대한 안분 계산은 다음 각 호의 순서에 따른다. 다만, 취득 시 면세사업등과 관련하여 매입세액이 공제되지 아니한 건물에 대하여 과세사업과 면세사업등에 제공할 예정면적을 구분할 수 있는 경우에는 제3호를 제1호 및 제2호에 우선하여 적용한다.

1. 총매입가액에 대한 과세사업에 관련된 매입가액의 비율
2. 총예정공급가액에 대한 과세사업에 관련된 예정공급가액의 비율
3. 총예정사용면적에 대한 과세사업에 관련된 예정사용면적의 비율

④ 제3항에 따라 안분하여 계산한 매입세액을 공제한 경우에는 면세사업용 감가상각자산의 과세사업용 사용 또는 소비로 과세사업과 면세사업등의 공급가액 또는 과세사업과 면세사업의 사용면적이 확정되는 과세기간에 대한 납부세액을 확정신고할 때에 다음 각 호의 계산식에 따라 정산한다. 〈개정 2015. 2. 3.〉

1. 제3항제1호 및 제2호에 따라 공제매입세액을 안분하여 계산한 경우

가. 건물 또는 구축물

$$\text{가산되거나 공제되는 세액} = \text{취득 당시 해당 재화의 면세사업등과 관련하여 공제되지 아니한 매입세액} \times \left(1 - \frac{5}{100} \times \text{경과된 과세기간의 수}\right) \times \frac{\text{과세사업과 면세사업 등의 공급가액이 확정되는 과세기간의 과세공급가액}}{\text{과세사업과 면세사업 등의 공급가액이 확정되는 과세기간의 총공급가액}} - \text{이미 공제한 매입세액}$$

나. 그 밖의 감가상각자산

$$\text{가산되거나 공제되는 세액} = \text{취득 당시 해당 재화의 면세사업등과 관련하여 공제되지 아니한 매입세액} \times \left(1 - \frac{25}{100} \times \text{경과된 과세기간의 수}\right) \times \frac{\text{과세사업과 면세사업 등의 공급가액이 확정되는 과세기간의 과세공급가액}}{\text{과세사업과 면세사업 등의 공급가액이 확정되는 과세기간의 총공급가액}} - \text{이미 공제한 매입세액}$$

2. 제3항제3호에 따라 공제매입세액을 안분하여 계산한 경우

$$\text{가산되거나 공제되는 세액} = \text{취득 당시 해당 재화의 면세사업등과 관련하여 공제되지 아니한 매입세액} \times \left(1 - \frac{5}{100} \times \text{경과된 과세기간의 수}\right) \times \frac{\text{과세사업과 면세사업 등의 사용면적이 확정되는 과세기간의 과세사용면적}}{\text{과세사업과 면세사업 등의 사용면적이 확정되는 과세기간의 총사용면적}} - \text{이미 공제한 매입세액}$$

⑤ 사업자가 법 제43조에 따라 매입세액이 공제되지 아니한 감가상각자산을 과세사업에 사용하거나 소비할 때에는 그 과세사업에 사용하거나 소비하는 날이 속하는 과세기간에 대한 확정신고와 함께 기획재정부령으로 정하는 과세사업전환 감가상각자산 신고서를 작성하여 각 납세지 관할 세무서장에게 신고하여야 한다.

⑥ 제1항부터 제4항까지의 규정에 따라 경과된 과세기간의 수를 계산할 때 과세기간 개시일 후에 감가상각자산을 취득하는 경우에는 그 과세기간 개시일에 그 재화를 취득한 것으로 본다.

⑦ 제1항부터 제6항까지의 규정에 따라 매입세액이 공제된 후 총공급가액에 대한 면세공급가액의 비율 또는 총사용면적에 대한 면세사용면적의 비율과 해당 감가상각자산의 취득일이 속하는 과세기간(그 후의 과세기간에 재계산하였을 때에는 그 재계산한 기간)에 적용되었던 비율 간의 차이가 5퍼센트 이상인 경우에는 제83조를 준용하여 매입세액을 재계산한다.

⑧ 제1항부터 제7항까지에서 규정한 사항 외에 면세사업등을 위한 감가상각자산의 과세사업 전환 시 매입세액 공제 특례에 관하여

필요한 사항은 기획재정부령으로 정한다.

제86조(일반과세자로 변경 시 재고품등에 대한 매입세액 공제 특례) ① 법 제44조제1항에 따라 간이과세자가 일반과세자로 변경되는 경우에는 그 변경되는 날 현재에 있는 다음 각 호의 재고품, 건설 중인 자산 및 감가상각자산(법 제38조부터 제43조까지의 규정에 따른 매입세액 공제 대상인 것만 해당하며, 이하 이 조에서 "재고품등"이라 한다)에 대하여 일반과세 전환 시의 재고품등 신고서를 작성하여 그 변경되는 날의 직전 과세기간에 대한 신고와 함께 각 납세지 관할 세무서장에게 신고(국세정보통신망에 의한 신고를 포함한다)하여야 한다.

1. 상품
2. 제품[반제품 및 재공품(在工品)을 포함한다]
3. 재료(부재료를 포함한다)
4. 건설 중인 자산
5. 감가상각자산(건물 또는 구축물의 경우에는 취득, 건설 또는 신축 후 10년 이내의 것, 그 밖의 감가상각자산의 경우에는 취득 또는 제작 후 2년 이내의 것으로 한정한다)

② 제1항에 따른 재고품등의 금액은 장부 또는 세금계산서에 의하여 확인되는 해당 재고품등의 취득가액(부가가치세를 포함한다)으로 한다.

③ 제1항에 따라 신고한 자에 대해서는 다음 각 호의 방법에 따라 계산한 금액을 매입세액(이하 "재고매입세액"이라 한다)으로 공제한다. 이 경우 제3호와 제4호에 따른 경과된 과세기간의 수에 관하여는 제66조제2항 후단 및 같은 조 제5항을 준용한다. 〈개정 2021. 2. 17.〉

1. 제1항제1호부터 제3호까지의 규정에 따른 재고품

$$\text{재고매입세액} = \text{재고금액} \times \frac{10}{110} \times (1 - 0.5\text{퍼센트} \times \frac{110}{10})$$

2. 제1항제4호에 따른 건설 중인 자산

$$\text{재고매입세액} = \text{해당 건설 중인 자산과 관련된 공제 대상 매입세액} \times \left(1 - 0.5\text{퍼센트} \times \frac{110}{10}\right)$$

3. 제1항제5호에 따른 자산으로서 다른 사람으로부터 매입한 자산

가. 건물 또는 구축물

$$\text{재고매입세액} = \text{취득가액} \times \left(1 - \frac{10}{100} \times \text{경과된 과세기간의 수}\right) \times \frac{10}{110} \times \left(1 - 0.5\text{퍼센트} \times \frac{110}{10}\right)$$

나. 그 밖의 감가상각자산

$$\text{재고매입세액} = \text{취득가액} \times \left(1 - \frac{50}{100} \times \text{경과된 과세기간의 수}\right) \times \frac{10}{110} \times \left(1 - 0.5\text{퍼센트} \times \frac{110}{10}\right)$$

4. 제1항제5호에 따른 자산으로서 사업자가 직접 제작, 건설 또는 신축한 자산

가. 건물 또는 구축물

$$\text{재고매입세액} = \text{해당 자산의 건설 또는 신축과 관련된 공제 대상 매입세액} \times \left(1 - \frac{10}{100} \times \text{경과된 과세기간의 수}\right) \times \left(1 - 0.5\text{퍼센트} \times \frac{110}{10}\right)$$

나. 그 밖의 감가상각자산

$$\text{재고매입세액} = \text{해당 자산의 제작과 관련된 공제 대상 매입세액} \times \left(1 - \frac{50}{100} \times \text{경과된 과세기간의 수}\right) \times \left(1 - 0.5\text{퍼센트} \times \frac{110}{10}\right)$$

④ 삭제 〈2021. 2. 17.〉

⑤ 일반과세자가 간이과세자로 변경된 후에 다시 일반과세자로 변경되는 경우에는 간이과세자로 변경된 때에 제112조제7항을 적용받지 않는 재고품등에 대해서는 제1항부터 제3항까지의 규정을 적용하지 않는다. 〈개정 2021. 2. 17.〉

⑥ 제1항에 따른 신고를 받은 관할 세무서장은 재고매입세액으로서 공제할 수 있는 재고금액을 조사하여 승인하고 제1항에 따른 기

한이 지난 후 1개월 이내에 해당 사업자에게 공제될 재고매입세액을 통지하여야 한다. 이 경우 그 기한 이내에 통지하지 아니하면 해당 사업자가 신고한 재고금액을 승인한 것으로 본다.

⑦ 제6항에 따라 결정된 재고매입세액은 그 승인을 받은 날이 속하는 예정신고기간 또는 과세기간의 매출세액에서 공제한다.

⑧ 제6항에 따라 승인하거나 승인한 것으로 보는 재고매입세액의 내용에 오류가 있거나 내용이 누락된 경우에는 법 제57조에 따라 재고매입세액을 조사하여 경정한다.

제87조(대손세액 공제의 범위) ① 법 제45조제1항 본문에서 "파산·강제집행이나 그 밖에 대통령령으로 정하는 사유"란 다음 각 호의 어느 하나에 해당하는 경우를 말한다. 〈개정 2019. 2. 12.〉

1. 「소득세법 시행령」 제55조제2항 및 「법인세법 시행령」 제19조의2제1항에 따라 대손금(貸損金)으로 인정되는 경우

2. 「채무자 회생 및 파산에 관한 법률」에 따른 법원의 회생계획인가 결정에 따라 채무를 출자전환하는 경우. 이 경우 대손되어 회수할 수 없는 금액은 출자전환하는 시점의 출자전환된 매출채권 장부가액과 출자전환으로 취득한 주식 또는 출자지분의 시가와의 차액으로 한다.

② 법 제45조에 따른 대손세액 공제의 범위는 사업자가 부가가치세가 과세되는 재화 또는 용역을 공급한 후 그 공급일부터 10년이 지난 날이 속하는 과세기간에 대한 확정신고 기한까지 제1항의 사유로 확정되는 대손세액(법 제57조에 따른 결정 또는 경정으로 증가된 과세표준에 대하여 부가가치세액을 납부한 경우 해당 대손세액을 포함한다)으로 한다. 〈개정 2015. 2. 3., 2020. 2. 11.〉

③ 법 제45조제1항 본문에 따라 공급자가 대손세액을 매출세액에서 차감한 경우 공급자의 관할 세무서장은 대손세액 공제사실을 공급받는 자의 관할 세무서장에게 통지하여야 하며, 법 제45조제3항 본문에 따라 공급받은 자가 관련 대손세액에 해당하는 금액을 매입세액에서 차감하여 신고하지 아니한 경우 같은 항 단서에 따라 결정하거나 경정하여야 한다.

④ 법 제45조제1항에 따라 대손세액 공제를 받으려 하거나 법 제45조제4항에 따라 대손세액을 매입세액에 더하려는 사업자는 제91조제1항에 따른 부가가치세 확정신고서에 기획재정부령으로 정하는

대손세액 공제(변제)신고서와 대손사실 또는 변제사실을 증명하는 서류를 첨부하여 관할 세무서장에게 제출(국세정보통신망에 의한 제출을 포함한다)하여야 한다.

제4절 세액공제

제88조(신용카드 등의 사용에 따른 세액공제 등) ① 법 제46조제1항 각 호 외의 부분에서 "대통령령으로 정하는 전자적 결제 수단에 의하여 대금을 결제받는 경우"란 다음 각 호의 어느 하나에 해당하는 것을 말한다. <신설 2020. 2. 11., 2024. 2. 29.>

1. 다음 각 목의 요건을 모두 갖춘 전자적 결제 수단으로 대금을 결제받는 경우

가. 카드 또는 컴퓨터 등 전자적인 매체에 화폐가치를 저장했다가 재화 또는 용역을 구매할 때 지급하는 결제 수단(이하 이 조에서 "전자화폐"라 한다)일 것

나. 전자화폐를 발행하는 사업자가 결제 명세를 가맹 사업자별로 구분하여 관리하는 결제 수단일 것

2. 통신판매업자가 판매를 대행 또는 중개하는 부가통신사업자를 통해 재화 또는 용역을 공급하고 부가통신사업자로부터 전자적으로 대금을 결제받는 경우(부가통신사업자가 법 제75조제1항 및 이 영 제121조제1항에 따라 제출하는 월별 거래 명세를 통해 그 결제 내역이 확인되는 경우만 해당한다)

② 법 제46조제1항제1호가목에서 "대통령령으로 정하는 사업을 하는 사업자"란 제73조제1항 및 제2항에 따른 사업을 하는 사업자를 말한다. <개정 2016. 2. 17., 2020. 2. 11.>

③ 법 제46조제1항제1호가목에서 "대통령령으로 정하는 금액"이란 사업장을 기준으로 10억원을 말한다. <신설 2016. 2. 17., 2020. 2. 11.>

④ 법 제46조제1항제2호다목에서 "대통령령으로 정하는 것"이란 다음 각 호의 어느 하나에 해당하는 것을 말한다. <개정 2016. 2. 17., 2019. 2. 12., 2020. 2. 11.>

1. 「여신전문금융업법」에 따른 다음 각 목의 것

가. 직불카드영수증

나. 결제대행업체를 통한 신용카드매출전표

다. 선불카드영수증(실제 명의가 확인되는 것으로 한정한다)

2. 「조세특례제한법」 제126조의3에 따른 현금영수증(부가통신사업자가 통신판매업자를 대신하여 발급하는 현금영수증을 포함한다)

3. 「전자금융거래법」에 따른 다음 각 목의 것

가. 직불전자지급수단 영수증

나. 선불전자지급수단 영수증(실제 명의가 확인되는 것으로 한정한다)

다. 전자지급결제대행에 관한 업무를 하는 금융회사 또는 전자금융업자를 통한 신용카드매출전표

⑤ 법 제46조제3항에서 "대통령령으로 정하는 사업자"란 다음 각 호에 해당하지 않는 사업을 경영하는 사업자로서 법 제36조제1항제2호에 해당하지 않는 사업자를 말한다. 〈개정 2016. 2. 17., 2021. 2. 17.〉

1. 목욕 · 이발 · 미용업

2. 여객운송업(「여객자동차 운수사업법 시행령」 제3조에 따른 전세버스운송사업은 제외한다)

3. 입장권을 발행하여 경영하는 사업

4. 제35조제1호 단서의 용역을 공급하는 사업

5. 제35조제5호 단서에 해당하지 아니하는 것으로서 수의사가 제공하는 동물의 진료용역

6. 제36조제2항제1호 및 제2호의 용역을 공급하는 사업

⑥ 법 제46조제3항제1호에서 "대통령령으로 정하는 신용카드매출전표등 수령명세서"란 제74조제1호에 따른 신용카드매출전표등 수령명세서를 말한다. 〈개정 2016. 2. 17.〉

⑦ 법 제46조제3항제2호에서 "대통령령으로 정하는 방법"이란 「소득세법」 제160조의2제4항 또는 「법인세법」 제116조제4항에 따른 방법을 말한다. 〈개정 2016. 2. 17.〉

⑧ 법 제46조제4항에서 "대통령령으로 정하는 자"란 소매업, 음식점업, 숙박업 또는 그 밖에 주로 사업자가 아닌 소비자를 대상으로 하는 사업을 경영하는 자로서 사업규모 및 지역 등을 고려하여 국세청장이 정하는 자를 말한다. 〈개정 2016. 2. 17.〉

⑨ 국세청장은 납세보전에 필요한 범위에서 다음 각 호의 사항을 정할 수 있다. 〈개정 2016. 2. 17.〉

1. 신용카드매출전표와 현금영수증의 발행 및 보급
2. 신용카드가맹점과 현금영수증가맹점 가입 대상자의 지정절차
3. 그 밖에 납세보전 관련 업무의 집행에 필요한 사항

제89조(전자세금계산서 발급 전송에 대한 세액공제 특례) ① 법 제47조제1항 전단에서 "대통령령으로 정하는 개인사업자"란 다음 각 호의 어느 하나에 해당하는 자를 말한다. 〈개정 2022. 2. 15., 2024. 2. 29.〉

1. 직전 연도의 사업장별 재화 및 용역의 공급가액(부가가치세 면세공급가액을 포함한다)의 합계액이 3억원 미만인 개인사업자
2. 해당 연도에 신규로 사업을 개시한 개인사업자

② 법 제47조제1항 전단에서 "대통령령으로 정하는 금액"이란 전자세금계산서 발급 건수 당 200원을 곱하여 계산한 금액을 말한다. 〈개정 2022. 2. 15.〉

제5장 신고와 납부 등

제1절 신고와 납부

제90조(예정신고와 납부) ① 법 제48조제1항·제2항 및 제4항에 따른 부가가치세의 예정신고와 납부를 할 때에는 가산세에 관한 법 제60조 및 「국세기본법」 제47조의2부터 제47조의4까지의 규정은 적용하지 아니하고, 공제세액에 관한 법 제46조제1항·제2항 및 제47조제1항은 적용한다.

② 법 제48조제1항 및 제4항에 따른 부가가치세의 예정신고를 할 때에는 기획재정부령으로 정하는 다음 각 호의 사항을 적은 부가가치세 예정신고서를 각 납세지 관할 세무서장에게 제출(국세정보통신망에 의한 제출을 포함한다)하여야 한다. 다만, 제107조제4항에 따른 신고를 할 때 이미 신고한 내용은 예정신고 대상에서 제외한다.

1. 사업자의 인적사항
2. 납부세액 및 그 계산 근거
3. 공제세액 및 그 계산 근거
4. 법 제54조제1항에 따른 매출·매입처별 세금계산서합계표(이하 "매출·매입처별 세금계산서합계표"라 한다)의 제출 내용
5. 그 밖의 참고 사항

③제2항에 따라 부가가치세 예정신고서를 제출할 때에는 기획재

정부령으로 정하는 다음 표의 구분에 따른 서류를 함께 제출하여야 한다.

구분	제출 서류
1. 법 제39조에 따라 공제받지 못할 매입세액이 있는 경우	공제받지 못할 매입세액 명세서
2. 법 제46조제1항에 따라 신용카드매출전표등을 발행한 사업자의 경우	신용카드매출전표등 발행금액 집계표
3. 법 제46조제1항에 따른 전자적 결제 수단으로 매출하여 공제받는 경우	전자화폐결제명세서
4. 법 제46조제3항에 따라 매입세액을 공제받는 경우	신용카드매출전표등 수령명세서
5. 부동산임대업자의 경우	법 제55조제2항에 따른 부동산임대공급가액명세서와 임대차계약서 사본(사업장을 임대한 후 임대차계약을 갱신한 경우에만 해당한다)
6. 법 제55조제1항에 따른 사업의 경우	현금매출명세서
7. 건물ㆍ기계장치 등을 취득하는 경우	건물 등 감가상각자산 취득명세서
8. 사업자 단위 과세 사업자인 경우	사업자 단위 과세의 사업장별 부가가치세 과세표준 및 납부세액(환급세액) 신고명세서
9. 법 제21조부터 제24조까지 또는 「조세특례제한법」 제105조제1항, 제107조 및 제121조의13에 따라 영세율을 적용하여 재화 또는 용역을 공급한 경우	영세율 매출명세서

④ 법 제48조제3항에서 "대통령령으로 정하는 법인사업자"란 직전 과세기간 공급가액의 합계액이 1억5천만원 미만인 법인사업자를 말한다. 〈신설 2020. 2. 11.〉

⑤ 관할 세무서장은 법 제48조제3항 본문에 따른 부가가치세액에 대하여 다음 표의 구분에 따른 기간 이내에 납부고지서를 발부해야 한다. 〈개정 2020. 2. 11., 2021. 2. 17.〉

구분	기간
1. 제1기분 예정신고기간분	4월 1일부터 4월 10일까지
2. 제2기분 예정신고기간분	10월 1일부터 10월 10일까지

⑥ 법 제48조제4항에서 "휴업 또는 사업 부진으로 인하여 사업실적이 악화된 경우 등 대통령령으로 정하는 사유가 있는 사업자"란 다음 각 호의 어느 하나에 해당하는 자를 말한다. 〈개정 2020. 2. 11.〉

1. 휴업 또는 사업 부진 등으로 인하여 각 예정신고기간의 공급가액 또는 납부세액이 직전 과세기간의 공급가액 또는 법 제48조제3항에 따른 납부세액의 3분의 1에 미달하는 자
2. 각 예정신고기간분에 대하여 제107조에 따라 조기환급을 받으려는 자

⑦ 비거주자 또는 외국법인의 대리인은 해당 비거주자 또는 외국법인을 대리하여 법 제48조, 제49조 및 제54조에 따른 예정신고 및 납부, 확정신고 및 납부, 매출·매입처별 세금계산서합계표의 제출을 하여야 한다. 〈개정 2020. 2. 11.〉

⑧ 제2항에 따라 예정신고를 하는 경우에 다음 각 호의 구분에 따른 서류를 해당 신고서에 첨부하지 아니한 부분은 제2항의 신고로 보지 아니한다. 〈개정 2020. 2. 11.〉

1. 법 제21조부터 제24조까지의 규정에 따라 영세율이 적용되는 과세표준의 경우: 제101조에 따른 서류
2. 「조세특례제한법」 제105조제1항에 따라 영세율이 적용되는 과세표준의 경우: 「조세특례제한법 시행령」 제106조제12항 및 「농·축산·임·어업용 기자재 및 석유류에 대한 부가가치세 영세율 및 면세 적용 등에 관한 특례 규정」 제4조에 따른 서류

⑨ 제35조제5호 각 목의 어느 하나에 해당하는 용역을 공급하는 사업자는 법 제48조 및 제49조에 따른 예정신고 또는 확정신고를 할 때(부가가치세가 면제되는 용역만을 공급하는 경우에는 「소득세법」 제78조에 따른 사업장 현황신고를 할 때)에 기획재정부령으로 정하는 매출명세서를 첨부하여 제출하여야 한다. 〈개정 2020. 2. 11.〉

제91조(확정신고와 납부) ① 법 제49조제1항에 따른 부가가치세의 확정신고를 할 때에는 기획재정부령으로 정하는 다음 각 호의 사항을 적은 부가가치세 확정신고서를 각 납세지 관할 세무서장에게 제출하여야 한다.

1. 사업자의 인적사항
2. 납부세액 및 그 계산근거
3. 가산세액·공제세액 및 그 계산근거
4. 매출·매입처별 세금계산서합계표의 제출 내용
5. 그 밖의 참고 사항

②제1항에 따라 부가가치세 확정신고서를 제출하는 경우에는 기획재정부령으로 정하는 다음 표의 구분에 따른 서류를 함께 제출하여야 한다. 〈개정 2020. 2. 11.〉

구분	제출 서류
1. 법 제10조제9항제2호에 따라 사업을 양도하는 경우	사업양도신고서
2. 법 제39조에 따라 공제받지 못할 매입세액이 있는 경우	공제받지 못할 매입세액 명세서
3. 법 제46조제1항에 따라 신용카드매출전표등을 발행한 사업자의 경우	신용카드매출전표등 발행금액 집계표
4. 법 제46조제1항에 따른 전자적 결제 수단으로 매출하여 공제받는 경우	전자화폐결제명세서
5. 법 제46조제3항에 따라 매입세액을 공제받는 경우	신용카드매출전표등 수령명세서
6. 부동산임대업자의 경우	법 제55조제2항에 따른 부동산임대공급가액명세서와 임대차계약서 사본(사업장을 임대한 후 임대차계약을 갱신한 경우에만 제출한다)

7. 부동산관리업을 경영하는 사업자의 경우. 다만, 주거용건물관리는 제외한다.	건물관리명세서
8. 음식·숙박업자 및 그 밖의 서비스업자의 경우	사업장현황명세서
9. 법 제55조제1항에 따른 사업의 경우	현금매출명세서
10. 건물·기계장치 등을 취득하는 경우	건물 등 감가상각자산 취득명세서
11. 사업자 단위 과세 사업자인 경우	사업자 단위 과세의 사업장별 부가가치세 과세표준 및 납부세액(환급세액) 신고명세서
12. 법 제21조부터 제24조까지 또는 「조세특례제한법」 제105조제1항, 제107조 및 제121조의13에 따라 영세율을 적용하여 재화 또는 용역을 공급한 경우	영세율 매출명세서

③ 제1항에 따라 확정신고를 하는 경우에 다음 각 호의 구분에 따른 서류를 해당 신고서에 첨부하지 아니한 부분은 제1항의 신고로 보지 아니한다.

1. 법 제21조부터 제24조까지의 규정에 따라 영세율이 적용되는 과세표준의 경우: 제101조에 따른 서류

2. 「조세특례제한법」 제105조제1항에 따라 영세율이 적용되는 과세표준의 경우: 「조세특례제한법 시행령」 제106조제12항 및 「농·축산·임·어업용 기자재 및 석유류에 대한 부가가치세 영세율 및 면세 적용 등에 관한 특례 규정」 제4조에 따른 서류

제91조의2(재화의 수입에 대한 부가가치세 납부 유예) ① 법 제50조의2제1항에서 "매출액에서 수출액이 차지하는 비율 등 대통령령으로 정하는 요건을 충족하는 중소·중견사업자"란 다음 각 호의 요건을 모두 충족하는 중소·중견사업자(이하 이 조에서 "중소·중견사업자"라 한다)를 말한다. 〈개정 2017. 2. 7., 2020. 2. 11., 2021. 2. 17., 2024. 2. 29.〉

1. 직전 사업연도에 「조세특례제한법 시행령」 제2조에 따른 중소

기업 또는 같은 영 제6조의4제1항에 따른 중견기업에 해당하는 법인(「조세특례제한법」 제6조제3항제2호에 따른 제조업을 주된 사업으로 경영하는 기업에 한정한다)일 것

2. 직전 사업연도에 법 제21조에 따라 영세율을 적용받은 재화의 공급가액의 합계액(이하 이 호에서 "수출액"이라 한다)이 다음 각 목에 해당할 것

가. 직전 사업연도에 「조세특례제한법 시행령」 제2조에 따른 중소기업인 경우: 직전 사업연도에 공급한 재화 또는 용역의 공급가액의 합계액에서 수출액이 차지하는 비율이 30퍼센트 이상이거나 수출액이 50억원 이상일 것

나. 직전 사업연도에 「조세특례제한법 시행령」 제6조의4제1항에 따른 중견기업인 경우: 직전 사업연도에 공급한 재화 또는 용역의 공급가액의 합계액에서 수출액이 차지하는 비율이 30퍼센트 이상일 것

3. 제3항에 따른 확인 요청일 현재 다음 각 목의 요건에 모두 해당할 것

가. 최근 3년간 계속하여 사업을 경영하였을 것

나. 최근 2년간 국세(관세를 포함한다. 이하 이 조에서 같다)를 체납(납부고지서에 따른 납부기한의 다음 날부터 15일 이내에 체납된 국세를 모두 납부한 경우는 제외한다)한 사실이 없을 것

다. 최근 2년간 「조세범처벌법」 또는 「관세법」 위반으로 처벌받은 사실이 없을 것

라. 최근 2년간 법 제50조의2제3항에 따라 납부유예가 취소된 사실이 없을 것

② 법 제50조의2제1항에서 "원재료 등 대통령령으로 정하는 재화"란 중소·중견사업자가 자기의 과세사업에 사용하기 위한 재화를 말한다. 다만, 법 제39조제1항에 따라 매출세액에서 공제되지 아니하는 매입세액과 관련된 재화는 제외한다. 〈개정 2017. 2. 7.〉

③ 중소·중견사업자는 다음 각 호의 신고기한의 만료일 중 늦은 날부터 3개월 이내에 관할 세무서장에게 제1항 각 호 요건의 충족 여부의 확인을 요청할 수 있다. 〈개정 2017. 2. 7., 2020. 2. 11.〉

1. 직전 사업연도에 대한 「법인세법」 제60조 또는 제76조의17에 따른 신고기한

2. 직전 사업연도에 대한 법 제49조에 따른 신고기한

④ 관할 세무서장은 중소·중견사업자가 제3항에 따른 확인을 요청한 경우에는 해당 중소·중견사업자가 제1항 각 호에 해당하는지 여부를 확인한 후 요청일부터 1개월 이내에 기획재정부령으로 정하는 확인서를 해당 중소·중견사업자에게 발급하여야 한다. 〈개정 2017. 2. 7.〉

⑤ 법 제50조의2제1항에 따라 부가가치세의 납부를 유예받으려는 중소·중견사업자는 제4항에 따라 발급받은 확인서를 첨부하여 기획재정부령으로 정하는 부가가치세 납부유예 적용 신청서를 관할 세관장에게 제출하여야 한다. 〈개정 2017. 2. 7.〉

⑥ 법 제50조의2제1항에 따른 납부유예는 「관세법」 제38조에 따른 납세신고를 할 때 납부하여야 하는 부가가치세에 한정하여 적용한다.

⑦ 제5항에 따라 신청을 받은 관할 세관장은 신청일부터 1개월 이내에 납부유예의 승인 여부를 결정하여 해당 중소·중견사업자에게 통지하여야 한다. 〈개정 2017. 2. 7.〉

⑧ 제7항에 따라 납부유예를 승인하는 경우 그 유예기간은 1년으로 한다.

⑨ 중소·중견사업자는 법 제48조제1항, 법 제49조제1항 또는 법 제59조제2항에 따른 신고를 할 때 해당 재화에 대하여 법 제38조제1항제2호에 따라 공제하는 매입세액과 납부가 유예된 세액을 정산하여 납부하여야 한다. 〈개정 2017. 2. 7.〉

⑩ 법 제50조의2제3항에서 "국세를 체납하는 등 대통령령으로 정하는 사유"란 해당 중소·중견사업자가 납부유예를 승인받은 후 다음 각 호의 어느 하나에 해당하게 된 경우를 말한다. 〈개정 2017. 2. 7.〉

1. 해당 중소·중견사업자가 국세를 체납한 경우

2. 해당 중소·중견사업자가 「조세범처벌법」 또는 「관세법」 위반으로 국세청장·지방국세청장·세무서장 또는 관세청장·세관장으로부터 고발된 경우

3. 제1항 각 호의 요건을 충족하지 아니한 중소·중견사업자에게 납부유예를 승인한 사실을 관할 세관장이 알게 된 경우

⑪ 국세청장, 지방국세청장, 세무서장은 해당 중소·중견사업자가

제10항 각 호의 어느 하나에 해당하는 사실을 알게 되었을 때에는 지체 없이 그 사실을 관세청장에게 통보하여야 한다. 〈개정 2017. 2. 7.〉

⑫ 법 제50조의2제3항에 따른 납부유예 취소는 중소·중견사업자가 부가가치세 납부를 유예받고 수입한 재화에 대해서는 영향을 미치지 아니한다. 〈개정 2017. 2. 7.〉

⑬ 법 제50조의2제1항에 따라 납부가 유예된 후 세액을 정정하기 위한 수정신고 등에 관하여는 「관세법」에서 정하는 바에 따른다.

[본조신설 2016. 2. 17.]

제92조(주사업장 총괄 납부) ① 법 제51조에 따른 주된 사업장은 법인의 본점(주사무소를 포함한다. 이하 같다) 또는 개인의 주사무소로 한다. 다만, 법인의 경우에는 지점(분사무소를 포함한다)을 주된 사업장으로 할 수 있다.

② 법 제51조에 따라 주된 사업장에서 총괄하여 납부하는 사업자(이하 "주사업장 총괄 납부 사업자"라 한다)가 되려는 자는 그 납부하려는 과세기간 개시 20일 전에 다음 각 호의 사항을 적은 주사업장 총괄 납부 신청서를 주된 사업장의 관할 세무서장에게 제출(국세정보통신망에 의한 제출을 포함한다)하여야 한다.

1. 사업자의 인적사항
2. 총괄 납부 신청사유
3. 그 밖의 참고 사항

③ 제2항에도 불구하고 다음 각 호의 어느 하나에 해당하는 사업자가 주된 사업장에서 총괄하여 납부하려는 경우에는 다음 각 호의 구분에 따른 기한까지 제2항에 따른 주사업장 총괄 납부 신청서를 주된 사업장의 관할 세무서장에게 제출(국세정보통신망에 의한 제출을 포함한다)하여야 한다. 〈개정 2019. 2. 12.〉

1. 신규로 사업을 시작하는 자: 주된 사업장의 사업자등록증을 받은 날부터 20일
2. 사업장이 하나이나 추가로 사업장을 개설하는 자: 추가 사업장의 사업 개시일부터 20일(추가 사업장의 사업 개시일이 속하는 과세기간 이내로 한정한다)

④ 제3항에 따라 주사업장 총괄 납부를 신청한 자는 해당 신청일이 속하는 과세기간부터 총괄하여 납부한다. 〈개정 2019. 2. 12.〉

제93조(주사업장 총괄 납부의 변경) ① 주사업장 총괄 납부 사업자는 다음 각 호의 사유가 발생한 경우에는 법 제51조제2항에 따라 다음 각 호의 구분에 따른 관할 세무서장에게 사업자의 인적사항, 변경사유 등이 적힌 주사업장 총괄 납부 변경신청서를 제출(국세정보통신망에 의한 제출을 포함한다)하여야 한다. 이 경우 제1호와 제3호에 따라 신청서를 받은 종된 사업장의 관할 세무서장은 주된 사업장의 관할 세무서장에게 그 신청서를 지체 없이 보내야 한다.

1. 종된 사업장을 신설하는 경우 : 그 신설하는 종된 사업장 관할 세무서장

2. 종된 사업장을 주된 사업장으로 변경하려는 경우: 주된 사업장으로 변경하려는 사업장 관할 세무서장

3. 제14조제1항 각 호의 어느 하나에 해당하는 경우: 그 정정사유가 발생한 사업장 관할 세무서장(같은 항 제2호에 해당하는 경우에는 주된 사업장 관할 세무서장)

4. 일부 종된 사업장을 총괄 납부 대상 사업장에서 제외하려는 경우: 주된 사업장 관할 세무서장

5. 기존의 사업장을 총괄 납부 대상 사업장에 추가하려는 경우: 주된 사업장 관할 세무서장

② 제1항에 따라 주사업장 총괄 납부 변경신청서를 제출하였을 때에는 그 변경신청서를 제출한 날이 속하는 과세기간부터 총괄하여 납부한다.

제94조(주사업장 총괄 납부의 적용 제외 및 포기) ① 주사업장 총괄 납부 사업자가 다음 각 호의 어느 하나에 해당하는 경우 주된 사업장 관할 세무서장은 주사업장 총괄 납부를 적용하지 아니할 수 있다.

1. 사업내용의 변경으로 총괄 납부가 부적당하다고 인정되는 경우

2. 주된 사업장의 이동이 빈번한 경우

3. 그 밖의 사정변경으로 인하여 총괄 납부가 적당하지 아니하게 된 경우

② 주사업장 총괄 납부 사업자가 법 제51조에 따른 주사업장 총괄 납부를 포기할 때에는 각 사업장에서 납부하려는 과세기간 개시 20일 전에 다음 각 호의 사항을 적은 주사업장 총괄 납부 포기신고서를 주된 사업장 관할 세무서장에게 제출(국세정보통신망에 의한 제출을 포함한다)하여야 한다.

1. 사업자의 인적사항
2. 총괄 납부 포기사유
3. 그 밖의 참고 사항

③ 제1항과 제2항에 따라 주사업장 총괄 납부를 적용하지 아니하게 되거나 포기한 경우에 주된 사업장 관할 세무서장은 지체 없이 그 내용을 해당 사업자와 주된 사업장 외의 사업장 관할 세무서장에게 통지하여야 한다.

④ 제1항과 제2항에 따라 주사업장 총괄 납부를 적용하지 아니하게 되거나 포기한 경우에는 그 적용을 하지 아니하게 된 날 또는 포기한 날이 속하는 과세기간의 다음 과세기간부터 각 사업장에서 납부하여야 한다.

제95조(대리납부) ① 법 제52조제1항에 따라 징수한 부가가치세는 다음 각 호의 사항을 적은 부가가치세 대리납부신고서와 함께 부가가치세를 징수한 사업장 또는 주소지 관할 세무서장에게 납부하거나 「국세징수법」에 따른 납부서를 작성하여 한국은행(그 대리점을 포함한다. 이하 같다) 또는 체신관서에 납부하여야 한다.

1. 용역등 공급자의 상호ㆍ주소ㆍ성명
2. 대리납부하는 사업자의 인적사항
3. 공급가액 및 부가가치세액
4. 그 밖의 참고 사항

②법 제52조제1항을 적용할 때 비거주자 또는 외국법인으로부터 공급받은 용역등이 과세사업과 면세사업등에 공통으로 사용되어 그 실지귀속을 구분할 수 없는 경우 그 면세사업등에 사용된 용역등의 과세표준은 다음 계산식에 따라 계산한 금액으로 한다. 다만, 과세기간 중 과세사업과 면세사업등의 공급가액이 없거나 그 어느 한 사업에 공급가액이 없으면 그 과세기간에 대한 안분 계산은 제81조제4항과 제82조를 준용한다.

$$\text{과세표준} = \text{해당 용역등의 총공급가액} \times \frac{\text{대가의 지급일이 속하는 과세기간의 면세공급가액}}{\text{대가의 지급일이 속하는 과세기간의 총공급가액}}$$

③ 법 제52조제1항을 적용할 때 대가를 외화로 지급하는 경우에는 다음 각 호의 구분에 따른 금액을 그 대가로 한다. 〈개정 2021. 2. 17.〉

1. 원화로 외화를 매입하여 지급하는 경우: 지급일 현재의 대고객외국환매도율에 따라 계산한 금액

2. 보유 중인 외화로 지급하는 경우: 지급일 현재의 「외국환거래법」에 따른 기준환율 또는 재정환율에 따라 계산한 금액

④ 법 제52조제1항제2호에서 "대통령령으로 정하는 경우"란 다음 각 호의 어느 하나에 해당하는 경우를 말한다. 〈개정 2019. 2. 12.〉

1. 「소득세법」 제156조제1항 각 호 외의 부분 또는 「법인세법」 제98조제1항 각 호 외의 부분에 해당하는 경우

2. 제1호 외의 경우로서 해당 용역등의 제공이 국내사업장에 귀속되지 아니하는 경우

⑤ 법 제52조제4항에 따라 사업을 양수받는 자가 그 대가를 받은 자로부터 징수한 부가가치세는 다음 각 호의 사항을 적은 부가가치세 대리납부신고서와 함께 사업장 관할 세무서장에게 납부하거나 「국세징수법」에 따른 납부서를 작성하여 한국은행 또는 체신관서에 납부하여야 한다. 〈신설 2014. 2. 21.〉

1. 사업양수자의 인적사항

2. 사업의 양수에 따른 대가를 받은 자의 인적사항

3. 사업의 양수에 따른 대가의 가액과 부가가치세액

4. 그 밖의 참고 사항

제96조 삭제 〈2016. 2. 17.〉

제96조의2(전자적 용역을 공급하는 국외사업자의 용역 공급과 사업자등록 등에 관한 특례) ① 법 제53조의2제1항제1호에서 "게임·음성·동영상 파일 또는 소프트웨어 등 대통령령으로 정하는 용역"이란 이동통신단말장치 또는 컴퓨터 등에 저장되어 구동되거나, 저장되지 아니하고 실시간으로 사용할 수 있는 것으로서 다음 각 호의 어느 하나에 해당하는 것을 말한다. 〈개정 2019. 2. 12.〉

1. 게임·음성·동영상 파일, 전자 문서 또는 소프트웨어와 같은 저작물 등으로서 광(光) 또는 전자적 방식으로 처리하여 부호·문자·음성·음향 및 영상 등의 형태로 제작 또는 가공된 것

2. 제1호에 따른 전자적 용역을 개선시키는 것

② 법 제53조의2제1항제4호에서 "대통령령으로 정하는 용역"이란 다음 각 호의 어느 하나에 해당하는 것을 말한다. 다만, 재화 또는 용역의 공급에 대한 대가에 중개 용역의 대가가 포함되어 법 제3조에 따른 납세의무자가 부가가치세를 신고하고 납부하는 경우는 제외한다. 〈신설 2019. 2. 12.〉

1. 국내에서 물품 또는 장소 등을 대여하거나 사용·소비할 수 있도록 중개하는 것

2. 국내에서 재화 또는 용역을 공급하거나 공급받을 수 있도록 중개하는 것

③ 법 제53조의2제1항 또는 제2항에 따라 간편사업자등록을 하려는 사업자는 국세정보통신망에 접속하여 다음 각 호의 사항을 입력하는 방식으로 국세청장에게 간편사업자등록을 해야 한다. 〈개정 2019. 2. 12., 2021. 2. 17.〉

1. 사업자 및 대표자의 이름과 전화번호, 우편주소, 이메일 주소 및 웹사이트 주소 등의 연락처. 이 경우 법인인 사업자가 법인 이름과 다른 이름으로 거래하는 경우 거래이름을 포함한다.

2. 등록국가·주소 및 등록번호 등 용역을 제공하는 사업장이 소재하는 국외 사업자 등록 관련 정보

3. 제공하는 전자적 용역의 종류, 국내에 전자적 용역을 공급하는 사업개시일 및 그 밖에 간편사업자등록을 위하여 필요한 사항으로서 기획재정부령으로 정하는 것

④ 국세청장은 제3항에 따른 간편사업자등록을 한 자(이하 "간편사업자등록자"라 한다)에 대하여 간편사업자등록번호를 부여하고, 사업자(납세관리인이 있는 경우 납세관리인을 포함한다)에게 통지(정보통신망을 이용한 통지를 포함한다)하여야 한다. 〈개정 2019. 2. 12., 2022. 2. 15.〉

⑤ 법 제53조의2제4항에 따라 부가가치세를 신고하려는 사업자는 국세정보통신망에 접속하여 다음 각 호의 사항을 입력하는 방식으로 부가가치세 예정신고 및 확정신고를 하여야 한다. 〈개정 2019. 2. 12.〉

1. 사업자이름 및 간편사업자등록번호

2. 신고기간 동안 국내에 공급한 전자적 용역의 총 공급가액, 공제받을 매입세액 및 납부할 세액

3. 그 밖에 필요한 사항으로서 기획재정부령으로 정하는 것

⑥ 법 제53조의2제4항에 따른 납부는 국세청장이 정하는 바에 따라 외국환은행의 계좌에 납입하는 방식으로 한다. 〈개정 2019. 2. 12.〉

⑦ 제59조에도 불구하고 간편사업자등록자가 국내에 공급한 전자적 용역의 대가를 외국통화나 그 밖의 외국환으로 받은 경우에는 과세기간 종료일(예정신고 및 납부에 대해서는 예정신고기간 종료일을 말한다)의 기준환율을 적용하여 환가한 금액을 과세표준으로 할 수 있다. 이 경우 국세청장은 정보통신망을 이용하여 통지하거나 국세정보통신망에 고시하는 방법 등으로 사업자(납세관리인이 있는 경우 납세관리인을 포함한다)에게 기준환율을 알려야 한다. 〈개정 2019. 2. 12.〉

⑧ 법 제53조의2제6항에 따른 전자적 용역의 공급에 대한 거래명세에는 다음 각 호의 사항이 포함되어야 한다. 〈신설 2022. 2. 15.〉

1. 공급한 전자적 용역의 종류
2. 공급가액과 부가가치세액
3. 제11항 각 호의 시기
4. 공급받는 자의 등록번호(사업자인 경우로 한정한다) 및 성명 · 상호
5. 그 밖에 기획재정부령으로 정하는 사항

⑨ 간편사업자등록자는 법 제53조의2제6항에 따른 전자적 용역의 공급에 대한 거래명세를 정보처리장치 등의 전자적 형태로 보관할 수 있다. 〈신설 2022. 2. 15.〉

⑩ 법 제53조의2제9항에서 "대통령령으로 정하는 경우"란 다음 각 호의 경우를 말한다. 〈신설 2022. 2. 15.〉

1. 간편사업자등록자가 부도발생, 고액체납 등으로 도산하여 소재불명인 경우
2. 간편사업자등록자가 사업의 영위에 필요한 인허가 등이 취소되는 등의 사유로 대한민국 또는 제3항제2호에 따른 등록국가에서 사업을 수행할 수 없는 경우
3. 간편사업자등록자가 전자적 용역을 공급하기 위한 인터넷 홈페이지[이동통신단말장치에서 사용되는 애플리케이션(Application), 그 밖에 이와 비슷한 응용프로그램을 통하여 가상의 공간에 개설한 장소를 포함한다]를 폐쇄한 경우
4. 간편사업자등록자가 정당한 사유 없이 계속하여 둘 이상의 과

세기간에 걸쳐 부가가치세를 신고하지 않은 경우

5. 그 밖에 제1호부터 제4호까지의 경우와 유사한 경우로서 국세청장이 간편사업자등록자가 사실상 폐업상태에 있다고 인정하는 경우

⑪ 법 제53조의2제10항에 따라 국내로 공급되는 전자적 용역의 공급시기는 다음 각 호의 시기 중 빠른 때로 한다. 〈개정 2019. 2. 12., 2022. 2. 15.〉

1. 구매자가 공급하는 자로부터 전자적 용역을 제공받은 때

2. 구매자가 전자적 용역을 구매하기 위하여 대금의 결제를 완료한 때

⑫ 법 제53조의2제10항에 따라 간편사업자등록을 한 사업자의 납세지는 사업자의 신고·납부의 효율과 편의를 고려하여 국세청장이 지정한다. 〈개정 2019. 2. 12., 2022. 2. 15.〉

[본조신설 2015. 2. 3.]

제2절 제출서류 등

제97조(세금계산서합계표의 제출방법) ① 사업자가 국세청장이 정하는 바에 따라 매출·매입처별 세금계산서합계표의 기재사항을 모두 적은 것으로서 전자계산조직을 이용하여 처리된 테이프 또는 디스켓을 제출하는 경우에는 법 제54조에 따른 매출·매입처별 세금계산서합계표를 제출한 것으로 본다.

② 제1항에서 규정한 사항 외에 세금계산서합계표의 제출 방법에 관하여 필요한 사항은 기획재정부령으로 정한다.

제98조(세금계산서합계표) 법 제54조제1항제5호에 따라 매출·매입처별 세금계산서합계표에 적을 사항은 거래처별 세금계산서 발급매수와 그 밖에 기획재정부령으로 정하는 것으로 한다. 〈개정 2023. 2. 28.〉

제99조(매입처별 세금계산서합계표 제출의무자의 범위) 법 제54조제5항에서 "대통령령으로 정하는 자"란 다음 각 호의 자를 말한다. 〈개정 2022. 2. 15.〉

1. 부가가치세가 면제되는 사업자 중 소득세 또는 법인세의 납세의무가 있는 자(「조세특례제한법」에 따라 소득세 또는 법인세가 면제되는 자를 포함한다)

2. 「민법」 제32조에 따라 설립된 법인

3. 특별법에 따라 설립된 법인
4. 각급학교 기성회, 후원회 또는 이와 유사한 단체
5. 「법인세법」 제94조의2에 따른 외국법인연락사무소
[제목개정 2022. 2. 15.]

제100조(현금매출명세서의 제출) 법 제55조제1항에서 "대통령령으로 정하는 사업"이란 예식장업, 부동산중개업, 보건업(병원과 의원으로 한정한다)과 제109조제2항제7호의 사업을 말한다.

제101조(영세율 첨부서류의 제출) ①법 제21조부터 제24조까지의 규정에 따라 영세율이 적용되는 경우에는 부가가치세 예정신고서에 다음 표의 구분에 따른 서류를 첨부하여 제출하여야 한다. 다만, 부득이한 사유로 해당 서류를 첨부할 수 없을 때에는 국세청장이 정하는 서류로 대신할 수 있다. 〈개정 2015. 2. 3., 2016. 2. 17., 2022. 2. 15., 2023. 2. 28.〉

구분	제출 서류
1. 법 제21조제2항제1호의 경우	기획재정부령으로 정하는 수출실적명세서(전자계산조직을 이용하여 처리된 테이프 또는 디스켓을 포함한다). 다만, 소포우편을 이용하여 수출한 경우에는 해당 국장이 발행하는 소포수령증으로 한다.
2. 법 제21조제2항제2호의 경우	수출계약서 사본 또는 외국환은행이 발행하는 외화입금증명서. 이 경우 제31조제1항제3호를 적용받는 사업자가 같은 항 제4호를 적용받는 사업자로부터 매입하는 경우는 매입계약서를 추가로 첨부한다.

<table>
<tr><td rowspan="2">3. 제31조제2항제1호 및 제33조제2항제4호의 경우</td><td>가. 내국신용장 또는 구매확인서가 「전자무역 촉진에 관한 법률」 제12조제1항제3호 및 제5호에 따라 전자무역기반시설을 통하여 개설되거나 발급된 경우</td><td>기획재정부령으로 정하는 내국신용장·구매확인서 전자발급명세서</td></tr>
<tr><td>나. 가목 외의 경우</td><td>내국신용장 사본</td></tr>
<tr><td colspan="2">4. 제31조제2항제2호의 경우</td><td>한국국제협력단이 교부한 공급사실을 증명할 수 있는 서류</td></tr>
<tr><td colspan="2">5. 제31조제2항제3호의 경우</td><td>한국국제보건의료재단이 교부한 공급사실을 증명할 수 있는 서류</td></tr>
<tr><td colspan="2">6. 제31조제2항제4호의 경우</td><td>대한적십자사가 교부한 공급사실을 증명할 수 있는 서류</td></tr>
<tr><td colspan="2">7. 제31조제2항제5호의 경우</td><td>가. 제31조제2항제5호라목의 사실을 입증할 수 있는 관계 증명서류
나. 외국환은행이 발행하는 외화입금증명서</td></tr>
<tr><td colspan="2">8. 법 제22조의 경우</td><td>외국환은행이 발급하는 외화입금증명서 또는 국외에서 제공하는 용역에 관한 계약서</td></tr>
</table>

9. 법 제23조의 경우	외국환은행이 발급하는 외화입금증명서. 다만, 항공기의 외국항행용역의 경우에는 공급가액확정명세서로 한다.
10.제33조제2항제1호 및 제2호의 경우	가.외국환은행이 발급하는 외화입금증명서 나.해당 국가의 현행 법령 등 해당 국가에서 우리나라의 거주자 또는 내국법인에 대하여 동일하게 면세한다는 사실을 입증할 수 있는 관계 증명서류(제33조제2항제1호나목 중 전문서비스업과 같은 호 아목 및 자목에 해당하는 용역의 경우로 한정한다) 다. 정보통신망을 통해 제33조제2항제1호 바목에 해당하는 용역을 법 제52조제1항 각 호의 어느 하나에 해당하는 자에게 제공하였음을 증명하는 서류(제33조제2항제1호바목의 경우만 해당한다)
11. 제33조제2항제3호의 경우	가. 임가공계약서 사본(수출재화임가공용역을 해당 수출업자와 같은 장소에서 제공하는 경우는 제외한다) 나. 해당 수출업자가 교부한 납품사실을 증명할 수 있는 서류(수출업자와 직접 도급계약을 한 부분으로 한정한다) 또는 수출대금입금증명서

12. 제33조제2항제5호의 경우	관할 세관장이 발급하는 선(기)적완료증명서. 다만, 「전기통신사업법」에 따른 전기통신사업의 경우에는 용역공급기록표로 하고, 「개별소비세법 시행령」 제20조제2항제3호 및 「교통·에너지·환경세법 시행령」 제17조제2항제2호에 따른 석유류 면세의 경우에는 유류공급명세서로 한다.
13. 법 제24조제1항제1호 및 제33조제2항제6호의 경우	외국환은행이 발급하는 수출(군납)대금입금증명서 또는 법 제24조제1항제1호에 따른 해당 외교공관등이 발급한 납품 또는 용역 공급사실을 증명할 수 있는 서류. 다만, 전력, 가스 또는 그 밖에 공급단위를 구획할 수 없는 재화를 계속적으로 공급하는 사업의 경우에는 재화공급기록표, 「전기통신사업법」에 따른 전기통신사업의 경우에는 용역공급기록표로 한다.
14. 제33조제2항제7호의 경우	외국환은행이 발급하는 외화입금증명서. 다만, 외화 현금으로 받는 경우에는 관광알선수수료명세표 및 외화매입증명서로 한다.
15. 삭제 <2023. 2. 28.>	
16. 제33조제2항제9호의 경우	외국환은행이 발급하는 외화입금증명서 또는 외화매입증명서

17. 법 제24조제1항제2호 및 「조세특례제한법 시행령」 제108조의 경우	외교관면세판매기록표

② 법 제21조부터 제24조까지의 규정과 이 영 제33조에 따라 영세율이 적용되는 경우에는 부가가치세 확정신고서에 제1항의 서류를 첨부하여 제출하여야 한다. 다만, 부가가치세 예정신고 및 제107조제4항에 따른 신고를 할 때 이미 제출한 서류는 제외한다.

③ 「개별소비세법」에 따른 수출면세의 적용을 받기 위하여 제1항 각 호의 서류를 관할 세무서장에게 이미 제출한 경우에는 기획재정부령으로 정하는 영세율 첨부서류 제출명세서로 제1항의 표 각 호의 서류를 대신할 수 있다.

④ 사업자가 국세청장이 정하는 바에 따라 제1항의 표 제1호의 제출 서류란 단서에 따른 소포수령증 및 같은 항의 표 제2호부터 제17호까지의 서류를 복사하여 저장한 테이프 또는 디스켓을 제3항의 영세율첨부서류제출명세서(전자계산조직을 이용하여 처리된 테이프 또는 디스켓을 포함한다)와 함께 제출하는 경우에는 제1항의 표 각 호의 서류를 제출한 것으로 본다.

제6장 결정 · 경정 · 징수와 환급

제1절 결정 등

제102조(결정 · 경정 기관) ① 법 제57조에 따른 부가가치세의 과세표준과 납부세액 또는 환급세액의 결정 · 경정은 각 납세지 관할 세무서장이 한다. 다만, 국세청장이 특히 중요하다고 인정하는 경우에는 납세지 관할 지방국세청장 또는 국세청장이 결정하거나 경정할 수 있다.

② 법 제51조에 따라 주사업장 총괄 납부를 하는 경우 각 납세지 관할 세무서장, 납세지 관할 지방국세청장 또는 국세청장이 제1항에 따라 과세표준과 납부세액 또는 환급세액을 결정하거나 경정하였을 때에는 지체 없이 납세지 관할 세무서장 또는 총괄 납부를 하는 주된 사업장의 관할 세무서장에게 통지하여야 한다.

제103조(결정 · 경정 사유의 범위) ① 법 제57조제1항제4호에서 "대통령령으로 정하는 사유로 부가가치세를 포탈(逋脫)할 우려가 있는 경우"란 다음 각 호의 어느 하나에 해당하는 경우를 말한다.

1. 사업장의 이동이 빈번한 경우

2. 사업장의 이동이 빈번하다고 인정되는 지역에 사업장이 있을 경우

3. 휴업 또는 폐업 상태에 있을 경우

4. 법 제46조제4항에 따라 신용카드가맹점 또는 현금영수증가맹점 가입 대상자로 지정받은 사업자가 정당한 사유 없이 신용카드가맹점 또는 현금영수증가맹점으로 가입하지 아니한 경우로서 사업 규모나 영업 상황으로 보아 신고 내용이 불성실하다고 판단되는 경우

5. 법 제59조제2항에 따른 조기환급 신고의 내용에 오류가 있거나 내용이 누락된 경우

② 제73조제1항 각 호의 사업 중 국세청장이 정하는 업종을 경영하는 사업자로서 같은 장소에서 계속하여 5년 이상 사업을 경영한 자에 대해서는 객관적인 증명자료로 보아 과소하게 신고한 것이 분명한 경우에만 경정할 수 있다.

제104조(추계 결정ㆍ경정 방법) ① 법 제57조제2항 단서에 따른 추계는 다음 각 호의 방법에 따른다. 〈개정 2021. 1. 5.〉

1. 장부의 기록이 정당하다고 인정되고 신고가 성실하여 법 제57조제1항에 따른 경정을 받지 아니한 같은 업종과 같은 현황의 다른 사업자와 권형(權衡)에 따라 계산하는 방법

2. 국세청장이 업종별로 투입원재료에 대하여 조사한 생산수율(生産收率)이 있을 때에는 생산수율을 적용하여 계산한 생산량에 그 과세기간 중에 공급한 수량의 시가를 적용하여 계산하는 방법

3. 국세청장이 사업의 종류ㆍ지역 등을 고려하여 사업과 관련된 종업원, 객실, 사업장, 차량, 수도, 전기 등 인적ㆍ물적 시설의 수량 또는 가액과 매출액의 관계를 정한 영업효율이 있을 때에는 영업효율을 적용하여 계산하는 방법

4. 국세청장이 사업의 종류별ㆍ지역별로 정한 다음 각 목 중 어느 하나에 해당하는 기준에 따라 계산하는 방법

가. 생산에 투입되는 원재료, 부재료 중에서 일부 또는 전체의 수량과 생산량의 관계를 정한 원단위 투입량

나. 인건비, 임차료, 재료비, 수도광열비, 그 밖의 영업비용 중에서 일부 또는 전체의 비용과 매출액의 관계를 정한 비용관계비율

다. 일정기간 동안의 평균재고금액과 매출액 또는 매출원가의

관계를 정한 상품회전율

라. 일정기간 동안의 매출액과 매출총이익의 비율을 정한 매매총이익률

마. 일정기간 동안의 매출액과 부가가치액의 비율을 정한 부가가치율

5. 추계 경정·결정 대상 사업자에 대하여 제2호부터 제4호까지의 비율을 계산할 수 있는 경우에는 그 비율을 적용하여 계산하는 방법

6. 주로 최종소비자를 대상으로 거래하는 음식 및 숙박업과 서비스업에 대해서는 국세청장이 정하는 입회조사기준에 따라 계산하는 방법

② 제1항에 따라 납부세액을 계산할 때 공제하는 매입세액은 법 제32조에 따라 발급받은 세금계산서를 관할 세무서장에게 제출하고 그 기재내용이 분명한 부분으로 한정한다. 다만, 재해 또는 그 밖의 불가항력으로 인하여 발급받은 세금계산서가 소멸되어 세금계산서를 제출하지 못하게 되었을 때에는 해당 사업자에게 공급한 거래상대방이 제출한 세금계산서에 의하여 확인되는 것을 납부세액에서 공제하는 매입세액으로 한다.

제104조의2(수시부과의 결정) 법 제57조의2제1항제2호에서 "대통령령으로 정하는 사유로 부가가치세를 포탈할 우려가 있는 경우"란 제103조제1항 각 호의 어느 하나에 해당하는 경우를 말한다.

[본조신설 2025. 2. 28.]

제105조(재화의 수입에 대한 징수) 세관장이 법 제58조제2항에 따라 부가가치세를 징수할 때(납부받거나 환급할 때를 포함한다)에는 「관세법」 제11조, 제16조부터 제19조까지, 제38조, 제38조의2부터 제38조의4까지, 제39조, 제41조, 제43조, 제46조, 제47조, 제106조 및 제106조의2에 따른다. 〈개정 2023. 2. 28.〉

제106조(환급) ① 법 제59조에 따라 환급하여야 할 세액은 법 제48조·제49조 또는 이 영 제107조제5항에 따라 제출한 신고서 및 이에 첨부된 증명서류와 법 제54조에 따라 제출한 매입처별 세금계산서합계표, 신용카드매출전표등 수령명세서에 의하여 확인되는 금액으로 한정한다.

② 관할 세무서장은 법 제57조에 따른 결정·경정에 의하여 추가

로 발생한 환급세액이 있는 경우에는 지체 없이 사업자에게 환급하여야 한다.

제107조(조기환급) ① 관할 세무서장은 법 제59조제2항에 따른 환급세액을 각 예정신고기간별로 그 예정신고 기한이 지난 후 15일 이내에 예정신고한 사업자에게 환급하여야 한다.

② 법 제59조제2항제2호에서 “대통령령으로 정하는 사업 설비”란 「소득세법 시행령」 제62조 및 「법인세법 시행령」 제24조에 따른 감가상각자산을 말한다.

③ 제1항에 따라 조기환급을 받으려는 사업자가 제90조제2항 또는 제91조제1항에 따른 신고서를 제출한 경우에는 법 제59조제2항에 따라 조기환급을 신고한 것으로 본다. 다만, 법 제59조제2항제2호에 해당하는 경우에는 다음 각 호의 사항을 적은 건물 등 감가상각자산 취득명세서를, 같은 항 제3호에 해당하는 경우에는 기획재정부령으로 정하는 재무구조개선계획서를 각각 그 신고서에 첨부하여야 한다. 〈개정 2017. 2. 7.〉

1. 사업 설비의 종류, 용도, 설비예정일자 및 설비일자
2. 공급받은 재화 또는 용역과 그 매입세액
3. 그 밖의 참고 사항

④ 법 제59조제2항이 적용되는 사업자가 예정신고기간 중 또는 과세기간 최종 3개월 중 매월 또는 매 2월(이하 “조기환급기간”이라 한다)에 조기환급기간이 끝난 날부터 25일 이내(이하 이 항에서 “조기환급신고기한”이라 한다)에 조기환급기간에 대한 과세표준과 환급세액을 관할 세무서장에게 신고하는 경우에는 제1항에도 불구하고 조기환급기간에 대한 환급세액을 각 조기환급기간별로 해당 조기환급신고기한이 지난 후 15일 이내에 사업자에게 환급하여야 한다.

⑤ 제4항에 따라 조기환급을 신고할 때에는 다음 각 호의 사항을 적은 영세율 등 조기환급신고서에 해당 과세표준에 대한 제101조제1항의 표의 구분에 따른 서류와 매출·매입처별 세금계산서합계표를 첨부하여 제출하여야 한다. 다만, 법 제59조제2항제2호 또는 제3호에 해당하는 경우에는 제3항 단서에 따른 건물 등 감가상각자산 취득명세서 또는 재무구조개선계획서를 그 신고서에 첨부하여야 한다. 〈개정 2017. 2. 7.〉

1. 사업자의 인적사항

2. 과세표준과 환급세액 및 그 계산근거
3. 매출·매입처별 세금계산서합계표의 제출 내용
4. 그 밖의 참고 사항

⑥ 제5항에 따라 매출·매입처별 세금계산서합계표를 제출한 경우에는 법 제54조제1항에 따라 매출·매입처별 세금계산서합계표를 제출한 것으로 본다.

⑦ 법 제59조제2항제3호에서 "대통령령으로 정하는 재무구조개선계획을 이행 중인 경우"란 조기환급기간, 예정신고기간 또는 과세기간의 종료일 현재 「조세특례제한법 시행령」 제34조제7항에 따른 재무구조개선계획승인권자가 승인한 같은 조 제6항제1호, 제2호 또는 제4호에 따른 계획을 이행 중인 경우를 말한다. 〈신설 2017. 2. 7.〉

제2절 가산세

제108조(가산세) ① 법 제60조제1항제2호에서 "대통령령으로 정하는 타인"이란 자기의 계산과 책임으로 사업을 경영하지 아니하는 자를 말한다. 다만, 다음 각 호의 어느 하나에 해당하는 자와 기획재정부령으로 정하는 자는 제외한다. 〈개정 2017. 2. 7.〉

1. 사업자의 배우자
2. 「상속세 및 증여세법」 제2조제1호에 따른 상속으로 인하여 피상속인이 경영하던 사업이 승계되는 경우 그 피상속인(같은 조 제2호에 따른 상속개시일부터 같은 법 제67조에 따른 상속세 과세표준 신고기한까지의 기간 동안 상속인이 피상속인 명의의 사업자등록을 활용하여 사업을 하는 경우로 한정한다)

② 삭제 〈2019. 2. 12.〉

③ 법 제32조에 따라 발급한 세금계산서의 필요적 기재사항 중 일부가 착오나 과실로 사실과 다르게 적혔으나 해당 세금계산서에 적힌 나머지 필요적 기재사항 또는 임의적 기재사항으로 보아 거래사실이 확인되는 경우에는 법 제60조제2항제5호에 따른 사실과 다른 세금계산서로 보지 아니한다.

④ 법 제60조제5항제1호에서 "대통령령으로 정하는 사유"란 제74조제5호에 따라 법 제57조에 따른 경정을 하는 경우로서 사업자가 법 제46조제3항에 따라 발급받은 신용카드매출전표등을 제102조에

따른 경정기관의 확인을 거쳐 해당 경정기관에 제출하는 경우를 말한다. 〈개정 2020. 2. 11., 2022. 2. 15.〉

⑤ 법 제60조제7항제1호에서 "대통령령으로 정하는 경우"란 제75조제3호·제7호 또는 제8호에 해당하는 경우를 말한다. 〈개정 2016. 2. 17., 2019. 2. 12.〉

⑥ 법 제60조제7항제2호 단서에서 "대통령령으로 정하는 경우"란 매입처별 세금계산서합계표를 제출하지 아니한 경우 등에 대한 매입세액 공제에 관하여 규정한 제74조제1호부터 제4호까지의 경우 중 어느 하나에 해당하는 경우를 말한다.

제7장 간이과세

제109조(간이과세의 적용 범위) ① 법 제61조제1항 본문 및 제62조제1항에서 "대통령령으로 정하는 금액"이란 1억4백만원을 말한다. 〈개정 2021. 2. 17., 2024. 2. 29.〉

② 법 제61조제1항제2호에서 "대통령령으로 정하는 사업자"란 다음 각 호의 어느 하나에 해당하는 사업을 경영하는 자를 말한다. 〈개정 2014. 2. 21., 2015. 2. 3., 2019. 2. 12., 2021. 2. 17., 2023. 2. 28.〉

1. 광업
2. 제조업. 다만, 주로 최종소비자에게 직접 재화를 공급하는 사업으로서 기획재정부령으로 정하는 것은 제외한다.
3. 도매업(소매업을 겸영하는 경우를 포함하되, 재생용 재료수집 및 판매업은 제외한다) 및 상품중개업
4. 부동산매매업
5. 「개별소비세법」 제1조제4항에 해당하는 과세유흥장소(이하 "과세유흥장소"라 한다)를 경영하는 사업으로서 기획재정부령으로 정하는 것
6. 부동산임대업으로서 기획재정부령으로 정하는 것
7. 변호사업, 심판변론인업, 변리사업, 법무사업, 공인회계사업, 세무사업, 경영지도사업, 기술지도사업, 감정평가사업, 손해사정인업, 통관업, 기술사업, 건축사업, 도선사업, 측량사업, 공인노무사업, 의사업, 한의사업, 약사업, 한약사업, 수의사업과 그 밖에 이와 유사한 사업서비스업으로서 기획재정부령으로 정하는 것

8. 제23조에 따라 일반과세자로부터 양수한 사업. 다만, 제1호부터 제7호까지의 규정과 제9호부터 제14호까지의 규정에 해당하지 않는 경우로서 사업을 양수한 이후 법 제2조제4호에 따른 공급대가(이하 "공급대가"라 한다)의 합계액이 제1항에 따른 금액에 미달하는 경우는 제외한다.

9. 사업장의 소재 지역과 사업의 종류·규모 등을 고려하여 국세청장이 정하는 기준에 해당하는 것

10. 「소득세법 시행령」 제208조제5항에 해당하지 아니하는 개인사업자(이하 이 호에서 "전전년도 기준 복식부기의무자"라 한다)가 경영하는 사업. 이 경우 「소득세법 시행령」 제208조제5항을 적용할 때 같은 항 제1호 중 "해당 과세기간"은 "해당 과세기간 또는 직전 과세기간"으로, 같은 항 제2호 각 목 외의 부분 중 "직전 과세기간"은 "전전 과세기간"으로, "수입금액(결정 또는 경정으로 증가된 수입금액을 포함한다)의 합계액"은 "수입금액(결정 또는 경정으로 증가된 수입금액을 포함하되, 과세유형 전환일 현재 폐업한 사업장의 수입금액은 제외한다)의 합계액"으로 보며, 결정·경정 또는 수정신고로 인하여 수입금액의 합계액이 증가함으로써 전전년도 기준 복식부기의무자에 해당하게 되는 경우에는 그 결정·경정 또는 수정신고한 날이 속하는 과세기간까지는 전전년도 기준 복식부기의무자로 보지 아니한다.

11. 삭제 〈2021. 2. 17.〉

12. 전기·가스·증기 및 수도 사업

13. 건설업. 다만, 주로 최종소비자에게 직접 재화 또는 용역을 공급하는 사업으로서 기획재정부령으로 정하는 사업은 제외한다.

14. 전문·과학·기술서비스업, 사업시설 관리·사업지원 및 임대서비스업. 다만, 주로 최종소비자에게 직접 용역을 공급하는 사업으로서 기획재정부령으로 정하는 사업은 제외한다.

③ 제1항과 제2항제8호 단서에 따른 금액을 계산할 때 직전 해의 1월 1일부터 12월 31일까지의 기간 중 휴업하거나 신규로 사업을 시작한 사업자나 사업을 양수한 사업자인 경우에는 휴업기간, 사업개시 전의 기간이나 사업 양수 전의 기간을 제외한 나머지 기간에 대한 재화 또는 용역의 공급대가의 합계액을 12개월로 환산한 금액을 기준으로 하며, 휴업한 개인사업자인 경우로서 직전 해의 1월 1

일부터 12월 31일까지의 기간 중 공급대가가 없는 경우에는 신규로 사업을 시작한 것으로 본다. 이 경우 1개월 미만의 끝수가 있으면 1개월로 한다. 〈개정 2014. 2. 21., 2018. 9. 28., 2024. 2. 29.〉

④ 법 제61조제3항에 따라 법 제7장을 적용받으려는 사업자는 제11조제1항에 따른 사업자등록신청서와 함께 다음 각 호의 사항을 적은 간이과세적용신고서를 관할 세무서장에게 제출(국세정보통신망에 의한 제출을 포함한다)하여야 한다. 다만, 사업자등록신청서에 연간공급대가예상액과 그 밖의 참고 사항을 적어 제출한 경우에는 간이과세적용신고서를 제출한 것으로 본다.

1. 사업자의 인적사항
2. 사업시설착수 연월일 또는 사업 개시 연월일
3. 연간공급대가예상액
4. 그 밖의 참고 사항

제110조(간이과세와 일반과세의 적용시기) ① 법 제62조제1항 및 제2항의 경우 해당 사업자의 관할 세무서장은 법 제61조에 따라 간이과세자에 관한 규정이 적용되거나 적용되지 아니하게 되는 과세기간 개시 20일 전까지 그 사실을 통지하여야 하며, 사업자등록증을 정정하여 과세기간 개시 당일까지 발급하여야 한다.

② 법 제62조제1항 및 제2항에 따른 시기에 법 제61조에 따라 간이과세자에 관한 규정이 적용되는 사업자에게는 제1항에 따른 통지와 관계없이 법 제62조제1항에 따른 시기에 법 제61조에 따라 간이과세자에 관한 규정을 적용한다. 다만, 부동산임대업을 경영하는 사업자의 경우에는 법 제62조제1항에도 불구하고 제1항에 따른 통지를 받은 날이 속하는 과세기간까지는 일반과세자에 관한 규정을 적용한다.

③ 법 제62조제1항 및 제2항에 따른 시기에 법 제61조가 적용되지 아니하는 사업자에 대해서는 법 제62조제1항에도 불구하고 제1항에 따른 통지를 받은 날이 속하는 과세기간까지는 법 제61조에 따라 간이과세자에 관한 규정을 적용한다.

④ 간이과세자가 제109조제2항에 따른 사업을 신규로 겸영하는 경우에는 해당 사업의 개시일이 속하는 과세기간의 다음 과세기간부터 간이과세자에 관한 규정을 적용하지 아니한다.

⑤ 제4항에 따라 일반과세자로 전환된 사업자로서 해당 연도 공

급대가의 합계액이 제109조제1항에 따른 금액 미만인 사업자가 같은 조 제2항에 따른 사업을 폐지하는 경우에는 해당 사업의 폐지일이 속하는 연도의 다음 연도 7월 1일부터 간이과세자에 관한 규정을 적용한다. 〈신설 2020. 2. 11.〉

⑥ 법 제61조제1항제1호에 따른 간이과세가 적용되지 아니하는 다른 사업장(이하 이 조에서 "기준사업장"이라 한다)의 1월 1일부터 12월 31일까지의 공급대가의 합계액이 제109조제1항에 따른 금액에 미달하는 경우에는 법 제62조제1항에 따른 기간 동안에 기준사업장과 법 제61조제1항제1호에 따라 일반과세로 전환된 사업장 모두에 간이과세에 관한 규정을 적용한다. 다만, 법 제61조제1항제1호에 따라 일반과세로 전환된 사업장의 1월 1일부터 12월 31일까지의 공급대가의 합계액이 제109조제1항에 따른 금액 이상이거나 법 제61조제1항제2호에 해당하는 경우에는 그러하지 아니하다. 〈개정 2020. 2. 11., 2024. 2. 29.〉

⑦ 간이과세자가 법 제70조에 따른 간이과세의 포기신고를 하는 경우에는 일반과세자에 관한 규정을 적용받으려는 달이 속하는 과세기간의 다음 과세기간부터 해당 사업장 외의 사업장에 간이과세자에 관한 규정을 적용하지 아니한다. 〈개정 2020. 2. 11.〉

⑧ 간이과세자가 일반과세자에 관한 규정을 적용받는 사업장을 신규로 개설하는 경우에는 해당 사업 개시일이 속하는 과세기간의 다음 과세기간부터 간이과세자에 관한 규정을 적용하지 아니한다. 〈개정 2020. 2. 11.〉

⑨ 기준사업장이 폐업되는 경우에는 법 제61조제1항제1호에 따라 일반과세로 전환된 사업장에 대하여 기준사업장의 폐업일이 속하는 연도의 다음 연도 7월 1일부터 간이과세자에 관한 규정을 적용한다. 다만, 법 제61조제1항제1호에 따라 일반과세로 전환된 사업장의 1월 1일부터 12월 31일까지의 공급대가의 합계액이 제109조제1항에 따른 금액 이상이거나 법 제61조제1항제2호에 해당하는 경우에는 그러하지 아니하다. 〈개정 2020. 2. 11., 2024. 2. 29.〉

제111조(간이과세자의 과세표준 및 세액의 계산) ① 간이과세자에 대한 과세표준의 계산에 관하여는 제59조부터 제66조까지의 규정을 준용한다. 이 경우 "공급가액"은 "공급대가"로 본다.

②법 제63조제2항에서 "대통령령으로 정하는 해당 업종의 부가가

치율”이란 다음 표의 구분에 따른 부가가치율을 말한다. 〈개정 2021. 2. 17.〉

구분	부가가치율
1. 소매업, 재생용 재료수집 및 판매업, 음식점업	15퍼센트
2. 제조업, 농업ㆍ임업 및 어업, 소화물 전문 운송업	20퍼센트
3. 숙박업	25퍼센트
4. 건설업, 운수 및 창고업(소화물 전문 운송업은 제외한다), 정보통신업	30퍼센트
5. 금융 및 보험 관련 서비스업, 전문ㆍ과학 및 기술서비스업(인물사진 및 행사용 영상 촬영업은 제외한다), 사업시설관리ㆍ사업지원 및 임대서비스업, 부동산 관련 서비스업, 부동산임대업	40퍼센트
6. 그 밖의 서비스업	30퍼센트

③ 간이과세자가 다음 각 호의 어느 하나에 해당하는 서류를 법 제63조제3항에 따라 제출하거나 법 제68조에 따른 결정ㆍ경정을 할 때 해당 간이과세자가 보관하고 있는 해당 서류를 제102조에 따른 결정ㆍ경정 기관의 확인을 거쳐 관할 세무서장에게 제출하는 경우에는 법 제63조제3항 각 호에 따라 계산한 금액을 납부세액에서 공제한다. 다만, 법 제63조제6항에 따라 매입세액으로 공제받는 경우에는 그러하지 아니하다.

1. 법 제54조제1항 및 제3항에 따른 매입처별 세금계산서합계표
2. 신용카드매출전표등 수령명세서

④ 법 제63조제3항 본문에서 “대통령령으로 정하는 신용카드매출전표등 수령명세서”란 신용카드매출전표등 수령명세서를 말한다.

⑤간이과세자가 둘 이상의 업종에 공통으로 사용하던 재화를 공급하여 업종별 실지귀속을 구분할 수 없는 경우에 적용할 부가가치율은 다음 계산식에 따라 계산한 율의 합계로 한다. 이 경우 휴업 등으로 인하여 해당 과세기간의 공급대가가 없을 때에는 그 재화를 공급한 날에 가장 가까운 과세기간의 공급대가에 따라 계산한다.

$$\text{해당 재화와 관련된 각 업종별 부가가치율} \times \frac{\text{해당 재화의 공급일이 속하는 과세기간의 해당 재화와 관련된 각 업종의 공급대가}}{\text{해당 재화의 공급일이 속하는 과세기간의 해당 재화와 관련된 각 업종의 총공급대가}}$$

⑥ 삭제 〈2021. 2. 17.〉

⑦법 제63조제3항제3호에 따른 공제액을 계산할 때 간이과세자가 과세사업과 면세사업등을 겸영하는 경우에는 과세사업과 면세사업등의 실지귀속에 따르되, 과세사업과 면세사업등의 실지귀속을 구분할 수 없는 부분은 다음 계산식에 따라 계산한다. 이 경우 다음 계산식에서 "세금계산서등"이란 법 제60조제3항제1호에 따른 세금계산서등을 말한다. 〈개정 2021. 2. 17.〉

$$\text{납부세액에서 공제할 세액} = \text{해당 과세기간에 세금계산서등을 발급받은 재화와 용역의 공급대가 합계액} \times \frac{\text{해당 과세기간의 과세공급대가}}{\text{해당 과세기간의 총공급대가}} \times \text{0.5퍼센트}$$

⑧ 법 제63조제7항 전단에서 "대통령령으로 정하는 과세기간"이란 결정·경정 과세기간의 다음 과세기간을 말한다. 다만, 결정·경정 과세기간이 신규로 사업을 시작한 자의 최초 과세기간인 경우에는 해당 과세기간의 다음 과세기간을 말한다. 〈개정 2020. 2. 11., 2024. 2. 29.〉

제112조(간이과세자로 변경되는 경우의 재고품등 특례) ① 법 제64조에 따라 일반과세자가 간이과세자로 변경되는 경우 간이과세자로 변경된 자는 그 변경되는 날 현재 있는 다음 각 호의 재고품, 건설중인 자산 및 감가상각자산(법 제38조부터 제43조까지의 규정에 따라 공제받은 경우만 해당하되, 법 제10조제9항제2호 본문에 따른 사업양도에 의하여 사업양수자가 양수한 자산으로서 사업양도자가 매입세액을 공제받은 재화를 포함한다. 이하 이 조에서 "재고품등"이라 한다)을 그 변경되는 날의 직전 과세기간에 대한 확정신고와 함께 간이과세 전환 시의 재고품등 신고서를 작성하여 각 납세지 관할 세무서장에게 신고(국세정보통신망에 의한 신고를 포함한다)하여야 한다. 〈개정 2014. 2. 21., 2018. 2. 13.〉

1. 상품
2. 제품(반제품 및 재공품을 포함한다)
3. 재료(부재료를 포함한다)
4. 건설 중인 자산
5. 감가상각자산(건물 또는 구축물의 경우에는 취득, 건설 또는 신축 후 10년 이내의 것, 그 밖의 감가상각자산의 경우에는 취득 또는 제작 후 2년 이내의 것으로 한정한다)

② 제1항에 따른 재고품등의 금액은 장부 또는 세금계산서에 의하여 확인되는 해당 재고품등의 취득가액으로 한다. 다만, 장부 또는 세금계산서가 없거나 장부에 기록이 누락된 경우 해당 재고품등의 가액은 시가에 따른다.

③ 일반과세자가 간이과세자로 변경되는 경우에 해당 사업자는 다음 각 호의 방법에 따라 계산한 금액(이하 "재고납부세액"이라 한다)을 납부세액에 더하여 납부해야 한다. 이 경우 제3호와 제4호에 따른 경과된 과세기간의 수에 관하여는 제66조제2항 후단 및 같은 조 제5항을 준용한다. 〈개정 2021. 2. 17.〉

1. 제1항제1호부터 제3호까지의 규정에 따른 재고품

$$\text{재고납부세액} = \text{재고금액} \times \frac{10}{100} \times \left(1 - 0.5\text{퍼센트} \times \frac{110}{10}\right)$$

2. 제1항제4호에 따른 건설 중인 자산

$$\text{재고납부세액} = \text{해당 건설 중인 자산과 관련하여 공제받은 매입세액} \times \left(1 - 0.5\text{퍼센트} \times \frac{110}{10}\right)$$

3. 제1항제5호에 따른 자산으로서 다른 사람으로부터 매입한 자산

가. 건물 또는 구축물

$$\text{재고납부세액} = \text{취득가액} \times \left(1 - \frac{5}{100} \times \text{경과된 과세기간의 수}\right) \times \frac{10}{100} \times \left(1 - 0.5\text{퍼센트} \times \frac{110}{10}\right)$$

나. 그 밖의 감가상각자산

$$\text{재고납부세액} = \text{취득가액} \times \left(1 - \frac{25}{100} \times \text{경과된 과세기간의 수}\right) \times \frac{10}{100} \times \left(1 - 0.5\text{퍼센트} \times \frac{110}{10}\right)$$

4. 제1항제5호에 따른 자산으로서 사업자가 직접 제작, 건설 또는 신축한 자산

가. 건물 또는 구축물

$$\text{재고납부세액} = \text{해당 자산의 건설 또는 신축과 관련하여 공제받은 매입세액(제2항 단서가 적용되는 경우에는 시가의 10퍼센트에 상당하는 세액)} \times \left(1 - \frac{5}{100} \times \text{경과된 과세기간의 수}\right) \times \left(1 - 0.5\text{퍼센트} \times \frac{110}{10}\right)$$

나. 그 밖의 감가상각자산

$$\text{재고납부세액} = \text{해당 자산의 제작과 관련하여 공제받은 매입세액(제2항 단서가 적용되는 경우에는 시가의 10퍼센트에 상당하는 세액)} \times \left(1 - \frac{25}{100} \times \text{경과된 과세기간의 수}\right) \times \left(1 - 0.5\text{퍼센트} \times \frac{110}{10}\right)$$

④ 삭제 〈2021. 2. 17.〉

⑤ 제1항에 따른 신고를 받은 관할 세무서장은 재고금액을 조사·승인하고 간이과세자로 변경된 날부터 90일 이내에 해당 사업자에게 재고납부세액을 통지하여야 한다. 이 경우 그 기한 이내에 통지하지 아니할 때에는 해당 사업자가 신고한 재고금액을 승인한 것으로 본다.

⑥ 해당 사업자가 제1항에 따라 신고를 하지 아니하거나 과소하게 신고한 경우에는 관할 세무서장이 재고금액을 조사하여 해당 재

고납부세액을 결정하고 통지하여야 한다.

⑦ 제5항과 제6항에 따라 결정된 재고납부세액은 간이과세자로 변경된 날이 속하는 과세기간에 대한 확정신고를 할 때 납부할 세액에 더하여 납부한다. 〈개정 2014. 2. 21.〉

⑧ 제5항에 따라 승인하거나 승인한 것으로 보는 재고납부세액의 내용에 오류가 있거나 내용이 누락된 경우에는 법 제57조에 따라 재고납부세액을 조사하여 경정한다.

제113조 삭제 〈2021. 2. 17.〉

제114조(간이과세자의 신고와 납부) ① 관할 세무서장은 법 제66조제1항 본문에 따른 부가가치세액에 대하여 7월 1일부터 7월 10일까지 납부고지서를 발부해야 한다. 〈개정 2021. 2. 17.〉

② 법 제66조제2항에서 "대통령령으로 정하는 간이과세자"란 휴업 또는 사업 부진 등으로 인하여 법 제66조제1항에 따른 예정부과기간(이하 이 조에서 "예정부과기간"이라 한다)의 공급대가의 합계액 또는 납부세액이 직전 과세기간의 공급대가의 합계액 또는 법 제66조제1항에 따른 납부세액의 3분의 1에 미달하는 자를 말한다.

③ 간이과세자는 법 제66조제2항·제3항 및 제67조제1항에 따른 부가가치세의 신고를 할 때에는 다음 각 호의 사항을 적은 간이과세자 부가가치세 신고서와 기획재정부령으로 정하는 서류를 관할 세무서장에게 제출(국세정보통신망에 의한 제출을 포함한다)해야 한다. 〈개정 2021. 2. 17.〉

1. 사업자의 인적사항
2. 납부세액 및 그 계산 근거
3. 가산세액 및 그 계산 근거
4. 매출·매입처별 세금계산서합계표의 제출 내용
5. 그 밖의 참고 사항

④ 간이과세자는 법 제66조제5항 및 제67조제1항에 따라 부가가치세액을 납부할 때에는 해당 예정부과기간 또는 과세기간의 납부세액에서 법 제68조의2 및 「국세기본법」 제47조의2부터 제47조의4까지의 규정에 따라 계산한 가산세를 더하고, 다음 각 호의 세액을 차감한 금액을 간이과세자부가가치세 신고서와 함께 관할 세무서장에게 납부하거나 「국세징수법」에 따른 납부서를 작성하여 한국은행 또는 체신관서에 납부해야 한다. 〈개정 2021. 2. 17., 2023. 2. 28.,

2025. 2. 28.〉

1. 법 제46조제1항에 따른 금액
2. 법 제63조제3항에 따른 금액
3. 법 제63조제4항에 따른 금액
4. 법 제68조제2항에 따라 수시부과한 세액

⑤ 간이과세자가 다른 사업자로부터 발급받아 법 제66조제6항 및 제67조제3항에 따라 관할 세무서장에 제출하는 매입처별세금계산서합계표의 기재사항 중 거래처별 등록번호, 공급가액의 전부 또는 일부가 적히지 않았거나 사실과 다르게 적힌 경우에는 법 제63조제3항에 따른 공제를 적용하지 않는다. 〈개정 2021. 2. 17.〉

⑥ 법 제67조제1항에 따라 신고를 하는 간이과세자는 법 제21조부터 제24조까지의 규정에 따라 영세율을 적용받는 경우에는 그 신고서에 제101조제1항의 표의 구분에 따른 서류를 첨부하여 제출하여야 한다.

⑦ 제6항의 서류를 해당 신고서에 첨부하지 아니한 부분은 법 제67조제1항의 신고로 보지 아니한다.

제115조(사업자미등록가산세가 부과되지 아니하는 납부의무 면제자의 범위) 법 제69조제2항 단서에서 "대통령령으로 정하는 고정 사업장이 없는 경우"란 고정된 물적 시설을 갖추지 아니하고 공부(公簿)에 등록된 사업장 소재지가 없는 경우를 말한다.

제116조(간이과세의 포기 및 재적용) ① 간이과세자 또는 법 제62조에 따라 간이과세자에 관한 규정을 적용받게 되는 일반과세자로서 간이과세자에 관한 규정의 적용을 포기하려고 하거나, 법 제70조제2항에 따라 사업자등록을 신청할 때 간이과세자에 관한 규정의 적용을 포기하려는 자는 법 제70조제1항 및 제2항에 따른 신고를 할 때 다음 각 호의 사항을 적은 간이과세포기신고서를 관할 세무서장에게 제출(국세정보통신망에 의한 제출을 포함한다)하여야 한다. 〈개정 2014. 2. 21.〉

1. 사업자의 인적사항
2. 간이과세를 포기하려는 과세기간
3. 그 밖의 참고 사항

② 제1항의 신고서를 제출한 개인사업자가 법 제70조제3항에 따른 기간이 지난 후 법 제7장을 적용받으려면 그 적용받으려는 과세

기간 개시 10일 전까지 제109조제4항의 신고서를 관할 세무서장에게 제출하여야 한다. 이 경우 그 적용을 받을 수 있는 자는 해당 과세기간 직전 해의 1월 1일부터 12월 31일까지의 재화 또는 용역의 공급대가의 합계액이 법 제61조제1항에 해당하는 개인사업자로 한정한다. 〈개정 2014. 2. 21., 2024. 2. 29.〉

③ 법 제70조제4항에 따라 간이과세자에 관한 규정을 다시 적용받을 수 있는 자는 법 제70조제5항에 따른 신고를 한 날이 속하는 연도의 직전 연도 공급대가의 합계액이 4천8백만원 이상 1억4백만원 미만인 개인사업자로서 간이과세자에 관한 규정의 적용을 포기할 당시 법 제36조제1항제2호가목 또는 나목에 해당하였던 자로 한다. 〈신설 2024. 2. 29.〉

④ 법 제70조제4항에 따라 간이과세자에 관한 규정을 적용받으려는 개인사업자는 같은 조 제5항에 따라 다음 각 호의 사항을 적은 간이과세재적용신고서를 납세지 관할 세무서장에게 제출(국세정보통신망에 의한 제출을 포함한다)해야 한다. 〈신설 2024. 2. 29., 2025. 2. 28.〉

1. 사업자의 인적사항
2. 간이과세를 적용받으려는 과세기간
3. 그 밖의 참고 사항

[제목개정 2024. 2. 29.]

제8장 보칙

제117조(장부의 작성ㆍ보관) ① 법 제71조제1항 및 제2항에 따라 장부에 기록하여야 할 거래사실은 다음 각 호의 것으로 한다.

1. 공급한 자와 공급받은 자
2. 공급한 품목과 공급받은 품목
3. 공급가액과 공급받은 가액
4. 매출세액과 매입세액
5. 공급한 시기와 공급받은 시기
6. 그 밖의 참고 사항

② 법 제36조제1항제2호에 해당하는 간이과세자는 공급가액과 부가가치세액을 합계한 공급대가를 장부에 기록할 수 있다. 〈개정 2021. 2. 17.〉

③ 법 제36조제1항제2호에 해당하는 간이과세자가 법 제32조 및 제36조에 따라 발급받았거나 발급한 세금계산서 또는 영수증을 보관하였을 때에는 법 제71조에 따른 장부기록의무를 이행한 것으로 본다. 〈개정 2021. 2. 17.〉

④ 사업자는 법 제71조제3항에 따른 장부, 세금계산서 또는 영수증을 정보처리장치, 전산테이프 또는 디스켓 등의 전자적 형태로 보존할 수 있다.

⑤ 제35조제5호 각 목의 어느 하나에 해당하는 용역을 공급하는 사업자는 기획재정부령으로 정하는 매출대장을 작성하여 사업장에 갖추어 두어야 한다. 이 경우 매출대장을 정보처리장치, 전산테이프 또는 디스켓 등의 전자적 형태로 작성할 수 있다.

⑥ 제5항 전단에도 불구하고 사업자가 「수의사법」 제13조제1항에 따른 진료부에 기획재정부령으로 정하는 매출대장의 기재사항을 모두 적는 경우에는 그 진료부로 매출대장을 대신할 수 있다

제118조(납세관리인의 선정과 신고) ① 법 제73조제2항에서 "대통령령으로 정하는 자"란 다음 각 호의 어느 하나에 해당하는 자를 말한다.

1. 「세무사법」 제6조에 따라 등록한 자
2. 다단계판매업자(해당 다단계판매업자에게 등록을 한 다단계판매원 중 제11조제8항 단서에 따른 다단계판매원 외의 다단계판매원이 다단계판매업자를 납세관리인으로 선정하는 경우로 한정한다)
3. 「자본시장과 금융투자업에 관한 법률」에 따른 신탁업자(같은 법에 따른 신탁업 중 부동산에 관한 신탁업으로 한정한다)

② 법 제73조에 따라 납세관리인을 선정하거나 변경한 사업자(제1항제2호에 따른 다단계판매업자를 포함한다)는 다음 각 호의 사항을 적은 납세관리인 선정(변경)신고서를 지체 없이 관할 세무서장에게 제출하여야 한다. 납세관리인의 주소나 거소가 변경되었을 때에도 또한 같다.

1. 사업자의 인적사항
2. 납세관리인의 주소, 성명 및 주민등록번호
3. 그 밖의 참고 사항

제119조(질문 · 조사 및 명령 사항) 국세청장, 관할 지방국세청장 또는 관할 세무서장은 법 제74조제2항에 따라 납세의무자에게 다음

각 호의 사항을 명할 수 있다.

1. 세금계산서의 발급
2. 금전등록기의 설치ㆍ사용
3. 신용카드 조회기의 설치ㆍ사용
4. 현금영수증 발급장치의 설치ㆍ사용
5. 표찰(標札)의 게시(揭示)
6. 업종별 표시
7. 그 밖에 납세보전을 위한 단속에 필요한 사항

제120조(서식) 이 영의 규정에 따른 신청서, 신고서 또는 그 밖의 서류의 작성에 필요한 사항은 기획재정부령으로 정한다.

제121조(자료제출) ① 법 제75조에 따라 해당 사업자는 기획재정부령으로 정하는 월별 거래 명세를 매 분기 말일의 다음 달 15일까지 국세청장에게 전자적 방법으로 제출하여야 한다. 〈개정 2024. 2. 29.〉

② 법 제75조제1항제5호에서 "대통령령으로 정하는 자"란 다음 각 호의 어느 하나에 해당하는 자를 말한다. 〈개정 2025. 2. 28.〉

1. 「정보통신망 이용촉진 및 정보보호 등에 관한 법률」 제2조제1항제9호의 게시판을 운영하여 재화 또는 용역의 공급을 중개하는 자로서 국세청장이 고시하는 자
2. 「전기통신사업법」 제2조제13호에 따른 앱 마켓사업자

③ 제1항 및 제2항에서 규정한 사항 외에 자료제출 등에 관하여 필요한 사항은 국세청장이 정한다. 〈개정 2023. 2. 28.〉

[본조신설 2018. 2. 13.]

제9장 벌칙 〈신설 2022. 2. 15.〉

제122조(과태료) 법 제76조에 따른 과태료의 부과기준은 별표와 같다.

[본조신설 2022. 2. 15.]

부칙 〈제24638호, 2013. 6. 28.〉

제1조(시행일) 이 영은 2013년 7월 1일부터 시행한다. 다만, 부칙 제16조제30항 중 「조세특례제한법 시행령」 제100조의2제4항, 제100조의3제1항제4호마목, 제100조의6제2항제1호 및 같은 항 제4호 본문의 개정규정은 2015년 1월 1일부터 시행한다.

제2조(일반적 적용례) 이 영은 이 영 시행 후 재화 또는 용역을 공

급하거나 공급받는 분 또는 수입신고하는 분부터 적용한다.
제3조(신고 · 납부에 관한 적용례) 이 영 중 신고 · 납부에 관한 개정규정은 이 영 시행 후 개시하는 과세기간부터 적용한다.
제4조(전자세금계산서에 관한 적용례) 제68조제1항 및 제2항의 개정규정은 이 영 시행일이 속하는 연도에 공급된 사업장별 재화 및 용역의 공급가액의 합계액을 기준으로 판단하여 2014년 7월 1일 이후 재화 또는 용역을 공급하는 분부터 적용한다.
제5조(수정한 수입세금계산서에 관한 적용례) 제72조제2항부터 제4항까지의 개정규정은 이 영 시행 후 세액을 수정신고하거나 결정 또는 경정하는 분부터 적용한다.
제6조(영세율 첨부서류의 제출에 관한 적용례) 제90조제3항의 표 제9호, 제91조제2항의 표 제12호 및 제101조제1항의 표 제6호의 개정규정은 이 영 시행 후 예정신고나 확정신고를 하는 분부터 적용한다.
제7조(간이과세와 일반과세의 적용시기 등에 관한 적용례) 제110조제8항, 제112조제7항 및 제114조제2항의 개정규정은 이 영 시행일이 속하는 과세기간부터 적용한다.
제8조(일반적 경과조치) 이 영 시행 당시 종전의 규정에 따라 부과하였거나 부과하여야 할 부가가치세 또는 환급하였거나 환급하여야 할 부가가치세에 대해서는 이 영의 개정규정에도 불구하고 종전의 규정에 따른다.
제9조(일반과세자 · 간이과세자에 관한 경과조치) 이 영 시행 당시 종전의 규정에 따른 일반과세자 또는 간이과세자에 해당하는 자는 이 영의 개정규정에 따른 일반과세자 또는 간이과세자로 본다.
제10조(사업자등록 등에 관한 경과조치) ① 이 영 시행 당시 종전의 규정에 따라 사업자등록(사업자 단위 과세 사업자로의 변경등록 및 주사업장 총괄 납부 사업자로의 등록을 포함한다. 이하 이 조에서 같다)을 신청하였거나 사업자등록을 한 경우에는 이 영에 따라 사업자등록을 신청하였거나 사업자등록을 한 것으로 본다.
② 이 영 시행 당시 종전의 규정에 따라 휴업, 폐업, 등록사항의 변경 신고 등을 한 경우에는 이 영에 따라 신고 등을 한 것으로 본다.
제11조(세금계산서 발급 등에 관한 경과조치) 이 영 시행 전에 재화

또는 용역을 공급한 분 또는 재화를 수입한 분에 대하여 이 영 시행 후에 세금계산서를 발급하여야 하거나 발급할 수 있는 경우에는 이 영의 개정규정에도 불구하고 종전의 규정에 따른다.

제12조(부가가치세 예정신고 및 확정신고 등에 관한 경과조치) 이 영 시행 당시 종전의 규정에 따라 부가가치세의 예정신고 또는 확정신고 등 부가가치세를 신고하고 납부한 자에 대해서는 이 영에 따라 부가가치세를 신고하고 납부한 것으로 본다.

제13조(가산세에 관한 경과조치) 이 영 시행 당시 종전의 규정에 따라 부과하였거나 부과하여야 할 부가가치세에 대한 가산세에 관하여는 이 영의 개정규정에도 불구하고 종전의 규정에 따른다.

제14조(전자세금계산서에 관한 경과조치) 2014년 7월 1일 전에 재화 또는 용역을 공급한 분에 대해서는 제68조제1항 및 제2항의 개정규정에도 불구하고 종전의 제53조의2제1항 및 제2항에 따른다.

제15조(수정한 수입세금계산서에 관한 경과조치) 이 영 시행 전에 세액을 수정신고하거나 결정 또는 경정하는 분에 대해서는 제72조제2항부터 제4항까지의 개정규정에도 불구하고 종전의 규정에 따른다.

제16조(다른 법령의 개정) ① 개발이익환수에 관한 법률 시행령 일부를 다음과 같이 개정한다.

제11조제6항 중 "「부가가치세법 시행령」 제48조의2제4항"을 "「부가가치세법 시행령」 제64조"로 한다.

② 개별소비세법 시행령 일부를 다음과 같이 개정한다.

제18조제2항제4호 중 "「부가가치세법 시행령」 제69조제1항제6호"를 "「부가가치세법 시행령」 제104조제1항제6호"로 한다.

제34조의2제5항제4호 본문 중 "「부가가치세법」 제16조제1항제1호부터 제4호까지"를 "「부가가치세법」 제32조제1항제1호부터 제4호까지"로 한다.

제35조제2항 단서 중 "「부가가치세법」 제5조"를 "「부가가치세법」 제8조"로 한다.

③ 고용보험 및 산업재해보상보험의 보험료징수 등에 관한 법률 시행령 일부를 다음과 같이 개정한다.

제56조의5제1호 각 목 외의 부분 본문 중 "「부가가치세법」 제5조"를 "「부가가치세법」 제8조"로 한다.

④ 공인회계사법 시행령 일부를 다음과 같이 개정한다.

제13조제1항 각 호 외의 부분 중 "「부가가치세법」 제5조의 규정에 의한"을 "「부가가치세법」 제8조에 따른"으로 한다.

⑤ 과세자료의 제출 및 관리에 관한 법률 시행령 일부를 다음과 같이 개정한다.

별표의 번호 1의 과세자료명란 중 "「부가가치세법」 제20조제1항"을 "「부가가치세법」 제54조제1항"으로 한다.

⑥ 교통 · 에너지 · 환경세법 시행령 일부를 다음과 같이 개정한다.

제25조제2항 단서 중 "「부가가치세법」 제5조의 규정에 의하여"를 "「부가가치세법」 제8조에 따라"로 한다.

⑦ 국고금 관리법 시행령 일부를 다음과 같이 개정한다.

제12조제4호 중 "「부가가치세법 시행령」 제8조제2항"을 "「부가가치세법 시행령」 제12조제2항"으로 한다.

⑧ 국민기초생활 보장법 시행령 일부를 다음과 같이 개정한다.

제8조제2호나목 중 "「부가가치세법」 제5조"를 "「부가가치세법」 제8조"로 한다.

⑨ 국세기본법 시행령 일부를 다음과 같이 개정한다.

제1조의3제3항 중 "「부가가치세법」 제24조제2항"을 "「부가가치세법」 제59조제2항"으로 한다.

제6조의2제4항제2호 중 "「부가가치세법」 제18조제2항 및 제26조의4제1항"을 "「부가가치세법」 제48조제3항 및 제66조제1항"으로 한다.

제8조제3항 본문 중 "「부가가치세법 시행령」 제8조제2항"을 "「부가가치세법 시행령」 제12조제2항"으로 한다.

제27조의2제2항 중 "「부가가치세법 시행령」 제64조제3항제1호"를 "「부가가치세법 시행령」 제101조제1항의 표 제1호"로, "같은 항 제1호의3가목"을 "같은 항의 표 제3호가목"으로, "같은 조 제10항 · 제11항 및 제65조제5항"을 "같은 조 제2항부터 제4항까지의 규정"으로 한다.

⑩ 남북교류협력에 관한 법률 시행령 일부를 다음과 같이 개정한다.

제42조제1항 후단 중 "「부가가치세법」 제34조"를 "「부가가치세법」 제52조"로 한다.

⑪ 농수산물 품질관리법 시행령 일부를 다음과 같이 개정한다.

제10조 중 "「부가가치세법 시행령」 제57조제1항제1호"를 "「부가가치세법 시행령」 제71조제1항제1호"로 한다.

⑫ 농·축산·임·어업용 기자재 및 석유류에 대한 부가가치세 영세율 및 면세 적용 등에 관한 특례규정 일부를 다음과 같이 개정한다.

제9조제3항제1호 중 "부가가치세법 제20조의 규정에 의한"을 "「부가가치세법」 제54조에 따른"으로 하고, 같은 조 제4항제1호 중 "「부가가치세법」 제20조의 규정에 의한"을 "「부가가치세법」 제54조에 따른"으로 한다.

제10조제2항 중 "「부가가치세법」 제23조"를 "「부가가치세법」 제58조"로 한다.

제11조제2호 본문 중 "「부가가치세법」 제16조제1항제1호 내지 제4호"를 "「부가가치세법」 제32조제1항제1호부터 제4호까지"로 한다.

⑬ 대부업 등의 등록 및 금융이용자 보호에 관한 법률 시행령 일부를 다음과 같이 개정한다.

제4조의3제1항제2호나목 중 "「부가가치세법 시행령」 제7조제3항"을 "「부가가치세법 시행령」 제11조제5항"으로 한다.

⑭ 마리나항만의 조성 및 관리 등에 관한 법률 시행령 일부를 다음과 같이 개정한다.

제24조제1항제7호 중 "「부가가치세법」 제17조"를 "「부가가치세법」 제37조"로 한다.

⑮ 법인세법 시행령 일부를 다음과 같이 개정한다.

제2조제1항제7호 중 "「부가가치세법」 제12조제1항제17호"를 "「부가가치세법」 제26조제1항제18호"로 한다.

제7조제1항제3호 전단 중 "「부가가치세법」 제5조제2항 및 제3항"을 "「부가가치세법」 제8조제3항 및 제4항"으로 한다.

제19조제8호 중 "「부가가치세법」 제17조의2"를 "「부가가치세법」 제45조"로 한다.

제22조제1항제1호 중 "「부가가치세법」 제17조제2항제4호"를 "「부가가치세법」 제39조제1항제5호"로 하고, 같은 항 제2호 중 "「부가가치세법」 제17조제2항제5호"를 "「부가가치세법」 제39조제1항제6호"로 하며, 같은 조 제2항 중 "「부가가치세법」 제17조제3항"을 "「부가가치세법」 제42조"로 한다.

제71조제2항 중 "「부가가치세법」 제32조의3제4항의 규정"을 "「부

가가치세법」 제36조제4항”으로 한다.

제92조의8제3항제1호 중 “「부가가치세법 시행령」 제49조의2제1항”을 “「부가가치세법 시행령」 제65조제1항”으로 한다.

제152조제1항제2호 중 “「부가가치세법 시행령」 제7조제2항 각 호”를 “「부가가치세법 시행령」 제11조제3항의 표 및 같은 조 제4항”으로 한다.

제154조제2항 중 “「부가가치세법 시행령」 제7조 내지 제13조”를 “「부가가치세법 시행령」 제11조부터 제16조까지”로 한다.

제158조제1항제2호 본문 중 “「부가가치세법」 제2조의 규정에 의한”을 “「부가가치세법」 제3조에 따른”으로 하고, 같은 호 단서 중 “「부가가치세법」 제25조의 규정에 의한”을 “「부가가치세법」 제61조에 따른”으로 하며, 같은 조 제5항제3호 중 “「부가가치세법」 제16조제3항 및 제4항”을 “「부가가치세법」 제32조제3항 및 제5항”으로 한다.

제163조의2제2항 중 “「부가가치세법 시행령」 제66조 및 제66조의2”를 “「부가가치세법 시행령」 제97조 및 제98조”로 한다.

⑯ 산지관리법 시행령 일부를 다음과 같이 개정한다.

별표 5 제2호카목1) 및 2) 외의 부분 중 “「부가가치세법」 제5조”를 “「부가가치세법」 제8조”로 한다.

⑰ 상공회의소법 시행령 일부를 다음과 같이 개정한다.

제10조 중 “「부가가치세법」 제17조”를 “「부가가치세법」 제37조”로, “같은 법 제11조”를 “같은 법 제21조부터 제25조까지의 규정”으로, “같은 법 제12조”를 “같은 법 제26조 및 제27조”로, “같은 법 제13조”를 “같은 법 제29조”로, “같은 법 제14조”를 “같은 법 제30조”로 한다.

⑱ 상속세 및 증여세법 시행령 일부를 다음과 같이 개정한다.

제49조제4항 단서 중 “「부가가치세법 시행령」 제48조의2제4항 단서의 규정”을 “「부가가치세법 시행령」 제64조”로 한다.

⑲ 세무사법 시행령 일부를 다음과 같이 개정한다.

제35조제3항 중 “「부가가치세법」 제19조”를 “「부가가치세법」 제49조”로 한다.

⑳ 소득세법 시행령 일부를 다음과 같이 개정한다.

제5조제3항제2호 중 “「부가가치세법」 제5조제2항 및 제3항”을

“「부가가치세법」 제8조제3항 및 제4항”으로 한다.

제7조제2항 중 “「부가가치세법 시행령」 제11조의 규정에 의한”을 “「부가가치세법 시행령」 제14조에 따른”으로 한다.

제37조제3항 중 “「부가가치세법 시행령」 제35조제1호”를 “「부가가치세법 시행령」 제42조제1호”로 한다.

제55조제1항제16호 중 “「부가가치세법」 제17조의2의 규정에 의한”을 “「부가가치세법」 제45조에 따른”으로 한다.

제74조제1호 중 “「부가가치세법」 제17조제2항제4호”를 “「부가가치세법」 제39조제1항제5호”로 하고, 같은 조 제1호의2 중 “「부가가치세법」 제17조제2항제5호”를 “「부가가치세법」 제39조제1항제6호”로 한다.

제89조제4항 중 “「부가가치세법」 제17조의 규정에 의하여”를 “「부가가치세법」 제42조에 따라”로 한다.

제143조제7항제2호 중 “「부가가치세법 시행령」 제74조제2항제7호”를 “「부가가치세법 시행령」 제109조제2항제7호”로 한다.

제144조제3항제3호 중 “「부가가치세법」 제32조의2제1항의 규정에 의하여”를 “「부가가치세법」 제46조제1항에 따라”로 한다.

제166조제6항 중 “「부가가치세법 시행령」 제48조의2제4항 단서의 규정에 의하여”를 “「부가가치세법 시행령」 제64조에 따라”로 한다.

제168조의11제3항제1호 중 “「부가가치세법 시행령」 제49조의2제1항에 규정된”을 “「부가가치세법 시행령」 제65조제1항에 따른”으로 한다.

제184조제1항 각 호 외의 부분 본문 중 “「부가가치세법」 제12조제1항제5호 및 제14호”를 “「부가가치세법」 제26조제1항제5호 및 제15호”로 하고, 같은 항 제1호 중 “「부가가치세법 시행령」 제29조제4호”를 “「부가가치세법 시행령」 제35조제4호”로 하며, 같은 항 제2호 중 “「부가가치세법 시행령」 제35조제1호바목”을 “「부가가치세법 시행령」 제42조제1호바목”으로 한다.

제184조의2 각 호 외의 부분 중 “「부가가치세법」 제25조”를 “「부가가치세법」 제61조”로, 「부가가치세법 시행령」 제35조제1호바목“을 ”「부가가치세법 시행령」 제42조제1호바목"으로 한다.

제208조제5항 각 호 외의 부분 단서 중 “「부가가치세법 시행령」 제74조제2항제7호”를 “「부가가치세법 시행령」 제109조제2항제7호”

로 한다.

제208조의2제1항제2호 중 “「부가가치세법」 제25조의 규정을”을 “「부가가치세법」 제61조를”로 한다.

제210조제1항 중 “「부가가치세법 시행령」 제79조의2”를 “「부가가치세법」 제36조제1항제1호 및 같은 법 시행령 제73조”로 한다.

제210조의2제1항제3호 중 “「부가가치세법 시행령」 제74조제2항제7호”를 “「부가가치세법 시행령」 제109조제2항제7호”로 한다.

제210조의3제1항제3호 중 “「부가가치세법 시행령」 제74조제2항제7호”를 “「부가가치세법 시행령」 제109조제2항제7호”로 한다.

제211조제2항제1호 중 “「부가가치세법 시행령」 제79조의2제1항 및 제2항의 규정”을 “「부가가치세법」 제36조제1항제1호 및 같은 법 시행령 제73조제1항 및 제2항”으로 하고, 같은 항 제2호 중 “「부가가치세법 시행령」 제79조의2제1항 및 제2항”을 “「부가가치세법」 제36조제1항제1호 및 같은 법 시행령 제73조제1항 및 제2항”으로 하며, 같은 조 제3항 중 “「부가가치세법」 제25조의 규정을”을 “「부가가치세법」 제61조를”로 하고, 같은 조 제4항제2호 중 “「부가가치세법」 제12조제1항제7호”를 “「부가가치세법」 제26조제1항제7호”로 하며, 같은 항 제4호 중 “「부가가치세법 시행령」 제57조 및 제79조의2의 규정에 의하여”를 “「부가가치세법」 제36조제1항제1호, 같은 법 시행령 제71조 및 제73조에 따라”로 하고, 같은 조 제7항 중 “「부가가치세법 시행령」 제53조의2제4항”을 “「부가가치세법 시행령」 제68조제4항”으로 하며, 같은 조 제9항 전단 중 “「부가가치세법 시행령」 제53조의2”를 “「부가가치세법 시행령」 제68조”로 한다.

제212조제2항 중 “「부가가치세법」 제16조 및 제20조와 동법시행령 제54조 내지 제59조 · 제66조 · 제66조의2 및 제67조”를 “「부가가치세법」 제32조부터 제35조까지 및 제54조와 같은 법 시행령 제69조부터 제72조까지 및 제97조부터 제99조까지”로 한다.

제212조의3 중 “「부가가치세법 시행령」 제66조 및 제66조의2”를 “「부가가치세법 시행령」 제98조 및 제99조”로 한다.

㉑ 어촌 · 어항법 시행령 일부를 다음과 같이 개정한다.

제31조제1항제7호 중 “「부가가치세법」 제17조의 규정”을 “「부가가치세법」 제37조”로 한다.

㉒ 여성기업지원에 관한 법률 시행령 일부를 다음과 같이 개정한다.

제2조제1항제2호 중 “부가가치세법 제5조의 규정에 의하여”를 “「부가가치세법」 제8조에 따라”로 한다.

㉓ 외국인관광객 등에 대한 부가가치세 및 개별소비세 특례규정 일부를 다음과 같이 개정한다.

제5조제6항 중 “부가가치세법 제5조제4항”을 “「부가가치세법」 제8조제6항”으로 한다.

㉔ 외국인투자 촉진법 시행령 일부를 다음과 같이 개정한다.

제28조제2항 중 “「부가가치세법」 제5조제4항”을 “「부가가치세법」 제8조제6항”으로 한다.

별표 3 제3호의 근거 법령란을 다음과 같이 한다.

「부가가치세법」 제8조

㉕ 자원의 절약과 재활용촉진에 관한 법률 시행령 일부를 다음과 같이 개정한다.

별표 2의 비고 제2호 중 “「부가가치세법」 제13조”를 “「부가가치세법」 제29조”로 한다.

㉖ 장애인기업활동 촉진법 시행령 일부를 다음과 같이 개정한다.

제2조제1항제2호 중 “「부가가치세법」 제5조의 규정에 의하여”를 “「부가가치세법」 제8조에 따라”로 한다.

㉗ 전자금융거래법 시행령 일부를 다음과 같이 개정한다.

제15조제4항제4호 중 “「부가가치세법 시행령」 제4조 및 제4조의2”를 “「부가가치세법 시행령」 제8조 및 제10조”로 한다.

㉘ 제주특별자치도 여행객에 대한 면세점 특례 규정 일부를 다음과 같이 개정한다.

제7조제3항제1호 중 “「부가가치세법」 제18조 및 제19조의 규정에 의하여”를 “「부가가치세법」 제48조 및 제49조에 따라”로 한다.

㉙ 조세범 처벌절차법 시행령 일부를 다음과 같이 개정한다.

제6조제2항제1호 중 “「부가가치세법」 제29조”를 “「부가가치세법」 제69조”로 하고, 같은 항 제2호 중 “「부가가치세법」 제5조”를 “「부가가치세법」 제8조”로 한다.

㉚ 조세특례제한법 시행령 일부를 다음과 같이 개정한다.

제27조의5제3항 중 “「부가가치세법」 제5조제1항의 규정”을 “「부가가치세법」 제8조제1항 및 제5항”으로 한다.

제100조의2제4항 중 “「부가가치세법 시행령」 제74조제2항제7호”를 “「부가가치세법 시행령」 제109조제2항제7호”로 한다.

제100조의3제1항제4호마목 중 “「부가가치세법」 제12조제1항제14호 및 같은 법 시행령 제35조”를 “「부가가치세법」 제26조제1항제15호 및 같은 법 시행령 제42조”로 한다.

제100조의6제2항제1호 중 “「부가가치세법 시행령」 제74조제2항제7호”를 “「부가가치세법 시행령」 제109조제2항제7호”로 하고, 같은 항 제4호 본문 중 “「부가가치세법」 제5조제2항”을 “「부가가치세법」 제8조제3항”으로 한다.

제104조의5제3항 중 “「부가가치세법」 제19조”를 “「부가가치세법」 제49조”로, “같은 법 제27조”를 “같은 법 제67조”로 한다.

제106조제8항 각 호 외의 부분 단서 중 “「부가가치세법 시행령」 제37조제1호의 규정에”를 “「부가가치세법 시행령」 제45조제1호에도”로 하고, 같은 항 제2호 중 “「부가가치세법 시행령」 제2조제2항”을 “「부가가치세법 시행령」 제3조제2항”으로 하며, 같은 조 제13항 중 “「부가가치세법」 제18조 및 동법 제19조의 규정에 의한”을 “「부가가치세법」 제48조 및 제49조에 따른”으로 한다.

제106조의5제1항 중 “「부가가치세법」 제18조 및 제19조의 규정에 의하여”를 “「부가가치세법」 제48조 및 제49조에 따라”로 하고, 같은 조 제3항 중 “「부가가치세법」 제9조의 규정에”를 “「부가가치세법」 제15조부터 제17조까지의 규정에도”로 한다.

제106조의10제2항제1호 중 “「부가가치세법」 제1조”를 “「부가가치세법」 제4조”로 하고, 같은 조 제3항제3호 중 “「부가가치세법」 제25조”를 “「부가가치세법」 제61조”로 하며, 같은 조 제5항 전단 중 “「부가가치세법」 제18조 또는 제19조”를 “「부가가치세법」 제48조 또는 제49조”로 하고, 같은 조 제6항 중 “「부가가치세법 시행령」 제60조제1항을”을 “「부가가치세법 시행령」 제74조제1호를”로 한다.

제107조제2항제3호 중 “「부가가치세법」 제32조의2제3항의 규정에 의하여”를 “「부가가치세법」 제46조제3항에 따라”로 한다.

제110조제1항 중 “「부가가치세법」 제25조”를 “「부가가치세법」 제61조”로 하고, 같은 조 제5항 각 호 외의 부분 전단 중 “「부가가치세법」 제18조 또는 동법 제19조의 규정에 의한”을 “「부가가치세법」 제48조 또는 제49조에 따른”으로 하며, 같은 조 제6항 중 “「부가가

치세법 시행령」 제60조제1항의 규정을"을 "「부가가치세법 시행령」 제74조제1호를"로 한다.

제112조의4제1항 각 호 외의 부분 후단 중 "「부가가치세법」 제11조제2항을"을 "「부가가치세법」 제25조를"로 한다.

제116조의4제1항 중 "「부가가치세법」 제5조제1항의 규정에 의한"을 "「부가가치세법」 제8조제1항에 따른"으로 한다.

제116조의11제3항 중 "「부가가치세법」 제5조제5항 및 제6항"을 "「부가가치세법」 제8조제6항 및 제7항"으로 한다.

제116조의18제3항 중 "「부가가치세법」 제5조제4항의 규정에 의하여"를 "「부가가치세법」 제8조제6항에 따라"로 한다.

제116조의24제2항 중 "「부가가치세법」 제5조제5항"을 "「부가가치세법」 제8조제6항"으로 한다.

제121조의2제6항제8호 중 "「부가가치세법 시행령」 제38조제1호 및 제3호"를 "「부가가치세법 시행령」 제46조제1호 및 제3호"로 한다.

제121조의3제5항 중 "「부가가치세법 시행령」 제79조의2제1항 및 제2항의 규정에 의한"을 "「부가가치세법」 제36조제1항제1호, 같은 법 시행령 제73조제1항 및 제2항에 따른"으로 하고, 같은 조 제12항 전단 중 "「부가가치세법 시행령」 제11조제1항제12호"를 "「부가가치세법 시행령」 제14조제1항제11호"로 하며, 같은 항 후단 중 "「부가가치세법」 제5조제2항"을 "「부가가치세법」 제8조제5항"으로 한다.

제121조의4제1항 중 "「부가가치세법」 제16조"를 "「부가가치세법」 제32조"로, "「부가가치세법」 제25조제1항"을 "「부가가치세법」 제61조제1항"으로, "「부가가치세법 시행령」 제79조의2제3항 및 제4항"을 "「부가가치세법 시행령」 제73조제3항 및 제4항"으로 하고, 같은 조 제2항 중 "「부가가치세법」 제16조"를 "「부가가치세법」 제34조"로 하며, 같은 조 제11항 중 "「부가가치세법」 제18조"를 "「부가가치세법」 제48조"로, "동법 제19조"를 "같은 법 제49조"로, "「부가가치세법」 제17조제1항 및 제26조제3항"을 "「부가가치세법」 제37조, 제38조 및 제63조제3항"으로 한다.

제121조의5제7항 중 "「부가가치세법」 제20조의2"를 "「부가가치세법」 제55조"로 한다.

㉛ 주세법 시행령 일부를 다음과 같이 개정한다.

제10조제3항 중 "「부가가치세법 시행령」 제7조"를 "「부가가치세법 시행령」 제11조"로 하고, 같은 조 제4항 중 "「부가가치세법 시행령」 제7조제1항"을 "「부가가치세법 시행령」 제11조제2항"으로 한다.

제61조제2항 중 "「부가가치세법」 제32조의3의 규정에 의하여"를 "「부가가치세법」 제36조에 따라"로 한다.

별표 5 제6호나목 중 "「부가가치세법」 제4조제3항"을 "「부가가치세법」 제6조제4항"으로 한다.

㉜ 중소기업기본법 시행령 일부를 다음과 같이 개정한다.

제2조제1호나목 및 같은 조 제2호나목 중 "「부가가치세법」 제5조"를 각각 "「부가가치세법」 제8조"로 한다.

㉝ 중소기업창업 지원법 시행령 일부를 다음과 같이 개정한다.

제3조제2호 본문 및 단서 중 "「부가가치세법」 제5조제1항"을 각각 "「부가가치세법」 제8조제1항"으로 한다.

㉞ 지방세법 시행령 일부를 다음과 같이 개정한다.

제18조제4항제2호 중 "「부가가치세법」 제16조"를 "「부가가치세법」 제32조"로 한다.

제27조제1항제3호 중 "「부가가치세법 시행령」 제10조"를 "「부가가치세법 시행령」 제13조"로 한다.

제32조제3항 중 "「부가가치세법 시행령」 제7조"를 "「부가가치세법 시행령」 제11조"로 한다.

제50조제2항 중 "「부가가치세법 시행령」 제7조"를 "「부가가치세법 시행령」 제11조"로 한다.

제101조제3항제9호 중 "「부가가치세법」 제5조"를 "「부가가치세법」 제8조"로 한다.

㉟ 지방세특례제한법 시행령 일부를 다음과 같이 개정한다.

제13조제2항제1호 중 "「부가가치세법」 제5조"를 "「부가가치세법」 제8조"로 한다.

제15조제1항제1호 중 "「부가가치세법」 제5조"를 "「부가가치세법」 제8조"로 한다.

㊱ 항만법 시행령 일부를 다음과 같이 개정한다.

제19조제1항제7호 중 "「부가가치세법」 제17조"를 "「부가가치세법」 제37조"로 한다.

㊲ 환경기술 및 환경산업 지원법 시행령 일부를 다음과 같이 개정한다.

제20조의3제5호 중 "「부가가치세법」 제5조"를 "「부가가치세법」 제8조"로 한다.

제17조(다른 법령과의 관계) 이 영 시행 당시 다른 법령에서 종전의 「부가가치세법 시행령」 또는 그 규정을 인용하고 있는 경우 이 영 가운데 그에 해당하는 규정이 있으면 종전의 규정을 대신하여 이 영의 해당 규정을 인용한 것으로 본다.

부칙 〈제25057호, 2014. 1. 1.〉

제1조(시행일) 이 영은 2014년 1월 1일부터 시행한다. 다만, 제35조제1호의 개정규정은 2014년 2월 1일부터 시행한다.

제2조(일부 의료보건 용역의 과세전환에 관한 적용례) 제35조제1호의 개정규정은 부칙 제1조 단서에 따른 시행일 이후 용역의 제공을 개시하는 분부터 적용한다.

제3조(의제매입세액의 한도에 관한 적용례 및 특례) 제84조제1항의 개정규정은 2014년 1월 1일 이후 개시하는 과세기간부터 적용한다. 다만, 제84조제1항 단서의 개정규정에 따른 과세표준이 1억원 이하인 개인사업자에 대해서는 제84조제1항 단서의 개정규정에도 불구하고 2014년 12월 31일까지는 그 과세표준에 100분의 60을 곱하여 계산한 금액에 공제율을 곱한 금액을 매입세액으로서 공제할 수 있는 금액의 한도로 한다.

부칙 〈제25133호, 2014. 1. 28.〉 (축산물 위생관리법 시행령)

제1조(시행일) ① 이 영은 2014년 1월 31일부터 시행한다.

②부터 ⑤까지 생략

제2조 생략

제3조(다른 법령의 개정) ①부터 ③까지 생략

④ 부가가치세법 시행령 일부를 다음과 같이 개정한다.

제35조제5호가목 중 "「축산물위생관리법」"을 "「축산물 위생관리법」"으로 한다.

⑤부터 ⑫까지 생략

부칙 〈제25196호, 2014. 2. 21.〉

제1조(시행일) 이 영은 공포한 날부터 시행한다.

제2조(일반적 적용례) 이 영은 이 영 시행 후 재화 또는 용역을 공급하거나 공급받는 분 또는 수입신고하는 분부터 적용한다.

제3조(재생용 재료 수집 및 판매업 등의 사업자등록에 관한 적용례) 제11조제3항의 표 제7호 및 제8호의 개정규정은 이 영 시행 후 사업자등록을 신청하는 분부터 적용한다.

제4조(보세구역 내에 보관된 재화를 다른 사업자에게 공급할 때의 공급가액에 관한 적용례) 제61조제1항제5호 단서의 개정규정은 이 영 시행 후 신고하거나 결정·경정하는 분부터 적용한다.

제5조(사업의 포괄양도에 따른 사업양수자의 부가가치세 대리납부에 관한 적용례) 제95조제5항의 개정규정은 2014년 1월 1일 이후 사업을 양도하는 분부터 적용한다.

제6조(사업의 포괄양도에 따른 양수사업의 간이과세 전환에 관한 적용례) 제109조제2항제8호 단서 및 같은 조 제3항 전단의 개정규정은 이 영 시행 후 간이과세자로 변경하는 분부터 적용한다.

제7조(간이과세자로 변경되는 경우의 재고품 등 특례에 관한 적용례) 제112조제7항의 개정규정은 이 영 시행일이 속하는 해의 공급대가의 합계액이 제109조제1항에 따른 금액에 미달하는 경우부터 적용한다.

제8조(간이과세포기신고서 제출에 관한 적용례) 제116조제1항의 개정규정은 2014년 1월 1일 이후 간이과세자에 관한 규정의 적용을 포기하는 분부터 적용한다.

제9조(산학협력단이 제공하는 연구용역에 관한 특례) 「산업교육진흥 및 산학연협력촉진에 관한 법률」에 따라 설립된 산학협력단이 2013년 12월 31일까지 연구용역 계약을 체결하여 연구용역을 개시한 분에 대해서는 제45조제2호의 개정규정에도 불구하고 법 제26조제1항제18호에 따라 부가가치세가 면제되는 용역으로 본다.

부칙 〈제25945호, 2014. 12. 30.〉 (한국산업은행법 시행령)

제1조(시행일) 이 영은 법률 제12663호 한국산업은행법 전부개정법률 부칙 제4조제6항에 따른 합병의 등기를 한 날부터 시행한다.

제2조 및 제3조 생략

제4조(다른 법령의 개정) ①부터 ⑰까지 생략

⑱ 부가가치세법 시행령 일부를 다음과 같이 개정한다.

제40조제3항제8호를 삭제한다.

⑲부터 ㊲까지 생략

제5조 생략

부칙 〈제26071호, 2015. 2. 3.〉

제1조(시행일) 이 영은 공포한 날부터 시행한다. 다만, 제37조제2호가목 단서의 개정규정은 2015년 4월 1일부터 시행하고, 제40조제1항제1호사목, 제2호라목·사목, 제7호 및 제8호, 제71조제1항제8호, 제73조제1항제13호·제14호, 같은 조 제3항·제5항 및 제96조의2의 개정규정은 2015년 7월 1일부터 시행한다.

제2조(일반적 적용례) 이 영은 이 영 시행 이후 재화나 용역을 공급하거나 공급받는 분 또는 재화를 수입신고하는 분부터 적용한다.

제3조(인터넷 신문에 대한 부가가치세 면제에 관한 적용례) 제38조제2항의 개정규정은 이 영 시행 이후 신고하거나 결정·경정하는 분부터 적용한다.

제4조(금융·보험 용역에 대한 부가가치세 과세에 관한 적용례) 제40조제1항제1호사목, 제2호라목·사목 및 제8호의 개정규정은 2015년 7월 1일 이후 용역 계약을 체결·수정·변경·갱신하는 분부터 적용한다.

제5조(감정평가기관의 범위 확대에 관한 적용례) 제64조제1호 단서의 개정규정은 이 영 시행 이후 토지와 건물등을 평가하는 분부터 적용한다.

제6조(배출권 거래소를 통한 온실가스 배출권 거래에 대한 세금계산서 발급에 관한 적용례) 제69조제18항의 개정규정은 이 영 시행일이 속하는 과세기간부터 적용한다.

제7조(수정세금계산서 발급사유에 관한 적용례) 제70조제1항제4호의 개정규정은 2015년 1월 1일 이후 내국신용장을 개설하거나 구매확인서를 발급하는 분부터 적용한다.

제8조(의제매입세액의 공제방법 및 공제한도에 관한 적용례) 제84조제2항부터 제8항까지의 개정규정은 2015년 1월 1일 이후 개시하는 과세기간부터 적용한다.

제9조(금융·보험 용역에 대한 부가가치세 과세에 관한 경과조치) 2015년 7월 1일 전에 용역계약을 체결하고, 2015년 7월 1일 이후에 해당 용역계약을 수정·변경·갱신하지 아니한 분에 대해서는 제40조제1항제1호사목, 제2호라목·사목 및 제8호의 개정규정에도 불구하고 종전의 규정에 따른다.

부칙 〈제26600호, 2015. 10. 23.〉 (자본시장과 금융투자업에 관한 법률 시행령)

제1조(시행일) 이 영은 2015년 10월 25일부터 시행한다. 〈단서 생략〉

제2조 부터 제8조까지 생략

제9조(다른 법령의 개정) ①부터 ⑦까지 생략

⑧ 부가가치세법 시행령 일부를 다음과 같이 개정한다.

제40조제1항제2호자목 중 "사모투자전문회사"를 각각 "경영참여형 사모집합투자기구"로, "사모투자전문회사재산"을 "경영참여형 사모집합투자기구 집합투자재산"으로 한다.

⑨부터 ⑱까지 생략

부칙 〈제26983호, 2016. 2. 17.〉

제1조(시행일) 이 영은 공포한 날부터 시행한다. 다만, 제33조제2항제1호·제2호 및 제101조제1항제10호의 개정규정은 2016년 7월 1일부터 시행한다.

제2조(일반적 적용례) 이 영은 이 영 시행 이후 재화나 용역을 공급하거나 공급받는 분 또는 재화를 수입신고하는 분부터 적용한다.

제3조(외화획득 재화 또는 용역의 영세율 적용방식에 관한 적용례) 제33조제2항제1호·제2호 및 제101조제1항제10호의 개정규정은 2016년 7월 1일 이후 용역 계약을 체결·수정·변경·갱신하는 분부터 적용한다.

제4조(매입세액 공제 등에 관한 적용례) 제75조제3호·제5호 및 제108조제5항의 개정규정은 2016년 1월 1일 이후 개시하는 과세기간에 재화나 용역을 공급받는 분부터 적용한다.

제5조(공통매입세액 안분 계산에 관한 적용례) 제81조제1항의 개정규정은 2016년 1월 1일 이후 개시하는 과세기간에 재화나 용역을 공급받는 분부터 적용한다.

제6조(의제매입세액 계산에 관한 적용례) 제84조제2항 및 제3항의 개정규정은 2016년 1월 1일 이후 개시하는 과세기간부터 적용한다.
제7조(신용카드 등의 사용에 따른 세액공제 등에 관한 적용례) 제88조제2항의 개정규정은 2016년 1월 1일 이후 재화나 용역을 공급하는 분부터 적용한다.
제8조(수정세금계산서 또는 수정전자세금계산서의 발급사유에 관한 경과조치) 이 영 시행 전에 수정세금계산서 또는 수정전자세금계산서를 발급한 분에 대해서는 제70조제1항제9호의 개정규정에도 불구하고 종전의 규정에 따른다.

부칙 〈제27037호, 2016. 3. 11.〉 (예금자보호법 시행령)
제1조(시행일) 이 영은 공포한 날부터 시행한다.
제2조(다른 법령의 개정) ①부터 ⑦까지 생략
⑧ 부가가치세법 시행령 일부를 다음과 같이 개정한다.
제8조제2항제4호 및 제40조제3항제4호 중 "정리금융기관"을 각각 "정리금융회사"로 한다.
⑨부터 ⑰까지 생략

부칙 〈제27433호, 2016. 8. 2.〉 (국민건강보험법 시행령)
제1조(시행일) 이 영은 2016년 8월 4일부터 시행한다.
제2조(다른 법령의 개정) ① 부가가치세법 시행령 일부를 다음과 같이 개정한다.
제35조제1호 각 목 외의 부분 단서 중 "「국민건강보험법」 제41조제3항"을 "「국민건강보험법」 제41조제4항"으로 한다.
② 생략

부칙 〈제27472호, 2016. 8. 31.〉 (감정평가 및 감정평가사에 관한 법률 시행령)
제1조(시행일) 이 영은 2016년 9월 1일부터 시행한다.
제2조 부터 제5조까지 생략
제6조(다른 법령의 개정) ①부터 ㊿까지 생략
〈51〉 부가가치세법 시행령 일부를 다음과 같이 개정한다.
제64조제1호 단서 중 "「부동산 가격공시 및 감정평가에 관한 법

률」 제2조제9호"를 "「감정평가 및 감정평가사에 관한 법률」 제2조제4호"로 한다.

제69조제10항 중 "「부동산 가격공시 및 감정평가에 관한 법률」"을 "「감정평가 및 감정평가사에 관한 법률」"로 한다.

〈52〉부터 〈92〉까지 생략

제7조 생략

부칙 〈제27838호, 2017. 2. 7.〉

제1조(시행일) 이 영은 공포한 날부터 시행한다. 다만, 제20조제3호, 제61조제1항제9호·제10호 및 같은 조 제4항의 개정규정은 2017년 4월 1일부터 시행한다.

제2조(일반적 적용례) 이 영은 이 영 시행 이후 재화나 용역을 공급하거나 공급받는 분 또는 재화를 수입신고하는 분부터 적용한다.

제3조(수정수입세금계산서에 관한 적용례) 제72조제4항의 개정규정은 이 영 시행 이후 수정신고하거나 결정·경정하는 분부터 적용한다.

제4조(가산세에 관한 적용례) 제108조제1항의 개정규정은 이 영 시행 이후 신고하거나 결정·경정하는 분부터 적용한다.

부칙 〈제27970호, 2017. 3. 29.〉 (항공사업법 시행령)

제1조(시행일) 이 영은 2017년 3월 30일부터 시행한다.

제2조 부터 제5조까지 생략

제6조(다른 법령의 개정) ①부터 ⑥까지 생략

⑦ 부가가치세법 시행령 일부를 다음과 같이 개정한다.

제32조제2항제2호, 제37조제1호 및 제71조제1항제4호 중 "「항공법」"을 각각 "「항공사업법」" 으로 한다.

⑧부터 ⑪까지 생략

제7조 생략

부칙 〈제28211호, 2017. 7. 26.〉 (행정안전부와 그 소속기관 직제)

제1조(시행일) 이 영은 공포한 날부터 시행한다. 다만, 부칙 제8조에 따라 개정되는 대통령령 중 이 영 시행 전에 공포되었으나 시행

일이 도래하지 아니한 대통령령을 개정한 부분은 각각 해당 대통령령의 시행일부터 시행한다.
제2조 부터 제7조까지 생략
제8조(다른 법령의 개정) ①부터 ㉑까지 생략
㉒ 부가가치세법 시행령 일부를 다음과 같이 개정한다.
제56조제14호 중 "미래창조과학부장관"을 "과학기술정보통신부장관"으로 한다.
㉓부터 〈388〉까지 생략

부칙 〈제28475호, 2017. 12. 19.〉 (군무원인사법 시행령)
제1조(시행일) 이 영은 2017년 12월 21일부터 시행한다.
제2조 부터 제8조까지 생략
제9조(다른 법령의 개정) ①부터 ⑨까지 생략
⑩ 부가가치세법 시행령 일부를 다음과 같이 개정한다.
제46조제3호가목 중 "「군무원인사법」 제2조에 따른 군무원"을 "「군무원인사법」 제3조제1항에 따른 일반군무원"으로 한다.
⑪ 및 ⑫ 생략

부칙 〈제28641호, 2018. 2. 13.〉
제1조(시행일) 이 영은 공포한 날부터 시행한다. 다만, 제46조제3호가목의 개정규정은 2018년 7월 1일부터 시행한다.
제2조(일반적 적용례) 이 영은 이 영 시행 이후 재화나 용역을 공급하거나 공급받는 분 또는 재화를 수입신고하는 분부터 적용한다.
제3조(사업자등록 사항의 변경에 관한 적용례) 제14조제2항의 개정규정은 이 영 시행 이후 사업자등록정정신고서를 제출하는 분부터 적용한다.
제4조(전자세금계산서 발급 등에 관한 적용례) ① 제68조제1항의 개정규정은 이 영 시행일이 속하는 연도에 공급된 사업장별 재화 및 용역의 공급가액의 합계액을 기준으로 2019년 7월 1일 이후 재화 또는 용역을 공급하는 분부터 적용한다.
② 제68조제4항의 개정규정은 이 영 시행 이후 통지하는 분부터 적용한다.
제5조(간이과세자의 의제매입세액 공제에 관한 적용례) 제113조제2

항제2호의 개정규정은 2018년 1월 1일 이후 재화 또는 용역을 공급받는 분부터 적용한다.

부칙 〈제29183호, 2018. 9. 28.〉
제1조(시행일) 이 영은 공포한 날부터 시행한다.
제2조(의제매입세액 공제한도에 관한 적용례) 제84조제2항 및 제3항의 개정규정은 이 영 시행 이후 신고하는 분부터 적용한다.

부칙 〈제29535호, 2019. 2. 12.〉
제1조(시행일) 이 영은 공포한 날부터 시행한다. 다만, 제96조의2의 개정규정은 2019년 7월 1일부터 시행한다.
제2조(일반적 적용례) 이 영은 이 영 시행 이후 재화나 용역을 공급하거나 공급받는 분 또는 재화를 수입신고하는 분부터 적용한다.
제3조(신용카드 등의 사용에 따른 세액공제 등에 관한 적용례) 제88조제3항제3호의 개정규정은 2019년 1월 1일 이후 재화 또는 용역을 공급하는 분부터 적용한다.
제4조(간이과세자의 의제매입세액 공제에 관한 적용례) 제113조제2항의 개정규정은 2019년 1월 1일 이후 재화를 공급받는 분부터 적용한다.

부칙 〈제29617호, 2019. 3. 12.〉 (철도의 건설 및 철도시설 유지관리에 관한 법률 시행령)
제1조(시행일) 이 영은 2019년 3월 14일부터 시행한다.
제2조 및 제3조 생략
제4조(다른 법령의 개정) ①부터 ⑬까지 생략
⑭ 부가가치세법 시행령 일부를 다음과 같이 개정한다.
제37조제1호라목 및 같은 조 제2호다목 중 "「철도건설법」"을 각각 "「철도의 건설 및 철도시설 유지관리에 관한 법률」"로 한다.
제46조제2호 중 "「철도건설법」"을 "「철도의 건설 및 철도시설 유지관리에 관한 법률」"로 한다.
⑮부터 ㉝까지 생략

부칙 〈제29886호, 2019. 6. 25.〉 (전기통신사업법 시행령)

제1조(시행일) 이 영은 2019년 6월 25일부터 시행한다.
제2조(다른 법령의 개정) ①부터 ④까지 생략
⑤ 부가가치세법 시행령 일부를 다음과 같이 개정한다.
제73조제2항제3호 단서 중 "「전기통신사업법」 제5조제4항"을 "「전기통신사업법」 제5조제3항"으로 한다.
⑥부터 ⑩까지 생략

부칙 〈제30256호, 2019. 12. 24.〉 (산업안전보건법 시행령)
제1조(시행일) 이 영은 2020년 1월 16일부터 시행한다. 〈단서 생략〉
제2조 부터 제31조까지 생략
제32조(다른 법령의 개정) ①부터 ⑭까지 생략
⑮ 부가가치세법 시행령 일부를 다음과 같이 개정한다.
제35조제13호 중 "「산업안전보건법」 제16조"를 "「산업안전보건법」 제21조"로, "같은 법 제42조에 따른 지정측정기관"을 "같은 법 제126조에 따른 작업환경측정기관"으로 한다.
⑯부터 ㊵까지 생략
제33조 생략

부칙 〈제30397호, 2020. 2. 11.〉
제1조(시행일) 이 영은 공포한 날부터 시행한다. 다만, 제11조제5항, 제33조제2항제1호 각 목 외의 부분 단서 및 같은 호 자목, 같은 항 제2호 본문, 제35조제17호, 제36조제1항제7호 및 제56조제19호의 개정규정은 2020년 7월 1일부터 시행하고, 제90조제4항 및 제6항의 개정규정은 2021년 1월 1일부터 시행한다.
제2조(일반적 적용례) 이 영은 이 영 시행 이후 재화나 용역을 공급하거나 공급받는 분 또는 재화를 수입신고하는 분부터 적용한다.
제3조(사업자등록 정정신고서 제출의제에 관한 적용례) 제14조제5항의 개정규정은 이 영 시행 이후 사업자등록신청서 또는 사업자등록 정정신고서를 제출하면서 「주민등록법」에 따른 주소가 변경되면 사업상의 주소도 변경되는 것으로 동의하는 사업자부터 적용한다.
제4조(의제매입세액 공제한도에 관한 적용례) 제84조제2항 및 제3항의 개정규정은 이 영 시행 이후 신고하는 분부터 적용한다.

제5조(대손세액 공제 신청 적용례) 제87조제2항의 개정 규정은 이 영 시행일이 속하는 과세기간에 대손이 확정되는 분부터 적용한다.
제6조(재화의 수입에 대한 부가가치세 납부유예에 대한 적용례) 제91조의2제1항 및 제3항의 개정규정은 이 영 시행 이후 수입부가가치세에 대한 납부유예를 신청하는 분부터 적용한다.
제7조(간이과세자와 일반과세의 적용시기에 관한 적용례) 제110조제5항의 개정규정은 이 영 시행 이후 제109조제2항에 따른 사업을 폐지하는 분부터 적용한다.
제8조(간이과세자의 과세표준 및 세액의 계산에 관한 적용례) 제111조 제8항의 개정규정은 이 영 시행 이후 납부하는 분부터 적용한다.
제9조(간이과세자의 의제매입세액 공제에 관한 적용례) 제113조제2항의 개정규정은 2020년 1월 1일 이후 재화 또는 용역을 공급받는 분부터 적용한다.
제10조(간이과세자의 과세표준 및 세액의 계산에 관한 경과조치) 이 영 시행 전에 결정 또는 경정하거나 수정신고한 분에 대해서는 제111조제8항의 개정규정에도 불구하고 종전의 규정에 따른다.
제11조(간이과세자의 의제매입세액 공제에 관한 경과조치) 2020년 1월 1일 전에 재화를 공급받은 분에 대해서는 제113조제2항의 개정규정에도 불구하고 종전의 규정에 따른다.

부칙 〈제30423호, 2020. 2. 18.〉 (건설산업기본법 시행령)
제1조(시행일) 이 영은 공포한 날부터 시행한다.
제2조 부터 제4조까지 생략
제5조(다른 법률의 개정) ①부터 ⑧까지 생략
⑨ 부가가치세법 시행령 일부를 다음과 같이 개정한다.
제25조제1호 중 “건설업자”를 “건설사업자”로 한다.
⑩부터 ⑳까지 생략

부칙 〈제30934호, 2020. 8. 11.〉 (벤처투자 촉진에 관한 법률 시행령)
제1조(시행일) 이 영은 2020년 8월 12일부터 시행한다.
제2조 및 제3조 생략

제4조(다른 법령의 개정) ①부터 ⑪까지 생략

⑫ 부가가치세법 시행령 일부를 다음과 같이 개정한다.

제40조제1항제13호 각 목 외의 부분 단서 중 “「중소기업창업 지원법」에 따른 중소기업창업투자회사 또는 창업기획자”를 “「벤처투자 촉진에 관한 법률」 제2조제9호에 따른 창업기획자 또는 같은 조 제10호에 따른 중소기업창업투자회사”로 하고, 같은 호 가목 및 나목을 각각 다음과 같이 한다.

가. 「벤처투자 촉진에 관한 법률」 제2조제9호에 따른 창업기획자가 같은 조 제8호에 따른 개인투자조합에 제공하는 자산 관리 · 운용 용역

나. 「벤처투자 촉진에 관한 법률」 제2조제10호에 따른 중소기업창업투자회사가 같은 조 제11호에 따른 벤처투자조합에 제공하는 자산 관리 · 운용 용역

⑬부터 ㉗까지 생략

제5조 생략

부칙 〈제30954호, 2020. 8. 19.〉 (수산업협동조합의 부실예방 및 구조개선에 관한 법률 시행령)

제1조(시행일) 이 영은 2020년 8월 19일부터 시행한다.

제2조(다른 법령의 개정) ① 생략

② 부가가치세법 시행령 일부를 다음과 같이 개정한다.

제40조제3항제6호 중 “「수산업협동조합의 구조개선에 관한 법률」”을 “「수산업협동조합의 부실예방 및 구조개선에 관한 법률」”로 한다.

③ 생략

부칙 〈제31012호, 2020. 9. 10.〉 (국가철도공단법 시행령)

제1조(시행일) 이 영은 2020년 9월 10일부터 시행한다.

제2조(다른 법령의 개정) ①부터 ⑬까지 생략

⑭ 부가가치세법 시행령 일부를 다음과 같이 개정한다.

제8조제2항제10호를 다음과 같이 한다.

10. 「국가철도공단법」에 따른 국가철도공단

⑮부터 ㉜까지 생략

제3조 생략

부칙 〈제31087호, 2020. 10. 7.〉

제1조(시행일) 이 영은 공포한 날부터 시행한다.

제2조(재화 공급 제외 대상의 범위에 관한 적용례) 제19조의2제3호의 개정규정은 이 영 시행일이 속하는 과세기간에 재화를 공급하는 분부터 적용한다.

부칙 〈제31222호, 2020. 12. 8.〉 (전자서명법 시행령)

제1조(시행일) 이 영은 2020년 12월 10일부터 시행한다.

제2조(다른 법령의 개정) ①부터 ⑪까지 생략

⑫ 부가가치세법 시행령 일부를 다음과 같이 개정한다.

제68조제5항 각 호 외의 부분 중 "공인인증시스템"을 "인증시스템"으로 한다.

제71조제1항제7호 본문 중 "「전자서명법」 제2조제10호에 따른 공인인증기관이 같은 법 제15조에 따라 공인인증서"를 "「전자서명법」 제2조제8호에 따른 전자서명인증사업자가 같은 조 제6호에 따른 인증서"로 한다.

제73조제1항제12호 중 "공인인증서"를 "인증서"로 한다.

⑬부터 ㊲까지 생략

제3조 생략

부칙 〈제31380호, 2021. 1. 5.〉 (어려운 법령용어 정비를 위한 473개 법령의 일부개정에 관한 대통령령)

이 영은 공포한 날부터 시행한다. 〈단서 생략〉

부칙 〈제31445호, 2021. 2. 17.〉

제1조(시행일) 이 영은 공포한 날부터 시행한다. 다만, 다음 각 호의 개정규정은 각 호의 구분에 따른 날부터 시행한다.

1. 제70조제3항, 제71조제2항, 제71조의2제1항, 제73조제1항(제13호는 제외한다) · 제3항부터 제5항까지 · 제8항 · 제10항, 제73조의2, 제75조제6호 · 제9호 · 제10호, 제86조제3항부터 제5항까지, 제88조제5항, 제109조제2항(제11호는 제외한다), 제111조제2항 · 제6

항ㆍ제7항, 제112조제3항ㆍ제4항, 제113조, 제114조제3항부터 제5항까지 및 제117조제2항ㆍ제3항의 개정규정: 2021년 7월 1일

2. 제5조의2, 제5조의3, 제8조제7항, 제12조제1항, 제13조제1항, 제15조제1항ㆍ제2항, 제16조, 제21조의2 및 제75조제11호ㆍ제12호의 개정규정: 2022년 1월 1일

3. 제68조제1항 및 제2항의 개정규정: 2022년 7월 1일

제2조(일반적 적용례) 이 영은 이 영 시행 이후 재화나 용역을 공급하거나 공급받는 분 또는 재화를 수입신고하는 분부터 적용한다.

제3조(신탁 관련 납세의무자에 관한 적용례) 제5조의2제2항의 개정규정은 2022년 1월 1일 이후 신탁을 설정한 경우부터 적용한다.

제4조(신탁 관련 제2차 납세의무에 관한 적용례) 제5조의3제1항의 개정규정은 2022년 1월 1일 이후 납세의무가 성립하는 분부터 적용한다.

제5조(폐업신고에 관한 적용례) 제13조제2항 및 제3항의 개정규정은 이 영 시행 이후 폐업신고하는 경우부터 적용한다.

제6조(사업자등록 정정 처리기한에 관한 적용례) 제14조제3항제2호의 개정규정은 이 영 시행 이후 사업자등록 사항의 변경을 신고하는 경우부터 적용한다.

제7조(전자세금계산서의 발급 등에 관한 적용례 등) ① 제68조제1항 및 같은 조 제2항 본문의 개정규정은 2021년에 공급된 사업장별 재화 및 용역의 공급가액(면세공급가액을 포함한다)의 합계액을 기준으로 판단하여 2022년 7월 1일 이후 재화 또는 용역을 공급하는 경우부터 적용한다.

② 제68조제1항 및 같은 조 제2항 본문의 개정규정에도 불구하고 2022년 7월 1일부터 2023년 6월 30일까지는 같은 개정규정 중 “1억원”을 각각 “2억원”으로 보아 같은 개정규정을 적용한다.

③ 제68조제2항 단서의 개정규정에도 불구하고 2021년 1월 1일부터 2021년 12월 31일까지의 기간 동안의 사업장별 재화와 용역의 공급가액(면세공급가액을 포함한다)의 합계액이 수정신고등으로 변경된 경우에는 같은 개정규정 중 “1억원”을 “2억원”으로 보아 같은 개정규정을 적용한다.

④ 2020년 12월 31일 이전의 사업장별 재화와 용역의 공급가액(면세공급가액을 포함한다)의 합계액이 수정신고등으로 변경된 경우

에는 제68조제2항 단서의 개정규정에도 불구하고 종전의 규정에 따른다.
[전문개정 2022. 2. 15.]
[시행일: 2022. 7. 1.] 제7조
제8조(수정세금계산서 또는 수정수입세금계산서의 발급사유 및 발급절차에 관한 적용례) 제70조제3항의 개정규정은 2021년 7월 1일 이후 세금계산서를 발급하는 경우부터 적용한다.
제9조(간이과세자의 영수증 발급 적용시기 통지에 관한 적용례) ① 제73조의2제1항의 개정규정은 2021년 7월 1일 이후 영수증 발급에 관한 규정이 적용되거나 적용되지 않게 되는 사실을 통지하는 경우부터 적용한다.
② 제73조의2제2항의 개정규정은 2021년 7월 1일 이후 간이과세자에 관한 규정이 적용되지 않게 되는 사실을 통지하는 경우부터 적용한다.
제10조(재화의 수입에 대한 부가가치세 납부유예에 관한 적용례) 제91조의2제1항제2호의 개정규정은 이 영 시행 이후 납부유예 요건 확인서를 발급하는 경우부터 적용한다.
제11조(간이과세 배제업종 추가에 따른 적용례) 제109조제2항의 개정규정은 2021년 7월 1일 이후 재화나 용역을 공급하는 경우부터 적용한다.
제12조 삭제 〈2022. 2. 15.〉
[시행일: 2022. 7. 1.] 제12조
제13조(매입자발행세금계산서 발행 대상 사업자 변경에 관한 경과조치) 2021년 7월 1일 전에 재화나 용역을 공급받은 분에 대해서는 제71조의2제1항의 개정규정에도 불구하고 종전의 규정에 따른다.
제14조(세금계산서 발급 사업자 범위 조정에 관한 경과조치 등) ① 2021년 7월 1일 전에 재화나 용역을 공급한 분에 대해서는 제73조제3항부터 제5항까지 및 제8항의 개정규정에도 불구하고 종전의 규정에 따른다.
② 제73조제10항의 개정규정은 2021년 7월 1일 이후 재화나 용역을 공급하는 분부터 적용한다.
제15조(재고매입세액의 계산방식 변경에 따른 경과조치) 2021년 7월 1일 전에 재화를 공급받은 분에 대해서는 제86조제3항부터 제5

항까지의 개정규정에도 불구하고 종전의 규정에 따른다.

제16조(신용카드 등의 사용에 따른 세액공제 등에 관한 경과조치) 2021년 7월 1일 전에 재화나 용역을 공급한 분에 대해서는 제88조제5항의 개정규정에도 불구하고 종전의 규정에 따른다.

제17조(간이과세자의 과세표준 및 세액의 계산에 관한 경과조치) 2021년 7월 1일 전에 재화나 용역을 공급하거나 공급받은 분 또는 재화를 수입신고하는 분에 대해서는 제111조제2항, 제6항 및 제7항의 개정규정에도 불구하고 종전의 규정에 따른다.

제18조(재고납부세액의 계산방식 변경에 따른 경과조치) 2021년 7월 1일 전에 일반과세자에서 간이과세자로 변경된 사업자에 대해서는 제112조제3항 및 제4항의 개정규정에도 불구하고 종전의 규정에 따른다.

제19조(간이과세자의 신고와 납부에 관한 경과조치) 2021년 7월 1일 전에 재화나 용역을 공급하거나 공급받은 분 또는 재화를 수입신고하는 분에 대해서는 제114조제3항부터 제5항까지의 개정규정에도 불구하고 종전의 규정에 따른다.

제20조(장부의 작성ㆍ보관에 관한 경과조치) 2021년 7월 1일 전에 재화나 용역을 공급하거나 공급받은 분 또는 재화를 수입신고하는 분에 대해서는 제117조제2항 및 제3항의 개정규정에도 불구하고 종전의 규정에 따른다.

제21조(다른 법령의 개정) ① 공인중개사법 시행령 일부를 다음과 같이 개정한다.

제18조제2항 전단 중 "「부가가치세법」 제8조제7항"을 "「부가가치세법」 제8조제8항"으로 한다.

② 방송법 시행령 일부를 다음과 같이 개정한다.

제17조제2항제2호가목 중 "「부가가치세법」 제8조제7항"을 "「부가가치세법」 제8조제8항"으로 한다.

③ 옥외광고물 등의 관리와 옥외광고산업 진흥에 관한 법률 시행령 일부를 다음과 같이 개정한다.

제47조제2항 전단 중 "「부가가치세법」 제8조제6항"을 "「부가가치세법」 제8조제8항"으로 한다.

별지 제7호서식 중 "「부가가치세법」 제8조제7항"을 "「부가가치세법」 제8조제8항"으로 한다.

④ 외국인관광객 등에 대한 부가가치세 및 개별소비세 특례규정 일부를 다음과 같이 개정한다.

제5조제6항 중 “「부가가치세법」 제8조제6항”을 “「부가가치세법」 제8조제8항”으로 한다.

⑤ 인쇄문화산업 진흥법 시행령 일부를 다음과 같이 개정한다.

제17조의2제2항 전단 중 “「부가가치세법」 제8조제7항”을 “「부가가치세법」 제8조제8항”으로 한다.

⑥ 잡지 등 정기간행물의 진흥에 관한 법률 시행령 일부를 다음과 같이 개정한다.

제9조제2항 전단 중 “「부가가치세법」 제8조제7항”을 “「부가가치세법」 제8조제8항”으로 한다.

⑦ 정보통신공사업법 시행령 일부를 다음과 같이 개정한다.

별표 8 제15호 중 “「부가가치세법」 제8조제6항”을 “「부가가치세법」 제8조제8항”으로, “같은 조 제7항”을 “같은 조 제9항”으로 한다.

⑧ 지방세특례제한법 시행령 일부를 다음과 같이 개정한다.

제38조의4제1항제2호 중 “「부가가치세법」 제8조제6항 및 제7항”을 “「부가가치세법」 제8조제8항 및 제9항”으로 한다.

⑨ 지방자치단체를 당사자로 하는 계약에 관한 법률 시행령 일부를 다음과 같이 개정한다.

제93조의2제3호 중 “「부가가치세법」 제8조제6항”을 “「부가가치세법」 제8조제8항”으로 한다.

⑩ 특정 금융거래정보의 보고 및 이용 등에 관한 법률 시행령 일부를 다음과 같이 개정한다.

제14조제1항제2호 중 “「부가가치세법」 제8조제6항”을 “「부가가치세법」 제8조제8항”으로 한다.

부칙 〈제31450호, 2021. 2. 17.〉 (주류 면허 등에 관한 법률 시행령)

제1조(시행일) 이 영은 공포한 날부터 시행한다.

제2조 부터 제4조까지 생략

제5조(다른 법령의 개정) ① 및 ② 생략

③ 부가가치세법 시행령 일부를 다음과 같이 개정한다.

제9조제1항 각 호 외의 부분 단서 중 “「주세법 시행령」 제64조제4항”을 “「주류 면허 등에 관한 법률 시행령」 제36조제4항”으로 한다.
④부터 ⑧까지 생략
제6조 생략

부칙 〈제31543호, 2021. 3. 23.〉 (관광진흥법 시행령)
제1조(시행일) 이 영은 공포 후 6개월이 경과한 날부터 시행한다. 〈단서 생략〉
제2조 생략
제3조(다른 법령의 개정) ① 생략
② 부가가치세법 시행령 일부를 다음과 같이 개정한다.
제33조제2항제7호 각 목 외의 부분 본문 중 “일반여행업자”를 “종합여행업자”로 한다.
제71조제1항제5호 중 “제7호(일반여행업자인 경우로 한정한다)”를 “제7호”로 한다.

부칙 〈제32352호, 2022. 1. 21.〉 (감정평가 및 감정평가사에 관한 법률 시행령)
제1조(시행일) 이 영은 2022년 1월 21일부터 시행한다.
제2조 부터 제4조까지 생략
제5조(다른 법령의 개정) ①부터 ㉝까지 생략
㉞ 부가가치세법 시행령 일부를 다음과 같이 개정한다.
제64조제1호 단서 중 “「감정평가 및 감정평가사에 관한 법률」 제2조제4호에 따른 감정평가업자가”를 “「감정평가 및 감정평가사에 관한 법률」에 따른 감정평가법인등이”로 한다.
제69조제10항 중 “감정평가업자”를 각각 “감정평가법인등”으로 한다.
㉟부터 〈64〉까지 생략

부칙 〈제32419호, 2022. 2. 15.〉
제1조(시행일) 이 영은 공포한 날부터 시행한다. 다만, 다음 각 호의 개정규정은 해당 호에서 정한 날부터 시행한다.
1. 제42조의 개정규정: 2022년 6월 16일

2. 대통령령 제31445호 부가가치세법 시행령 일부개정령 제68조 제1항 · 제2항의 개정규정, 대통령령 제31445호 부가가치세법 시행령 일부개정령 부칙 제7조 · 제12조의 개정규정, 이 영 제89조, 제96조의2제8항 · 제9항 및 제99조의 개정규정: 2022년 7월 1일

제2조(일반적 적용례) 이 영은 부칙 제1조에 따른 각 해당 개정규정의 시행일 이후 재화나 용역을 공급하거나 공급받는 경우 또는 재화를 수입신고하는 경우부터 적용한다.

제3조(신탁재산 관련 납세의무자에 관한 적용례) ① 제5조의2제2항제3호의 개정규정은 2022년 1월 1일 이후부터 이 영 시행 전까지 수탁자가 재화 또는 용역을 공급한 경우에도 적용한다.

② 제5조의2제3항의 개정규정은 2022년 1월 1일 이후부터 이 영 시행 전까지 위탁자의 지위가 이전된 경우에도 적용한다.

제4조(수탁자의 사업자등록 신청에 관한 적용례) 제11조제11항의 개정규정은 이 영 시행 전에 사업자등록을 신청하여 이 영 시행 당시 그 절차가 진행 중인 경우에도 적용한다.

제5조(영세율을 적용하는 외화 획득 용역의 공급에 관한 적용례) 제33조제2항제1호사목의 개정규정은 이 영 시행 전의 용역의 공급분에 대하여 이 영 시행 이후 부가가치세의 과세표준과 세액을 신고하거나 결정 또는 경정하는 경우에도 적용한다.

제6조(의제매입세액 공제한도에 관한 적용례) 제84조제2항 및 제3항의 개정규정은 이 영 시행일이 속하는 과세기간부터 적용한다.

제7조(간편사업자등록의 말소에 관한 적용례) 제96조의2제10항제4호의 개정규정은 이 영 시행 전에 둘 이상의 과세기간에 걸쳐 부가가치세를 신고하지 않은 경우에도 적용한다.

제8조(과태료 부과기준에 관한 적용례) 이 영 시행 전의 위반행위로 받은 과태료의 부과처분은 별표 제3호의 개정규정에 따른 위반행위의 횟수 산정에 포함하지 않는다.

제9조(수정세금계산서 또는 수정전자세금계산서의 발급기한에 관한 경과조치) 이 영 시행 전에 재화 또는 용역을 공급한 경우에 대한 수정세금계산서 또는 수정전자세금계산서의 발급기한에 관하여는 제70조제1항제6호의 개정규정에도 불구하고 종전의 규정에 따른다.

제10조(매입세액 공제에 관한 경과조치) 이 영 시행 전에 재화 또는 용역을 공급한 경우에 대한 매입세액 공제에 관하여는 제75조제7호

및 제8호의 개정규정에도 불구하고 종전의 규정에 따른다.

부칙 〈제32449호, 2022. 2. 17.〉 (한국자산관리공사 설립 등에 관한 법률 시행령)

제1조(시행일) 이 영은 2022년 2월 18일부터 시행한다.

제2조(다른 법령의 개정) ①부터 ㉚까지 생략

㉛ 부가가치세법 시행령 일부를 다음과 같이 개정한다.

제8조제2항제1호 중 "「금융회사부실자산 등의 효율적 처리 및 한국자산관리공사의 설립에 관한 법률」"을 "「한국자산관리공사 설립 등에 관한 법률」"로 한다.

제40조제3항제2호 중 "「금융회사부실자산 등의 효율적 처리 및 한국자산관리공사의 설립에 관한 법률」"을 "「한국자산관리공사 설립 등에 관한 법률」"로 한다.

㉜부터 〈55〉까지 생략

제3조 생략

부칙 〈제32734호, 2022. 6. 30.〉

제1조(시행일) 이 영은 2022년 7월 1일부터 시행한다.

제2조(금융·보험 용역에 대한 부가가치세 면세에 관한 적용례) 제40조제1항제20호의 개정규정은 이 영 시행 이후 용역을 공급하는 경우부터 적용한다.

제3조(의제매입세액 공제한도에 관한 적용례) 제84조제2항 및 제3항의 개정규정은 이 영 시행 이후 법 제49조제1항에 따라 부가가치세의 과세표준과 세액을 신고하는 경우부터 적용한다.

부칙 〈제33271호, 2023. 2. 28.〉

제1조(시행일) 이 영은 공포한 날부터 시행한다. 다만, 제68조, 제71조제1항제9호, 제84조제5항제3호 및 제109조제2항제8호의 개정규정은 2023년 7월 1일부터 시행하고, 제79조의 개정규정은 2024년 1월 1일부터 시행한다.

제2조(재화 공급의 범위 등에 관한 적용례) 제18조제3항제4호, 제71조제1항제9호, 제71조의2제3항, 제75조제9호사목, 제101조제1항의 개정규정은 이 영 시행 이후 재화나 용역을 공급하거나 공급받

는 경우 또는 재화를 수입신고하는 경우부터 적용한다.
제3조(전자세금계산서의 발급 등에 관한 적용례 등) ① 제68조제1항부터 제4항까지의 개정규정은 2023년 7월 1일 이후 재화 및 용역을 공급하는 경우부터 적용한다. 이 경우 제68조제1항 및 같은 조 제2항 본문의 사업장별 재화 및 용역의 공급가액(면세공급가액을 포함한다)의 합계액은 2022년에 공급된 사업장별 재화 및 용역을 기준으로 판단한다.

② 제68조제1항 및 같은 조 제2항 본문의 개정규정에도 불구하고 2023년 7월 1일부터 2024년 6월 30일까지는 같은 개정규정 중 “8천만원”을 “1억원”으로 보아 같은 개정규정을 적용한다.

③ 제68조제2항 단서의 개정규정에도 불구하고 2022년 1월 1일부터 2022년 12월 31일까지의 기간 동안의 사업장별 재화 및 용역의 공급가액(면세공급가액을 포함한다)의 합계액이 수정신고등으로 변경된 경우에는 같은 개정규정 중 “8천만원”을 “1억원”으로 보아 같은 개정규정을 적용한다.

제4조(수정수입세금계산서 발급에 관한 적용례) 제72조제4항의 개정규정은 2023년 1월 1일 이후 세관장이 결정 또는 경정하였거나 수입하는 자가 수정신고한 경우부터 적용한다.
제5조(의제매입세액 계산에 관한 적용례) 제84조제5항제3호의 개정규정은 2023년 7월 1일 이후 재화 또는 용역을 거래하는 경우부터 적용한다.
제6조(간이과세의 적용 범위에 관한 적용례) 제109조제2항제8호의 개정규정은 2023년 7월 1일 이후 일반과세자로부터 사업을 양수하는 경우부터 적용한다.

부칙 〈제33474호, 2023. 5. 16.〉 (주택저당채권유동화회사법시행령)

제1조(시행일) 이 영은 공포한 날부터 시행한다.
제2조(다른 법령의 개정) ①부터 ③까지 생략

④ 부가가치세법 시행령 일부를 다음과 같이 개정한다.

제40조제1항제11호를 삭제한다.

⑤부터 ⑬까지 생략

부칙 〈제33735호, 2023. 9. 26.〉

제1조(시행일) 이 영은 2023년 10월 1일부터 시행한다. 다만, 제40조제1항제13호나목·라목 및 마목의 개정규정은 2023년 10월 19일부터 시행한다.

제2조(동물의 진료용역에 대한 부가가치세 면세에 관한 적용례 등) ① 제35조제5호마목의 개정규정은 이 영 시행 이후 용역을 공급하는 경우부터 적용한다.

② 이 영 시행 당시 제35조제5호마목의 개정규정에 따라 부가가치세의 면세사업이 추가되는 사업자가 이 영 시행 전에 생산하거나 취득한 재화를 이 영 시행 이후 그 면세사업을 위하여 사용하는 경우 법 제10조제1항, 제40조 및 제41조의 적용과 관련해서는 제35조제5호마목의 개정규정에도 불구하고 해당 사업을 과세사업으로 본다.

제3조(자산 관리·운용 용역에 대한 부가가치세 면세에 관한 적용례) 제40조제1항제13호나목·라목 및 마목의 개정규정은 2023년 10월 19일 이후 용역을 공급하는 경우부터 적용한다.

부칙 〈제34019호, 2023. 12. 26.〉

이 영은 공포한 날부터 시행한다.

부칙 〈제34270호, 2024. 2. 29.〉

제1조(시행일) 이 영은 공포한 날부터 시행한다. 다만, 제41조 및 제116조제3항·제4항의 개정규정은 2024년 7월 1일부터 시행하고, 제42조제2호아목·자목의 개정규정은 2025년 1월 1일부터 시행한다.

제2조(수탁자의 사업자등록 신청에 관한 적용례) 제11조제11항제2호나목부터 라목까지의 개정규정은 이 영 시행 전에 사업자등록을 신청하여 이 영 시행 당시 그 절차가 진행 중인 경우에도 적용한다.

제3조(외국항행용역에 대한 공급시기 특례에 관한 적용례) 제30조제4호의 개정규정은 이 영 시행 이후 부가가치세의 과세표준과 세액을 신고하거나 결정·경정하는 경우부터 적용한다.

제4조(의료보건 용역에 대한 부가가치세 면세에 관한 적용례) 제35조제18호의 개정규정은 이 영 시행 이후 부가가치세의 과세표준과

세액을 신고하거나 결정·경정하는 경우부터 적용한다.
제5조(주택과 이에 부수되는 토지의 임대 용역에 대한 부가가치세 면세에 관한 적용례) 제41조의 개정규정은 2024년 7월 1일 이후 용역을 공급하는 경우부터 적용한다.
제6조(인적 용역에 대한 부가가치세 면세에 관한 적용례) 제42조제2호아목 및 자목의 개정규정은 2025년 1월 1일 이후 용역을 공급하는 경우부터 적용한다.
제7조(위탁판매 등에 대한 세금계산서 발급에 관한 적용례) 제69조제15항의 개정규정은 이 영 시행 이후 재화 또는 용역을 공급하는 경우부터 적용한다.
제8조(매입자발행세금계산서의 발행에 관한 적용례) 제71조의2제2항 및 제3항의 개정규정은 이 영 시행 이후 거래사실의 확인을 신청하는 경우부터 적용한다.
제9조(신용카드 등의 사용에 따른 세액공제 등에 관한 적용례) 제88조제1항의 개정규정은 이 영 시행일이 속하는 과세기간에 재화 또는 용역을 공급하는 경우부터 적용한다.
제10조(간이과세의 기준 변경에 관한 적용례) 제109조제1항의 개정규정은 2023년도 공급대가의 합계액을 기준으로 2024년 7월 1일부터 2025년 6월 30일까지의 기간에 대한 간이과세 규정의 적용 여부를 판단하는 경우부터 적용한다.

부칙 〈제34488호, 2024. 5. 7.〉 (문화유산의 보존 및 활용에 관한 법률 시행령)
제1조(시행일) 이 영은 2024년 5월 17일부터 시행한다.
제2조 및 제3조 생략
제4조(다른 법령의 개정) ①부터 ⑰까지 생략
⑱ 부가가치세법 시행령 일부를 다음과 같이 개정한다.
제45조제3호 중 "「문화재보호법」에 따른 지정문화재(지방문화재를 포함하며, 무형문화재는 제외한다)를"을 "「문화유산의 보존 및 활용에 관한 법률」에 따른 지정문화유산 또는 「자연유산의 보존 및 활용에 관한 법률」에 따른 천연기념물등을"로 한다.
⑲부터 〈53〉까지 생략
제5조 생략

부칙 〈제34993호, 2024. 11. 12.〉

제1조(시행일) 이 영은 공포한 날부터 시행한다.

제2조(재화 공급 제외 대상의 범위에 관한 적용례) 제19조의2제3호 나목 및 다목의 개정규정은 이 영 시행일이 속하는 과세기간에 재화를 제공하는 분부터 적용한다.

부칙 〈제35353호, 2025. 2. 28.〉

제1조(시행일) 이 영은 공포한 날부터 시행한다. 다만, 제121조제2항의 개정규정은 2025년 7월 1일부터 시행한다.

제2조(사업장을 전차한 자의 사업자등록 신청에 관한 적용례) 제11조제3항의 표 제2호의 개정규정은 이 영 시행 이후 사업자등록을 신청하는 경우부터 적용한다.

제3조(분할 또는 분할합병에 따른 세금계산서 등의 발급에 관한 적용례) 제69조제21항 및 제72조제9항의 개정규정은 이 영 시행 이후 재화 또는 용역을 공급하거나 공급받는 경우 또는 재화를 수입신고하는 경우부터 적용한다.

제4조(앱 마켓사업자의 자료제출에 관한 적용례) 제121조제2항의 개정규정은 부칙 제1조 단서에 따른 시행일 이후 국내에서 판매 또는 결제를 대행하거나 중개하는 경우부터 적용한다.

부칙 〈제35597호, 2025. 6. 20.〉 (간호법 시행령)

제1조(시행일) 이 영은 2025년 6월 21일부터 시행한다. 〈단서 생략〉

제2조 및 제3조 생략

제4조(다른 법령의 개정) ①부터 ⑨까지 생략

⑩ 부가가치세법 시행령 일부를 다음과 같이 개정한다.

제35조제1호 각 목 외의 부분 본문 중 "간호사"를 "「간호법」에 따른 간호사"로 한다.

⑪부터 ㉔까지 생략

제5조 생략

별표 / 서식

[별표] 과태료의 부과기준(제122조 관련)

부가가치세법 시행규칙

[시행 2025. 7. 4.] [기획재정부령 제1136호, 2025. 7. 4., 일부개정]

제1장 총칙
제1조(목적)
제2조(사업의 범위)
제3조(통신요금 통합청구의 방법)
제4조(이동통신역무)
제5조(전기요금 통합청구의 방법)
제6조(지방공사의 범위)
제7조(하치장 설치 신고서)
제8조(임시사업장 개설 및 폐쇄 신고서)
제9조(사업자등록 신청서와 사업자등록증 등)
제10조(휴업 · 폐업 신고서 등)
제11조(사업자등록 정정신고서)
제12조(대표자 변경에 의한 사업자등록 사항의 변경)
제13조(사업 종류의 변동 기준)
제14조(사업자 단위 과세 포기신고서)
제2장 과세거래
제1절 과세대상 거래
제15조(재화의 공급으로 보지 아니하는 창고증권의 범위)
제16조(사업과 직접 관련이 없는 토지 · 건물 등의 범위)
제2절 공급시기와 공급장소
제17조(장기할부판매)
제18조(중간지급조건부 재화의 공급)
제19조(장기할부조건부 용역의 공급)
제20조(중간지급조건부 용역의 공급)
제3장 영세율과 면세
제1절 영세율의 적용
제21조(내국신용장 등의 범위)
제22조(대가의 지급방법에 따른 영세율의 적용 범위)
제23조(영세율이 적용되는 그 밖의 재화 또는 용역)

제2절 면세
제24조(면세하는 미가공식료품의 범위)
제24조의2(면세하는 의료보건 용역의 범위)
제25조(면세하는 차도선형여객선의 범위)
제26조(면세하는 전자출판물의 범위)
제27조(면세하지 아니하는 집합투자업자 등의 투자대상 자산의 범위)
제27조의2(면세하는 자산 관리 · 운용 용역을 제공하는 민간재간접벤처투자조합 공동 업무집행조합원의 범위)
제28조(금융 · 보험 용역에서 제외되어 면세하지 아니하는 그 밖의 용역의 범위)
제29조(물적 시설의 범위)
제30조(외판원이 판매실적에 따라 대가를 받는 용역의 범위)
제31조(법률구조의 범위)
제32조(학술연구용역과 기술연구용역의 범위)
제33조(직업 소개 용역 등의 범위)
제34조(종교, 자선, 학술, 구호 등의 공익 목적 단체가 공급하는 재화 또는 용역으로서 면세하는 것의 범위)
제35조(국가, 지방자치단체 또는 지방자치단체조합이 공급하는 재화 또는 용역으로서 면세하는 것의 범위)
제36조(면세하는 기관지 등의 범위)
제37조(면세하지 아니하는 수입 미가공식료품의 범위)
제38조(면세하는 전자출판물의 범위)
제39조(면세하는 과학용 등의 수입 재화와 관련한 과학용 시설 등의 범위)
제40조(면세하는 과학용 등의 수입 재화와 관련한 과학기술 연구개발 시설의 범위)
제41조(면세하는 과학용 등의 수입 재화와 관련한 영상 관련 공익단체의 범위)
제42조(그 밖에 관세가 무세이거나 감면되는 장애인용품 등의 범위)
제43조(그 밖에 관세의 기본세율이 무세인 품목으로서 면세하는 품목의 범위)
제44조(면세포기신고서 등)
제45조(면세적용신고서)
제4장 과세표준과 세액의 계산

제1절 과세표준과 세율
제46조(전세금이나 임대보증금으로 보지 아니하는 건설비)
제47조(정기예금 이자율)
제48조(토지가액 등)
제2절 거래징수와 세금계산서
제49조(세금계산서)
제50조(전자세금계산서)
제51조(공동매입 등에 대한 세금계산서 발급)
제51조의2(재생에너지공급사업자의 부대비용 관련 세금계산서의 발급)
제52조(세금계산서 발급의무의 면제)
제52조의2(매입자발행세금계산서)
제52조의3(수정수입세금계산서 발급신청서)
제53조(영수증을 발급하는 소비자 대상 사업의 범위)
제3절 납부세액 등
제54조(공통매입세액 안분 계산)
제55조(납부세액 또는 환급세액의 재계산)
제56조(의제매입세액 계산)
제57조(면세사업등을 위한 감가상각자산의 과세사업 전환 시 공제되는 매입세액의 안분 계산)
제58조(과세사업전환 감가상각자산 신고서)
제59조(일반과세 전환 시의 재고품등 신고서)
제4절 세액공제
제60조(대손세액 공제 및 변제 신고서)
제61조(전자세금계산서 발급세액공제신고서)
제5장 신고와 납부 등
제1절 신고와 납부
제62조(부가가치세 예정신고 및 확정신고)
제63조(주사업장 총괄 납부 신청서)
제64조(주사업장 총괄 납부 변경신청서)
제65조(주사업장 총괄 납부 포기신고서)
제66조(부가가치세 대리납부신고서)
제66조의2(간편사업자등록)
제66조의3(물적납세의무에 대한 납부통지서)
제2절 제출서류 등
제67조(세금계산서합계표의 제출 등)

제68조(현금매출명세서 등의 서식)
제69조(영세율 첨부서류)
제6장 결정 · 경정 · 징수와 환급
제70조(조기환급 신고)
제7장 간이과세
제71조(간이과세의 적용 범위)
제72조(간이과세 전환 시의 재고품등 신고서)
제73조삭 제
제74조(간이과세자의 부가가치세 신고)
제75조(간이과세포기신고서 등)
제8장 보칙
제76조(동물 진료용역 매출대장)
제77조(납세관리인 선정 및 변경 신고서)
제78조(월별 거래 명세)

**개정 예정 법률 밑줄 별도 표시.

부가가치세법 시행규칙

[시행 2025. 7. 4.] [기획재정부령 제1136호, 2025. 7. 4., 일부개정]

제1장 총칙

제1조(목적) 이 규칙은 「부가가치세법」 및 같은 법 시행령에서 위임된 사항과 그 시행에 필요한 사항을 규정함을 목적으로 한다.

제2조(사업의 범위) ① 「부가가치세법 시행령」(이하 "영"이라 한다) 제3조제1항제6호가목에 따른 전·답·과수원·목장용지·임야 또는 염전은 지적공부상의 지목과 관계없이 실제로 경작하거나 해당 토지의 고유 용도에 사용하는 것으로 한다. 〈개정 2025. 3. 21.〉

② 건설업과 부동산업 중 재화를 공급하는 사업으로 보는 사업에 관한 영 제3조제2항에서 "기획재정부령으로 정하는 사업"이란 다음 각 호의 어느 하나에 해당하는 사업을 말한다.

1. 부동산 매매(주거용 또는 비거주용 건축물 및 그 밖의 건축물을 자영건설하여 분양·판매하는 경우를 포함한다) 또는 그 중개를 사업목적으로 나타내어 부동산을 판매하는 사업

2. 사업상 목적으로 1과세기간 중에 1회 이상 부동산을 취득하고 2회 이상 판매하는 사업

③ 「소득세법 시행령」 제9조제1항에 따라 소득세가 과세되지 아니하는 농어가부업은 영 제4조에 따라 사업을 구분할 때에 독립된 사업으로 보지 아니한다. 다만, 「소득세법 시행령」 제9조제1항에 따른 민박, 음식물 판매, 특산물 제조, 전통차 제조 및 그 밖에 이와 유사한 활동은 독립된 사업으로 본다. 〈개정 2025. 3. 21.〉

제3조(통신요금 통합청구의 방법) 영 제8조제1항의 표 제7호에서 "기획재정부령으로 정하는 통신요금 통합청구의 방법"이란 「전기통신사업법」에 따른 전기통신사업자가 둘 이상의 단말기기(회선의 단

말에 설치하여 전기통신에 이용되는 기기를 말한다)를 통하여 각 사업장에서 이용자에게 전기통신역무를 제공하고, 각 사업장의 업무를 총괄하는 장소에서 통신요금을 일괄하여 청구하는 방법을 말한다.

제4조(이동통신역무) 영 제8조제1항의 표 제8호에서 "기획재정부령으로 정하는 이동통신역무"란 「전기통신사업법」에 따른 기간통신사업자가 제공하는 다음 각 호의 역무를 말한다.

1. 주파수를 이용하여 이동 중에 송신·수신할 수 있는 설비를 가진 자에게 교환설비를 통하여 음성 등을 송신하거나 수신하는 이동통신역무. 다만, 「전기통신사업법 시행령」 별표 2에 따른 설비미보유 재판매사업은 제외한다.
2. 무선호출수신기를 휴대한 사람에게 용건을 알려주기 위하여 무선통신방식으로 신호·신호음 또는 전화번호나 문자를 보내는 역무
3. 주파수를 공용하는 무선통신방식으로 이동체에 장착하는 송신·수신할 수 있는 설비를 가진 자에게 전용 교환설비를 통하여 주로 음성을 송신하거나 수신하는 역무
4. 데이터통신을 위한 전용 교환설비를 설치하고 무선통신방식으로 데이터를 송신하거나 수신하는 역무

제5조(전기요금 통합청구의 방법) 영 제8조제1항의 표 제12호에서 "기획재정부령으로 정하는 전기요금 통합청구의 방법"이란 「전기사업법」에 따른 전기판매사업자가 둘 이상의 전기사용계약단위를 통하여 각 사업장에서 이용자에게 전기를 공급하고, 각 사업장의 업무를 총괄하는 장소에서 전기요금을 일괄하여 청구하는 방법을 말한다.

제6조(지방공사의 범위) 영 제8조제2항제7호에서 "기획재정부령으로 정하는 지방공사"란 다음 각 호의 지방공사를 말한다. 〈개정 2014. 3. 14., 2023. 3. 20., 2025. 3. 21.〉

1. 서울주택도시공사
2. 부산도시공사
3. 대구도시개발공사
4. 인천도시공사
5. 광주광역시도시공사
6. 대전도시공사
7. 울산광역시도시공사
8. 강원개발공사

9. 전북개발공사
10. 경상북도개발공사
11. 경남개발공사
12. 경기주택도시공사
13. 제주특별자치도개발공사
14. 충북개발공사
15. 충청남도개발공사
16. 전남개발공사

제7조(하치장 설치 신고서) 영 제9조제1항에 따른 하치장 설치 신고서는 별지 제1호서식과 같다.

제8조(임시사업장 개설 및 폐쇄 신고서) ① 영 제10조제2항에 따른 임시사업장 개설 신고서는 별지 제2호서식과 같다.

② 영 제10조제4항에 따른 임시사업장 폐쇄 신고서는 별지 제3호서식과 같다.

제9조(사업자등록 신청서와 사업자등록증 등) ① 영 제11조제1항에 따른 사업자등록 신청서는 다음 각 호의 구분에 따른 서식과 같다.

1. 사업자등록 신청서(개인사업자용, 법인이 아닌 단체의 고유번호 신청서): 별지 제4호서식. 이 경우 다음 각 목의 어느 하나에 해당하는 경우에는 사업자등록을 신청할 때 별지 제4호서식 부표 1의 공동사업자 명세, 종업원 현황 또는 서류를 송달받을 장소를 추가로 적어 제출하여야 한다.
   가. 공동사업자가 있는 경우
   나. 삭제 〈2018. 3. 19.〉
   다. 사업장 외의 장소에서 서류를 송달받으려는 경우
2. 사업자등록 신청서(법인사업자용): 「법인세법 시행규칙」 별지 제73호서식

② 영 제11조제2항에 따른 사업자등록 신청서는 다음 각 호의 구분에 따른 서식과 같다. 이 경우 사업자등록을 신청할 때 별지 제4호서식 부표 2(개인사업자용) 또는 별지 제4호서식 부표 3(법인사업자용)에 따른 사업자 단위 과세 사업자의 종된 사업장 명세서를 함께 제출하여야 한다. 〈개정 2014. 3. 14., 2018. 3. 19., 2019. 3. 20.〉

1. 「부가가치세법」(이하 "법"이라 한다) 제8조제3항에 따른 사업자 단위 과세 사업자(이하 "사업자 단위 과세 사업자"라 한다)로 갈

은 항에 따라 사업자등록을 신청하는 경우: 별지 제4호서식. 이 경우 제1항제1호 각 목의 어느 하나에 해당하는 경우에는 사업자등록을 신청할 때 별지 제4호서식 부표 1의 공동사업자 명세 또는 서류를 송달받을 장소를 추가로 적어 제출하여야 한다.

2. 법 제8조제4항 및 제5항에 따라 사업자 단위 과세 사업자로 변경하기 위하여 사업자등록을 신청하는 경우: 별지 제5호서식

③ 영 제11조제3항 표 외의 부분에서 "기획재정부령으로 정하는 법정대리인 동의서"란 별지 제5호의2서식의 법정대리인 동의서를 말하며, 같은 항 표 제4호·제5호·제7호 및 제8호에서 "기획재정부령으로 정하는 서류"란 별지 제6호서식의 자금출처명세서를 말한다. 〈개정 2014. 3. 14., 2024. 3. 22.〉

④ 영 제11조제5항에 따른 사업자등록증은 다음 각 호의 구분에 따른 서식과 같다. 이 경우 제2항에 따라 사업자 단위 과세 사업자로 사업자등록을 신청한 자에 대해서는 별지 제7호서식(1) 부표(개인사업자용) 또는 별지 제7호서식(2) 부표(법인사업자용)에 따른 사업자 단위 과세 적용 종된 사업장 명세를 추가로 발급한다.

1. 개인사업자용 사업자등록증: 별지 제7호서식(1)
2. 법인사업자용 사업자등록증: 별지 제7호서식(2)

⑤ 영 제11조제8항 본문에 따른 신고는 별지 제8호서식의 다단계판매원 (등록·폐업) 현황신고서에 따른다.

제10조(휴업·폐업 신고서 등) ① 영 제13조제1항에 따른 휴업(폐업)신고서는 별지 제9호서식과 같다.

② 영 제13조제4항에 따른 법인합병신고서는 별지 제10호서식과 같다.

제11조(사업자등록 정정신고서) 영 제14조제1항에 따른 사업자등록 정정신고서는 별지 제11호서식과 같다. 이 경우 사업자 단위 과세 사업자의 영 제11조제3항의 표 제6호에 따른 종된 사업장에 변경할 사항이 있을 때에는 별지 제11호서식 부표 1(개인사업자용) 또는 별지 제11호서식 부표 2(법인사업자용)에 따른 사업자 단위 과세 사업자의 종된 사업장 정정신고서를 추가로 제출하여야 한다.

제12조(대표자 변경에 의한 사업자등록 사항의 변경) 영 제14조제1항제2호에서 "기획재정부령으로 정하는 단체"란 「소득세법」제2조제3항에 따라 1거주자로 보는 단체를 말한다. 〈개정 2022. 3. 18.〉

제13조(사업 종류의 변동 기준) 영 제14조제1항제3호에서 "기획재정부령으로 정하는 사업의 종류에 변동이 있는 경우"란 다음 각 호의 사유가 발생한 경우를 말한다.

1. 사업의 종류를 완전히 다른 종류로 변경한 경우

2. 새로운 사업의 종류를 추가하거나 사업의 종류 중 일부를 폐지한 경우

제14조(사업자 단위 과세 포기신고서) 영 제17조제1항에 따른 사업자 단위 과세 포기신고서는 별지 제12호서식과 같다.

제2장 과세거래

제1절 과세대상 거래

제15조(재화의 공급으로 보지 아니하는 창고증권의 범위) 영 제18조제2항제2호에서 "기획재정부령으로 정하는 거래소"란 런던금속거래소를 말한다.

제16조(사업과 직접 관련이 없는 토지·건물 등의 범위) 영 제23조제3호에서 "기획재정부령으로 정하는 것"이란 다음 각 호의 구분에 따른 자산을 말한다.

1. 사업양도자가 법인인 경우: 「법인세법 시행령」 제49조제1항에 따른 자산

2. 사업양도자가 법인이 아닌 사업자인 경우: 제1호의 자산에 준하는 자산

제2절 공급시기와 공급장소

제17조(장기할부판매) 영 제28조제3항제1호에서 "기획재정부령으로 정하는 장기할부판매"란 재화를 공급하고 그 대가를 월부, 연부 또는 그 밖의 할부의 방법에 따라 받는 것 중 다음 각 호의 요건을 모두 갖춘 것을 말한다.

1. 2회 이상으로 분할하여 대가를 받는 것

2. 해당 재화의 인도일의 다음 날부터 최종 할부금 지급기일까지의 기간이 1년 이상인 것

제18조(중간지급조건부 재화의 공급) 영 제28조제3항제3호에서 "기획재정부령으로 정하는 중간지급조건부로 재화를 공급하는 경우"란 다음 각 호의 어느 하나에 해당하는 경우를 말한다. 〈개정 2019.

3. 20.〉
1. 계약금을 받기로 한 날의 다음 날부터 재화를 인도하는 날 또는 재화를 이용가능하게 하는 날까지의 기간이 6개월 이상인 경우로서 그 기간 이내에 계약금 외의 대가를 분할하여 받는 경우
2. 「국고금 관리법」 제26조에 따라 경비를 미리 지급받는 경우
3. 「지방회계법」 제35조에 따라 선금급(先金給)을 지급받는 경우

제19조(장기할부조건부 용역의 공급) 영 제29조제1항제1호에 따른 장기할부조건부로 용역을 공급하는 경우는 용역을 공급하고 그 대가를 월부, 연부 또는 그 밖의 할부의 방법에 따라 받는 것 중 다음 각 호의 요건을 모두 갖춘 것으로 한다.
1. 2회 이상으로 분할하여 대가를 받는 것
2. 해당 용역의 제공이 완료되는 날의 다음 날부터 최종 할부금 지급기일까지의 기간이 1년 이상인 것

제20조(중간지급조건부 용역의 공급) 영 제29조제1항제3호에서 "기획재정부령으로 정하는 중간지급조건부로 용역을 공급하는 경우"란 다음 각 호의 어느 하나에 해당하는 경우를 말한다. 〈개정 2021. 3. 16.〉
1. 계약금을 받기로 한 날의 다음 날부터 용역의 제공을 완료하는 날까지의 기간이 6개월 이상인 경우로서 그 기간 이내에 계약금 외의 대가를 분할하여 받는 경우
2. 「국고금 관리법」 제26조에 따라 경비를 미리 지급받는 경우
3. 「지방회계법」 제35조에 따라 선금급을 지급받는 경우

제3장 영세율과 면세

제1절 영세율의 적용

제21조(내국신용장 등의 범위) 법 제21조제2항제3호와 영 제31조제2항제1호 및 제33조제2항제4호에서 "기획재정부령으로 정하는 내국신용장 또는 구매확인서"란 다음 각 호의 내국신용장 또는 구매확인서를 말한다. 〈개정 2014. 10. 31.〉
1. 내국신용장: 사업자가 국내에서 수출용 원자재, 수출용 완제품 또는 수출재화임가공용역을 공급받으려는 경우에 해당 사업자의 신청에 따라 외국환은행의 장이 재화나 용역의 공급시기가 속하는 과세기간이 끝난 후 25일(그 날이 공휴일 또는 토요일인 경우에는 바

로 다음 영업일을 말한다) 이내에 개설하는 신용장

2. 구매확인서: 「대외무역법 시행령」 제31조 및 제91조제11항에 따라 외국환은행의 장이나 전자무역기반사업자가 제1호의 내국신용장에 준하여 재화나 용역의 공급시기가 속하는 과세기간이 끝난 후 25일(그 날이 공휴일 또는 토요일인 경우에는 바로 다음 영업일을 말한다) 이내에 발급하는 확인서

제22조(대가의 지급방법에 따른 영세율의 적용 범위) 영 제33조제2항제1호 각 목 외의 부분 본문 및 같은 항 제2호 단서에서 "기획재정부령으로 정하는 방법"이란 다음 각 호의 어느 하나에 해당하는 방법을 말한다. 〈개정 2020. 3. 13.〉

1. 국외의 비거주자 또는 외국법인으로부터 외화를 직접 송금받아 외국환은행에 매각하는 방법

2. 국내사업장이 없는 비거주자 또는 외국법인에 재화 또는 용역을 공급하고 그 대가를 해당 비거주자 또는 외국법인에 지급할 금액에서 빼는 방법

3. 국내사업장이 없는 비거주자 또는 외국법인에 재화 또는 용역을 공급하고 그 대가를 국외에서 발급된 신용카드로 결제하는 방법

4. 국내사업장이 없는 비거주자 또는 외국법인에 재화 또는 용역을 공급하고 그 대가로서 국외 금융기관이 발행한 개인수표를 받아 외국환은행에 매각하는 방법

5. 국내사업장이 없는 비거주자 또는 외국법인에 재화 또는 용역을 공급하고 그 대가로서 외화를 외국환은행을 통하여 직접 송금받아 외화예금 계좌에 예치하는 방법(외국환은행이 발급한 외화입금증명서에 따라 외화 입금사실이 확인되는 경우에 한정한다)

제23조(영세율이 적용되는 그 밖의 재화 또는 용역) 영 제33조제2항제1호타목에서 "기획재정부령으로 정하는 것"이란 「관세법」에 따른 보세운송업자가 제공하는 보세운송용역을 말한다. 〈개정 2015. 3. 6., 2020. 3. 13.〉

제2절 면세

제24조(면세하는 미가공식료품의 범위) ① 영 제34조제1항 및 제2항(영 제49조제1항 본문에서 준용하는 경우를 포함한다)에 따른 미가공식료품의 범위는 별표 1의 면세하는 미가공식료품 분류표에 따

른다.

② 제1항에 따른 미가공식료품 분류표를 적용할 때에는 「관세법」 별표의 관세율표를 기준으로 한다.

제24조의2(면세하는 의료보건 용역의 범위) 영 제35조제18호에서 “기획재정부령으로 정하는 법령”이란 「산업안전보건법」 제165조제2항제2호를 말한다.

[본조신설 2024. 3. 22.]

제25조(면세하는 차도선형여객선의 범위) 영 제37조제1호다목1)부터 4)까지의 규정 외의 부분 단서에서 “기획재정부령으로 정하는 차도선형여객선”이란 같은 목 3)에 따른 자동차운송 겸용 여객선 중 차량탑재구역이 상시 개방되어 있고 주로 선수문(船首門)을 통하여 승객이 타고 내리거나 차량을 싣고 내리게 되어 있는 여객선을 말한다. 〈개정 2019. 3. 20.〉

제26조(면세하는 전자출판물의 범위) 영 제38조제1항에서 “기획재정부령으로 정하는 전자출판물”이란 도서나 영 제38조제2항에 따른 간행물의 형태로 출간된 내용 또는 출간될 수 있는 내용이 음향이나 영상과 함께 전자적 매체에 수록되어 컴퓨터 등 전자장치를 이용하여 그 내용을 보고 듣고 읽을 수 있는 것으로서 문화체육관광부장관이 정하는 기준에 맞는 전자출판물을 말한다. 다만, 「음악산업진흥에 관한 법률」, 「영화 및 비디오물의 진흥에 관한 법률」 및 「게임산업진흥에 관한 법률」의 적용을 받는 것은 제외한다.

제27조(면세하지 아니하는 집합투자업자 등의 투자대상 자산의 범위) 영 제40조제1항제2호다목 단서, 같은 호 라목1) 단서, 같은 호 사목 단서, 같은 항 제13호 각 목 외의 부분 단서 및 같은 항 제16호 단서에서 “기획재정부령으로 정하는 자산”이란 다음 각 호의 어느 하나에 해당하는 자산을 말한다. 〈개정 2015. 3. 6., 2019. 3. 20.〉

1. 지상권 · 전세권 · 임차권 등 부동산 관련 권리
2. 어업권
3. 광업권
4. 그 밖에 제1호부터 제3호까지의 자산과 유사한 재산 가치가 있는 자산

제27조의2(면세하는 자산 관리 · 운용 용역을 제공하는 민간재간접벤

처투자조합 공동 업무집행조합원의 범위) ① 영 제40조제1항제13호마목 본문에서 "기획재정부령으로 정하는 자"란 다음 각 호의 어느 하나에 해당하는 자를 말한다.

1. 「자본시장과 금융투자업에 관한 법률」 제8조제2항에 따른 투자매매업자

2. 「자본시장과 금융투자업에 관한 법률」 제8조제3항에 따른 투자중개업자

3. 「자본시장과 금융투자업에 관한 법률」 제8조제4항에 따른 집합투자업자

② 영 제40조제1항제13호마목 단서에서 "기획재정부령으로 정하는 자"란 제1항제1호 또는 제2호의 자를 말한다.

[본조신설 2023. 10. 19.]

제28조(금융·보험 용역에서 제외되어 면세하지 아니하는 그 밖의 용역의 범위) 영 제40조제4항제5호에서 "기획재정부령으로 정하는 용역"이란 「소득세법 시행령」 제62조 또는 「법인세법 시행령」 제24조에 따른 감가상각자산(이하 "감가상각자산"이라 한다)의 대여용역(「여신전문금융업법」에 따른 시설대여업자가 제공하는 시설대여용역은 제외하되, 그 시설대여업자가 「자동차관리법」 제3조에 따른 자동차를 대여하고 정비용역을 함께 제공하는 경우는 포함한다)을 말한다.

제29조(물적 시설의 범위) 영 제42조제1호에서 "기획재정부령으로 정하는 물적 시설"이란 계속적·반복적으로 사업에만 이용되는 건축물·기계장치 등의 사업설비(임차한 것을 포함한다)를 말한다.

제30조(외판원이 판매실적에 따라 대가를 받는 용역의 범위) 영 제42조제1호사목을 적용할 때 외판원이 판매실적에 따라 대가를 받는 용역은 「방문판매 등에 관한 법률」에 따른 다음 각 호의 자가 판매실적에 따라 대가를 받는 용역으로 한다. 다만, 제3호의 경우에는 후원수당을 지급받는 부분으로 한정한다.

1. 방문판매원 또는 후원방문판매원

2. 방문판매업자 또는 후원방문판매업자로부터 사업장 관리·운영의 위탁을 받은 자

3. 다단계판매원

제31조(법률구조의 범위) 영 제42조제2호가목에서 "기획재정부령으로 정하는 법률구조(法律救助)"란 「법률구조법」에 따른 법률구조 및

「변호사법」에 따른 법률구조사업을 말한다.

제32조(학술연구용역과 기술연구용역의 범위) 영 제42조제2호나목에서 "기획재정부령으로 정하는 학술연구용역과 기술연구용역"이란 새로운 학술 또는 기술 개발을 위하여 수행하는 새로운 이론·방법·공법 또는 공식 등에 관한 연구용역을 말한다.

제33조(직업 소개 용역 등의 범위) 영 제42조제2호다목에서 "기획재정부령으로 정하는 용역"이란 다음 각 호의 어느 하나에 해당하는 용역을 말한다.

1. 인생상담, 직업재활상담 및 그 밖에 이와 유사한 상담(결혼상담은 제외한다) 용역
2. 「중소기업창업 지원법」에 따른 중소기업상담회사가 제공하는 창업상담용역

제34조(종교, 자선, 학술, 구호 등의 공익 목적 단체가 공급하는 재화 또는 용역으로서 면세하는 것의 범위) ① 영 제45조제1호에서 "기획재정부령으로 정하는 사업"이란 비영리법인의 사업으로서 종교, 자선, 학술, 구호, 사회복지, 교육, 문화, 예술 등 공익을 목적으로 하는 사업을 말한다.

② 영 제45조제4호에서 "기획재정부령으로 정하는 기숙사를 운영하는 자"란 다음 각 호의 자를 말한다.

1. 교육부장관이나 교육부장관이 지정하는 자의 추천을 받은 자로서 학생을 위하여 기숙사를 운영하는 자
2. 고용노동부장관이나 고용노동부장관이 지정하는 자의 추천을 받은 자로서 근로자를 위하여 기숙사를 운영하는 자

③ 영 제45조제5호에서 "기획재정부령으로 정하는 사업자"란 다음 각 호의 사업자를 말한다. 〈개정 2017. 3. 10., 2022. 3. 18.〉

1. 사단법인 한국음악저작권협회
2. 사단법인 한국문학예술저작권협회
3. 사단법인 한국방송작가협회
4. 사단법인 한국음악실연자연합회
5. 사단법인 한국음반산업협회
6. 삭제 〈2022. 3. 18.〉
7. 사단법인 한국시나리오작가협회
8. 사단법인 한국방송실연자권리협회

9. 재단법인 한국문화정보원

10. 사단법인 한국영화배급협회

11. 재단법인 한국언론진흥재단

12. 사단법인 함께하는음악저작인협회

13. 사단법인 한국영화제작가협회

④ 영 제45조제6호에서 "기획재정부령으로 정하는 단체인 사업자"란 다음 각 호의 사업자를 말한다. 〈신설 2022. 3. 18.〉

1. 사단법인 한국음악실연자연합회

2. 사단법인 한국문학예술저작권협회

3. 사단법인 한국연예제작자협회

제35조(국가, 지방자치단체 또는 지방자치단체조합이 공급하는 재화 또는 용역으로서 면세하는 것의 범위) ① 영 제46조제1호나목에서 "선택적 우편역무 중 기획재정부령으로 정하는 우편주문판매를 대행하는 용역"이란 「우편법 시행규칙」 제25조제1항제10호에 따른 우편주문판매를 말한다. 〈신설 2017. 3. 10.〉

② 영 제46조제3호가목에서 "직계존속 · 비속 등 기획재정부령으로 정하는 사람"이란 「군인사법」 제2조에 따른 군인 또는 「군무원인사법」 제3조제1항에 따른 일반군무원과 생계를 같이하는 사람으로서 다음 각 호의 어느 하나에 해당하는 사람을 말한다. 〈개정 2017. 3. 10., 2022. 3. 18.〉

1. 배우자

2. 직계존속 · 비속

제36조(면세하는 기관지 등의 범위) 영 제48조에서 "기획재정부령으로 정하는 기관지 또는 이와 유사한 출판물"이란 불특정인에게 판매할 목적이 아니라 그 단체의 목적이나 정신을 널리 알리기 위하여 발행하는 것을 말한다. 다만, 그 기관의 명칭이나 별칭이 해당 출판물의 명칭에 포함되어 있는 것으로 한정한다.

제37조(면세하지 아니하는 수입 미가공식료품의 범위) ① 영 제49조제1항 단서에 따른 관세가 감면되지 아니하는 식료품으로서 과세되는 수입 미가공식료품의 범위는 별표 2의 면세하지 아니하는 수입 미가공식료품 분류표(2025년 12월 31일까지 수입하는 물품은 제외한다)에 따른다. 〈개정 2022. 6. 28., 2023. 12. 27.〉

② 제1항에 따른 면세하지 아니하는 수입 미가공식료품 분류표를

적용할 때에는 「관세법」 별표의 관세율표를 기준으로 한다.
제38조(면세하는 전자출판물의 범위) 영 제50조에서 “기획재정부령으로 정하는 전자출판물”이란 제26조에 따른 전자출판물을 말한다.
제39조(면세하는 과학용 등의 수입 재화와 관련한 과학용 시설 등의 범위) ① 영 제51조제1호에서 “기획재정부령으로 정하는 시설”이란 다음 각 호의 시설을 말한다.

1. 「정부조직법」 제4조 또는 지방자치단체의 조례에 따라 설치된 기관이 운영하는 시험소, 연구소, 공공직업훈련원, 공공도서관, 동물원, 식물원 및 전시관
2. 「대한무역투자진흥공사법」에 따른 대한무역투자진흥공사의 전시관
3. 「산업집적활성화 및 공장설립에 관한 법률」 제31조제2항에 따라 설립된 산업단지관리공단의 전시관
4. 「정부출연연구기관 등의 설립·운영 및 육성에 관한 법률」에 따라 설립된 산업연구원과 「과학기술분야 정부출연연구기관 등의 설립·운영 및 육성에 관한 법률」에 따라 설립된 한국생산기술연구원 및 한국과학기술정보연구원
5. 수출조합의 전시관. 다만, 산업통상자원부장관이 면세를 추천한 부분으로 한정한다.
6. 「중소기업진흥에 관한 법률」에 따라 설립된 중소기업진흥공단이 개설한 전시관 및 연수원
7. 「소비자기본법」에 따른 한국소비자원
8. 디자인 및 포장에 관한 연구개발사업을 추진하기 위하여 비영리법인이 개설한 전시관
9. 「과학관의 설립·운영 및 육성에 관한 법률」에 따른 과학관(사립과학관의 경우에는 같은 법에 따라 등록한 것으로 한정한다)

② 영 제51조제1호에 따른 물품에는 제1항제1호에 따른 시설에서 사용하기 위하여 소관 중앙행정기관의 장이 수입하는 것을 포함한다.
제40조(면세하는 과학용 등의 수입 재화와 관련한 과학기술 연구개발 시설의 범위) 영 제51조제2호에서 “연구원, 연구기관 등 기획재정부령으로 정하는 과학기술 연구개발 시설”이란 다음 각 호의 어느 하나에 해당하는 연구원 등을 말한다. 〈개정 2020. 3. 13., 2024.

3. 22., 2025. 3. 21.〉

1. 「특정연구기관 육성법」 제2조에 따른 연구기관

2. 「산업기술혁신 촉진법」 제42조에 따라 산업통상자원부장관의 허가를 받아 설립된 연구소

3. 「산업교육진흥 및 산학연협력촉진에 관한 법률」 제25조에 따라 설립된 산학협력단

4. 「산업기술연구조합 육성법」에 따라 설립된 산업기술연구조합(기술개발을 위한 공동연구시설을 갖추고 자연계분야의 학사 이상의 학위를 가진 연구전담요원 3인 이상을 상시 확보하고 있음을 과학기술정보통신부장관이 확인한 산업기술연구조합으로 한정한다)

5. 「과학기술분야 정부출연연구기관 등의 설립·운영 및 육성에 관한 법률」 제8조에 따라 설립된 연구기관

6. 「국방과학연구소법」에 따라 설립된 국방과학연구소

7. 「한국해양과학기술원법」에 따라 설립된 한국해양과학기술원

8. 「우주항공청의 설치 및 운영에 관한 특별법」 제19조에 따라 설립된 한국항공우주연구원 및 같은 법 제20조에 따라 설립된 한국천문연구원

9. 산업기술연구를 목적으로 「민법」 제32조 및 「협동조합 기본법」에 따라 설립된 비영리법인으로서 독립된 연구시설을 갖추고 있는 법인임을 산업통상자원부장관, 과학기술정보통신부장관 또는 기획재정부장관이 확인·추천하는 기관

제41조(면세하는 과학용 등의 수입 재화와 관련한 영상 관련 공익단체의 범위) 영 제51조제6호에서 "기획재정부령으로 정하는 영상 관련 공익단체"란 다음 각 호의 것을 말한다.

1. 「방송통신위원회의 설치 및 운영에 관한 법률」에 따른 방송통신위원회

2. 「영화 및 비디오물의 진흥에 관한 법률」 제4조에 따른 영화진흥위원회

3. 「영화 및 비디오물의 진흥에 관한 법률」 제71조에 따른 영상물등급위원회

4. 「민법」 제32조에 따라 설립된 재단법인 한국영상자료원, 재단법인 한국방송진흥원 및 사단법인 한국영상미디어협회

제42조(그 밖에 관세가 무세이거나 감면되는 장애인용품 등의 범위)

영 제56조제19호에서 “기획재정부령으로 정하는 물품”이란 별표 2의2의 부가가치세가 면제되는 장애인용품을 말한다. 〈개정 2020. 3. 13.〉

제43조(그 밖에 관세의 기본세율이 무세인 품목으로서 면세하는 품목의 범위) 영 제56조제22호에서 “기획재정부령으로 정하는 것”이란 별표 3의 면세하는 품목의 분류표에 따른 물품을 말한다.

제44조(면세포기신고서 등) ① 영 제57조에 따른 면세포기신고서는 별지 제13호서식과 같다.

② 면세 포기의 신고에 관한 영 제57조를 적용할 때 신규로 사업을 시작하는 경우에는 면세포기신고서를 영 제11조에 따른 사업자등록 신청서와 함께 제출할 수 있다.

제45조(면세적용신고서) 영 제58조에 따른 면세적용신고서는 별지 제13호서식과 같다.

제4장 과세표준과 세액의 계산

제1절 과세표준과 세율

제46조(전세금이나 임대보증금으로 보지 아니하는 건설비) 영 제65조제1항 후단에서 “기획재정부령으로 정하는 건설비상당액”이란 다음 계산식에 따라 계산한 금액을 말한다.

$$\text{해당 기간 종료일까지의 국가 또는 지방자치단체에 기부채납된 지하도의 건설비} \times \frac{\text{전세금 또는 임대보증금을 받고 임대한 면적}}{\text{임대가능면적}}$$

제47조(정기예금 이자율) 영 제65조제1항의 계산식에 따른 계약기간 1년의 정기예금 이자율은 1,000분의 31로 한다. 〈개정 2014. 3. 14., 2015. 3. 6., 2016. 3. 9., 2017. 3. 10., 2018. 3. 19., 2019. 3. 20., 2020. 3. 13., 2021. 3. 16., 2023. 3. 20., 2024. 3. 22., 2025. 3. 21.〉

제48조(토지가액 등) ① 영 제65조제4항제1호의 계산식에 따른 토지가액 또는 건물가액은 예정신고기간 또는 과세기간이 끝난 날 현재의 「소득세법」 제99조에 따른 기준시가에 따른다.

② 영 제65조제4항제2호의 계산식에 따른 토지임대면적 및 같은 항 제3호의 계산식에 따른 건물임대면적이 예정신고기간 또는 과세

기간 중에 변동된 경우에는 그 예정신고기간 또는 과세기간 중의 해당 면적의 적수(積數)에 따라 계산한 면적으로 한다.

제2절 거래징수와 세금계산서

제49조(세금계산서) 법 제32조제1항에 따른 세금계산서는 별지 제14호서식과 같다.

제50조(전자세금계산서) ① 법 제32조제2항에 따른 전자세금계산서는「전자문서 및 전자거래 기본법」 제24조제1항에 따른 전자문서 및 전자거래의 표준화 사업에 따라 제정된 전자세금계산서의 표준에 따라 생성하여 발급 · 전송되어야 한다.

② 영 제68조제6항에 따라 전자세금계산서 설비 또는 시스템을 등록하려는 사업자는 국세청장으로부터 표준인증을 받아야 한다. 〈신설 2022. 3. 18.〉

③ 제2항에 따른 표준인증(이하 이 조에서 "표준인증"이라 한다)의 기준 및 절차 등에 필요한 사항은 인증시스템의 기능 및 상호운용성 등을 고려하여 국세청장이 정한다. 〈신설 2022. 3. 18.〉

④ 국세청장은 다음 각 호의 어느 하나에 해당하는 경우 표준인증을 취소할 수 있다. 〈신설 2022. 3. 18.〉

가. 거짓이나 그 밖의 부정한 방법으로 표준인증을 받은 경우

나. 국세청장이 정한 표준인증기준에 미달하게 된 경우

다. 전자세금계산서 설비 또는 시스템이 정당한 사유 없이 전자세금용 인증서나 다른 발행시스템에서 발행된 세금계산서를 인식하지 못하는 경우

⑤ 영 제68조제6항에 따라 전자세금계산서 설비 또는 시스템을 등록하려는 사업자는 국세청장으로부터 표준인증을 받은 후 등록신청서에 다음 각 호의 서류를 첨부하여 국세청장 또는 관할 세무서장에게 제출해야 한다. 〈개정 2017. 3. 10., 2018. 3. 19., 2021. 3. 16., 2022. 3. 18.〉

1. 위험관리계획서
2. 전산조직운용명세서
3. 대표자 보안 서약서
4. 삭제 〈2021. 3. 16.〉
5. 제1호부터 제3호까지의 서류 외에 전자세금계산서를 안정적으

로 운영하기 위하여 국세청장이 필요하다고 인정하는 서류

⑥ 제5항에 따라 등록신청서를 제출받은 국세청장 또는 관할 세무서장은 해당 사업자가 다음 각 호의 어느 하나에 해당하는 경우를 제외하고는 등록을 거부할 수 없다. 다만, 제1호부터 제3호까지의 요건은 영 제68조제5항제2호에 따른 실거래 사업자를 대신하여 전자세금계산서 발급업무를 대행하는 사업자(이하 제8항에서 "전자세금계산서 발급대행사업자"라 한다)에 대해서만 적용한다. 〈개정 2018. 3. 19., 2022. 3. 18.〉

1. 재무상태표상의 자본금과 재무상태표상의 자산에서 부채를 차감한 금액 중 큰 금액(이하 이 조에서 "자본금"이라 한다)이 2억원 미만인 경우

2. 사업자 또는 사업자의 대표자가 신청일 직전 5년 이내에 「조세범 처벌법」에 따른 처벌을 받은 사실이 있는 경우

3. 사업자 또는 사업자의 대표자가 신청일 직전 2년 이내에 국세를 3회 이상 체납하거나 신청일 직전 5년 이내에 결손처분을 받은 사실이 있는 경우

4. 해당 전자세금계산서 설비 또는 시스템의 안전성과 보안성이 미흡한 경우

⑦ 제5항에 따라 등록신청서를 제출받은 국세청장 또는 관할 세무서장은 그 신청일부터 14일 이내에 등록 여부를 결정하여 사업자에게 알려야 한다. 〈개정 2022. 3. 18.〉

⑧ 국세청장 또는 관할 세무서장은 다음 각 호의 어느 하나에 해당하는 경우에는 제7항에 따른 등록을 취소할 수 있다. 다만, 제1호의 경우에는 등록을 취소하여야 하며, 제6호부터 제9호까지의 사유는 전자세금계산서 발급대행 사업자에 대해서만 적용한다. 〈개정 2017. 3. 10., 2021. 3. 16., 2022. 3. 18.〉

1. 거짓이나 그 밖의 부정한 방법으로 등록하거나 제4항에 따라 표준인증이 취소된 경우

2. 국세청장으로부터 받은 표준인증이 취소된 경우

3. 삭제 〈2022. 3. 18.〉

4. 사업자가 보안점검에 응하지 아니하거나 보안점검에 따른 결과를 이행하지 아니하는 경우

5. 사업자가 국세청장 또는 관할 세무서장의 전산자료 요청에 응

하지 아니하는 경우

6. 자본금이 2억원 미만인 경우

7. 사업자 또는 사업자의 대표자가 「조세범 처벌법」에 따른 처벌을 받은 경우

8. 사업자 또는 사업자의 대표자가 정당한 사유 없이 3회 이상 국세를 체납한 경우

9. 연속하여 3년 이상 결손이 발생하여 등록을 취소하는 것이 타당하다고 인정되는 경우

10. 그 밖에 전자세금계산서 제도의 목적에 위배되는 행위를 한 경우

⑨ 제1항부터 제8항까지에서 규정한 사항 외에 전자세금계산서 발급과 그 설비·시스템의 등록 등에 필요한 세부적인 사항은 국세청장이 정한다. 〈개정 2022. 3. 18.〉

제51조(공동매입 등에 대한 세금계산서 발급) 영 제69조제14항에서 "세금계산서의 발급이 면제되는 경우로서 기획재정부령으로 정하는 경우"란 제52조제2호에 따른 사업자가 전력이나 도시가스를 공급하는 경우에 영 제71조제1항제1호에 따라 세금계산서 발급이 면제되는 경우를 말한다.

제51조의2(재생에너지공급사업자의 부대비용 관련 세금계산서의 발급) 영 제69조제15항에서 "기획재정부령으로 정하는 부대비용"이란 다음 각 호의 어느 하나에 해당하는 것을 말한다.

1. 「전기사업법」 제15조에 따른 송전·배전용 전기설비의 이용요금

2. 「전기사업법」 제40조제1항제2호에 따른 전력거래에 대한 수수료

3. 「전기사업법」 제43조의 전력시장운영규칙에 따른 전력거래의 정산비용

4. 그 밖에 제1호부터 제3호까지의 비용과 유사한 비용으로서 재생에너지공급사업자와 전기사용자 간의 직접 전력거래에 따라 전기판매사업자 또는 한국전력거래소에 납부해야 하는 비용

[본조신설 2024. 3. 22.]

제52조(세금계산서 발급의무의 면제) 영 제71조제1항제1호에서 "기획재정부령으로 정하는 사업자"란 다음 각 호의 사업자를 말한다.

1. 무인자동판매기를 이용하여 재화나 용역을 공급하는 자

2. 전력이나 도시가스를 실제로 소비하는 자(사업자가 아닌 자로

한정한다)를 위하여 「전기사업법」에 따른 전기사업자 또는 「도시가스사업법」에 따른 도시가스사업자로부터 전력이나 도시가스를 공급받는 명의자

3. 도로 및 관련시설 운영용역을 공급하는 자. 다만, 공급받는 자로부터 세금계산서 발급을 요구받은 경우는 제외한다.

제52조의2(매입자발행세금계산서) ① 영 제71조의2제3항에 따른 거래사실확인신청서는 별지 제14호의2서식과 같다. 〈개정 2024. 3. 22.〉

② 영 제71조의2제9항 단서에서 "기획재정부령으로 정하는 불가피한 사유가 있는 경우"란 다음 각 호의 어느 하나에 해당하는 경우를 말한다. 〈개정 2024. 3. 22.〉

1. 공급자의 부도, 질병, 장기출장 등으로 거래사실 확인이 곤란하여 공급자가 연기를 요청한 경우

2. 세무공무원이 거래사실의 확인을 위하여 2회 이상 공급자를 방문하였으나 폐문·부재 등으로 인하여 공급자를 만나지 못한 경우

③ 영 제71조의2제11항에 따른 매입자발행세금계산서는 별지 제14호의3서식과 같다. 〈개정 2024. 3. 22.〉

④ 영 제71조의2제13항에 따른 매입자발행세금계산서합계표는 별지 제14호의4서식과 같다. 〈개정 2024. 3. 22.〉

[본조신설 2017. 3. 10.]

제52조의3(수정수입세금계산서 발급신청서) 영 제72조제6항에 따른 수정수입세금계산서 발급신청서는 별지 제14호의5서식과 같다.

[본조신설 2018. 3. 19.]

제53조(영수증을 발급하는 소비자 대상 사업의 범위) 영 제73조제1항제14호에서 "기획재정부령으로 정하는 사업"이란 다음 각 호의 사업을 말한다. 〈개정 2015. 3. 6., 2024. 3. 22.〉

1. 도정업과 떡류 제조업 중 떡방앗간

2. 양복점업, 양장점업 및 양화점업

3. 주거용 건물공급업(주거용 건물을 자영건설하는 경우를 포함한다)

4. 운수업과 주차장 운영업

5. 부동산중개업

6. 예술, 스포츠 및 여가 관련 서비스업, 수리 및 기타 개인서비스업

7. 가구내 고용활동

8. 도로 및 관련시설 운영업
9. 자동차 제조업 및 자동차 판매업
10. 주거용 건물 수리·보수 및 개량업
11. 그 밖에 제1호부터 제10호까지와 유사한 사업으로서 세금계산서를 발급할 수 없거나 발급하는 것이 현저히 곤란한 사업

제3절 납부세액 등

제54조(공통매입세액 안분 계산) ① 영 제81조제1항에 따른 "인원수 등에 따르는 등 기획재정부령으로 정하는 경우"란 도축업을 영위하는 사업자가 법 제40조에 따른 공통매입세액(이하 "공통매입세액"이라 한다)을 과세사업과 면세사업에 관련된 도축 두수(頭數)에 따라 안분하여 계산하는 경우를 말한다. 〈신설 2016. 3. 9.〉

② 영 제81조제1항 및 제2항에 따른 총공급가액은 공통매입세액과 관련된 해당 과세기간의 과세사업에 대한 공급가액과 영 제81조제1항 단서에 따른 면세공급가액의 합계액으로 한다. 〈개정 2016. 3. 9., 2018. 3. 19.〉

③ 과세사업과 면세사업등에 공통으로 사용되는 재화를 공급받은 과세기간 중에 그 재화를 공급하여 영 제63조제1항 및 제2항에 따라 공급가액을 계산한 경우 그 재화에 대한 매입세액의 안분(按分) 계산은 영 제63조제1항 및 제2항에 따라 계산한다. 〈개정 2016. 3. 9.〉

④ 영 제81조제3항의 계산식에 따른 전 사업장의 총공급가액은 해당 과세기간의 모든 사업장(「전기통신사업법」에 따른 전기통신사업자의 경우에는 공통매입세액과 관련된 해당 과세기간의 모든 사업장)의 과세사업에 대한 공급가액과 면세사업등에 대한 수입금액의 합계액으로 하고, 같은 항의 계산식에 따른 전 사업장의 면세공급가액은 해당 과세기간의 모든 사업장(「전기통신사업법」에 따른 전기통신사업자의 경우에는 공통매입세액과 관련된 해당 과세기간의 모든 사업장)의 면세사업등에 대한 수입금액으로 한다. 〈개정 2016. 3. 9.〉

제55조(납부세액 또는 환급세액의 재계산) ① 영 제83조제1항에 따른 총공급가액은 해당 재화와 관련된 과세기간의 과세사업에 대한 공급가액과 면세사업등에 대한 수입금액의 합계액으로 하고, 같은

항에 따른 면세공급가액은 해당 재화와 관련된 과세기간의 면세사업등에 대한 수입금액으로 한다.

② 영 제83조제1항에 따른 총사용면적은 해당 재화와 관련된 과세기간의 과세사업에 사용되는 면적과 면세사업등에 사용되는 면적을 합한 면적으로 하고, 같은 항에 따른 면세사용면적은 해당 재화와 관련된 과세기간의 면세사업등에 사용되는 면적으로 한다.

③ 영 제63조제1항부터 제3항까지의 규정이 적용되는 재화를 공급하는 경우에 해당 재화를 공급하는 날이 속하는 과세기간에는 그 재화에 대한 영 제83조에 따른 납부세액 또는 환급세액의 재계산을 하지 아니한다.

제56조(의제매입세액 계산) ① 수입되는 영 제84조제1항부터 제3항까지의 규정에 따른 면세농산물등에 대하여 같은 항에 따라 의제매입세액을 계산할 때 그 수입가액은 관세의 과세가격으로 한다. 〈개정 2015. 3. 6.〉

② 영 제84조제5항에 따른 의제매입세액 공제신고서는 별지 제15호서식과 같다. 〈개정 2015. 3. 6.〉

③ 영 제84조제5항제2호에 따른 신용카드매출전표등 수령명세서는 별지 제16호서식(1)과 같다. 다만, 적을 내용이 많아 별지 제16호서식(1)에 모두 적을 수 없는 내용은 별지 제16호서식(2)에 연속하여 적을 수 있다. 〈개정 2015. 3. 6.〉

④ 영 제84조를 적용할 때 과세사업과 면세사업등을 겸영하는 경우에는 영 제81조를 준용하여 매입세액을 안분하여 계산한다.

제57조(면세사업등을 위한 감가상각자산의 과세사업 전환 시 공제되는 매입세액의 안분 계산) 영 제85조제2항 및 제4항에 따른 총공급가액은 면세사업등을 위한 감가상각자산을 과세사업에 사용·소비한 날이 속하는 과세기간의 과세사업에 대한 공급가액과 면세사업등에 대한 수입금액의 합계액으로 한다.

제58조(과세사업전환 감가상각자산 신고서) 영 제85조제5항에 따른 과세사업전환 감가상각자산 신고서는 별지 제17호서식과 같다.

제59조(일반과세 전환 시의 재고품등 신고서) 영 제86조제1항에 따른 일반과세 전환 시의 재고품등 신고서는 별지 제18호서식과 같다.

제4절 세액공제

제60조(대손세액 공제 및 변제 신고서) 영 제87조제4항에 따른 대손세액 공제(변제)신고서는 별지 제19호서식(1)과 같다. 다만, 대손세액 계산신고 내용 또는 변제세액 계산신고 내용이 많아 별지 제19호서식(1)에 모두 적을 수 없는 경우에는 별지 제19호서식(2) 또는 별지 제19호서식(3)에 연속하여 적을 수 있다.

제61조(전자세금계산서 발급세액공제신고서) 법 제47조제2항에 따른 전자세금계산서 발급세액공제신고서는 별지 제20호서식과 같다.

제5장 신고와 납부 등

제1절 신고와 납부

제62조(부가가치세 예정신고 및 확정신고) ① 영 제90조제2항에 따른 부가가치세 예정신고서와 영 제91조제1항에 따른 부가가치세 확정신고서는 별지 제21호서식과 같다.

② 영 제90조제3항의 표 제1호 및 영 제91조제2항의 표 제2호에 따른 공제받지 못할 매입세액 명세서는 별지 제22호서식과 같다.

③ 영 제90조제3항의 표 제2호 및 영 제91조제2항의 표 제3호에 따른 신용카드매출전표등 발행금액 집계표는 별지 제23호서식과 같다.

④ 영 제90조제3항의 표 제3호 및 영 제91조제2항의 표 제4호에 따른 전자화폐결제명세서는 별지 제24호서식과 같다.

⑤ 영 제90조제3항의 표 제4호 및 영 제91조제2항의 표 제5호에 따른 신용카드매출전표등 수령명세서는 별지 제16호서식(1)과 같다. 다만, 적을 내용이 많아 별지 제16호서식(1)에 모두 적을 수 없는 내용은 별지 제16호서식(2)에 연속하여 적을 수 있다.

⑥ 영 제90조제3항의 표 제5호 및 영 제91조제2항의 표 제6호에 따른 부동산임대공급가액명세서는 별지 제25호서식과 같다.

⑦ 영 제90조제3항의 표 제6호 및 영 제91조제2항의 표 제9호에 따른 현금매출명세서는 별지 제26호서식과 같다.

⑧ 영 제90조제3항의 표 제7호 및 영 제91조제2항의 표 제10호에 따른 건물 등 감가상각자산 취득명세서는 별지 제27호서식과 같다.

⑨ 영 제90조제3항의 표 제8호 및 영 제91조제2항의 표 제11호에 따른 사업자 단위 과세의 사업장별 부가가치세 과세표준 및 납부세액(환급세액) 신고명세서는 별지 제28호서식과 같다.

⑩ 영 제90조제3항의 표 제9호 및 제91조제2항의 표 제12호에 따른 영세율 매출명세서는 별지 제29호서식과 같다.

⑪ 영 제90조제9항에 따른 매출명세서는 별지 제30호서식과 같다. 〈개정 2020. 3. 13.〉

⑫ 영 제91조제2항의 표 제1호에 따른 사업양도신고서는 별지 제31호서식과 같다.

⑬ 영 제91조제2항의 표 제7호에 따른 건물관리명세서는 별지 제32호서식과 같다.

⑭ 영 제91조제2항의 표 제8호에 따른 사업장현황명세서는 별지 제33호서식과 같다.

⑮ 영 제91조의2제3항 및 제4항에 따른 부가가치세 납부유예 요건 확인요청서 및 확인서는 별지 제33호의2서식과 같다. 〈신설 2016. 3. 9.〉

⑯ 영 제91조의2제5항에 따른 부가가치세 납부유예 적용 신청서는 별지 제33호의3서식과 같다. 〈신설 2016. 3. 9.〉

⑰ 영 제92조제2항에 따라 주된 사업장에서 총괄 납부를 하는 경우에는 제1항에 따른 신고서에 별지 제34호서식의 사업장별 부가가치세 과세표준 및 납부세액(환급세액) 신고명세서를 첨부하여야 한다. 〈개정 2016. 3. 9.〉

제63조(주사업장 총괄 납부 신청서) 영 제92조제2항에 따른 주사업장 총괄 납부 신청서는 별지 제35호서식과 같다.

제64조(주사업장 총괄 납부 변경신청서) 영 제93조제1항에 따른 주사업장 총괄 납부 변경신청서는 별지 제36호서식과 같다.

제65조(주사업장 총괄 납부 포기신고서) 영 제94조제2항에 따른 주사업장 총괄 납부 포기신고서는 별지 제35호서식과 같다.

제66조(부가가치세 대리납부신고서) ①영 제95조제1항에 따른 부가가치세 대리납부신고서는 별지 제37호서식과 같다. 〈개정 2014. 3. 14.〉

② 영 제95조제5항에 따른 부가가치세 대리납부신고서는 별지 제37호의2서식과 같다. 〈신설 2014. 3. 14.〉

제66조의2(간편사업자등록) ① 영 제96조의2제3항제3호에서 “기획재정부령으로 정하는 것”이란 다음 각 호의 것을 말한다. 〈개정 2019. 3. 20., 2022. 3. 18.〉

1. 영 제96조의2제4항에 따른 납세관리인이 있는 경우 납세관리

인의 성명, 주민등록번호 또는 사업자등록번호, 주소 또는 거소 및 전화번호

2. 부가가치세 환급금을 지급받기 위하여 금융회사 또는 체신관서에 계좌를 개설한 경우 그 계좌번호

② 법 제53조의2제7항에 따른 전자적 용역 거래명세서는 별지 제37호의3서식과 같다. 〈신설 2022. 3. 18.〉

③ 국세청장은 자료제출의 효율성 및 사업자의 편의 등을 고려하여 필요하다고 인정하는 경우 제2항에 따른 서식을 갈음하여 간편사업자등록을 한 자가 전자적 형태로 보관하고 있는 거래명세를 전자적 방식으로 제출하게 할 수 있다. 〈신설 2022. 3. 18.〉

[본조신설 2015. 3. 6.]

제66조의3(물적납세의무에 대한 납부통지서) 법 제52조의2제1항에 따른 납부통지서는 「국세징수법 시행규칙」 별지 제6호서식에 따른다. 〈개정 2021. 3. 16.〉

[본조신설 2018. 3. 19.]

제2절 제출서류 등

제67조(세금계산서합계표의 제출 등) ① 영 제69조제6항 및 제10항에 따른 자는 법 제54조제1항에 따른 매출·매입처별 세금계산서합계표(이하 "매출·매입처별 세금계산서합계표"라 한다)를 영 제99조 각 호에 따른 자의 매출·매입처별 세금계산서합계표 제출과 관련된 규정을 준용하여 납세지 관할 세무서장에게 제출할 수 있다.

② 영 제69조제14항 및 제15항에 따라 실제로 재화를 공급하거나 공급받는 자를 위하여 세금계산서를 발급받고 발급한 자는 제1항을 준용하여 매출·매입처별 세금계산서합계표를 납세지 관할 세무서장에게 제출하여야 한다.

③ 법 제54조제1항에 따른 매출처별 세금계산서합계표는 별지 제38호서식(1)과 같다. 다만, 매출처가 많아 별지 제38호서식(1)에 모두 적을 수 없는 매출처별 거래분은 별지 제38호서식(2)에 연속하여 적을 수 있다.

④ 법 제54조제1항에 따른 매입처별 세금계산서합계표는 별지 제39호서식(1)과 같다. 다만, 매입처가 많아 별지 제39호서식(1)에 모두 적을 수 없는 매입처별 거래분은 별지 제39호서식(2)에 연속하여

적을 수 있다.

제68조(현금매출명세서 등의 서식) ① 법 제55조제1항에서 "기획재정부령으로 정하는 현금매출명세서"란 제62조제7항에 따른 별지 제26호서식의 현금매출명세서를 말한다.

② 법 제55조제2항에서 "기획재정부령으로 정하는 부동산임대공급가액명세서"는 제62조제6항에 따른 별지 제25호서식의 부동산임대공급가액명세서를 말한다.

제69조(영세율 첨부서류) ① 영 제101조제1항의 표 제1호에 따른 수출실적명세서는 별지 제40호서식(1)과 같다. 다만, 수출실적이 많아 별지 제40호서식(1)에 모두 적을 수 없는 수출실적분은 별지 제40호서식(2)에 연속하여 적을 수 있다.

② 영 제101조제1항의 표 제3호가목에 따른 내국신용장·구매확인서 전자발급명세서는 별지 제41호서식(1)과 같다. 다만, 발급실적이 많아 별지 제41호서식(1)에 모두 적을 수 없는 발급실적분은 별지 제41호서식(2)에 연속하여 적을 수 있다.

③ 영 제101조제3항에 따른 영세율 첨부서류 제출명세서는 별지 제42호서식과 같다.

제6장 결정·경정·징수와 환급

제70조(조기환급 신고) ① 영 제107조제3항 단서에 따른 건물 등 감가상각자산 취득명세서는 별지 제27호서식과 같다.

② 영 제107조제3항 단서에 따른 재무구조개선계획서는 별지 제27호의2서식과 같다. 〈신설 2017. 3. 10.〉

③ 영 제107조제5항에 따른 영세율 등 조기환급신고서는 별지 제21호서식과 같다. 〈개정 2017. 3. 10.〉

제7장 간이과세

제71조(간이과세의 적용 범위) ① 영 제109조제2항제2호 단서에서 "기획재정부령으로 정하는 것"이란 다음 각 호의 어느 하나에 해당하는 사업을 말한다. 〈개정 2021. 3. 16.〉

1. 과자점업
2. 도정업, 제분업 및 떡류 제조업 중 떡방앗간
3. 양복점업

4. 양장점업

5. 양화점업

6. 그 밖에 최종소비자에 대한 매출비중, 거래유형 등을 고려하여 주로 최종소비자에게 직접 재화를 공급하는 사업에 해당한다고 국세청장이 인정하여 고시하는 사업

② 간이과세자로 보지 아니하는 사업자로서 과세유흥장소를 경영하는 자에 관한 영 제109조제2항제5호에서 "기획재정부령으로 정하는 것"이란 다음 각 호의 어느 하나에 해당하는 지역에서 「개별소비세법」 제1조제4항에 해당하는 과세유흥장소를 경영하는 사업으로 한다. 〈개정 2019. 3. 20.〉

1. 특별시, 광역시, 특별자치시, 「제주특별자치도 설치 및 국제자유도시 조성을 위한 특별법」 제10조제2항에 따라 설치된 행정시(이하 이 조에서 "행정시"라 한다) 및 시 지역(광역시, 특별자치시, 행정시 및 도농복합형태의 시 지역의 읍·면 지역은 제외한다. 이하 이 조에서 같다)

2. 국세청장이 사업 현황과 사업 규모 등을 고려하여 간이과세 적용 대상에서 제외할 필요가 있다고 인정하여 고시하는 지역

③ 영 제109조제2항제6호에서 "기획재정부령으로 정하는 것"이란 특별시, 광역시, 특별자치시, 행정시 및 시 지역에 소재하는 부동산임대사업장을 경영하는 사업으로서 국세청장이 정하여 고시하는 규모 이상의 사업을 말한다. 〈개정 2021. 3. 16.〉

④ 영 제109조제2항제13호 단서에서 "기획재정부령으로 정하는 사업"이란 다음 각 호의 어느 하나에 해당하는 사업을 말한다. 〈신설 2021. 3. 16.〉

1. 도배, 실내 장식 및 내장 목공사업

2. 배관 및 냉·난방 공사업

3. 그 밖에 최종소비자에 대한 매출비중, 거래유형 등을 고려하여 주로 최종소비자에게 직접 재화 또는 용역을 공급하는 사업에 해당한다고 국세청장이 인정하여 고시하는 사업

⑤ 영 제109조제2항제14호 단서에서 "기획재정부령으로 정하는 사업"이란 다음 각 호의 어느 하나에 해당하는 사업을 말한다. 〈신설 2021. 3. 16.〉

1. 개인 및 가정용품 임대업

2. 인물사진 및 행사용 영상 촬영업

3. 복사업

4. 그 밖에 최종소비자에 대한 매출비중, 거래유형 등을 고려하여 주로 최종소비자에게 직접 용역을 공급하는 사업에 해당한다고 국세청장이 인정하여 고시하는 사업

⑥ 영 제109조제4항에 따른 간이과세적용신고서는 별지 제43호서식과 같다. 〈개정 2021. 3. 16.〉

제72조(간이과세 전환 시의 재고품등 신고서) 영 제112조제1항에 따른 간이과세 전환 시의 재고품등 신고서는 별지 제18호서식과 같다.

제73조 삭제 〈2021. 3. 16.〉

제74조(간이과세자의 부가가치세 신고) ① 영 제114조제3항에 따른 간이과세자 부가가치세 신고서는 별지 제44호서식과 같다. 다만, 다음 각 호의 요건을 모두 충족하는 사업자는 국세청장이 정하는 바에 따라 별지 제45호서식 또는 별지 제46호서식을 이용하여 신고할 수 있다. 〈개정 2021. 3. 16.〉

1. 해당 예정부과기간 또는 과세기간에 1개 업종의 사업만을 경영하였을 것

2. 영세율, 영 제112조제3항에 따른 재고납부세액, 가산세 또는 신용카드매출전표에 따른 매입세액에 대하여 신고사항이 없을 것

3. 해당 예정부과기간 또는 과세기간에 세금계산서를 발급하지 않았을 것

② 간이과세자가 영 제114조제3항에 따라 간이과세자 부가가치세 신고서를 관할 세무서장에게 제출하는 경우에는 다음 각 호의 구분에 따른 서류를 함께 제출해야 한다. 다만, 제1항 단서에 따라 신고하는 경우에는 제출하지 않을 수 있다. 〈개정 2021. 3. 16.〉

1. 법 제46조제1항에 따라 전자적 결제 수단에 의하여 대금을 지급받는 경우: 별지 제24호서식의 전자화폐결제명세서

2. 법 제46조제3항에 따라 매입세액을 공제받는 경우: 별지 제16호서식의 신용카드매출전표등 수령명세서

3. 부동산임대업자인 경우: 별지 제25호서식의 부동산임대공급가액명세서

4. 부동산을 취득하는 경우: 별지 제27호서식의 건물 등 감가상

각자산 취득명세서

5. 법 제10조제9항제2호에 따라 사업을 양도하는 경우: 별지 제31호서식의 사업양도신고서

6. 음식·숙박업자 및 그 밖의 서비스업자인 경우: 별지 제33호서식의 사업장현황명세서

제75조(간이과세포기신고서 등) 영 제116조제1항에 따른 간이과세포기신고서 및 같은 조 제4항에 따른 간이과세재적용신고서는 별지 제43호서식과 같다.

[전문개정 2024. 3. 22.]

제8장 보칙

제76조(동물 진료용역 매출대장) 영 제117조제5항 및 제6항에 따른 매출대장은 별지 제47호서식(1)과 같다. 다만, 매출분이 많아 별지 제47호서식(1)에 모두 적을 수 없는 경우에는 매출분을 별지 제47호서식(2)에 연속하여 적을 수 있다.

제77조(납세관리인 선정 및 변경 신고서) 영 제118조제1항 및 제2항에 따른 납세관리인 선정(변경)신고서는 「국세기본법 시행규칙」 제33조에 따른 별지 제43호서식과 같다.

제78조(월별 거래 명세) 영 제121조제1항에 따른 월별 거래 명세의 제출은 별지 제48호서식 및 별지 제48호의2서식부터 별지 제48호의5서식까지에 따른다. 〈개정 2023. 6. 30.〉

[본조신설 2018. 3. 19.]

부칙 〈제355호, 2013. 6. 28.〉

제1조(시행일) 이 규칙은 2013년 7월 1일부터 시행한다.

제2조(일반적 적용례) 이 규칙은 이 규칙 시행 후 재화 또는 용역을 공급하거나 공급받는 분 또는 수입신고하는 분부터 적용한다.

제3조(신고·납부에 관한 적용례) 이 규칙 중 신고·납부에 관한 개정규정은 이 규칙 시행 후 개시하는 과세기간부터 적용한다.

제4조(일반적 경과조치) 이 규칙 시행 당시 종전의 규정에 따라 부과하였거나 부과하여야 할 부가가치세 또는 환급하였거나 환급하여야 할 부가가치세에 대해서는 이 규칙의 개정규정에도 불구하고 종전의 규정에 따른다.

제5조(일반과세자 · 간이과세자에 관한 경과조치) 이 규칙 시행 당시 종전의 규정에 따른 일반과세자 또는 간이과세자에 해당하는 자는 이 규칙의 개정규정에 따른 일반과세자 또는 간이과세자로 본다.

제6조(사업자등록 등에 관한 경과조치) ① 이 규칙 시행 당시 종전의 규정에 따라 사업자등록(사업자 단위 과세 사업자로의 변경등록 및 주사업장 총괄 납부 사업자로의 등록을 포함한다. 이하 이 조에서 같다)을 신청하였거나 사업자등록을 한 경우에는 이 규칙에 따라 사업자등록을 신청하였거나 사업자등록을 한 것으로 본다.

② 이 규칙 시행 당시 종전의 규정에 따라 휴업, 폐업, 등록사항의 변경 신고 등을 한 경우에는 이 규칙에 따라 신고 등을 한 것으로 본다.

제7조(세금계산서 발급 등에 관한 경과조치) 이 규칙 시행 전에 재화 또는 용역을 공급한 분이나 재화를 수입한 분에 대하여 이 규칙 시행 후에 세금계산서를 발급하여야 하거나 발급할 수 있는 경우에는 이 규칙의 개정규정에도 불구하고 종전의 규정에 따른다.

제8조(부가가치세 예정신고 및 확정신고 등에 관한 경과조치) 이 규칙 시행 당시 종전의 규정에 따라 부가가치세의 예정신고 또는 확정신고 등 부가가치세를 신고하고 납부한 자에 대해서는 이 규칙에 따라 부가가치세를 신고하고 납부한 것으로 본다.

제9조(서식 개정에 관한 경과조치) 이 규칙 시행 당시 종전의 규정에 따른 서식은 2014년 6월 30일까지 이 규칙에 따른 서식과 함께 사용할 수 있다.

제10조(다른 법령의 개정) ① 과세자료의 제출 및 관리에 관한 법률 시행규칙 일부를 다음과 같이 개정한다.

제2조제1항제1호 중 "「부가가치세법 시행규칙」 별지 제20호의3서식(1) 및 별지 제20호의3서식(2)"를 "「부가가치세법 시행규칙」 별지 제39호서식(1) 및 별지 제39호서식(2)"로 한다.

② 국가를 당사자로 하는 계약에 관한 법률 시행규칙 일부를 다음과 같이 개정한다.

제10조제1호 중 "「부가가치세법」 제5조의 규정에 의하여"를 "「부가가치세법」 제8조에 따라"로 한다.

제11조제3항 중 "「부가가치세법」 제12조제1항"을 "「부가가치세법」 제26조제1항"으로 한다.

제14조제1항 중 “「부가가치세법」 제5조”를 “「부가가치세법」 제8조”로 한다.

③ 국고금 관리법 시행규칙 일부를 다음과 같이 개정한다.

제4조제3호 중 “「부가가치세법 시행령」 제8조제2항의 규정”을 “「부가가치세법 시행령」 제12조제2항”으로 한다.

제51조제2항 중 “「부가가치세법」 제16조의 규정”을 “「부가가치세법」 제32조”로 한다.

제54조제1항제2호 중 “「부가가치세법 시행령」 제8조제2항”을 “「부가가치세법 시행령」 제12조제2항”으로 한다.

④ 국세기본법 시행규칙 일부를 다음과 같이 개정한다.

제12조제1호 중 “「부가가치세법 시행규칙」 별지 제12호서식”을 “「부가가치세법 시행규칙」 별지 제21호서식”으로 한다.

⑤ 국세징수법 시행규칙 일부를 다음과 같이 개정한다.

제8조의2 중 “「부가가치세법」 제18조제2항 본문”을 “「부가가치세법」 제48조제3항 본문”으로 한다.

⑥ 법인세법 시행규칙 일부를 다음과 같이 개정한다.

제11조제1호 중 “「부가가치세법」 제32조제1항”을 “「부가가치세법」 제36조제1항부터 제3항까지”로 한다.

제79조제1호 중 “「부가가치세법」 제6조”를 “「부가가치세법」 제10조”로 하고, 같은 조 제2호 중 “「부가가치세법」 제12조제1항제8호”를 “「부가가치세법」 제26조제1항제8호”로 하며, 같은 조 제9호의4 중 “「부가가치세법 시행령」 제49조의2제1항의 규정”을 “「부가가치세법 시행령」 제65조제1항”으로 하고, 같은 조 제10호가목 중 “「부가가치세법」 제25조의 규정을”을 “「부가가치세법」 제61조를”로 하며, 같은 조 제10호다목 중 “「부가가치세법」 제25조의 규정을”을 “「부가가치세법」 제61조를”로 하고, 같은 조 제10호라목 중 “「부가가치세법」 제25조의 규정을”을 “「부가가치세법」 제61조를”로 한다.

별지 제17호서식 뒤쪽의 작성요령란 제1호라목 중 “「부가가치세법」 제11조제1항”을 “「부가가치세법」 제21조부터 제23조까지의 규정”으로 한다.

별지 제24호서식 뒤쪽의 작성방법란 제1호나목의 표의 구분①의 내용란, 같은 목의 표의 구분③의 내용란 및 같은 목의 표의 구분④의 내용란 중 “「부가가치세법」 제25조의 규정을”을 각각 “「부가가치세법」 제61조를”로 한다.

⑦ 소득세법 시행규칙 일부를 다음과 같이 개정한다.

제39조제1호 중 “「부가가치세법」 제32조제1항”을 “「부가가치세법」 제36조제1항부터 제3항까지”로 한다.

제56조제1호 중 “「부가가치세법」 제5조제4항”을 “「부가가치세법」 제8조제5항”으로 한다.

제58조의2제5호 중 “「부가가치세법」 제11조제1항제1호”를 “「부가가치세법」 제21조”로 하고, 같은 조 제7호 중 “「부가가치세법 시행령」 제35조”를 “「부가가치세법 시행령」 제42조”로 한다.

제65조의2제1항제2호나목 단서 중 “「부가가치세법 시행령」 제74조제2항제7호”를 “「부가가치세법 시행령」 제109조제2항제7호”로 한다.

제95조의2제1호 중 “「부가가치세법」 제6조의 규정에 의하여”를 “「부가가치세법」 제10조에 따라”로 하고, 같은 조 제2호 중 “「부가가치세법」 제12조제1항제8호”를 “「부가가치세법」 제26조제1항제8호”로 하며, 같은 조 제8호의4 중 “「부가가치세법 시행령」 제49조의2제1항”을 “「부가가치세법 시행령」 제65조제1항”으로 하고, 같은 조 제9호가목 중 “「부가가치세법」 제25조의 규정을”을 “「부가가치세법」 제61조를”로 하며, 같은 조 제9호다목 중 “「부가가치세법」 제25조의 규정을”을 “「부가가치세법」 제61조를”로 하고, 같은 조 제9호라목 중 “「부가가치세법」 제25조의 규정을”을 “「부가가치세법」 제61조를”로 하며, 같은 조 제9호바목 중 “「부가가치세법 시행령」 제25조제2항의 규정에 의하여”를 “「부가가치세법 시행령」 제32조제2항에 따라”로 한다.

별지 제7호의2서식 뒤쪽의 작성방법란 제1호나목의 표의 구분①의 내용란, 같은 목의 표의 구분③의 내용란 및 같은 목의 표의 구분④의 내용란 중 “「부가가치세법」 제25조의 규정을”을 각각 “「부가가치세법」 제61조를”로 한다.

별지 제20호의5서식 뒤쪽의 주요경비지출명세서 작성요령란의 〈「소득세법 시행규칙」 제95조의2〉의 제1호 중 “부가가치세법 제6조”를 “「부가가치세법」 제10조”로 한다.

별지 제52호서식(1) 뒤쪽의 작성방법란 제1호라목 중 “「부가가치세법」 제11조제1항”을 “「부가가치세법」 제21조부터 제23조까지의 규정"으로 한다.

⑧ 조세특례제한법 시행규칙 일부를 다음과 같이 개정한다. 〈개정 2014. 3. 14.〉

제49조제1항 각 호 외의 부분 단서 중 "「부가가치세법」 제17조제2항제2호부터 제6호까지의 규정"을 "「부가가치세법」 제39조제1항제2호부터 제7호까지의 규정"으로 하고, 같은 조 제2항 중 "「부가가치세법」 제5조의 규정에 의하여"를 "「부가가치세법」 제8조에 따라"로, "「부가가치세법」 제25조"를 "「부가가치세법」 제61조"로 한다.

별표 10 제1호의 면세사업란의 단서 및 같은 표 제2호의 면세사업란의 단서 중 "「부가가치세법 시행령」 제38조제1호"를 각각 "「부가가치세법 시행령」 제46조제1호"로 하고, 같은 표 제5호의 면세사업란의 단서 중 "「부가가치세법 시행령」 제33조제4항제1호부터 제4호까지"를 "「부가가치세법 시행령」 제40조제4항제1호부터 제5호까지"로 한다.

별지 제66호의2서식 뒷면의 작성요령란 제1호 중 "「부가가치세법」 제18조 및 제19조"를 "「부가가치세법」 제48조 및 제49조"로 한다.

별지 제69호서식(1) 뒤쪽의 작성방법란 중 "「부가가치세법 시행규칙」 별지 제12호서식"을 "「부가가치세법 시행규칙」 별지 제21호서식"으로 한다.

별지 제74호의5서식 제2쪽의 작성방법란의 ※「공제제외 대상금액 및 비정상적 사용금액」 중 "「부가가치세법 시행령」 제38조제1호 및 제3호"를 "「부가가치세법 시행령」 제46조제1호 및 제3호"로 한다.

별지 제100호서식(1) 뒤쪽의 작성방법란 중 "「부가가치세법」 제17조"를 "「부가가치세법」 제37조부터 제39조까지의 규정"으로 한다.

⑨ 종합부동산세법 시행규칙 일부를 다음과 같이 개정한다.

제2조의3 중 "「부가가치세법 시행규칙」 제15조제1항"을 "「부가가치세법 시행규칙」 제47조"로 한다.

제11조(다른 법령과의 관계) 이 규칙 시행 당시 다른 법령에서 종전의 「부가가치세법 시행규칙」의 규정을 인용하고 있는 경우에 이 규칙 가운데 그에 해당하는 규정이 있으면 종전의 규정을 대신하여 이 규칙의 해당 규정을 인용한 것으로 본다.

부칙 〈제413호, 2014. 3. 14.〉

제1조(시행일) 이 규칙은 공포한 날부터 시행한다. 다만, 별지 제4호서식, 별지 제7호서식(1) 및 별지 제7호서식(2)의 개정규정은 2015년 1월 1일부터 시행한다.

제2조(일반적 적용례) 이 규칙은 이 규칙 시행 후 재화 또는 용역을 공급하거나 공급받는 분 또는 수입신고하는 분부터 적용한다.

제3조(정기예금 이자율에 관한 적용례) 제47조의 개정규정은 이 규칙 시행일이 속하는 과세기간에 대하여 과세표준을 신고하는 분부터 적용한다.

제4조(서식에 관한 적용례) 서식에 관한 개정규정은 이 규칙 시행 후 신고하거나 신청하는 분부터 적용한다. 다만, 별지 제4호서식, 별지 제7호서식(1) 및 별지 제7호서식(2)의 개정규정은 2015년 1월 1일 이후 신청하는 분부터 적용한다.

제5조(지방공사의 명칭 변경과 신규 지방공사 추가에 관한 특례) 제6조제14호부터 제16호까지의 개정규정에 따른 지방공사에 대해서는 해당 지방공사가 최초로 사업자등록증을 발급받은 날부터 제6조에 따른 지방공사로 본다.

부칙 〈제442호, 2014. 10. 31.〉

제1조(시행일) 이 규칙은 공포한 날부터 시행한다.

제2조(내국신용장 개설과 구매확인서 발급에 관한 적용례) 제21조제1호 및 제2호의 개정규정은 이 규칙 시행일이 속하는 과세기간에 재화 또는 용역을 공급하여 내국신용장을 개설하거나 구매확인서를 발급하는 분부터 적용한다.

부칙 〈제470호, 2015. 3. 6.〉

제1조(시행일) 이 규칙은 공포한 날부터 시행한다. 다만, 제27조, 제53조 및 제66조의2의 개정규정은 2015년 7월 1일부터 시행한다.

제2조(일반적 적용례) 이 규칙은 이 규칙 시행 이후 재화나 용역을 공급하거나 공급받는 분 또는 재화를 수입신고하는 분부터 적용한다.

제3조(정기예금 이자율에 관한 적용례) 제47조의 개정규정은 이 규칙 시행일이 속하는 과세기간에 대하여 과세표준을 신고하는 분부터 적용한다.

제4조(서식에 관한 적용례) 서식에 관한 개정규정은 이 규칙 시행 이후 신고하거나 신청하는 분부터 적용한다.

부칙 〈제546호, 2016. 3. 9.〉

제1조(시행일) 이 규칙은 공포한 날부터 시행한다.

제2조(일반적 적용례) 이 규칙은 이 규칙 시행 이후 재화나 용역을 공급하거나 공급받는 분 또는 재화를 수입신고하는 분부터 적용한다.

제3조(정기예금 이자율에 관한 적용례) 제47조의 개정규정은 이 규칙 시행일이 속하는 과세기간에 대하여 과세표준을 신고하는 분부터 적용한다.

제4조(공통매입세액 안분 계산에 관한 적용례) 제54조의 개정규정은 이 규칙 시행일이 속하는 과세기간에 대하여 과세표준을 신고하는 분부터 적용한다.

제5조(서식에 관한 적용례) 서식에 관한 개정규정은 이 규칙 시행 이후 신고하거나 신청하는 분부터 적용한다.

부칙 〈제598호, 2017. 3. 10.〉

제1조(시행일) 이 규칙은 공포한 날부터 시행한다.

제2조(일반적 적용례) 이 규칙은 이 규칙 시행 이후 재화나 용역을 공급하거나 공급받는 분 또는 재화를 수입신고하는 분부터 적용한다.

제3조(부가가치세가 면제되는 저작권위탁관리업자에 관한 적용례) 제34조제3항제5호, 제6호, 제9호 및 제10호의 개정규정은 이 규칙 시행 전 해당 저작권위탁관리업자의 명칭이 변경된 이후 재화나 용역을 공급하였거나 공급받은 분에 대해서도 적용한다.

제4조(정기예금 이자율에 관한 적용례) 제47조의 개정규정은 이 규칙 시행일이 속하는 과세기간에 대하여 과세표준을 신고하는 분부터 적용한다.

제5조(별표에 관한 적용례) 별표 3 제6호의 개정규정은 이 규칙 시행일이 속하는 과세기간에 재화를 수입신고하는 분부터 적용한다.

제6조(서식에 관한 적용례) 서식에 관한 개정규정은 이 규칙 시행 이후 신고하거나 신청하는 분부터 적용한다.

부칙 〈제652호, 2018. 1. 9.〉

이 규칙은 공포한 날부터 시행한다.

부칙 〈제662호, 2018. 3. 19.〉

제1조(시행일) 이 규칙은 공포한 날부터 시행한다.

제2조(정기예금 이자율에 관한 적용례) 제47조의 개정규정은 이 규칙 시행일이 속하는 과세기간에 대하여 과세표준을 신고하는 분부터 적용한다.

부칙 〈제708호, 2019. 2. 11.〉

제1조(시행일) 이 규칙은 공포한 날부터 시행한다.

제2조(서식에 관한 적용례) 별지 제21호서식의 개정규정은 이 규칙 시행 이후 신고하는 분부터 적용한다.

부칙 〈제718호, 2019. 3. 20.〉

제1조(시행일) 이 규칙은 공포한 날부터 시행한다. 다만, 제66조의2의 개정규정은 2019년 7월 1일부터 시행한다.

제2조(정기예금 이자율에 관한 적용례) 제47조의 개정규정은 이 규칙 시행일이 속하는 과세기간에 대해 과세표준을 신고하는 분부터 적용한다.

제3조(서식에 관한 적용례) 서식에 관한 개정규정은 이 규칙 시행 이후 신고하거나 신청하는 분부터 적용한다.

부칙 〈제775호, 2020. 3. 13.〉

제1조(시행일) 이 규칙은 공포한 날부터 시행한다. 다만, 제42조 및 별표 2의2의 개정규정은 2020년 7월1일부터 시행한다.

제2조(일반적 적용례) 이 규칙은 이 규칙 시행 이후 재화나 용역을 공급하거나 공급받는 분 또는 재화를 수입신고하는 분부터 적용한다.

제3조(정기예금 이자율에 관한 적용례) 제47조의 개정규정은 이 규칙 시행일이 속하는 과세기간에 대해 과세표준을 신고하는 분부터 적용한다.

제4조(서식에 관한 적용례) 서식에 관한 개정규정은 이 규칙 시행 이후 신고, 신청 또는 요청하는 분부터 적용한다.

제5조(관세가 무세이거나 감면되는 장애인용품 등에 관한 경과조치) 이 규칙 시행 전에 재화를 수입신고한 분에 대해서는 제42조 및 별표 2의2의 개정규정에도 불구하고 종전의 규정에 따른다.
제6조(면세하는 미가공식료품의 범위에 관한 경과조치) 이 규칙 시행 전에 재화를 공급하거나 공급받은 분에 대해서는 별표 1의 개정규정에도 불구하고 종전의 규정에 따른다.

부칙 〈제793호, 2020. 4. 21.〉

이 규칙은 공포한 날부터 시행한다.

부칙 〈제846호, 2021. 3. 16.〉

제1조(시행일) 이 규칙은 공포한 날부터 시행한다. 다만, 다음 각 호의 개정규정은 각 호의 구분에 따른 날부터 시행한다.

1. 제71조제1항, 같은 조 제4항부터 제6항까지, 제73조, 제74조제1항 및 별지 제44호서식부터 별지 제46호서식까지의 개정규정 : 2021년 7월 1일
2. 별지 제9호서식, 별지 제10호서식 및 별지 제11호서식 부표 외의 부분 뒤쪽의 개정규정: 2022년 1월 1일

제2조(정기예금 이자율에 관한 적용례) 제47조의 개정규정은 이 규칙 시행일이 속하는 과세기간에 대한 과세표준을 신고하는 분부터 적용한다.
제3조(간이과세의 적용 범위에 관한 적용례) 제71조제1항의 개정규정은 2021년 7월 1일 이후 재화를 공급하는 분부터 적용한다.
제4조(간이과세자의 부가가치세 신고에 관한 적용례) 제74조제1항의 개정규정은 2021년 7월 1일 이후 간이과세자가 부가가치세를 신고하는 경우부터 적용한다.
제5조(서식에 관한 적용례) 서식에 관한 개정규정은 이 규칙 시행 이후 신고하거나 신청하는 분부터 적용한다.
제6조(전자세금계산서 설비 또는 시스템의 표준인증 수행기관의 변경에 따른 경과조치) ① 이 규칙 시행 당시 종전의 규정에 따라 전자세금계산서 설비 또는 시스템에 대하여 한국인터넷진흥원 표준인증을 받은 자는 제50조제2항의 개정규정에 따라 국세청장으로부터 표준인증을 받은 것으로 본다.

② 이 규칙 시행 당시 전자세금계산서 설비 또는 시스템에 대하여 한국인터넷진흥원으로부터 표준인증이 취소된 자는 제50조제5항 제2호의 개정규정에 해당하는 것으로 본다.

부칙 〈제867호, 2021. 10. 28.〉 (어려운 법령용어 정비를 위한 개별소비세법 시행규칙 등 23개 기획재정부령 일부개정령)
이 규칙은 공포한 날부터 시행한다.

부칙 〈제906호, 2022. 3. 18.〉
제1조(시행일) 이 규칙은 공포한 날부터 시행한다. 다만, 제66조의2, 별지 제20호서식, 별지 제21호서식 제4쪽의 (55) 및 별지 제37호의3서식의 개정규정은 2022년 7월 1일부터 시행한다.
제2조(별표에 관한 적용례) 별표 1 제9호 및 별표 3 제6호ㆍ제11호의 개정규정은 이 규칙 시행일이 속하는 과세기간에 재화를 수입신고하는 분부터 적용한다.

부칙 〈제918호, 2022. 6. 28.〉
제1조(시행일) 이 규칙은 2022년 7월 1일부터 시행한다. 다만, 제37조제1항의 개정규정은 공포한 날부터 시행한다.
제2조(면세하는 수입 미가공식료품에 관한 적용례) 제37조제1항의 개정규정은 부칙 제1조 단서에 따른 시행일 이후 재화를 수입신고하는 경우부터 적용한다.
제3조(면세하는 미가공식료품에 관한 적용례) 별표 1 제12호의 개정규정은 이 규칙 시행 이후 재화를 공급하는 경우부터 적용한다.
제4조(면세하는 미가공식료품에 관한 경과조치) 이 규칙 시행 당시 별표 1 제12호의 개정규정에 따라 부가가치세의 면세사업자로 전환되거나 면세사업이 추가되는 사업자가 이 규칙 시행 전에 취득하거나 생산한 재화를 이 규칙 시행 이후 그 면세사업을 위하여 직접 사용하는 경우 법 제10조제1항, 제41조 및 영 제84조제4항의 적용과 관련해서는 별표 1 제12호의 개정규정에도 불구하고 해당 사업을 과세사업으로 본다. 〈개정 2022. 7. 20.〉

부칙 〈제924호, 2022. 7. 20.〉

이 규칙은 공포한 날부터 시행한다.

부칙 〈제934호, 2022. 9. 6.〉

이 규칙은 2022년 9월 6일부터 시행한다.

부칙 〈제973호, 2023. 3. 20.〉

제1조(시행일) 이 규칙은 공포한 날부터 시행한다.

제2조(정기예금 이자율에 관한 적용례) 제47조의 개정규정은 이 규칙 시행일이 속하는 과세기간에 대한 과세표준을 신고하는 분부터 적용한다.

부칙 〈제1002호, 2023. 6. 30.〉

이 규칙은 공포한 날부터 시행한다. 다만, 별지 제44호서식의 개정규정은 2023년 7월 1일부터 시행한다.

부칙 〈제1021호, 2023. 10. 19.〉

이 규칙은 2023년 10월 19일부터 시행한다.

부칙 〈제1030호, 2023. 12. 27.〉

이 규칙은 공포한 날부터 시행한다.

부칙 〈제1055호, 2024. 3. 22.〉

제1조(시행일) 이 규칙은 공포한 날부터 시행한다. 다만, 제75조의 개정규정은 2024년 7월 1일부터 시행한다.

제2조(면세하는 과학용 수입 재화와 관련한 과학기술 연구개발 시설의 범위에 관한 적용례) 제40조제5호 및 제7호의 개정규정은 이 규칙 시행 이후 부가가치세의 과세표준과 세액을 신고하거나 결정·경정하는 경우부터 적용한다.

제3조(정기예금 이자율에 관한 적용례) 제47조의 개정규정은 이 규칙 시행일이 속하는 과세기간에 부동산 임대용역을 공급하는 경우부터 적용한다.

제4조(부가가치세가 면제되는 장애인용품에 관한 적용례) 별표 2의2의 개정규정은 이 규칙 시행 이후 재화를 수입신고하는 경우부터

적용한다.

부칙 〈제1116호, 2025. 3. 21.〉

제1조(시행일) 이 규칙은 공포한 날부터 시행한다.

제2조(정기예금 이자율에 관한 적용례) 제47조의 개정규정은 이 규칙 시행일이 속하는 과세기간에 부동산 임대용역을 공급하는 경우부터 적용한다.

부칙 〈제1136호, 2025. 7. 4.〉

이 규칙은 공포한 날부터 시행한다.

별표 / 서식

[별표 1] 면세하는 미가공식료품 분류표(제24조제1항 관련)

[별표 2] 면세하지 아니하는 수입 미가공식료품 분류표(제37조제1항 관련)

[별표 2의2] 부가가치세가 면제되는 장애인용품 (제42조 관련)

[별표 3] 면세하는 품목(관세의 기본세율이 무세인 품목)의 분류표(제43조 관련)

[별지 제1호서식] 하치장 설치 신고서

[별지 제2호서식] 임시사업장 개설 신고서

[별지 제3호서식] 임시사업장 폐쇄 신고서

[별지 제4호서식] 사업자등록 신청서(개인사업자용)(법인이 아닌 단체의 고유번호 신청서), 공동사업자 명세, 서류를 송달받을 장소, 사업자 단위 과세 사업자의 종된 사업장 명세서(개인사업자용, 법인사업자용)

[별지 제5호서식] 사업자 단위 과세 등록신청서(기존사업자용)

[별지 제5호의2서식] 법정대리인 동의서

[별지 제6호서식] 자금출처명세서

[별지 제7호서식] 사업자등록증, 사업자 단위 과세 적용 종된 사업장 명세

[별지 제8호서식] 다단계판매원 (등록 · 폐업) 현황신고서

[별지 제9호서식] (휴업, 폐업) 신고서

[별지 제10호서식] 법인합병신고서

[별지 제11호서식] 사업자등록 정정신고서, 법인이 아닌 단체의 고유번호 정정신고서, 사업자 단위 과세 사업자의 종된 사업장 정정신고서 (개인사업자용), 사업자 단위 과세 사업자의 종된 사업장 정정신고서 (법인사업자용)
[별지 제12호서식] 사업자 단위 과세 포기신고서
[별지 제13호서식] 면세(포기, 적용)신고서
[별지 제14호서식] 세금계산서
[별지 제14호의2서식] 거래사실 확인신청서(매입자발행세금계산서 발급용)
[별지 제14호의3서식] 매입자발행세금계산서
[별지 제14호의4서식] 매입자발행세금계산서합계표
[별지 제14호의5서식] 수정수입세금계산서 발급신청서
[별지 제15호서식] 의제매입세액 공제신고서
[별지 제16호서식] 신용카드매출전표등 수령명세서(갑, 을)
[별지 제17호서식] 과세사업전환 감가상각자산 신고서
[별지 제18호서식] (일반, 간이)과세전환 시의 재고품등 신고서
[별지 제19호서식] 대손세액 공제(변제)신고서(갑, 을, 병)
[별지 제20호서식] 전자세금계산서 발급세액공제신고서
[별지 제21호서식] 일반과세자 부가가치세(예정, 확정, 기한후과세표준, 영세율 등 조기환급)신고서
[별지 제22호서식] 공제받지 못할 매입세액 명세서
[별지 제23호서식] 신용카드매출전표등 발행금액 집계표
[별지 제24호서식] 전자화폐결제명세서
[별지 제25호서식] 부동산임대공급가액명세서
[별지 제26호서식] 현금매출명세서
[별지 제27호서식] 건물 등 감가상각자산 취득명세서
[별지 제27호의2서식] 재무구조개선계획서
[별지 제28호서식] 사업자 단위 과세의 사업장별 부가가치세 과세표준 및 납부세액(환급세액) 신고명세서
[별지 제29호서식] 영세율 매출명세서
[별지 제30호서식] 동물 진료용역 매출명세서
[별지 제31호서식] 사업양도신고서
[별지 제32호서식] 건물관리명세서

[별지 제33호서식] 사업장현황명세서
[별지 제33호의2서식] 재화의 수입에 대한 부가가치세 납부유예 요건 확인(요청)서
[별지 제33호의3서식] 재화의 수입에 대한 부가가치세 납부유예 적용 신청서
[별지 제34호서식] 사업장별 부가가치세 과세표준 및 납부세액(환급세액) 신고명세서
[별지 제35호서식] 주사업장 총괄 납부(신청서, 포기신고서)
[별지 제36호서식] 주사업장 총괄 납부 변경신청서
[별지 제37호서식] 부가가치세 대리납부신고서
[별지 제37호의2서식] 부가가치세 대리납부신고서(사업양수자용)
[별지 제37호의3서식] 전자적 용역 거래명세서
[별지 제38호서식] 매출처별 세금계산서합계표
[별지 제39호서식] 매입처별 세금계산서합계표
[별지 제40호서식] 수출실적명세서
[별지 제41호서식] 내국신용장 · 구매확인서 전자발급명세서
[별지 제42호서식] 영세율 첨부서류 제출명세서
[별지 제43호서식] 간이과세(적용, 포기, 재적용)신고서
[별지 제44호서식] 간이과세자 부가가치세 (예정신고서, 신고서, 기한후과세표준신고서)
[별지 제45호서식] 간이과세자 부가가치세 간편 신고서(부동산임대사업자용), 매입처별 세금계산서합계표
[별지 제46호서식] 간이과세자 부가가치세 간편 신고서(부동산임대업종 외 사업자용), 매입처별 세금계산서합계표
[별지 제47호서식] 동물 진료용역 매출대장
[별지 제48호서식] 월별 거래 명세(판매대행자료)(갑, 을)
[별지 제48호의2서식] 월별 거래 명세(결제대행자료)(갑, 을)
[별지 제48호의3서식] 월별 거래 명세(결제대금예치자료)(갑, 을)
[별지 제48호의4서식] 월별 거래 명세(소액외환송금자료)(갑, 을)
[별지 제48호의5서식] 월별 거래 명세(게시판을 이용한 판매중개자료)(갑, 을)

대한민국 법령 시리즈 538

부가가치세법

법령 / 시행령 / 시행규칙

2025년 7월 21일 인쇄 정가 30,000원
2025년 7월 31일 발행

편 저 편집부
디 자 인 송영미
발 행 인 조준형
발 행 처 해광출판사
http://www.hgbookpub.com
E-mail : munbookcokr@naver.com
주 소 부산광역시 중구 해관로 41-1 (중앙동2가)
전화번호 (051) 253-0001 팩스 (051) 245-1187
등 록 제 2012-000005호

해광출판사에서는 여러분의 소중한 원고와 함께 할 기회를 기다리고 있습니다. 책으로 엮을 원고나 아이디어가 있으신 분들은 이메일 munbookcokr@naver.com 로 책에 대한 간단한 개요와 원고 전체 또는 일부를 연락처와 함께 보내주십시오.

ISBN 979-11-6881-855-2

※ 법령 출처 : 법제처 국가법령정보센터

※ 본 도서는 〈공공데이터 제공 및 이용 활성화에 관한 법률〉을 근거로 출판되었습니다.

해광출판사 대한민국 법령 시리즈

001. 선원법
002. 어선법
003. 선박직원법
004. 해사안전기본법
005. 해양환경관리법
006. 선박의 입항 및 출항등에 관한 법률
007. 학교안전사고예방 및 보상에 관한 법률
008. 종합부동산세법
009. 방위사업법
010. 행정규제기본법
011. 식품산업진흥법
012. 위험물안전관리법
013. 화재의 예방 및 안전관리에 관한 법률
014. 도시가스사업법
015. 실내공기질관리법
016. 지방세법
017. 소득세법
018. 법인세법
019. 도선법
020. 선박안전법
021. 선박법
022. 수산업법
023. 고압가스안전관리법
024. 국민연금법
025. 공동주택관리법
026. 화학물질관리법
027. 어선원 및 어선 재해보상보험법
028. 장기등 이식에 관한 법률
029. 자연재해대책법
030. 공유재산 및 물품 관리법
031. 산업입지 및 개발에 관한 법률
032. 부정경쟁방지 및 영업비밀보호에 관한 법률
033. 금융지주회사법
034. 온실가스 배출권의 할당 및 거래에 관한 법률
035. 건축사법
036. 산림문화휴양에 관한 법률
037. 전기사업법
038. 사립학교법
039. 고등교육법
040. 액화석유가스의 안전관리 및 사업법
041. 선박투자회사법
042. 수산자원관리법
043. 위험물선박운송및저장규칙
044. 선박평형수관리법
045. 주택임대차보호법
046. 상가건물임대차보호법
047. 지방공기업법
048. 승강기안전관리법
049. 수목원·정원의 조성 및 진흥에 관한 법률
050. 민법
051. 치료감호 등에 관한 법률
052. 대부업 등의 등록 및 금융이용자 보호에 관한 법률
053. 사료관리법
054. 무형문화재 보전 및 진흥에 관한 법률
055. 총포·도검·화약류 등의 안전관리에 관한 법률
056. 경찰관직무집행법
057. 시설물의 안전 및 유지관리에 관한 특별법
058. 수산생물질병 관리법
059. 소비자기본법
060. 국제선박등록법
061. 정보통신망 이용촉진 및 정보보호 등에 관한 법률
062. 해운법
063. 농수산물 품질관리법
064. 수산업협동조합법
065. 해외건설촉진법
066. 수상레저안전법
067. 공무원재해보상법
068. 수상에서의 수색·구조 등에 관한 법률
069. 어촌어항법
070. 항만법
071. 항만운송사업법
072. 해양경비법
073. 해양사고의 조사 및 심판에 관한 법률
074. 외국인근로자의 고용 등에 관한 법률
075. 중소기업기본법
076. 자유무역지역의 지정 및 운영에 관한 법률
077. 대기환경보전법
078. 소음진동관리법
079. 폐기물관리법
080. 하수도법
081. 물환경보전법
082. 토양환경보전법
083. 환경정책기본법
084. 산업재해보상보험법
085. 관세법
086. 노동조합 및 노동관계조정법
087. 근로기준법
088. 군인연금법
089. 먹는물관리법
090. 기술보증기금법
091. 관광진흥법
092. 감염병의 예방 및 관리에 관한 법률
093. 사법경찰관리의 직무를 수행할 자와 그 직무범위에 관한 법률
094. 수의사법
095. 가정폭력방지 및 피해자보호 등에 관한 법률
096. 환경영향평가법
097. 체육시설의 설치·이용에 관한 법률
098. 장사 등에 관한 법률
099. 상호저축은행법
100. 은행법
101. 보호관찰 등에 관한 법률
102. 형법
103. 자동차관리법
104. 형사소송법
105. 전자금융거래법
106. 마약류 불법거래 방지에 관한 특례법
107. 도로법
108. 주세법
109. 변리사법
110. 하천법
111. 중소기업진흥에 관한 법률
112. 발달장애인 권리보장 및 지원에 관한 법률
113. 주택법
114. 장애인복지법
115. 농어업경영체 육성 및 지원에 관한 법률
116. 공인중개사법
117. 건강기능식품에 관한 법률
118. 예비군법
119. 개발제한구역의 지정 및 관리에 관한 특별조치법
120. 국유재산법
121. 주차장법
122. 환경기술 및 환경산업 지원법
123. 대기관리권역의 대기환경개선에 관한 특별법
124. 악취방지법
125. 미세먼지 저감 및 관리에 관한 특별법
126. 가축분뇨의 관리 및 이용에 관한 법률
127. 물의 재이용 촉진 및 지원에 관한 법률
128. 물관리기본법
129. 물관리기술 발전 및 물산업 진흥에 관한 법률
130. 자원의 절약과 재활용촉진에 관한 법률
131. 전기·전자제품 및 자동차의 자원순환에 관한 법률
132. 건설폐기물의 재활용촉진에 관한 법률
133. 수도권매립지관리공사의 설립 및 운영 등에 관한 법률
134. 폐기물의 국가 간 이동 및 그 처리에 관한 법률
135. 폐기물처리시설 설치촉진 및 주변지역지원 등에 관한 법률
136. 자원순환기본법
137. 잔류성오염물질 관리법
138. 환경분쟁 조정법

해광출판사 대한민국 법령 시리즈

139. 화학물질의 등록 및 평가 등에 관한 법률
140. 환경오염시설의 통합관리에 관한 법률
141. 환경오염피해 배상책임 및 구제에 관한 법률
142. 중소기업제품 구매촉진 및 판로지원에 관한 법률
143. 환경개선비용 부담법
144. 환경분야 시험·검사 등에 관한 법률
145. 환경친화적 산업구조로의 전환촉진에 관한 법률
146. 환경친화적 자동차의 개발 및 보급 촉진에 관한 법률
147. 환경범죄 등의 단속 및 가중처벌에 관한 법률
148. 생명윤리 및 안전에 관한 법률
149. 장애인차별금지 및 권리구제 등에 관한 법률
150. 부동산투자회사법
151. 정치자금법
152. 과학기술기본법
153. 대리점거래의 공정화에 관한 법률
154. 상속세 및 증여세법
155. 학원의 설립 · 운영 및 과외교습에 관한 법률
156. 해양심층수의 개발 및 관리에 관한 법률
157. 전기용품 및 생활용품 안전관리법
158. 사회기반시설에 대한 민간투자법
159. 공직선거법
160. 정당법
161. 유류오염손해배상 보장법
162. 부정청탁 및 금품등 수수의 금지에 관한 법률
163. 항로표지법
164. 어장관리법
165. 민방위기본법
166. 공직자윤리법
167. 선거관리위원회법
168. 유선 및 도선 사업법
169. 전기공사업법
170. 사회복지사업법
171. 택지개발촉진법
172. 국가공무원법
173. 민간임대주택에 관한 특별법
174. 어음법·수표법
175. 민사집행법
176. 상법
177. 문화예술진흥법
178. 중소기업협동조합법
179. 농업협동조합법
180. 도로교통법
181. 의료사고 피해구제 및 의료분쟁 조정 등에 관한 법률
182. 산림보호법
183. 소년법
184. 동물보호법
185. 건축물관리법
186. 도시개발법
187. 화물자동차 운수사업법
188. 도시 및 주거환경정비법
189. 의료법
190. 국회법
191. 응급의료에 관한 법률
192. 출입국관리법
193. 노인복지법
194. 산림자원의 조성 및 관리에 관한 법률
195. 청소년 보호법
196. 초 · 중등교육법
197. 혁신도시 조성 및 발전에 관한 특별법
198. 경제자유구역의 지정 및 운영에 관한 특별법
199. 공공기관의 운영에 관한 법률
200. 대한민국헌법
201. 국민기초생활 보장법
202. 저작권법
203. 가사소송법
204. 국가유공자 등 예우 및 지원에 관한 법률
205. 국민체육진흥법
206. 전통주 등의 산업진흥에 관한 법률
207. 재난 및 안전관리 기본법
208. 정보통신공사업법
209. 주식회사 등의 외부감사에 관한 법률
210. 공익사업을 위한 토지 등의 취득 및 보상에 관한 법률
211. 개인정보 보호법
212. 국세기본법
213. 에너지이용 합리화법
214. 감정평가 및 감정평가사에 관한 법률
215. 국가인권위원회법
216. 가맹사업거래의 공정화에 관한 법률
217. 보건의료기본법
218. 산업안전보건법
219. 법무사법
220. 교육공무원법
221. 특허법
222. 민사소송법
223. 아동복지법
224. 전파법
225. 하도급거래 공정화에 관한 법률
226. 기초연금법
227. 사립학교교직원 연금법
228. 직업안정법
229. 장애아동 복지지원법
230. 부동산등기법
231. 자동차손해배상 보장법
232. 철도안전법
233. 항공안전법
234. 전자상거래 등에서의 소비자보호에 관한 법률
235. 독점규제 및 공정거래에 관한 법률
236. 상표법
237. 채무자 회생 및 파산에 관한 법률
238. 공무원연금법
239. 축산법
240. 근로복지기본법
241. 민원 처리에 관한 법률
242. 약사법
243. 방문판매 등에 관한 법률
244. 건축기본법
245. 지방세기본법
246. 지방세징수법
247. 지방자치법
248. 도시교통정비 촉진법
249. 공공주택 특별법
250. 국세징수법
251. 공인노무사법
252. 중대재해 처벌 등에 관한 법률
253. 외무공무원법
254. 소방시설공사업법
255. 검역법
256. 공중위생관리법
257. 할부거래에 관한 법률
258. 인터넷 멀티미디어 방송사업법
259. 전기통신사업법
260. 제품안전기본법
261. 철도사업법
262. 어린이제품 안전 특별법
263. 영유아보육법
264. 원자력안전법
265. 보험업법
266. 경비업법
267. 교통안전법
268. 세무사법
269. 관세사법
270. 공인회계사법
271. 지방공무원법
272. 고용정책 기본법
273. 국가경찰과 자치경찰의 조직 및 운영에 관한 법률
274. 협동조합 기본법
275. 재해구호법
276. 환경보건법

해광출판사 대한민국 법령 시리즈

277. 자살예방 및 생명존중문화 조성을 위한 법률
278. 소방산업의 진흥에 관한 법률
279. 소방기본법
280. 비송사건절차법
281. 자연환경보전법
282. 변호사법
283. 기업구조조정투자회사법
284. 전기통신기본법
285. 에너지법
286. 해양생태계의 보전 및 관리에 관한 법률
287. 사회보장기본법
288. 통신비밀보호법
289. 공증인법
290. 물류시설의 개발 및 운영에 관한 법률
291. 청소년활동 진흥법
292. 형의 집행 및 수용자의 처우에 관한 법률
293. 도시공원 및 녹지 등에 관한 법률
294. 태권도 진흥 및 태권도공원 조성 등에 관한 법률
295. 녹색건축물 조성 지원법
296. 우편법
297. 예금자보호법
298. 건설산업기본법
299. 금융회사의 지배구조에 관한 법률
300. 장애인활동 지원에 관한 법률
301. 언론중재 및 피해구제 등에 관한 법률
302. 국가재정법
303. 농지법
304. 게임산업진흥에 관한 법률
305. 정신건강증진 및 정신질환자 복지서비스 지원에 관한 법률
306. 디자인보호법
307. 의료기사 등에 관한 법률
308. 스마트도시 조성 및 산업진흥 등에 관한 법률
309. 내수면어업법
310. 한국주택금융공사법
311. 의료기기법
312. 유통산업발전법
313. 전통시장 및 상점가 육성을 위한 특별법
314. 여신전문금융업법
315. 해외자원개발 사업법
316. 산업교육진흥 및 산학연협력촉진에 관한 법률
317. 빈집 및 소규모주택 정비에 관한 특례법
318. 기업도시개발 특별법
319. 전력기술관리법
320. 국토기본법
321. 지하수법
322. 식품위생법
323. 광업법
324. 호스피스·완화의료 및 임종과정에 있는 환자의 연명의료결정에 관한 법률
325. 주식·사채 등의 전자등록에 관한 법률
326. 표시·광고의 공정화에 관한 법률
327. 골재채취법
328. 국민건강증진법
329. 새마을금고법
330. 여객자동차 운수사업법
331. 마리나항만의 조성 및 관리 등에 관한 법률
332. 한부모가족지원법
333. 국가를 당사자로 하는 계약에 관한 법률
334. 지방자치단체를 당사자로 하는 계약에 관한 법률
335. 축산물 위생관리법
336. 병역법
337. 음악산업진흥에 관한 법률
338. 국가균형발전 특별법
339. 첨단재생의료 및 첨단바이오의약품 안전 및 지원에 관한 법률
340. 공간정보의 구축 및 관리 등에 관한 법률
341. 공유수면 관리 및 매립에 관한 법률
342. 농수산물 유통 및 가격안정에 관한 법률
343. 아시아문화중심도시 조성에 관한 특별법
344. 신탁법
345. 자연공원법
346. 생활화학제품 및 살생물제의 안전관리에 관한 법률
347. 군인사법
348. 국제조세조정에 관한 법률
349. 낙동강수계 물관리 및 주민지원 등에 관한 법률
350. 주민등록법
351. 집합건물의 소유 및 관리에 관한 법률
352. 집단에너지사업법
353. 산림조합법
354. 반도체집적회로의 배치설계에 관한 법률
355. 자본시장과 금융투자업에 관한 법률
356. 담보부사채신탁법
357. 근로자퇴직급여 보장법
358. 국제과학비즈니스벨트 조성 및 지원에 관한 특별법
359. 수도법
360. 식품 등의 표시·광고에 관한 법률
361. 약관의 규제에 관한 법률
362. 인삼산업법
363. 종자산업법
364. 항공사업법
365. 건설기계관리법
366. 군형법
367. 궤도운송법
368. 기술의 이전 및 사업화 촉진에 관한 법률
369. 농수산물의 원산지 표시 등에 관한 법률
370. 담배사업법
371. 석유 및 석유대체연료 사업법
372. 가축전염병 예방법
373. 농어촌정비법
374. 식물신품종 보호법
375. 항공보안법
376. 중소기업창업 지원법
377. 군사법원법
378. 우주개발 진흥법
379. 해저광물자원 개발법
380. 산림복지 진흥에 관한 법률
381. 지능형 로봇 개발 및 보급 촉진법
382. 헌법재판소법
383. 옥외광고물 등의 관리와 옥외광고산업 진흥에 관한 법률
384. 혈액관리법
385. 국제항해선박 등에 대한 해적행위 피해예방에 관한 법률
386. 유료도로법
387. 독립유공자예우에 관한 법률
388. 신에너지 및 재생에너지 개발·이용·보급 촉진법
389. 신용정보의 이용 및 보호에 관한 법률
390. 출판문화산업 진흥법
391. 공항시설법
392. 국민 평생 직업능력 개발법
393. 아동·청소년의 성보호에 관한 법률
394. 방송법쉬
395. 신용보증기금법
396. 화장품법
397. 청소년 기본법
398. 인터넷주소자원에 관한 법률
399. 양곡관리법
400. 도로명주소법
401. 전자문서 및 전자거래 기본법
402. 산업기술의 유출방지 및 보호에 관한 법률
403. 국가기술자격법
404. 양식산업발전법
405. 산업기술혁신 촉진법
406. 새만금사업 추진 및 지원에 관한 특별법
407. 전자정부법
408. 지역 개발 및 지원에 관한 법률
409. 한국농어촌공사 및 농지관리기금법
410. 계량에 관한 법률
411. 기업활동 규제완화에 관한 특별조치법
412. 군에서의 형의 집행 및 군수용자의 처우에 관한 법률

해광출판사 대한민국 법령 시리즈

413. 규제자유특구 및 지역특화발전특구에 관한 규제특례법
414. 금융위원회의 설치 등에 관한 법률
415. 남녀고용평등과 일 · 가정 양립 지원에 관한 법률
416. 농어업인 삶의 질 향상 및 농어촌지역 개발촉진에 관한 특별법
417. 댐건설 · 관리 및 주변지역지원 등에 관한 법률
418. 국가유산수리 등에 관한 법률
419. 법원조직법
420. 보훈보상대상자 지원에 관한 법률
421. 부패방지 및 국민권익위원회의 설치와 운영에 관한 법률
422. 과학기술분야 정부출연연구기관 등의 설립 · 운영 및 육성에 관한 법률
423. 연구개발특구의 육성에 관한 특별법
424. 친환경농어업 육성 및 유기식품 등의 관리 · 지원에 관한 법률
425. 연안관리법
426. 영화 및 비디오물의 진흥에 관한 법률
427. 신용협동조합법
428. 방송통신발전 기본법
429. 범죄피해자 보호법
430. 가축 및 축산물 이력관리에 관한 법률
431. 국가표준기본법
432. 국가통합교통체계효율화법
433. 범죄인 인도법
434. 국가과학기술 경쟁력 강화를 위한 이공계지원 특별법
435. 국제경기대회 지원법
436. 금융혁신지원 특별법
437. 수자원의 조사 · 계획 및 관리에 관한 법률
438. 축산자조금의 조성 및 운용에 관한 법률
439. 소방시설 설치 및 관리에 관한 법률
440. 양성평등기본법
441. 축산계열화사업에 관한 법률
442. 수입식품안전관리 특별법
443. 대외무역법
444. 국가연구개발사업 등의 성과평가 및 성과관리에 관한 법률
445. 무역보험법
446. 기술사법
447. 광산안전법
448. 농약관리법
449. 농업 · 농촌 및 식품산업 기본법
450. 문화산업진흥 기본법
451. 부담금관리 기본법
452. 야생생물 보호 및 관리에 관한 법률
453. 한국은행법
454. 별정우체국법
455. 원양산업발전법
456. 콘텐츠산업 진흥법
457. 한국수출입은행법
458. 외국인투자 촉진법
459. 물류정책기본법
460. 전자서명법
461. 산업발전법
462. 산업표준화법
463. 소프트웨어 진흥법
464. 토지이용규제 기본법
465. 해수욕장의 이용 및 관리에 관한 법률
466. 정보통신 진흥 및 융합 활성화 등에 관한 특별법
467. 정보통신산업 진흥법
468. 지진 · 화산재해대책법
469. 소금산업진흥법
470. 위치정보의 보호 및 이용 등에 관한 법률
471. 외국법자문사법
472. 이러닝(전자학습)산업 발전 및 이러닝 활용 촉진에 관한 법률
473. 암관리법
474. 실용신안법
475. 가족관계의 등록 등에 관한 법률
476. 무인도서의 보전 및 관리에 관한 법률
477. 감사원법
478. 정보보호산업의 진흥에 관한 법률
479. 결혼중개업의 관리에 관한 법률
480. 공익신고자 보호법
481. 박물관 및 미술관 진흥법
482. 낚시 관리 및 육성법
483. 동산 · 채권 등의 담보에 관한 법률
484. 임금채권보장법
485. 국민투표법
486. 농림수산업자 신용보증법
487. 국가채권 관리법
488. 중소기업은행법
489. 식품안전기본법
490. 외국환거래법
491. 발명진흥법
492. 건설기술 진흥법
493. 기후위기 대응을 위한 탄소중립 · 녹색성장 기본법
494. 인체조직안전 및 관리 등에 관한 법률
495. 엔지니어링산업 진흥법
496. 신문 등의 진흥에 관한 법률
497. 식물방역법
498. 석탄산업법
499. 산업융합 촉진법
500. 비료관리법
501. 임업 및 산촌 진흥촉진에 관한 법률
502. 복권 및 복권기금법
503. 대규모유통업에서의 거래 공정화에 관한 법률
504. 뉴스통신 진흥에 관한 법률
505. 지능정보화 기본법
506. 자격기본법
507. 중소기업 기술혁신 촉진법
508. 국가공간정보 기본법
509. 농어업재해대책법
510. 방송광고판매대행 등에 관한 법률
511. 지식재산 기본법
512. 초고층 및 지하연계 복합건축물 재난관리에 관한 특별법
513. 해양 조사와 해양정보 활용에 관한 법률
514. 공간정보산업 진흥법
515. 공공기관의 정보공개에 관한 법률
516. 행정기본법
517. 해상교통안전법
518. 농어업재해보험법
519. 문화유산의 보존 및 활용에 관한 법률
520. 자연유산의 보존 및 활용에 관한 법률
521. 국토의 계획 및 이용에 관한 법률
522. 건축법
523. 국민건강보험법
524. 계엄법
525. 환경친화적 선박의 개발 및 보급 촉진에 관한 법률
526. 해양폐기물 및 해양오염퇴적물 관리법
527. 연안사고 예방에 관한 법률
528. 전기안전관리법
529. 의약품 등의 안전에 관한 규칙
530. 공공보건의료에 관한 법률
531. 군보건의료에 관한 법률
532. 농어촌 등 보건의료를 위한 특별조치법
533. 보호소년 등의 처우에 관한 법률
534. 국가를 당사자로 하는 소송에 관한 법률
535. 간호법
536. 국립묘지의 설치 및 운영에 관한 법률
537. 주류 면허 등에 관한 법률
538. 부가가치세법

*** 해광출판사의 법령 시리즈는 계속 발행 됩니다.**
**** 각 도서의 개정판은 인쇄일을 기준으로 제작 되었습니다.**